İLÂHÎ NİZAM ve KÂİNAT

Bedri Ruhselman
tarafından düzenlenmiştir

* Günümüz Türkçesine uyarlanmıştır *

Türkçeye uyarlanmış 24.Basım: İstanbul, Kasım 2025
Türkçeye uyarlanmış 1.Basım: İstanbul, Haziran 2013

ISBN: 978-605-63845-1-6

Yayıncı Sertifika No: 73786

Yayın
MTİAD1950
Hasnun Galip Sokak, Pembe Çıkmazı, No: 4/4
34433 Beyoğlu / İstanbul
Tel.: (0212) 243 18 14
www.mtiad.org.tr
www.mtiad1950.org

web sitesi : http://www.ilahinizamvekainat.com
facebook : https://www.facebook.com/Mtiad1950/
instagram : https://www.instagram.com/ilahinizamvekainat
twitter : https://twitter.com/INK02013

Basım
Çınar Matbaacılık ve Yay.San.Tic.Ltd.Şti.
Yüzyıl Mah., Matbaacılar Cad., Ata Han, No: 34, kat: 4-5
Bağcılar / İstanbul
Tel.: (212) 628 96 00
Sertifika No: 45103

1959 yılında "Önder" adını verdiğimiz
Büyük Vazife Plânı'ndan gelen bu bilgiler,
Bedri Ruhselman tarafından düzenlenmiş,
o tarihten beri, vazifelileri tarafından alınmak üzere
noterlikte muhafaza edilmiş, zamanı geldiği için
54 yıl sonra yayınlanmıştır.
Elinizdeki kitap, orijinal metnin
günümüz Türkçesine uyarlanmış şeklidir.

*
* *

Bu kitap etrafımızda gördüğümüz, hissettiğimiz, yarım olarak doğa diye adlandırdığımız ahengin bir parçasıdır. Kâinatımızda, tekâmül diye adlandırabildiğimiz o nurlu yolun, insanların bilgilerine olan bir köprüsüdür. İnsanın dar bir madde hayatını, geniş ve idrakli olan ileri bir safhaya bağlayan biricik yoldur. Bu ne bizim, ne siz insanların, ne de hiçbir kimsenindir. Bu, ilâhî nizamın, insanlara bir hediyesidir. Yâni doğadan bir parçadır.

*
* *

Bu kitap, Ünite dediğimiz idrak vahdetinden, insanların tekâmül ihtiyaçlarına cevap verebilecek şekilde, vazifelileri tarafından dünyaya verilmiştir.

MUKADDERAT YOLCULARI

Madde, bütün tesirlere zemin oluşturan ve muhtelif oranlarda, bu tesirlere cevap veren bir unsurdur. Bu bilginin içinde saklı olan bir mânâ da şudur: Madde, kendi kendine hiçbir harekete geçmek veya en ilkel bir faaliyet göstermek kudretinde değildir. Onda kendi kendine bir oluş veya yapış imkânı yoktur. Yâni, madde ancak, kendisine gelen tesirleri bekler ve bu tesirlerin yönlerine göre hâller, şekiller, durumlar alır. Şu hâlde, herhangi bir maddenin her türlü tesirden özgür bir hâlini -olduğunu varsayarak- düşünürsek, bu maddenin hiçbir şekle, hiçbir hâle sahip olmayacağını kabul etmemiz gerekir. İşte insan idraki ve tasavvuru dışında kalan, böyle bütün hâl ve şekillerinden soyutlanmış bir maddeye "amorf madde" veya "aslî madde" deriz. Demek ki:

a- Amorf maddede hiçbir hareket eseri yoktur. O, maddenin mutlak ve tam bir hareketsizlik hâlidir.

b- Maddelerde görünen bütün özellikler ve nitelikler, ancak onlardaki hareketlerin tezahürlerinden* ibaret olduğuna göre, mutlak hareketsizlik hâli demek olan amorf maddenin ne şekli, ne özelliği, ne de nitelikleri sözkonusu olamaz.

c- Amorf madde mevcut olmakla birlikte, bu durumda olan bir hâlin idraki mümkün olamayacağından, insanlar için bu, yok demekle birdir.

d- Amorf veya aslî madde -mutlak hareketsizlik olan mahiyetinden dolayı- kendi kendine hiçbir hareket, hiçbir kıpırdanış yapamayacağı için, dışarıdan hiçbir tesir gelmeden kendiliğinden harekete geçmesi ve maddedeki hareketlerin birer sonucu olan şekilleri, hâlleri ve tezahürleri göstermesi imkânsız olur.

* "Tezahür" sözcüğüne sözlüklerde, "ortaya çıkma, görünme, belirme, kendini gösterme, açığa çıkma; belirti, ortaya çıkan, görünen (şey)" anlamı verilir.

Bütün bu bilgilerden sonra kolaylıkla anlaşılır ki, insanların madde diye anladıkları ve kıymetlendirdikleri şeyler, dışarıdan gelen tesirlerin madde bünyesindeki imkânlarla meydana getirdikleri çeşitli hareketlerin tezahürleridir, amorf maddenin bizzat kendisi değildir.

*
* *

Bu şekillerin ve durumların, incelik-kabalık veya basitlik-karmaşıklık hâllerine göre, muhtelif idraklere ve görüşlere hedef olabilen kısımları vardır. Yüksek ve karışık hareket tezahürleriyle görünen maddeler, o oranda karmaşık ve inkişaf etmiş durumlar gösterirlerken, az ve basit hareketlerle kendilerini gösterenler de o kadar ilkel ve basit nitelikler gösterirler.

Demek ki maddeler, en basit hareketlere sahip ilkel hâllerinden en karmaşık hareketlerle nitelenen yüksek durumlarına kadar, sayısız inkişaf derecelerinde çeşitli kıymetler gösterirler. Şu hâlde, en basit madde demek, ilk hareketlerle amorf maddeden ayrılarak ilk şeklini almış bir madde hâli demektir. Buna karşılık yüksek, karmaşık madde demek de, sayısız, çeşitli hareket kombinezonları ve tarzlarıyla, karışık durumlar ve şekiller almış madde hâli demektir.

*
* *

Burada, teknik bir bilgi olarak şunu ekleyelim ki; maddelerin ince-kalın hâlleri ile basit-karmaşık hâlleri kavramlarını birbirine karıştırmamalıdır. Maddenin basitlik-karmaşıklık farkları, onların bünyelerini oluşturan hareket komplekslerinin az veya çok karışık ya da inkişaf etmiş olmalarından ileri gelir. Eğer bir maddenin madde kombinezonları, bünyesini kuran değerler, yâni hareketler; ne kadar fazla, zengin ve karışık ise, o madde o kadar karmaşık olur. Ve basitlikten o kadar uzaklaşmış bulunur. Oysa incelik ve kalınlık kavramı, bu mânâyı taşımaz: Burada, maddenin içindeki bileşim ve değer miktarlarının azalıp çoğalması sözkonusu değildir. Dolayısıyla, bir maddenin inceliği, kalınlığı onun inkişaf durumunu, yâni amorf maddeye uzaklık ve yakınlık derecesini göstermez. Dışarıdan gelen güçlü tesirlerle, bazen bir madde bütününün cüzleri arasındaki bağlar artar ve güçlenir; hattâ hareketleri sınırlanacak şekilde, bu cüzler birbirlerine yaklaşırlar. Bu yüzden bunların hareketlerine tesir etmek için -onları bu derece sıkıştıracak kadar güçlü olan tesirleri yenmeye yetecek derecede- güçlü tesirler yollamak gerekir. İşte bu maddeler, yoğun, kaba hâller gösterirler. Buna karşılık, madde bütününün cüzleri arasındaki bağlar zayıf olursa, bu cüzlerin gevşek irtibatları, aralarında daha geniş mesafelerin kalması sonucunu doğurur. Ve bu cüzler, az ve zayıf tesirlerden de müteessir olurlar. Dolayısıyla, onlara tesir etmek, önceki kaba maddelere tesir etmekten daha kolay olur. Çünkü onları bu hâlde tutan tesirler, güçlü değildir. Bu sebepten onları daha kolaylıkla yenmek mümkündür. Bunlar da, seyyal dediğimiz ince maddelerdir. Şu hâlde, her safhada bulunan basit veya karmaşık maddeler, safhalarını değiştirmeden inceltilip kabalaştırılabilirler. Buna örnek olarak suyu gösteririz: Buhar, su ve buz hâlleri, aralarında incelik ve kabalık farkları gösterirler. Fakat bunların her üçü de, amorf maddeye uzaklıkları aynı derecede olan ve aynı karmaşıklık kademesinde bulunan su maddesinden başka bir şey değildir. Yine bazen, karmaşık bir madde, nispeten kendisinden basit olan diğer bir maddeye nazaran daha kaba olabilir. Meselâ demir maddesi, oksijenden daha karmaşıktır, fakat ondan daha yoğun ve kabadır.

*
* *

İnsanlar, asgar ve azam sonsuz noktalar arasında uzanıp giden, hareketlerin -basitlik ve karmaşıklığı zincirinde- ancak belirli sınırlar içindeki birkaç madde halkasının şekil ve hâllerini görüp idrak edebilirler. Bu hâller ve şekiller; hareketlerin azlığı veya basitliği bakımından, ilkelleşip aşağılara doğru inerek bir hadde gelince, insan idrakinin alıcı sahasından uzaklaşmaya başlar ve nihayet tamamıyla kaybolurlar. Aynı şekilde, yukarı taraflara doğru da, madde zincirinin halkaları gittikçe artan ve karmaşıklaşan hareketlerle yükselir ve inkişaf ederken, yine, insan idraki onları bir noktadan itibaren tamamıyla kaybeder. Çünkü bu sınırların ne alt tarafındaki, ne de üst tarafındaki madde durumlarını sonuçlandıran hareket nitelik ve niceliklerini, dünya maddesinin beyin cevherine bağlı hiçbir insan zekâsı ve idraki kavrayamaz. Bunun içindir ki, insanlar, kâinat maddelerinin sonsuzca uzanan zincirindeki birkaç halkadan başkasını anlama ve kendilerine göre elle tutulurcasına etüt konusu yapabilme kudretini gösterememişlerdir. Zaten bâzılarının, bâzı yüksek maddî tezahür imkânlarını ret ve inkâr etmelerinin başlıca sebebi de budur.

*
* *

Kâinatın ilk madde hâlinden astronomik âlemimize doğru yürünen madde inkişafı yolunda, insanlar için anlaşılması mümkün olmayan karanlık bir saha vardır. Bu saha; kaba, dağınık, amorf bir madde bütününden ibarettir. Bu kaba ortamda, oluşmuş madde formasyonları yoktur. İşte bu sahadan sonra bir menzil gelir ki, bu menzil, hidrojen âleminin başlangıcını oluşturan, ilk hidrojen atomudur. Fakat bu adı, insanlar ilk atoma hidrojen dedikleri için kullanıyoruz; aslında, söz ettiğimiz ve bundan sonra da ilk hidrojen atomu diye söz edeceğimiz madde, insanların tanıdıkları "H" atomu değildir. İnsanlarca bilinen bu atom, buradaki atomun çok inkişaf etmiş, karmaşık ve ileri bir hâlidir. İnsanlar bu ilk hidrojen atomunu henüz tanımamaktadırlar.

Dünyamızın ve küreleriyle, sistemleriyle, galaksileriyle bütün astronomik âlemimizin madde hâl ve şekilleri, bu hidrojen atomunun inkişaf etmiş durumlarının çeşitli kombinezonlarından* meydana gelmiştir.

Dünyamızı oluşturan elementlerin altında ve üstünde diğer, öyle elementler daha vardır ki, bunlar insanların idrak sahasından çok uzaktadırlar. Bunlardan, insanların tanımadıkları, Dünya atomunun en ileri inkişaf safhaları arasında bulunan elementler, onların tanıdıkları atomun üstünde, bambaşka yapıda ve kalitede cevher hâlleri gösterirler. Maddelerin bu hâllerinden bedenli varlıklar, yâni insanlar idrakleriyle yararlanamıyorlarsa da, çoğu kez, bunları daha üstün varlıkların da yardımıyla, oto-

---

* "Kombinezon" sözcüğü, "iki ögenin, belirli bir maksatla, belirli ilişkilere göre birbirine bağlanmasından, bir araya getirilmesinden oluşan ve kendisini oluşturan ögelerden farklı özelliklere sahip olan bütün ya da birlik" olarak tanımlanır.

matik olarak kullanmaktadırlar. Buna basit bir örnek olarak, bir insan kafasından diğer insan kafasına geçen fikir vibrasyonlarını gösteririz. Fikir vibrasyonları, insanların tanımakta oldukları maddelerin üstünde bulunan ve dünyada mevcut olan bir madde hâlidir. Aynen, yüzyıllardan beri dünyada muhtelif spiritüalist ekollerin çeşitli adlarla anıp da bir türlü izah edemedikleri ve mahiyetini anlayamadıkları "perispri" denilen şey de, yine, dünyada bulunup, insanlar tarafından bilinmeyen madde hâllerinden biridir. Bunlar gibi, dünyada mevcut olup insanların tanımadıkları, yine madde enerjilerinin bâzıları da; sempati, sevgi, antipati, kin, korku, sevinç, gurur, kıskançlık, bencillik gibi, "sübjektif ruhsal durumlardır" denilip geçiverilen hâllerdir.

*
* *

Kâinat bir bütündür. Bu bütün; dünyalar, sistemler, âlemler dediğimiz birbirinden farklı birtakım cüzlerden* oluşur. Kâinatta her âlemin kendisine özgü bir özelliği vardır. Ve bu özellikler, ruhların tekâmül ihtiyaçlarına göre ayarlanmıştır. İşte "aslî madde" veya "madde cevheri" dediğimiz şey; bu kâinat bütününün ana maddesini, mayasını oluşturan, mutlak hareketsizlik ve şekilsizlikle nitelenen, amorf bir madde hâlidir. Bu cevher, ilk harekete geçtiği ândan itibaren, gittikçe karmaşıklaşarak, birbirine oranla daha yüksek karakter değişmeleri eşliğinde, safhaları meydana getirir. Biz, bu madde safhalarına, madde kâinatını dolduran ve birbirine nazaran değişik özellikler gösteren âlemlerin birer çekirdeği veya aslî maddesi deriz. Çünkü birbirinden daha münkeşif tezahürlere ortam olan bu âlemlerin aslî maddeleri, ancak kendi âlemlerine özgü hareket ve şekilleri meydana getirebilmek kabiliyetindedirler. İşte her âlemin ilk maddesi veya atomu, kâinat aslî cevherinin ilk hâlinden kâinat bütününe kadar yükselen yürüyüşünde varmış olduğu menzillerden biridir ki; bu menzillerin her biri, o âlemin karakterini bünyesinde taşır.

*
* *

---

* "Cüz" sözcüğü, "bir bütünü oluşturan bölümlerden, kısımlardan, parçalardan her biri" anlamına gelir.

Herhangi bir âlemin aslî maddesi, o âlemin ilk maddesidir. O ilk maddede, o âleme özgü bütün hâl ve şekillerin özü mevcuttur. Bu hâl ve şekilleri meydana getiren unsur da, harekettir. Hareketlerin mahiyet* ve karakterleri ise, her âlemin kendi özelliklerini doğuracak tarzda, değişiktir. Yâni, her âleme özgü, ayrı bir hareket tarzı vardır. Dolayısıyla, bir âlemin ilk, aslî maddesi olan atom veya çekirdek; o âlemin hareketlerini henüz izhar** etmediğinden, o âlem için, hareketsiz ve amorf durumda bulunur. Bu ilk atomlar, ilk hareketleri göstermek, çeşitlendirmek, arttırmak ve hızlandırmak suretiyle, o âleme özgü bütün hâl ve şekilleri, yavaş yavaş meydana getirirler.

Maddelerin, yukarıdan aşağıya indikçe hareketten hareketsizliğe, faaliyetten atalete doğru yürümelerinin değişmez bir kural hâlinde görünmesi de, bu hakikatin bilimsel gözlemini oluşturur.

En yüksek ve münkeşif maddeler, hareketleri en karmaşık ve çok olanlardır. Buna karşılık, maddeler, inkişaf hiyerarşisinde aşağılara doğru indikçe, hareketleri azalır, basit hâllere geri dönerler ve nihayet, o âlemdeki hareket imkânlarına oranla sıfıra yakın bir durum alırlar.

*
* *

Aşağılara inildikçe hareketlerin azalması, kıymetli diğer bir gözlemi daha verir: Madde hareketlerinin azalması ve basitleşmesi, maddelerin ilkelleşmesine sebep olduğu gibi, o maddeye dışarıdan gelen tesirlerin azalması ve basitleşmesi de, madde hareketlerinin o oranda azalmasını ve basitleşmesini sonuçlandırır. Meselâ hidrojen ve uranyum atomlarının bünyesini gözlemleyenler, bu hakikati orada görürler.

Hidrojen atomu, sayısız nitelik ve nicelikteki hareketlerle nitelenen bir madde hâlidir. Bu atomun daha karmaşık şekli olan uranyum atomu, bunun birçok katı fazla ve karmaşık hareketleri bünyesinde taşır.

---

* "Mahiyet" sözcüğü, bir şeyin "aslı, esası, özü, doğası, içyüzü" anlamına gelir.
** "İzhar etmek" fiili, "açığa vurmak, göstermek, meydana çıkarmak" anlamına gelir.

Yine, bir hidrojen atomunun etrafına yaptığı tesir, uranyumunkinden daha azdır. İşte uranyumun hidrojene nazaran etrafına yaptığı tesirlerin yüksekliği ve fazlalığı, onun hidrojenden daha çok tesirler almakta olduğunu gösterir. Tesirler ancak, maddelerde doğurdukları hareketlerle tezahür ettiklerinden, uranyum atomunun hareketleri hidrojeninkinden daha çok ve karmaşıktır. Dolayısıyla, burada, uranyumun etrafına fazla tesir göndermesi, fazla tesirler almakta olduğunu, yâni kendisine gelen tesirlerin o oranda reaksiyonlarını göstermekte bulunduğunu ifade eder. Çünkü hiçbir tesir tek taraflı değildir ve maddede, ne aksiyonsuz reaksiyon olur, ne de cevapsız kalan aksiyon bulunur.

*
* *

Bütün hâl değiştirmeler, bütün şekil almalar ve şekil değiştirmeler, ancak hareketlerle ve hareketlerin çeşitlenmeleriyle mümkün olur. Böyle olunca, âlemimizin henüz hiçbir hareketini göstermeyen aslî maddesinin de Dünyamıza özgü hiçbir hâl ve şeklinin hemen hemen mevcut olmaması gerekir. Bu yüzden ona, âlemimizin amorf, yâni şekilsiz maddesi diyoruz. Şu hâlde, aslî madde, dünyamızın idraki karşısında ancak kuramsal olarak düşünülüp kabul edilebilen ve görünürde yokluk ifade eden bir realitedir ki, bu realitenin dünyamıza özgü çeşitli formlarını alabilmesi için, Yerküre'ye ait bir sürü değer kazanması ve inkişaf kademelerinden geçmiş olması gerekir.

*
* *

Bu bilgileri verdikten sonra, aslî maddenin önemli olan ikinci özelliğine geçiyoruz. İnsanlar şunu düşünebilirler: "Nasıl oluyor da nispeten âtıl ve hareketsiz olduğu hâlde, yâni âlemimizin hareketlerinden yoksun bulunduğu hâlde, aslî madde, sonradan sayısız hareketlerle şekiller alarak birtakım inkişaf safhaları geçirmeye başlıyor?" Bu sorunun cevabını verirken, aslî maddenin yukarıda söz ettiğimiz ikinci özelliğini de belirtmiş olacağız. Burada, herkesin görebileceği bir örnekle işe başlayacağız: Şu masanın üzerinde hareketsiz olarak duran bir kalem var. Bu kalem -bünyesinde sayısız hareket komplekslerini taşımakla birlikte- odadaki kaba maddelere ve görüş ölçülerimize oranla, herhangi bir hareketten yoksun bulunmaktadır, yâni kımıldamamaktadır. Şimdi, bu kalemi parmağımızla biraz itersek, o, yerinden oynar ve ileriye doğru kayar, yâni hareket eder. Bu gözlem, dışarıdan gelen bir tesirle maddenin nasıl harekete geçmekte olduğunu gösterir. Eğer burada tesir makamında bulunan parmağımız kalemi itmese idi, o, kendi kendine bu hareketi yapmayacaktı. Aslî maddenin daha önce söz etmiş olduğumuz birinci özelliği budur. Fakat parmağımızla kalemi ittiğimiz zaman, onun buna derhal cevap verdiğini, yâni bir aksiyona karşı hemen reaksiyon gösterdiğini de gözlemliyoruz. Burada, onun parmağımıza karşı bir direnci mevcut olmasaydı, hareket etmesi de mümkün olamazdı. O zaman parmağımız, meselâ dumanın içinde yürüyen bir cisim gibi, geçip giderdi. O hâlde -bizâtihi hareketsizliğiyle birlikte- dışarıdan gelen herhangi bir harekete derhal cevap vermek imkânı da kalemde mevcuttur. Ve bu da onun ikinci özelliğini oluşturmaktadır. Demek ki kendi kendine harekete geçme kudreti olmayan, daha doğrusu kendisinde hareket bulunmayan, atalet hâlindeki aslî madde; dışarıdan gelen herhangi bir tesire cevap verip, o tesir yönünde hareket etmek imkânına sahiptir. Her hareket de kendisine direnç yüzeyi oluşturabilecek, yâni kendisiyle sempatize olabilecek diğer maddelere karşı bir tesir demek olduğuna göre, bu bilgiyi şu formülle ifadelendiririz: Kendi kendine hareketsiz, şekilsiz ve tesirsiz olan ve kendi kendine hareket etmekten âciz bulunan aslî madde; dışarıdan kendisine gelen her tesire karşı, o tesirin şekliyle, yönüyle, derecesiyle ve şiddetiyle orantılı olarak harekete geçmek ve etrafındakilere tesir etmek kabiliyetine sahiptir. Yâni, maddede kendiliğinden enerji çıkarmak kudreti yoktur; fakat dıştan gelen tesirle hareket etmek ve enerji tezahürü göstermek imkânları mevcuttur.

Dışarıdan gelen bir tesirle aslî maddede doğurulan reaksiyon, yâni o tesire karşılık olan hareket, o tesir kesildikten sonra devam etmez. Burada, yine yukarıki örneğe dönelim: Hareketsiz duran kaleme parmağımızı yavaşça dokunduralım, çok hafif bir basınçla onu itmeye başlayalım. Elimizi durdurduğumuz zaman onun da hemen durduğunu, tekrar eski, hareketsiz hâline döndüğünü görürüz. Şu hâlde, bu kalem, ancak parmağımızın tesirinin devam etmesi boyunca hareket hâlini koruyor, bu tesir ortadan kalktığı ânda hareket imkânını kaybediyor. Eğer parmağımızla ona kuvvetlice bir fiske vurursak, kalem ancak bu fiske tesirinin devam etmesi süresince hareket eder, tesirin şiddeti kaybolunca yine durur. Bu örneği verirken, çevrenin ikinci derecede kalan, kalem üzerine yapabileceği muhtemel direnç hareketlerine ait teknik varyetelerden* söz etmeye lüzum görmüyoruz. Aslî maddenin yukarıda sözünü ettiğimiz iki ana niteliğine bu realiteyi de ekleyerek deriz ki; kendi kendine âtıl ve hareketsiz olan aslî madde, ancak dışarıdan aldığı tesirlerle harekete geçebilir ve bu tesirlerin devam etmeleri boyunca hareketini korur, tesirler ortadan kalkınca tekrar, aynı hareketsiz, âtıl hâline döner.

*
* *

Şu hâlde, dünyamızda madde diye gördüğümüz şeyler, aslî maddenin, kendisi değil, tesirlerle ilk harekete geçtiği ândan itibaren almış olduğu çeşitli şekil ve durumlardaki hâlleridir. Hâlbuki bu şekil ve hâller; aslî maddede mevcut hareket imkânlarını kullanan dış tesirlerin muhtelif tezahürlerinden ibarettir. Yâni, her tesir, uyuklayan ve kendi kendine uyanması mümkün olmayan, maddedeki hareket kabiliyeti imkânlarından birini uyandırmaktadır. İşte maddelerin böyle, türlü tesirler altında, türlü hareketlere geçerek, türlü hâller almasına, onlarda saklı bulunan imkânların gerçekleşmesi deriz.

*
* *

Burada, konunun çok önemli bir noktasında bulunuyoruz. Mademki kâinatın aslî cevheri, kendi kendine hareket etmek kabiliyetinden yoksun, amorf ve âtıl hâldedir, mademki dıştan tesir almadıkça kendiliğinden hiçbir hareket yapma kudretinde değildir, o hâlde bu amorf ve âtıl cevherde böyle sonsuz hâl ve şekilleri meydana getirerek, çeşitli realiteleriyle koca bir kâinatı teşkil eden bu tesirler nereden gelirler? Ve madde kendi kendine harekete geçemiyorsa, onun böyle sonsuz hâl ve şekillere sokulmasının sebebi nedir?

---

* "Varyete" sözcüğü, "çeşitlilik, türlülük; çeşit, tür" anlamlarına gelir.

Öz madde bilgisine ve maddenin mahiyetine göre, bu tesirleri kâinat içindeki maddelerin doğurabileceklerini kabul etmek akıl prensiplerine uymaz. Onları kâinatın dışında mevcut olan hakikatlerde aramak zorunluluğu vardır. Ve aslında durum, böyledir. Burada, bu hakikatlerin insanlar tarafından ancak sezilebilecek kadarını belirtmekle yetineceğiz.

Kâinat dışına ait sezgilerimiz ne kadar zayıf ve yetersiz olursa olsun, kâinatımızı teşkil eden madde cevherinin nitelikleri ve oluşları hakkındaki bilgilerimiz, bizi bu cevherin sayısız tezahürlerine sebep olan cevher üstü hakikatlerin mevcudiyeti zorunluluğunu kabul etmeye sürüklemekten aslâ geri kalmaz. İşte insanların "ruh" dedikleri şey de, bu cevher üstü hakikatler arasında bulunmaktadır. Şu hâlde, ruh, kâinat cevherinin ana niteliği olan atalet ve hareketsizlik hâlinin tam zıddını ifade eden bir mahiyet taşır.

*
* *

Kâinat cevherlerinde ruha ait hiçbir şey yoktur. Ruhta da kâinat cevherlerine ait özelliklerin hiçbiri mevcut değildir. Kâinatımızda ruhun mahiyetinin tasavvuru ve idraki sözkonusu olamaz. Çünkü onu tasvir veya tarif etmeye yetecek, kâinat maddeleri içinde hiçbir sözcük, hiçbir suret* mevcut değildir. Ruhun mahiyetini tahlil etmeye çalışmaksızın, onun varlığı zorunluluğunu kabul etmek, hakikate en uygun gelen yoldur.

Şu hâlde, ruh ile herhangi bir kâinat cevherinin birbiriyle hiçbir cepheden benzerliği, doğrudan doğruya ilişkisi, hattâ yakınlığı dahi düşünülemez. Ve bunların birinden diğerine herhangi bir intikalin,** yâni aralarında direkt olarak bir alışverişin meydana gelebilecek olması mümkün değildir. Ruh ile kâinat cevherleri arasında sonsuz bir erişilmezlik vardır.

*
* *

Bir bedenin içinde veya dünyada veyahut kâinatta ruh diye bir şey yoktur. Kâinatın içinde ne varsa, hepsi maddedir. Ve her

---

* "Suret" sözcüğü, "şekil, görünüş; imaj; biçim, yol, tarz" anlamlarına gelir.

** "İntikal" sözcüğüne, sözlüklerde"geçme, geçiş; göçme, naklolma; bir hâlden başka bir hâle geçme, dönüşme"anlamları verilir.

olay, her hâl ve şekil, ancak, maddenin çeşitli durum ve görünüşlerinden ibarettir.

Ruh, kâinatın içinde değildir. O hâlde nerededir? İç ve dış kavramları kâinata özgü realiteler olduğundan "ruh, kâinatın dışındadır" da denilemez. Çünkü kâinatın dışı, başka bir kâinatın içi demektir. Yâni, kâinatın dışı diye boş bir saha yoktur. Fakat bu sözlere bakıp kâinatları birbiri içine girmiş küreler hâlinde tasavvur etmek de hatâdır. Böyle bir şey de olmaz. Esasen kâinatları böyle, birbiri içine girerek genişleyen küreler şeklinde kabul etmek, onlara yine birer mekân tahsis etmek ve o mekânların sınırlarını çizmek olur ki, bu, yanlıştır. Doğal olarak bu sözlerin mânâsını ve objektivitesini tasavvur etmek, insan idrakiyle mümkün değildir. Bunu ancak, çok düşünmekle, bir dereceye kadar, sezmek mümkün olur. Bu sezgiyi verebilmek için bir örnek göstereceğiz. Ancak, bu örneği de aynen almayıp, bir sezgi edinilebilecek şekilde, onun üzerinde düşünmek gerekir.

Beyaz camlı bir projektörü boşluğa yansıtınız. Projektör ışığının beyaz renkli görünüşü, belirli bir kâinat olan madde kâinatı cevherinin imkânları olsun. İşte bu, bütün hakikatleriyle ve realiteleriyle, başlı başına bir kâinattır. Şimdi bu projektörün beyaz olan camını değiştirerek mavi yapınız. Bu defa, mavi renkli bir projektör ışığı ortaya çıkacaktır. Bu da mahiyeti ve imkânları öncekinden tümüyle başka olan, diğer bir kâinattır. Burada, hatalı bir düşünceye sapmamak için çok büyük bir dikkatle şu noktayı belirtmek gerekir ki; mavi projektörden söz edilirken, beyaz projektörün kaybolup mavi projektörün onun yerine geldiği veya iki projektörün birbiri üzerine eklenerek karışık bir ışık kompleksi meydana getirdikleri ya da bu iki projektörden birinin diğeri yararına zayıfladığı ve değiştiği gibi, yine hep mekân kavramına bağlı zorunlulukları asla düşünmemek gerekir. Burada, her iki projektör de birbirine karışmadan, birbiriyle hiçbir şekilde alışverişe girişmeden, kendilerine özgü bütün kıymet ve niteliklerinden hiçbir şey kaybetmeden, her biri tek başına -sanki kendisinden başka projektör ışığı yokmuş gibi- mevcudiyet gösterir. Bu durumun iyice, sezgisine varmak gerekir.

Böylece, hiçbir mekân tahsis etmeden, iki kâinatın mevcudiyeti sezilebilir. Buradaki projektörler, bu mânâda anlaşıldığı zaman, birbirinin içinde veya dışında olmadıkları gibi, birbirinin yerini işgal etmiş durumda da değildirler. Şimdi, sembol olarak ele aldığımız projektör camlarını, böyle iki renkli değil de, üç, beş, yüz ve sonsuz renklerde kabul ederek, hepsinin aynı şekilde tezahür ettiğini düşününüz. O zaman, zaman ve mekân kavramları dışında, kâinat cevherlerinin, birbirine karışmadan, birbiriyle hiçbir ilişkisi sözkonusu olmadan, sonsuz mevcudiyetleri hakkında güçlü sezgiler elde etmiş olursunuz. İşte hiçbir mekân ve sınır tanımayan bu sonsuz kâinatlar karşısında ruhun durumu sözkonusu olunca; ona, insanların tâbi olduğu, kâinatları dahi ihata etmeye* yetmeyecek kadar beşerî olan idrake bağlı bir yer, bir mekân tayin etmeye kalkışmak hatanın en büyüğü olur. Şu hâlde, bu kâinatların hiçbiriyle doğrudan doğruya ilişkisi düşünülmeden, onların cevherlerine en uzaktan bile doğrudan doğruya teması sözkonusu edilmeden, bütün kâinatlarla kucaklaşmış gibi onlardan yararlanan ruhlar hakkında, iç ve dış kavramlarını kaale almaksızın, sadece "ruhlar bütün kâinat cevherleri kavramının üstündedir" demekle yetinmek icap eder. Bundan ileri bir sezgiye varmak, dünyamız için mümkün değildir.

*
* *

Kâinat bir tane değildir. Kâinatlar, sonsuzdur. Ve kâinatların sonsuzluğu mutlak erişilmezliğin bir zorunluluğudur. Bu sonsuz kâinatların hiçbiri diğerinin mahiyetini taşımaz. Ve her kâinatın karakteri, o kâinatın anası olan esasî cevheriyle belirlenir. Bizim kâinatımızın esasî veya aslî cevheri, mutlak hareketsizlik ve amorf olan madde hâlidir.

Aktif ve tekâmül ihtiyacı olan ruh, pasif kâinatlar için bir gayedir. Yâni, ruhlar, davranışlarının akislerini kâinat cevherleri üzerinde göre göre, ihtiyaçlarını giderirler. Şu hâlde, kâinatlar, ruhların tekâmül dediğimiz ihtiyaçlarına cevap veren sahalardır.

---

* "İhata etmek" fiiline sözlüklerde "kavramak, anlamak; içine almak, kapsamak, kuşatmak, çevrelemek, sarmak" anlamları verilir.

Sembolik olarak bunu şöyle ifade ederiz: Kâinatlar, ruhların tatbikatlarına yarayan ve o tatbikatların sonuçlarını tekrar ruhlara yansıtan, kendi cevherlerine özgü birer ortamdır. Aktif olan ruhlar, tekâmülleri için, pasif olan çeşitli kâinat cevherlerinin sonsuz imkânlarını -ihtiyaçları oranında- dolaylı yoldan kullanarak tekâmül ederler. Ne kâinatlar mevcut olmazsa ruhların bilemediğimiz, kendilerine özgü yüksek ihtiyaçları giderilebilir, ne de ruhlar olmazsa kâinatların var oluş nedeni ortada kalır. Bunlar birbirleriyle daima baş başa yürürler. O kadar ki, ikisi arasında kesin ve ebedî bir erişilmezliğin mevcudiyetine rağmen, bunlar, âdeta birbiriyle sımsıkı kucaklaşmış ve birbirinin içine girmiş gibidirler.

* * *

Burada akıllara şu soru gelir: "Mademki ruhlar ile kâinatlar arasında bu kadar kesin bir erişilmezlik vardır, nasıl oluyor da birbirinin içinde imiş gibi, ruhlar kâinatların bütün imkânlarından -zerresine varıncaya kadar- yararlanabiliyor ve ruhlar ile kâinatlar birbiriyle kucaklaşabiliyorlar?"

Öncelikle şunu söyleyelim ki, birbirinden kesin bir erişilmezlikle ayrılmış bulunan ruh ile kâinat arasındaki ilişkiler, kesinlikle direkt olmayıp, endirekt yollardan olmaktadır. Burada, büyük bir hakikati dünyaya bildirmenin lüzum ve zarureti* vardır. Bu hakikat şudur: Hem sonsuz bir sıra izleyerek düzenlenmiş, çeşitli ve her biri mahiyeti başka cevherden oluşan, birbirinden daha kapsamlı ve sonsuz varyeteleri içeren kâinatların üstünde, hem de bu kâinatlarda ebediyen tekâmüllerine devam edecek olan sonsuz enginlik ve kapsamlara sahip ruhların üstünde, her ikisine hâkim yüksek prensipler vardır ki; bunlar, ruhların ve kâinatların ileriye ve geriye doğru olan bütün durum ve mukadderlerini tayin, takdir ve tensip** ederler. Bunların mahiyetlerini biz ne biliriz, ne de onlar hakkında en küçük bir sezgiye sahip olabili-

* "Zaruret" sözcüğü, "gerek; gereklilik; zorunluluk; kesinlikle ihtiyaç duyulan (şey); zarurî olan, zarurî kılan (şey)" anlamlarına gelir.
** "Tensip etmek" fiili, "onaylamak, uygun bulmak, uygun görmek" anlamına gelir.

riz. Çünkü bu büyük hakikat, sonsuz ruhlar âleminin ve ebedî kâinat cevherleri zincirinin üstünde, mutlak bir erişilmezlikle onlardan ayrılmış bulunmaktadır. Aslî Prensip dediğimiz bu hakikatin izahına ilişkin bir tek fikir beyan etmekten, bir tek söz söylemekten âciziz. Çünkü buna imkân verecek hiçbir kudret, hiçbir meleke, hiçbir idrak veya sezgi madde kâinatında mevcut değildir ve olamaz. Yalnız, erişilmezliğin erişilmezliği olan bu büyük hakikati, sembolik bir adla, Aslî Prensip diye anacağız. Kâinatlar içinde, kâinatlar üstünde ve ruhlar arasında bulunan her hakikat, Aslî Prensibin hâkimiyeti ve nizamı altındadır. Kâinatımızdaki bütün oluşlar, akışlar, her şey ancak O'nun icaplarıyla gerçekleşebilir. Bu husustaki bütün ilâhî kavramları insanların idrak derecelerine ve özellikle sezgi kabiliyetlerine bırakıyoruz.

İşte ruhlar ile kâinatların, aralarındaki erişilmezliğe rağmen birbiriyle kucaklaşmış durum göstermeleri, Aslî Prensip dediğimiz bu yüksek prensibin icaplarıyla gerçekleşmektedir. Aslî Prensibin kudreti, bir taraftan ruhları içine alırken (bu ifade semboliktir), aynı zamanda kâinatları da içine almaktadır. Ve ruhlar ile kâinatlar, bu yüksek prensip muvacehesinde,* sanki bir aynadan yansıtılıyormuş gibi birbirlerine yansıtılırlar. Elbette buradaki ayna kavramı da, yine bir semboldür. Fakat bu ayna sembolünü de Aslî Prensip yerine koymamalıdır. Burada, Aslî Prensibin kâinatlar ve ruhlar ilişkisine ait kudretinin en küçük bir cephesinin** ayna sembolüyle ifade edilmesi sözkonusudur ki, bunu da ancak bu kadarla anlatabiliriz.

Şimdi, dünya diliyle, bu bilgiyi biraz daha açalım: Aslî Prensip'ten gelen tesirler, ruhların ihtiyaçlarına göre, amorf kâinat cevherini harekete getirirler. Ve orada madde cevherinin sonsuz varyetelerini şekillendirirler. Demek ki cevherî kıyas bakımından ruh, kâinatın içinde değildir; ama kâinat cevherinin içinde kendisinin, süptil bir madde varlığı tarafından temsil ve ifade olunması bakımından da, kâinatın içindedir. İşte gelecek konularda tek-

* "Muvacehesinde" sözcüğü, "huzurunda, önünde, karşısında" anlamına gelir.
** "Cephe" sözcüğü "yan, yüz, taraf; açı" anlamlarına gelir.

rar ele alınacağı gibi, maddelerin şekillenme ve hâllenmelerinin hangi hedefe yönelik olduğunun ilk bilgisini burada vermiş bulunuyoruz.

* * *

Bir maddenin tezahür etmesi, yâni çevresindeki diğer maddeler arasında varlığını kendisine mahsus özellikleriyle göstermesi; her şeyden önce, çevresinde bulunan diğer madde hâl ve şekilleri ile belirli oranlar ve derecelerde ilişkilere girişmesi, daha doğrusu onlarla karşılıklı tesirleşme imkânları içinde bulunması demektir. Şu hâlde, bir maddenin alıp verdiği tesirlerin çokluğu ve kapsamı ne kadar fazla ise, o madde o kadar çok tezahür gösteriyor ve o kadar da yüksek inkişaf mertebelerinde bulunuyor demektir.

Bir maddenin, çevresi ile olan ilişkilerinin elbette nizamı, tertibi ve yolları vardır. Bu nizam ve tertipler; yüksek prensiplerin ahengi içinde, madde kombinezonlarına yukarıdan, aşağıdan, sağdan, soldan gelen sayısız tesirlerle yürütülür. Ve bu yürütülüş, ruhların, maddeleri kullanarak tekâmüllerini sağlamaları gayesini hedef tutar. Nitekim, bir ruhun herhangi bir madde kombinezonuna ihtiyacı kalmaz ve ona karşı hiçbir davranışta bulunmazsa, o madde kombinezonunun -bulunduğu çevre içinde görünen- bütün hareketleri silinir ve o âna mahsus bütün kıymetleri ortadan kalkar ki, bunu da insanoğlu diliyle, o madde kombinezonunun bir tür ölümü veya dağılışı olarak nitelendiririz.

* * *

Şimdi, bir maddeye böyle mütemadiyen gelen ve onun reaksiyonlarına sebep olan çeşitli tesirlerin hangi mekanizmalarla fonksiyonlarını yaptıklarını bildireceğiz ve böylece maddenin doğrudan doğruya bünyesini ilgilendiren çok önemli bir realiteye, düalite prensibi ve değer farklanması realitesine girmiş bulunacağız.

Maddelerin tezahür imkânlarını gerçekleştirebilmeleri, çevrelerinde gösterecekleri faaliyetlere bağlıdır. Hâlbuki hareketsiz faaliyet olmaz. Yâni, bir maddenin faaliyeti demek, onun hareket göstermesi demektir. Maddelerde hareketin ortaya çıkabilmesi ise denge değişmeleriyle mümkün olur. Dolayısıyla, âlemimizdeki maddenin bünyesinde hareketin meydana gelebilmesi için, önce dengeyi sağlayan iki zıt unsurun mevcut olması, sonra da bu unsurlardan birine fazla değer eklenmek suretiyle, dengenin, tekrar kurulmak üzere, bozulması gerekir. İşte maddedeki bu zıt unsurların mevcudiyeti ve o unsurlar arasındaki değerlerin farklandırılması, düalite prensibi ve değer farklanması realitelerini ifade eder.

Maddenin bünyesiyle ilgili olan düalite prensibi ve değer farklanması mekanizmasının mütâlaası, maddedeki hareketlerin açıklanmasını mümkün kılmaktadır.

Âlemimizin amorf ilk cevherinden itibaren Dünyamızın ilk maddesine ve ondan da daha ötelere kadar uzanan bütün kâinat cüzlerinde sayısız hareket kompleksi vardır. Bu cüzlerin sonsuz kalite ve kantitedeki tezahürlerini sonuçlandıran bu hareketler, maddede birbirine tümüyle zıt karakterde, aynı zamanda denge prensibi esasına göre birbirini destekleyici mahiyette, iki ayrı değer grubu oluştururlar. Madde kombinezonlarının bünyelerinde denge hâlinde bulunan bu zıt değerlerden birinin diğerine oranla fazla yük, daha doğrusu fazla tesir alması, aralarındaki dengenin bozulması sonucunu doğurur ve bozulan bu denge unsurlarının tekrar denge hâline girebilmeleri için, birinden diğerine doğru değer akışları başlar ki, bu durum, çeşitli hareketlerin ortaya çıkmasına sebep olur. Demek ki zıtlardan birine veya diğerine dengeyi bozacak kadar fazla değerin eklenmesi, onlar arasında farklı durumları meydana getirir. Bu hâle "değer farklanması" veya "miktarî değişmeler" deriz.

*
* *

Böylece her madde kombinezonu, iki zıt değerin hâsılası* olan bir üniteden ibarettir. İki zıt değeri içeren bu madde ünitesinin veya madde kombinezonunun zıtlarından yalnız bir tekini ele alırsak, onun da yine iki zıt değerden oluşmuş olduğunu görürüz. Bu hâl, tâ aslî maddeye kadar, böylece devam eder gider. Bu se-

---

* "Hâsıla" sözcüğü "sonuç, ürün" anlamına gelir.

bepten, bu madde kombinezonlarının her birine birer "birim düalite" demek gerekir. Bu terim, iki unsuru ifade eden bir vâhit,* bir birim mânâsını taşır. Çok kaba bir örnek olmakla birlikte, bu birim düalite hakkında basit bir fikir verebilmek için, uzun bir mıknatıs çubuğunu örnek olarak gösteriyoruz: Bu çubuk, tam ortasından itibaren, bir yarısı "+", diğer yarısı "-" işaretli, birbirine zıt karakterde iki türlü mıknatıslık tezahürü gösteren bir ünitedir, bir birimdir. Bu birimin iki ayrı işaretli zıt değerinin birleştiği tam ortasındaki nokta nötrdür, yâni orada mıknatıslık tezahürü yoktur. Bir ünite olarak ele aldığımız bu çubuğu nötr noktasından keserek, sağ ve sol tarafa düşen yarılarını ayrı ayrı incelersek, onların her birinin de yine, bir yarısı "+", diğer yarısı "-" işaretli olmak üzere, birbirine zıt ikişer mıknatıslık tezahürü gösteren, başlı başına birer birim düalite hâline girdiklerini gözlemleriz. Bu çubuklar mütemadiyen ortalarından kesilip ikişer parçaya ayrıldıkça düalite tezahürleri de böylece devam edip gider. Yâni, mıknatıs çubuğunun her bölünüşünde, birbirine zıt karakterli iki mıknatıslık unsuru, bir öncekinden daha küçük olmak üzere, yeni üniteleri, yeni birimleri meydana getirir.

İşte âlemimizin en önemli yasalarından biri olan bu realiteyi, biz, maddenin bünyesine ait düalite prensibi diye adlandırıyoruz ki, biraz önce söz ettiğimiz değer farklanması veya miktarî değişmeler, bu düalite prensibinin bir ek mekanizmasıdır. Düalite prensibi ile ona bağlı değer farklanması mekanizması, âlemimizde maddelerin oluş ve akışlarındaki imkânların gerçekleştirilmesini sağlayan en önemli kurallardandır. Bunlar olmaksızın ne şekiller, ne hâller, ne de maddî tezahürler mümkün olabilir. Çünkü bu prensipler ortadan kalkınca maddede hareket kurulamaz; hareketler olmayınca da, maddelerin şekillenmeleri, çeşitli hâllere girmeleri, özetle, dünyaların kuruluş mekanizmalarına katılmaları mümkün olmaz, yâni dünyalar oluşamaz.

*
* *

* "Vâhit", sıfatken "tek, bir, yalnız", vâhidi kıyasî'nin kısaltmasıyken "birim" anlamındadır.

Dünyada daima ikilik mevcuttur. Her şeyde, maddenin bütün radyasyonlarında, maddenin esasında, ayrıntılarında, maddenin varyasyonları olup da maddeden arî gibi görünen bütün ruhsal hâllerde, cansız denilen maddelerde, canlı denilen maddelerde, bireylerde, bireylerin birbirlerine karşı durumlarında, kolektivitede*, hislerde, fikirlerde, kısacası gözlemlenebilen ve gözlemlenemeyen dünyanın bütün şartlarında, düalite prensibi ve değer farklanması mekanizması hâkimdir. Ve maddenin tek gibi görünen her hâlinde, birbirine zıt karakterde ve denge hâlinde iki unsur, daima mevcuttur. Bir ünitede bu zıt unsurların mevcut bulunması şarttır. Çünkü bu olmaksızın, madde kurulamaz, yaşayamaz, dağılır. Ve madde mevcut olamayınca da hiçbir şeyin varlığından söz edilemez.

Dünyada ve bütün âlemimizde tek, bir gibi görünen her şey; aslında, birbirine zıt karakterde, birbirinden aslâ ayrılamaz, zıt durumda iki değerden oluşur. Fakat bu zıt değerler; birbirinden bağımsız, tümüyle ayrı iki unsur değil, bir tek birimin karakterini meydana getiren, birbirine bağlı, fakat zıt görünüşlü iki unsurdur.

Bizim âlemimizi oluşturan bütün cüzler ve bu cüzlerden biri olan Dünya'nın ilk maddesi dahi düalite prensibinin kapsamı dışında kalamaz. Bu husustaki esaslı bilgiyi özet olarak tekrar ediyoruz:

a- Birim, düalitenin adıdır. Onun için buna "birim düalite" diyoruz.

b- Düalitenin zıtları birer tek değerden ibaret değildirler. Onlar da yine, daha küçük çapta birer birim düalitedirler, yâni her biri birer düalite olan birimlerdir.

c- Düalite, ilk maddenin oluşması konusunda açıklanacağı gibi, hareketin ilk kaynağı ve esasıdır.

d- Düalite mekanizması olmaksızın hareket ve hareket olmaksızın madde hâl ve şekilleri mevcut olamaz.

e- Düalite, ruh ve madde durumunun dünyadaki aslî görünüşüdür.

---

* "Kolektivite", "birey" sözcüğünün karşıt anlamlısı olup "topluluk" anlamına gelir.

Sonuncu bentte geçen fikirler hakkında açıklamada bulunmanın lüzumlu olduğunu hissediyoruz. Madde kâinatında ruh ile madde bir arada bulunamaz, demiştik. Yâni, kâinatta birbirine doğrudan doğruya, direkt olarak tesir eden ruh-madde kavramı reel bir kavram olamaz. Ancak, bu ifadeden de ruhun varlığını inkâr etmek ve yalnız maddenin mevcudiyetini kabul etmek mânâsını aslâ çıkarmamak gerekir.

Hakikatte madde kâinatında direkt olarak aralarında tesir alıp veren, birbirine kendilerinden bir şeyler gönderen ruh-madde realitesi yoktur ama, kâinatın temelini oluşturan maddenin mevcudiyeti de gayesiz ve sebepsiz değildir. Esasen maddenin mevcudiyeti gayesinin bir ruha hizmet etmek olduğunu daha önce söylemiştik. Bu hakikatin ifadesi madde düalitesinde gizlidir. Şöyle ki: Maddenin oluşundaki gaye, onun ruha hizmet etmesidir. Ruha hizmet etmek ise maddenin her türlü şekil ve hâller içinde, inkişaf imkânlarının ruh tarafından kullanılmasıyla olur. Onun bu imkânlarının kullanılabilmesi de, ruhtan gelen endirekt tesirlerle maddede birtakım hareketlerin ortaya çıkabilmesine bağlıdır. Hâlbuki maddedeki her hareketin meydana gelme imkânı ancak düalite prensibi ve değer farklanması mekanizmasıyla mümkün olur. Yâni, düalite prensibi ve onun ek mekanizması olan değer farklanması olmazsa, ruhların maddelerden yararlanabilmeleri mümkün olmaz. Böyle olunca, ruh-madde ilişkisi gerçekleşemez. Demek ki düalite, değer farklanması mekanizması, madde-ruh düalitesi zorunluluğunun bir ifadesidir. Daha doğrusu maddedeki düalite prensibi; bu cepheden ele alınınca, ruh-madde ikiliğinin kâinattaki aslî görünüşü, yâni -yüksek prensipler karşısında- zorunluluğu olur.

*
* *

Şu hâlde, bütün maddelerin hayatiyetini ve oluşlarını sağlayan düalite prensibi; maddeyi iki unsurlu kılmak suretiyle, esas yapı olarak, Aslî Prensip tarafından onun bünyesine konulmuştur. Aslî Prensip, ilâhî bir prensiptir. İşte böylece düalite; kâinat içinde bulunmayan ruh ile mahiyeti ondan tümüyle ayrı olan kâinatımızdaki varlıkların, yâni maddelerin birbiriyle olan durumlarını, madde bünyesi içinde ifade eder. İşte bir varlık, bir beden böylece anlar ki; kendisi, bir ruh olmayıp, ruhun kâinattaki inikâsıdır* ve bütün hâl ve durumlarıyla, bir ruhun ihtiyacına cevaplar veren ve o ihtiyacı yansıtan, ruhu temsil eden bir varlıktır. Dolayısıyla, varlık deyince, bu bakımdan, kastedilen mânâ ruhtur. İşte düalite, bu mânâyı mümkün kılmak için konulmuştur.

*

* *

Hayat, baştanbaşa, düalite prensibi ile ona bağlı olan değer farklanması mekanizmasının gözleminden ibarettir. Bu hususta bir insanın idraki ne kadar çok artar ve genişlerse, bu prensiplere tâbi maddeler ve olaylar içindeki ayrıntı inceliklerine o kadar daha iyi ve derin olarak nüfuz eder.

İlk bakışta, kaba hâllerde de düaliteyi gözlemlemek mümkündür. Çünkü görünen her madde şeklinde de bir düalite vardır. Bu kaba maddelerin bütün ve cüzlerindeki düalitenin görünüşü, belirgindir. Meselâ insan organizmasının faaliyetleri, sempatik ve parasempatik iki sinir sisteminin karşılıklı denge durumlarıyla yürütülmektedir. Bu iki sinir sistemi, birbirine zıt yönde, bedenin her organında karşı karşıya dikilmiştir. Öyle ki, meselâ kalpte sempatik sistem "+", parasempatik sistem "-" roller alırken, sempatik sistemin "-" rol aldığı midede parasempatik sistem "+" rol almaktadır. Yâni, birbirine zıt bu iki sinir sisteminin dengeleşme hâlleri, organizmanın bir bütün oluşturan faaliyetlerinin sürmesinde esaslı işler görürler. Bunlardan biri bir organı harekete getirip vazifesini hızlandırırken, onun karşısına zıt karakterde dikilen diğeri, aynı organı durdurmaya, yavaşlatmaya çalışır. Ve böylece, birinci sistemin tesirlerini frenlemek suretiyle, onun zararlı olabilecek hızlarını sınırlamış ve böylece de organizmayı korumuş olur. İşte bu iki sinir sisteminin dengesinin şu veya bu tarafa kayması, hayatın icap ve zaruretlerine göre, o bedene hâkim olan varlık tarafından düzenlenir ve kontrol edilir.

Düalitenin varlıklarda en güçlü tezahürünü cinsiyet hâllerinde görürüz. Bir araya gelmiş olan erkek ile dişi, bir birim düalite

* "İnikâs" sözcüğü "yansı; yansıma" anlamlarına gelir.

oluşturur. Bunlar birbirinin hem zıddı, hem de destekleyicisidir. Bu tarzda, onların karşılıklı durumları ve ilişkileri, bir aile ünitesinin her cepheden yürüyüşünü ve selâmetini sağlar. Bu iki zıt arasındaki dengenin tam olarak bozulması ise, ailenin dağılması demektir. Hislerde de düalite vardır: Sempati-antipati, sevgi-nefret, dostluk-düşmanlık, bencillik-diğerkâmlık... gibi. Yine, kavramlarda da düalite vardır: İyilik-kötülük, güzellik-çirkinlik... gibi. Kısacası her kaba hâlde düaliteyi görmek ve bulmak mümkündür. Fakat düaliteyi daha karmaşık hâllerde görmeye çalışmalıdır.

Eğer düalite prensibi; değer farklanması mekanizmasıyla desteklenmez, tek başına kalırsa, hiçbir işe yaramaz ve kıymetini kaybeder. Düalite prensibi ve değer farklanması mekanizması, belirli bir fonksiyonun ifası için birbirine intibak etmiş, biri diğerinin mevcudiyetiyle faaliyete girebilen, iki mekanizmadır. Daha doğrusu değer farklanması, düalite prensibinin ek mekanizmasıdır.

*
* *

Değer farklanması hakkındaki açıklamalarımızı tamamlayalım. İlk önce değerin ne olduğunu açıklamalıyız. Madde hâllerinin ancak birtakım hareketlerle mevcut olduğunu görmüştük. Şu hâlde, maddenin herhangi bir kademedeki durumu, o ân içinde o maddede mevcut olan hareket kompleksleri toplamının tezahürü demektir. Ve bu da o maddeyi o âna mahsus olmak üzere var eden, kimliklendiren bir kavramdır. İşte bir maddenin herhangi bir ânda, içinde bulunduğu ortamda mevcudiyet göstermesini sonuçlandıran, bünyesindeki hareket kompleksleri; o varlık için, birer değer veya miktarlar toplamıdır. Şu hâlde, bir maddenin bünyesindeki hareket içeriğinin şu veya bu şekilde azalması veya çoğalması; o maddenin değerlerinin değişmesi, yâni bu değerlerin artması veya eksilmesi demektir. Bu da o madde ünitesinin zıtlarından birine veya diğerine dışarıdan gelecek tesirlerle olmaktadır. Çünkü tesir de bir harekettir. İşte, değer farklanması veya miktarî değişmeler terimiyle ifade ettiğimiz mânâ budur.

Özetle, bir birim düalitenin birbirine zıt iki cins hareket kompleksinden, yâni iki zıt değerinden birine diğerinden daha çok tesir gelmesi, o ünitenin veya birimin değer farklanmasına sebep olur. Şu hâlde, gelen tesirler birer değer demektir. Böylece, zıtlardan birinin diğerine nazaran fazla değer alması, o zıtlar arasında mevcut olan dengenin bozulması sonucunu doğurur. Oysa düalite prensibi esasına göre, bu zıtlar devamlı bir denge hâlinde bulunmalıdırlar. İşte bozulan bu dengenin tekrar kurulması için, zıtların fazla değerli olan tarafından diğer tarafına doğru bir akış meydana gelir ki, bu akış hâlinin de maddedeki ifadesi, harekettir. Çeşitli yönlerde vukua gelecek* bu hareketlerle madde hâl ve şekilleri üzerinde bir sürü değişme ve yenilik meydana gelir.

*
* *

Ruh ve kâinat düalitesinde şunu hiçbir zaman unutmamak gerekir ki, ruhların tekâmül ihtiyaçlarına göre bulundukları her davranışlarına, kâinat cüzlerinin tam bir intibakla cevap vermesi; ancak, ruhların bu davranışlarını madde cevheri üzerine yansıtan ve her madde cüzünün ve bütününün göstereceği reaksiyonları da ruhlara yansıtmak suretiyle iade eden Aslî Prensibin icaplarıyla gerçekleşir. Yâni, ruhların ihtiyaçları, yüksek prensiplerin icaplarına göre, kâinata tesirler hâlinde yansıtılır. Kâinata yansıyan bu ihtiyaçların cevaplarını o ânda vermek, yâni bu tesirlerin taşıdığı icaplar gereğince derhal harekete geçmek, madde cevherinin karakter zorunluluğu olduğu için, bu zorunlulukla maddenin verdiği cevaplar, yine aynı kanallardan, aynı icaplarla ruhlara yansıtılır. İşte bu bilgiler, icap kavramının ne demek olduğunu, ne kadar muazzam ve derin mânâlar taşıdığını bir kez daha belirtmiş oluyor. Kâinatımızda, kâinatlarda ve kâinatlar üstü olan ruhlar arasında; icap her şeyi içine alır. İcap, Aslî Prensip'te tespit ve tayin olunmuş durumların ifadesidir.

*
* *

Kâinatımızın üstündeki hakikatlere ilişkin söyleyeceğimiz her söz, kullanacağımız her ibare, göstereceğimiz her örnek, ancak, bizim kâinatımızın maddî vâsıtalarından ibaret kalır ki, bunların hiçbiri kâinat üstündeki yüksek kıymetler arasında hakikî bir

---

* "Vukua gelmek" fiili, "olmak, meydana gelmek, vuku bulmak" anlamına gelir.

mevcudiyet gösteremez. Bununla birlikte bunlar, hakikatlerin kâinat içindeki maddîleşmiş ifadelerini birer sembol hâlinde ortaya koymaya ve bu yoldan bâzı sezgiler vermeye yeterlidir. Zaten bundan ilerisini kavrayabilecek hiçbir dünya varlığı da mevcut değildir. Bu noktayı belirttikten sonra, tekrar ayna örneğine dönüyoruz.

Yüksek prensiplerin icaplarıyla, ruhların ihtiyacı, bir aynadan yansır gibi kâinata ve oradan gelen cevaplar da ruhlara yansır, demiştik. Bir dünya örneği içine sokmak zaruretinde kaldığımız bu muazzam hakikatin sezgisini biraz daha güçlendirmek istiyoruz. Buradaki ayna sembolünü dünya zaman ve mekânına uydurup, ruhları bir tarafta, aynayı karşılarında, kâinatı da öbür tarafta düşünerek ve aralarındaki mesafelere göre, sözü edilen yansımaları belirli sürelerle ölçmeye kalkışarak fikir yürütmemelidir. Çünkü kâinatımız üstü hakikatlerde dünyamıza özgü zaman ve mekân durumları yoktur. Dolayısıyla, burada, zaman ve mekân kayıtlarından özgür kalarak, ayna-ruh-kâinat kavramlarını birbiri içindeymiş gibi kabul etmek ve bu sembolle ifade edilmek istenen işleme -insanların anladığı mânâda bir zaman payı vermeden- aynı ânda olup bitiyormuş gözüyle bakmak gerekir. Önemle hatırlatmak isteriz ki, ayna örneği üzerinde dururken, insanların, alışık oldukları zaman ve mekân kaydından özgür sezgileri edinmeyi lâyıkı veçhi ile başaramadıkları ânda, kendilerini bekleyen bir tehlikeyle karşılaşmaları daima mümkün olabilir. Bu tehlike de, hatalı bir anlayış tarzıdır. Yâni, bu bildirdiğimiz ruh-ayna-kâinat sembolünün zaman ve mekândan soyutlanmış sezgisi, hiçbir zaman insanı vahdet-i vücut kavramına sürüklememelidir. Çünkü bu yazıları iyi anlayanlar, burada böyle bir kavramın kastedilmediğini bilirler. Yüksek prensipler ile ruhların ve kâinatların bir tek varlık hâline girebileceği düşüncesi, anlatmak istediğimiz hakikatlerden tamamıyla zıt bir yöne doğru insanı yöneltir ve onun bütün yüksek sezgilerini silip süpürür.

*
* *

Şurası bir hakikattir ki, cevherleri birbirine nazaran daha bol imkânlara sahip ve daha üstün olan, dolayısıyla ruhların daha ileri ihtiyaçlarına cevap verebilecek kabiliyetler gösteren sonsuz kâinatlar serisinin hiçbir parçası veya bütünü, ruhlara erişemez. Nitekim ruhların da herhangi bir kâinat cevherinden kaynaklanmış olmaları imkânı düşünülemez. Kâinatlar ile, kâinat cevherleri ile ruhlar arasında kesin bir erişilmezlik vardır. Bu erişilmezlik, ruhun ve kâinat cevherlerinin mahiyetlerinden ileri gelir. Çünkü eğer ruhlar ve kâinatlar birbirinden bir şeyler alıp verebilselerdi ve aynı mahiyete sahip, aralarında ortak cevherî kıymetler bulunsaydı, ruh ve kâinat ikiliğine lüzum kalmazdı ve tekâmülün de mânâsı kaybolurdu. Yine, kâinat cevherlerinin de inkişafla veya başka bir yoldan birbirine intikal edecekleri düşünülemez. Bu cevherlerin birbirine geçmesi mümkün olmaz. Şu hâlde, insanların akıllarına gelebileceği gibi, bir kâinat inkişaf ederek üst bir kâinatı oluşturmaya doğru kayamaz. O kâinat, ancak -sonsuz denebilecek geniş imkânlar içinde- toplanır, dağılır ve tekrar toplanır, dağılır. Bu hâl, kimsenin akıl erdiremeyeceği bir ebediyettir.

Eğer kâinatların zamanla ve inkişafla birbirine inkılâp edebilmeleri bir hakikat olsa idi, o zaman ayrı ayrı kâinat cevherleri ve ayrı ayrı kâinatlar kabul etmek lüzum ve zarureti ortada kalmazdı. Ve bir tek kâinat, ruhlara ebediyen bir tekâmül ortamı olarak kalırdı. Fakat bu durum, ruhun ebedî tekâmül ihtiyacı kavramıyla uyuşamaz. Çünkü ne kadar sonsuz imkânları bulunursa bulunsun, mahiyeti değişmeyen, aynı cevher mahiyetinde kalan bir kâinat, ruhun ebedî ihtiyaçlarını karşılamaya yetmez. Böyle bir tek kâinat kavramı, ruhlar ile kâinatın aynı kıymette ve aynı plânda bulunması zorunluluğunu doğurur ki, bu da ruh ve kâinat ikiliğine ve tekâmül fikrine tümüyle aykırıdır. Dolayısıyla, tek bir kâinat kavramı ruhun ebedî tekâmülü kavramına uymaz. Sonsuz imkânları olduğu kabul olunsa dahi, bir tek mahiyetin sonsuz kapsama sahip ruhun tekâmülü karşısında vereceği sezgi başkadır, birbiriyle kesinlikle benzerliği olmayan sonsuz mahiyetlerin sonsuz imkânlarının vereceği sezgi, yine başkadır. Ve ruhların ebedî tekâmülü hakikatine lâyık olan durum, yâni sonuna varılması sözkonusu olmayan ebedî tekâmül hakikatinin imkânlarına uygun gelen durum, ikinci durumdur, yâni birbirinden tümüyle ayrı mahiyetlerde olan ve her biri kendisine özgü bambaşka karakterde sonsuz inkişaf imkânlarına sahip, sonsuz cevherlerin mevcudiyeti durumudur. İşte, ancak böyle, sonsuz cevher mahiyetlerinin her birinde sonsuz tekâmül devreleri geçirmesiyledir ki, ruhların tekâmüllerinin ebediyeti hakikati asıl mânâsını ve kıymetini bulur.

*
* *

Ruhun tekâmülünün ebediyetini kabul etmek bir zorunluluktur. Çünkü hiçbir adla anamayacağımız, sezgimizin dahi hiçbir şekilde ulaşamayacağı o 'erişilmezliklerin erişilmezliği'; ruhların hiçbir zaman olup bitmiş bir hâle, mutlak kemal hâline girememeyeceklerini ve ebediyen tekâmül ihtiyaçlarından kurtulamayacaklarını zorunlu kılar. Şu hâlde, kâinatların ruhlara erişilmezliğini zorunlu kılan etken, ruhların ebedî tekâmülden kurtulamamaları hakikatini de zorunlu kılar.

Ruhların ebedî tekâmülünü zorunlu kılan etken de, ruhların Aslî Prensibe hiçbir zaman erişemeyecekleri hakikatinin bir zorunluluğudur. Ruhların Aslî Prensibe erişememelerini zorunlu kılan etken ise; her şeyin üstünde ve bütünlerin bütünü olan, her şeyle en ufak bir ilişkisi dahi sözkonusu olmayan, akıllara, hayallere, hislere girmeyen, hiçbir adla ifadesi mümkün olmayan, yalnız -burada büyük bir zaruret içinde- ancak bir defaya mahsus olmak üzere, sözcüğe hiçbir mânâ yüklemeksizin, bir dünya sözcüğüyle anacağımız "Allah"ın erişilmezliklerin erişilmezliği zorunluluğudur. Bu hakikati tereddüt etmeden ve tartışma konusu yapmadan, böylece, olduğu gibi kabul etmek de, zorunlulukların en büyüğü ve selâmet* yolunun tek istikametidir.

*
* *

* "Selâmet" sözcüğü, "kurtuluş; esenlik, sağlık; güvenlik" anlamlarına gelir.

Ruhların tekâmüllerine yönelik olarak Aslî Prensip'ten gelen icaplar; kâinatımızın üst sınırından içeri (bu ifadeler semboliktir) girerek kâinatta tesir şeklinde tecelli* ederler ve kâinatın bilemediğimiz üst sınırlarında, ileride yine söz edeceğimiz Ünite'den süzülerek, madde kombinezonlarının sonsuz inkişaf ve kabiliyet imkânlarına göre, onları ve kendilerini çeşitli formasyonlara, transformasyonlara ve deformasyonlara uğrata uğrata, üstten itibaren aşağılara doğru yayılarak, dağılarak inerler ve varacakları noktalara ulaşarak, orada ruhların ihtiyaçlarına göre tezahürlerini göstermek suretiyle, ruh-cevher arasındaki endirekt alışveriş fonksiyonlarını sonuçlandırırlar. Hangi varlıktan, hangi kademeden geçerse geçsin, her tesir muhakkak surette bir icabı taşımaktadır. Bu icap da, tesirlerin eriştikleri kademedeki maddelerin veya varlıkların tâbi oldukları ruhların tekâmül ihtiyaçlarını içerir. Şu halde kâinatın hiçbir zerresi bu tesirlerden özgür değildir.

Tekrar ediyoruz: Mahiyetini, sebep ve sonuçlarını, madde kâinatımızın kesin ve doğal imkânsızlığı yüzünden aslâ takdir edemeyeceğimiz ve bilemeyeceğimiz ruhların ihtiyaçları ve bu ihtiyaçların kâinatımıza düşen bir payı olarak kabul ettiğimiz tekâmülleri; yüksek prensiplerin icapları gereğince kâinattaki tatbikatlarla sağlanır. Bu gayenin yerine getirilmesi için, Aslî Prensip'ten gelen icaplar kâinatın üst kademesini işgal eden Ünite'ye yayılırlar. Ve orada bu tesirler bir vahdet oluştururlar. Böylece, Ünite'yle birleşmiş olan bu icaplar; tesirler hâlinde Ünite'den süzülüp, her varlığın ihtiyacına uygun olarak, kâinat içindeki topluluklara, bireylere, maddelere ve varlıklara, en küçük zerrelere kadar bütün madde cüzlerine dağılırlar ve onlarda çeşitli transformasyonlar, deformasyonlar ve formasyonlar meydana getirirler. İşte bu tesirler mekanizmasıyla, kâinatın yürüyüşü ve akışı sağlanır; varlıkların ruhlar ile, birbirleri ile ve maddeler ile olan ilişkileri kurulur ve böylece, kâinattaki inkişaf, belirli hedefine doğru yürür gider.

*
* *

---

* "Tecelli" sözcüğüne sözlüklerde "belirme, kendini gösterme, görünme, tezahür etme; görünüş; meydana gelme; ilâhî kudretin tezahürü" anlamları verilir.

İleride üzerinde tekrar duracağımız -biraz önce adı geçen- varlık kavramından burada da söz etmemiz gerekiyor. Varlık; Aslî Prensibin icaplarını taşıyan ve ruhlarla ilgili bulunan tesirleri, herhangi bir ruhun, kâinat sonuna kadar kendisine hizmet etmesi için, belirli bir inkişaf kademesindeki maddeler arasından toplayarak sentezleştirdiği bir madde ünitesi, daha doğrusu bir tesirler kompleksidir. Şu hâlde, her varlık; belirli bir ruhun, kâinat sonuna kadar hizmetine tahsis edilmiş bir tekâmül vâsıtasıdır. Bu, öyle bir varlıktır ki, ruhun kâinat üstü plânında cereyan eden davranışlarının bütün icaplarını kâinatta madde olarak ifade eder. Ve bu ifadeler de bir aynadan yansır gibi ruha yansıtılır. Şu hâlde, varlık, hizmetinde bulunduğu bir ruhun kâinattaki sembolüdür. İşte herhangi bir ruhun hizmetinde bulunan varlık o ruhun bütün davranışlarını, kıpırdanışlarını ve ihtiyaçlarını tam olarak ifade ettiğinden, biz ona ruhun kendisi imiş gibi de bakabiliriz. Çünkü o varlıkta görünen her tezahür, ruhun davranışlarının -kullandığı madde imkânlarının müsaadesi oranında- kâinata yansımış bir ifadesinden, temsilî bir görünüşünden başka bir şey değildir. Ve ruh ortadan kalkınca, ona ait bütün ifadeler ve tezahürler silinecek ve varlık o ânda dağılacaktır.

*
* *

Varlığın kâinatta iki cepheli fonksiyonu vardır: Bunlardan biri, onun ruh karşısında sadece bir laboratuvar vâsıtası oluşu, diğeri de maddeler ortasında ruhun bir timsali* mevkiinde bulunuşudur. İşte bu iki fonksiyonunun sonucu olarak, varlığın da ayrıca bir tatbikat sahasına ihtiyacı vardır. Dolayısıyla, ruhun kendisinden beklediği reaksiyonları ona lâyıkı veçhi ile yansıtabilmesi için, o reaksiyonların lüzumlu elemanlarını çevresinden toplaması, yâni etrafındaki varlıklardan ve maddelerden sağlaması gerekir. Bu hususta ileride daha geniş bilgiler verilecektir.

*
* *

Şimdi, burada insanların aklına gelebilecek bir problemi çözmek icap ediyor. Varlık, mademki bütün fiil ve hareketleriyle, bü-

* "Timsal" sözcüğü, "temsil eden (şey), misal, sembol, suret, imaj" anlamına gelir.

tün duygu ve düşünceleriyle, madde kombinezonlarından ibarettir; o hâlde kendisiyle doğrudan doğruya hiçbir ilişkisi olmayan bir ruha hizmet etmekle ne kazanıyor; yâni bir varlığın hizmet ettiği ruhun -ne tarzda ve mahiyette olduğunu dahi bilmediği- tekâmülü için bu kadar çalışması, didinmesi, acı ve tatlı deneyimler geçirmesi kendisine ne sağlayacaktır? Ve eğer o, hizmet ettiği ruhun tekâmülüyle paralel olarak bu kadar ileri inkişaf safhalarını tamamladıktan sonra, günün birinde o ruhun kâinattan ayrılıvermesiyle tekrar kendi ezelî karanlığına bir sıfır olarak dönecekse, onun bir kâinat inkişafı boyunca göstermiş olduğu faaliyetler boşuna mı olacak?

İnsanın kafasına gelebilen böyle bir düşünce onu karamsar kılıp teşevvüşlere düşürebilir. Fakat her şeyden önce madde ve ruh ilişkileri hakkında yukarıda verdiğimiz bilgiler üzerinde biraz derince düşünülürse, bu düşüncelere sebep olan hâllerin birer görünüşten ibaret bulunduğu ve hakikatin böyle olmadığı anlaşılır. Bununla birlikte düşüncelerde karanlık bir noktanın kalmaması için bu hususu açıklamak gerekiyor. İlk önce amorf bir maddeyi ele alalım. Bunda hiçbir hareket, hiçbir şekil yoktur. Fakat bu amorf madde, varlık hâline girdiği zaman, onda en basitinden itibaren, bütün varlığa ait özelliklerle birlikte gittikçe yükselen, sevgiler, sempatiler, antipatiler, merhametler, vicdan faaliyetleri, düşünceler, muhakemeler gibi, bir sürü meleke ve durum meydana gelir. Şimdi, insanların zihinlerini bir hayli zorlayabilecek olan, amorf madde ile bu tezahürlerin ilişkilerini açıklayalım.

İnsanların manevî değerler yükledikleri ve madde üstü saydıkları bütün beşerî hareket tarzları, hâlleri, duygu ve düşünüşleri, inanışları; hakikatte, seyyalliği artan madde fonksiyonundan başka bir şey değildir. Ancak, şimdiye kadar insanların bu hakikati bu kadar açıklığıyla görememeleri icap ediyordu. Tâ ki onlar, bu realiteler içinde geçirilmesi zarurî* olan sınav ve deneyimlerini selametle yapabilsinler. Fakat bugün, artık hakikatler, olduğu gibi açıklanmaktadır. Çünkü insanlar bu hakikatleri bütün açıklığıyla

* "Zarurî" sözcüğüne, sözlüklerde "zorunlu; kaçınılmaz; gerekli" anlamları verilir.

öğrenmek kudretine erişmişlerdir. Bu hususta dünyadan pek çok örnek vermek mümkündür. Madde üstü görünen en saf, en hissî ve ideal duygu, düşünce ve fiiller; dünyanın en seyyal maddî imkânlarının tezahürlerinden başka bir şey değildir. İnsanların sevgiye ait hissî hareketler diye ifadelendirdikleri birçok fiil; yüksek bir sempatizasyon imkânının, yüksek bir madde seyyalliğinin, yüksek bir madde karşılaşması, tesirleşmesi ve kapsam kazanması kudretinin ifadesidir. Aynen, bütün antipatiler, sempatiler, kin, gaddarlık, bencillik, diğerkâmlık, fedakârlık, haz, sevinç, ıstırap, kısacası "sübjektif" denilen bütün his ve fikre ait kıymetler: imajinasyonlar, düşünceler, idealler, imanlar, itikatlar, icat ve yaratıcılık kudretleri, yetenekler, dâhilikler, ihtiraslar, arzular, eğilimler, alışkanlıklar ve bütün "ruhsal" denilen hâller: korkular, cesaretler, hainlikler, zalimlikler, iyilik ve kötülük duyguları... insanların idraklerinin henüz tanımadığı, fakat dünyada mevcut maddelerden yayınlanan türlü niteliklerdeki enerjilerin tezahürleridir. Dolayısıyla, insanların bunlara hâkim olması, bunları yenebilmesi demek; maddeye hâkim olması, maddeleri yenmesi demektir. Bütün bu "ruhsal" veya "manevî" denilen realitelerin hiçbirinde maddenin dışına çıkılmamıştır. Burada, hep madde kullanılmıştır. Fakat bunu bilmek, şimdiye kadar insanlar için mümkün olmamıştır ki, bu da dediğimiz gibi, bir icaptı. Bu hakikat, bundan sonra insanlar tarafından bilinecektir.

Dünyayı oluşturan madde cüzlerinin ve elementlerinin altında ve üstünde diğer birçok elementin daha mevcut olduğunu ve bunların insanlar tarafından henüz bilinmediğini daha önce söylemiştik. Yine, şu durumu da belirtmiştik: Madde cevheri olan hidrojen atomunun insanlarca tanınmayan bu elementlerde o kalitede bir yapısı vardır ki bu; insanların atomdan yayınlanan bütün enerji tezahürlerine ait bilgilerinin üstünde ve bambaşka kudretlerde cevher hâlleri gösterir. İnsanlarca meçhul olan bu hidrojen atomu kademelerinden yayınlanan ve insan idrakini zorlayacak kadar seyyal ve kudretli olan maddî imkânlar, insanların şimdiye kadar aslâ kavrayamadıkları birçok olayın oluşuna imkân hazırlamakta ve sebep olmaktadırlar.

Özetle: Ruh bir madde ile iştirak eder. Beden denilen şuurlu madde hâlini meydana getirir. Ondan sonra ruh, artık tümüyle o bedenin şartlarına bağlanır. Ve o şartlar içinde, organik faaliyetlerinden başka, "ruhsal" ve "manevî" denilen bütün hâlleri; beyne ve sinir sistemine, yâni beynin ve sinir sisteminin imkân ve kabiliyetlerine bağlı bulunur. Ruhun malı sanılıp da aslında maddede meydana gelen hâl ve hareketlerin tekâmül mekanizmasındaki rollerini ileride açıklayacağız.

Fakat şimdiye kadar, bu saydığımız hâllerin hep maddeye ait olan cephesinden söz ettik. Eğer iş yalnız bu kadarla kalsa idi, o zaman, insanların düşebilecekleri -yukarıda söylediğimiz- endişelere hak vermek icap ederdi. Fakat biraz önce açıkladığımız hakikatlere rağmen, maddenin kendi kendine hiçbir harekette bulunma kudreti olmadığı hakkındaki esas bilgiyi hatırlatırsak, iş değişir. Çünkü bu bilgi, maddedeki hiçbir kıpırdanışın, maddenin kendisinden olmadığını öğretmektedir. Madde, bu işi yapmak kudretinden kesinlikle yoksundur. O hâlde bir varlığın her hareketi, her kıpırdanışı kendisinden olmayan bir durumun ifadesidir. Ve bundan başka bir şey de olamaz. Aksi hâlde maddenin ana niteliğini inkâr etmiş olmak gerekir ki, bu da mümkün değildir. İşte varlığın gösterdiği, madde olan bütün bu hareketlerdeki, madde olmayan ifadelere, ruhun kâinatımızdaki durumu diyoruz. Şu hâlde, madde olarak sonsuz hareketlerle, kombinezonlarla, şekillerle ve hâllerle bir varlıkta ortaya çıkan her türlü sevgi, düşünce, vicdan gibi, "ruhsal" denilen yüksek tezahürler; aslında, ruhun kendi plânında mevcut, bilmediğimiz sonsuz davranışlarının, kâinatta, madde imkânlarına göre, fikrî, hissî ve hayatî formlarla tercüme edilmiş karşılıklarıdır. Dolayısıyla, varlığa ait, ortada madde hareketlerinden başka bir şey kalmamaktadır ve bu hareketlerdeki mânâların ve ifadelerin hepsinin ruha ait oldukları görülmektedir. Buna bir örnek olmak üzere, idraki ele alalım: İnsan idrak eder. İdrak eden, insandır. Onun sinir sistemi yapısında öyle ince kombinezonlar vardır ki, bunlar mütemadiyen idrak şeklinde tezahür eden vibrasyonlar, enerjiler yayınlamaktadırlar. Ve idrak melekesinin sağlığı veya bozukluğu; işte bu enerjileri yayınlayan, sinir sistemindeki o çok ince madde kombinezonlarına, düalite prensibi ve değer farklanması mekanizmasıyla, dış tesirlerin yaptıkları müdahaleler sonucunda meydana gelen hareketlere bağlıdır. O hâlde dış görünüşüyle idrak, maddede meydana gelir ve maddî vibrasyonlarla görünür. Dolayısıyla bir maddedir. Bununla birlikte o, aynı zamanda, bir aynadan yansır gibi ruhun kâinata yansımış davranışlarının, maddedeki karşılığıdır, ifadesidir. Yâni, idrakin, hareket hâlindeki durumu maddeye aittir, ifade bakımından durumu da ruha aittir. İşte ruhun kâinat üstü durumlarına ait olan bu ifade, böylece, madde hareketlerinin imkânlarına tâbi olmak suretiyle, kâinatta –tümüyle maddî bir realite içinde– ancak idrak mekanizmasıyla tefsir ve temsil edilmiştir. Daha kısası, idrak; ruhta mevcut olan, mahiyeti kâinat sakinlerince meçhul bir davranışın maddedeki teknik ifadesidir. Demek ki bir gün gelecek, ruh kendisine tâbi olan varlığı kâinatta ebediyen terk edip gidecek ve terk edilmiş varlık dağılacak; fakat burada dağılacak olan şey, sadece bu duyguları, fikirleri ve tanımadığımız, ileride gelecek, daha diğer sayısız ifadeleri taşıyan maddelerin kombinezonları, şekilleri ve hareketleri olacaktır. Madde hareketleri içinde görünen bu hâllerin ruhtaki –mahiyetlerini bilmediğimiz– asılları ise, ruhla birlikte, ebedî oluş ve akışlarına devam edeceklerdir. Esasen ruhun kâinattan ayrılmasıyla birlikte, varlığın da taşıdığı bütün ifadeleri kaybedip hemen, tekrar âtıl ve amorf hâline dönüvermesi, bu hakikatin en açık kanıtını oluşturur.

Dolayısıyla, bir varlıkta cereyan eden hâllerin, aslında ruhlar âleminde mevcut olan, mahiyetlerini bilmediğimiz çok daha geniş ve kapsamlı durumların ve davranışların ancak maddî birer timsali, maddî birer görünüşü olduklarını, böylece, ifade etmiş bulunduk. İşte bunun içindir ki, biz, varlık denince ruhları hatırlar ve varlıkla ilgili olayların, ancak, ruhlar âlemindeki, mahiyetlerini bilmediğimiz karşılıklarına ait olduklarını anlarız.

*
* *

Maddeler ile ruhların paralel olarak ilerlemeleri kavramlarını, "inkişaf" ve "tekâmül" sözcükleriyle birbirinden ayırmak gerekiyor. Çünkü bunlar ayrı ayrı şeylerdir. İnkişaf; kâinat içindeki maddelerin, bünyelerindeki hareketlerin artması, madde kombinezonlarının karmaşıklaşması, tesirlere hedef olma sahalarının genişlemesi, değerlerinin artması hâlidir. Tekâmül ise; ruhların, hizmetlerinde bulunan varlıklardaki inkişaflara paralel durumlarıdır. Bu durum; mahiyetine aslâ nüfuz edemeyeceğimiz, ruhların sonsuz ihtiyaçlarından kâinatımızda tatmini icap eden ve dünyamızda tekâmül sembolüyle ifade olunan bir kısmıdır. Şu hâlde, tekâmülün mânâsı, onun maddeler içindeki ifadesi olan inkişafların mânâsıyla paralel olarak yürür. Demek ki tekâmülün seyrini* mütâlaa etmek, ona vâsıta olan varlığın ve bu varlığa vâsıta olan maddelerin inkişaf tarzlarını ve yürüyüşlerini incelemek demektir.

*
* *

Kâinatta tekâmül tatbikatına ilk başlayacak bir ruhun bu tatbikata ait ilk durumları kâinatın amorf hâllerine yansıtılır. Bu yansıtılış, tesirler kanalıyla olur. Tesirler ise; hem ruhlar âlemini, hem kâinatları kapsayan ve onlara hâkim olan, mahiyetini hiçbir zaman anlayamayacağımız, hattâ sezemeyeceğimiz Aslî Prensibin "icap" dediğimiz kudretinin, kâinatımıza ait ruh-madde durumları üzerindeki ifadesi ve tecellisidir. Ruhların ihtiyaçlarını kâinatlara taşıyan bu tesirler, düalite prensibi ve değer farklanması mekanizmasıyla, maddede daha önce söz ettiğimiz hareketleri meydana getirirler. İşte kâinattaki hareketler; ruhların kıpırdanışlarının ve davranışlarının, bu tesirler kanalıyla madde oluşumları hâlinde tecelli eden, sembolik birer ifadesidir. Böylece, kâinata ilk giren basit, acemi ruhlara ait tesirler, devamları boyunca eriştikleri sahalardaki ilk maddelerin o ânda, o ruhlara birer gözlem sahası olmalarını sağlarlar.

*
* *

---

* "Seyr" sözcüğü, "yürüyüş, gidiş; ilerleyiş; yolculuk" anlamlarına gelir.

Bir ruhtan gelen tesire karşı maddenin hareketler hâlinde verdiği cevaplar, yine o tesir kanalından dönerek aynı ruha yansırlar. Böylece, Aslî Prensibin icaplarına tâbi olarak ve o kudretlerin yardımıyla ruh ve maddelerin endirekt ilişkisi kurulmuş olur ve ruh, böylece, maddeden alacağını o ân için almış bulunur. Bundan sonra o ruhun, yeni ihtiyaçlarına göre, ya aynı madde kademesinde bulunan ya da daha üst bir madde kademesinde olan diğer maddelerde, aynı tarzda ve aynı yollardan, gözlemleri devam eder. İlk safhada bulunan ruhlar için, her, maddenin inkişaf durumundaki ânına bir ruhun tekâmül ihtiyacı tekâbül eder. Diğer deyişle, maddedeki inkişafın her türlü durumu, o ânda hizmet ettiği herhangi bir ruh için, mekanik bir tatbikat zemini olur. Ruhların buradaki durumu, sadece, o hareketlere uymaktır. Bu söz ettiğimiz safha, kâinatın ilk ve en kaba olan safhasıdır ki, bizler için karanlık olan bu safha, ileride açıklayacağımız hidrojen safhasının altında bulunur. Bu safhadaki bütün işler, Aslî Prensibin icaplarına göre, ancak, kâinatın üst sınırlarındaki Ünite'nin kurduğu kâinatşümul idare mekanizması dahilinde, bilmediğimiz yollardan yürütülür. Yalnız, müphem olmakla birlikte, şu kadar söyleyebiliriz ki, bu safhada tekâmül etmek durumunda bulunan acemi ruhların yürüyüşleri, mekanik ve pasif bir tekâmül prensibine tâbidir.

Bu ilk, basit madde safhasındaki ruhların tekâmülleri, maddelerin inkişafları kadar kolay ve hızlı olmadığından, ruhlar bu safhada bir tek maddeye bağlanıp kalmazlar. Her ân ortam değiştirirler. Böylece, nispeten kendisinden ileri bir maddeyi daha liyakatli bir ruha terk eden ruh, ağır yürüyüşüyle bulunduğu alt madde kademelerindeki daha basit maddelerde, yürüyüşüne daima pasif olarak, yâni madde hareketlerine müdahale etmeksizin devam eder.

*
* *

Bu ilk safha, ruhun kâinat ile ilk iştirakinden, maddenin ilk hidrojen atomuna gelinceye kadar ilerler. Bu ruh, kâinatta henüz bir bedene sahip olmuş değildir. Çünkü onda henüz kâinat maddelerini toplayabilecek kudretler yoktur. Dolayısıyla, o, kâinat karşısındaki ilk ihtiyaçlarını takdir eden yüksek prensiplerin Ünite'den süzülen icaplarına göre, basit madde hâllerinde, sadece pasif ve mekanik bir yürüyüşe tâbi tutulacaktır. Onun bu sıralarda kâinatta, idrak, irade, şuur ve özgürlük hâlinde tezahür eden maddî bir kimliği olmayacaktır. Böyle bir kimliğin kazanılması, ancak, yüksek prensiplerin nizamı gereğince -onun ihtiyacı oranında- amorf maddeler arasında daima pasif ve mekanik olarak geçireceği ebediyet kadar uzun devrelerden sonra, tedricen mümkün olacaktır.

İşte bunun içindir ki, bu ilk madde safhalarındaki ruhların iradeyi, özgürlüğü, idraki gerektiren hiçbir aktif durumları yoktur. Bunlar kâinatta henüz herhangi bir madde oluşumuna bağlanmış değildirler. Bu acemi ruhlar, bu safhada iken, kâinattaki basit yansımalarının mekanik yollardan geliştirilmesi için, bir madde durumundan diğer bir madde durumuna, oradan da lüzumuna göre başka bir madde durumuna sokula çıkarıla (Bu sözler hakikî değil, semboliktir. Çünkü ruhlar hiçbir zaman maddelerin içine sokulamaz.) maddelerin çeşitli durumları ve hareketleri ile karşılaştırılırlar. Bu ilk safhadaki maddelerde, âlemimizde görülen hareket ve şekillerin hiçbiri yoktur. Ve onlar âlemimize nazaran şekilsiz, amorf, darmadağınık bir hâldedir ki; bunların tamamı, amorf bir ortamı meydana getirmiştir.

Bu ilk kâinat maddesinin inkişaf safhasının ardından, "hidrojen safhası" dediğimiz -âlemimizin tâbi bulunduğu- bir üst safha oluşacaktır. Şimdi, bu safhaya ait bilgileri veriyoruz.

*
* *

Âlemimizin başlangıcı olan aslî maddesi, ilk kâinat safhasını oluşturan ilkel dağınık ortamın maddelerinden meydana gelmektedir. Madde teşekkülâtının âlemimizde düalite prensibi ve değer farklanması mekanizmasıyla mevcut olduğunu görmüştük. Bu realitenin bir sonucu olarak, âlemimizde aslî cevherin ilk hâl ve şekillerinin meydana gelişini bu mekanizmalarla birlikte mütâlaa etmek gerekmektedir. Hidrojen âleminin ilk atomunun hareketlenmesi hakkında dünya lisanı ve sözcükleriyle verilecek bilgiler, daha ziyade, sembolik olacak ve sezgilere dayanacaktır. Çünkü insanlar, âlemdeki ilk hareketlerin şekil ve mahiyetleri hakkında esasen hiçbir bilgiye sahip değildirler. Âlemimizin üstüne ait realitelerde insanların idraki nasıl bir noktadan itibaren duruyorsa, altındaki belirli bir noktayı da aşamaz, demiştik. Fakat madde kâinatımızda geçerli olan yasaların ve prensiplerin esasları birdir. Burada değişen şey, bu esaslar değil, bu yasa ve prensiplerin âlemlere göre meydana gelen formları ve tezahürleridir. Bu durum, âlemimizin alt ve üst kısımlarına ait bâzı realiteler hakkında insanların muhtaç oldukları kıyasî sezgileri alabilmelerine yardım eder ki; bu sezgiler de, kâinat hakkındaki bilgilerin insanlara yetecek kadar tamamlanmasına kâfi gelir. Şimdi, ilk hidrojen atomunun nasıl oluştuğunu açıklamaya başlıyoruz.

Âlemimizin ilk maddesinin hidrojen atomu olduğunu ve bunun da insanların bildiği hidrojen atomundan bambaşka ve onun çok ilkel bir hâlinden ibaret bulunduğunu daha önce söylemiştik. Yine, insanların tanıyamayacakları kadar basit ve ilkel olan bu atomun -âlemimizin ilk maddesi olması bakımından- amorfa en yakın bir madde olduğundan da söz etmiştik. Daha önce belirttiğimiz gibi, kâinatta mekanik tekâmül prensibinin hâkim olduğu ilk safha; hidrojen atomu altı safhası olan, sonsuz, karanlık, dağınık ve amorf bir ortamdan ibarettir. Buradaki tekâmül tümüyle mekanik bir sisteme bağlanmıştır. Bu safhadaki maddeler, toplu değil, darmadağınıktır. Çünkü bu safhada, yalnız mekanik tatbikatlarını görmek için bulunan ruhlar, henüz maddeleri toplayabilecek kudrete erişmemişlerdir. Dolayısıyla, bu basit ruhlar, bu ilkel ortamın darmadağınık, şekilsiz maddeleri içinde, hiçbir maddeye bağlanmadan -aslî kaynakların yüksek icaplarıyla- o maddeden o maddeye atlamak suretiyle sürüklenip giderek, sonsuz, mekanik ve insanlar için anlaşılması mümkün olmayan, ilkel bir tekâmül yolunu izlerler.

İşte burada, pasif olarak tekâmüllerini yaparken, ebediyet kadar uzun görünen bir devreden sonra, bu ruhların bâzıları, yavaş yavaş, bu dağınık maddeyi toplayabilecek kadar, tekâmüllerinde ilerlemiş durumlara gelirler. Böyle bir duruma gelmiş bir ruhun sonraki tekâmülüne zemin olmak üzere, Ünite'den bu amorf ortamın içinde bir noktaya tesir gelir. Bu tesir; biri o maddeye bağlanmış bulunan, yâni o maddeyi yakalayabilecek duruma gelmiş olan bir ruha ait, diğeri ise oluşma hâlinde bulunan o maddenin bünyesine ait olmak üzere, birbirine zıt karakter göstermekle birlikte, birbirini destekleyen, tamamlayan, özetle, aynı hedefe yönelmiş bulunan iki tesirden bileşmiştir. Ve elbette bunların ikisi de yine aslî tesirin, iki cephede görünen, kâinattaki tezahürüdür. Bu iki zıt tesir, birbirine zıt karakterde birleşmiş unsurlardan oluşan ikili bir madde vahdetini, yâni bir birim düaliteyi meydana getirir. Bu unsurlar; o ortamda mevcut amorf maddenin bir kısmının, gelen tesirler altında hareketlendirilerek, bir araya toplanmış hâlleridir. Çünkü bu hareketler sayesinde meydana gelen manyetik alan, o dağınık maddeleri bir araya toplar. İşte bu hareketler de, hidrojen âleminin ilk hareketleridir ki, bir ruhun o atoma bağlanması icaplarına göre, aslî tesirler tarafından ayarlanmıştır.

Böyle ilk atomlardan oluşmuş sahalar, astronomik âlemin bütün cisimlerini, kürelerini ve sistemlerini oluşturan sayısız galaksi sahalarının ilk durumlarını meydana getirirler. Böylece meydana gelmiş olan ilk atoma bir ruh bağlanmış bulunmaktadır. Diğer deyişle, bu ruhun bu atoma bağlanmak ihtiyacı, Aslî Prensibin icaplarıyla, bu atomun meydana gelmesine sebep olmuştur. Ve ruhun bu ihtiyacına ait icapları taşıyarak amorf ortama inen aslî tesir, onun bu atomla irtibatını sağlamıştır.

Demek ki ilk hidrojen atomları, böyle birbirine zıt, fakat denge hâlinde bulunan ikişer unsurdan müteşekkil, âlemimizin en basit hâllerdeki aslî maddelerini oluşturmaktadırlar.

*
* *

Âlemimizin ilk atomuna, yâni hidrojen atomuna bağlanmış olan bir ruh, artık o atomun varlık dediğimiz bir ileri safhasının oluşacağı âna kadar, onu bırakmayacaktır. Burada da mekanik-otomatik bir tekâmül seyri vardır. Yâni, hidrojen tekâmülünün bu birinci kısmındaki ruhlar, ilk yakaladıkları ilkel hidrojen atomunun sonraki bütün inkişaf safhalarını pasif olarak izlemek suretiyle, tekâmüllerine devam edeceklerdir. Bu sırada onlar hidrojen atomuna hâkim değildirler. Çünkü kendilerinde böyle bir hâkimiyetin gerektirdiği ne sezgi, ne idrak, ne de özgürlük mevcut değildir. Bunlar henüz, muhtelif maddeleri toplayarak onlardan kendilerine bir varlık meydana getirecek durumda değildirler. Dolayısıyla, bunların tekâmül süreçleri de, aşağı yukarı ilk safhadakiler gibi, pasif ve mekaniktir. Arada şu fark vardır: Amorf ortam safhasındayken ruhlar hiçbir zaman bir madde üzerinde uzun uzadıya tutunamazlardı. Çünkü onlar orada esasen herhangi bir maddeyi yakalayabilmiş durumda değildiler. Onlar, sadece darmadağınık maddeler içinde, aslî tesirlerin icapları altında, maddeden maddeye atlayarak mekanik tatbikatlarını yapıyorlardı. Hidrojen âleminin ilk safhasında ise, ruhlar yakalamış oldukları hidrojen atomlarına bağlanmışlardır.

O bağlandıkları atomdan başkasına atlayamazlar. Ve o atomun bütün inkişafı boyunca, onun inkişaf kademelerini izlerler; yalnız, bu sırada o atoma hâkim değildirler. Sadece, onun hareketlerine pasif olarak katılırlar ve o hareketlere intibak etmeye alışırlar. Çünkü bu hareketler, aslî tesirlerin yüksek icapları altında kurulmuş ve yönlerini almıştır. Ruhlar, orada, bu icaplar altında ve esir olarak, yâni sürüklenerek o hareketlere tâbi olmak suretiyle, varlık safhasına kadar çok uzun bir süre devam edecek olan tatbikat devresini tamamlayacaklardır. Bu ilk hidrojen atomunun oluşmasından ilk varlık hâli meydana gelinceye kadar atomun bünyesine hâkim olan tesir, esasî tesirdir, yâni Aslî Prensip'ten gelen tesirin maddeye ait cephesidir; aslî tesirin bir de o atoma bağlanmış bulunan ruha ait, söylediğimiz gibi, ikinci bir cephesi mevcuttur. Demek ki bu atoma inen aslî tesirde bir, atomun bünyesine ait maddî cephe, bir de ruha ait olarak gelen, ruhî bir cephe vardır. Şu hâlde, endirekt olarak, yâni aslî tesirler kanalıyla gelen, ruhlara ait tesirlerle, atomun mukadder olan hareketlerine pasif olarak uymak suretiyle, sadece mekanik tatbikatlarını yapacaklardır. Bu tatbikat sayesinde onlar, varlık safhasına doğru ilerledikçe, maddeler arasındaki ilişkilerin nedensellik prensibi karşısındaki durumlarına ait ilk içgüdülerin hazırlıklarını otomatikman yaparlar. Bu devredeki tekâmül, ruhlar için çok uzun ve zordur. Elbette buradaki zorluk ve uzunluk kavramları nispîdir. Aslında ilâhî nizamda ne uzunluk-kısalık, ne de zorluk-kolaylık diye bir şey yoktur.

*
* *

Hidrojen atomu, âlemimizin en basit bir maddesi olmakla birlikte, az çok büyük bir enerji taşımaktadır. Çünkü o, kâinatın ilk, amorf madde hâlinden bu merhaleye gelinceye kadar bir hayli tesirler ve değerler almış bulunmaktadır. Şunu tekrar hatırlatalım ki, burada sözünü ettiğimiz hidrojen atomu, kimyaca bilinen "H" değildir. Bizim söylediğimiz hidrojen atomu, bütün güneş sistemlerini, teleskoplarla insanlar tarafından tanınan yıldızları, galaksileri, kısacası bütün astronomik cisimleri içeren âlemimizin anası olan bir madde kombinezonudur ki; kimyacılar tarafından bilinen hidrojen atomu, âlemimizin ilk maddesi diye söz ettiğimiz bu hidrojen atomunun çok ilerlemiş ve inkişaf etmiş hâllerinden biridir.

Âlemimizdeki bütün maddelerde olduğu gibi, hidrojen atomunun da hâl ve mevcudiyetini koruyabilmesi, devamlı şekilde inkişaflar kaydetmesi, ancak, düalite prensibi ve değer farklanması mekanizmasına göre, birbirinin içinde saklı bir sürü madde cüzünün denge toplamlarıyla mümkün olmaktadır ve bu dengeler de aslî tesirlerin hâkimiyeti altındadır.

*
* *

Şimdi, hidrojen atomunun, varlık safhasına girinceye kadar nasıl inkişaf ettiğini açıklamaya başlıyoruz.

Hidrojen safhasının altında, sonsuz bir mekanik inkişaf ve tekâmül ortamının mevcut olduğunu bildirmiştik. Bu ortam, dediğimiz gibi, amorfa yakın, dağınık bir bütün oluşturan, karanlık bir sahadır.

Aslî tesirler, bu karanlık ortamda ilk çekirdeği kurduktan sonra, onun etrafına diğer cüzleri de toplayarak, gittikçe daha karmaşık, daha karışık ve daha münkeşif durumları meydana getirirler.

Ve böylece meydana gelmiş olan madde oluşumunun ortasındaki aslî tesir, bu oluşum içinde kullanıldıktan sonra, mahiyeti değişmiş ve aslî durumunu kaybetmiş olarak, o maddeden tekrar dışarı yayınlanmaya başlar ki, buna o cismin manyetik alanı deriz.

İşte, hidrojen âleminin, en küçük cüzlerinden en büyük sistemlerine kadar, bütün küreleri ve oluşumları böyle meydana gelir.

İlk hidrojen çekirdeği böylece kurulduktan sonra, yukarıda söylediğimiz yoldan inkişaf ede ede, nihayet, kimyaca tanınan "H" atomu kademesine ulaşır.

Böyle, aslî tesirlerin hâkimiyeti altında kurulan ilk hidrojen atomuna, en son inkişaf kademelerine kadar, yâni varlık hâline gelinceye kadar, aslî tesirle, yalnız esasî tesirler ve o atoma bağlı olan ruha ait tesirler gelir. Yâni, ileride tesirleri anlatırken açıklayacağımız, aslî tesirlerin maddelere ait, "esasî tesir" dediğimiz kısımları ve ruhlara ait, "tekâmül değerleri" dediğimiz kısımları gelir. Dolayısıyla, bu atomların bünyelerindeki hareketler, ancak yüksek aslî tesirin hâkimiyeti altındadır. Ruhlar, pasif olarak bu hareketlere sürüklenmekle, uymakla, mekanik-otomatik tekâmüllerini yaparlar. Bu, tekâmülün bir tür pasif adaptasyon safhasıdır. Bu safhada, atom bünyelerine, "tâli tesirler"* dediğimiz, kâinattaki diğer, varlıklara ait olan tesirler gelmez. Esasen burada, ruhların henüz özgürlük ve idrakleri sözkonusu olmadığından, ileri safhalara ait sınavlar, eprövler mevcut değildir. Onlar, sadece, muntazam olarak yürüyen ve gittikçe karmaşıklaşan atomun hareketlerine otomatik olarak uymaya mecburdurlar. Ve atomların bu karışık hareketlerine intibak ede ede, varlık safhasına hazırlanmaktadırlar.

Ancak, hidrojen atomunun muhtelif çeşitlerinin bir araya gelerek türlü cisimleri meydana getirmesi, varlıkların inkişafları için lüzumludur. İşte insanlarca "cisimler" diye tanınmış olan, atomun bu bileşiklerine ve kombinezonlarına -yine Ünite'nin yüksek kontrolü altında- vazifeli varlıklardan tâli tesirler gelir ve bunlar, bu cisimlerde çeşitli formasyonlar, deformasyonlar ve

---

* "Tâli" sözcüğü, "ikinci derecedeki, ikincil, sonradan gelen" anlamına gelir.

transformasyonlar yaparlar. Dolayısıyla, atomlarda olduğu gibi bu bileşiklere artık doğrudan doğruya esasî tesirler inmezler. Onların yerine tâli tesirler geçer. Ve elbette bunlar da daima aslî tesirlerin kontrolü altındadır.

* * *

İlk hidrojen atomunun bünyesi, varlık hâline gelinceye kadar -biraz önce söylediğimiz gibi- yalnız aslî tesirlerin hâkimiyeti altında inkişafına devam eder ve insanların, oksijen, gümüş, platin, kurşun, radyum... gibi adlarla tanıdıkları, hidrojen atomunun münkeşif hâlleri olan elementler meydana gelir ki, insanlar bugün bunlardan ancak 100 kadarını tanıyabilmişlerdir. Oysa bunların miktarı 100'ün üstündedir.

Yine söylemiş olduğumuz gibi, hidrojen atomunun üst elementlere intikali, ancak aslî tesirlerin müessiriyetiyle* olmaktadır. İşte maddelerin varlık kademesine kadar inkişafları sağlandıktan sonra, o ândan itibaren varlığa doğrudan doğruya esasî tesirler gelmez. Ancak onun tâbi olduğu ruhtan, daha doğrusu aslî tesirin ruha ait olan kısmından ve kâinattaki çeşitli tekâmül kademelerindeki varlıklardan tesirler gelir ki, bu sonunculara "tâli tesirler" deriz. İşte bütün bu tesirlerle, o varlık, tekâmülü için lüzumlu olan sınavları, eprövleri ve deneyimleri geçirmeye başlar ve bir sürü imkânla karşılaşır. Gittikçe inkişaf eden, çoğalan ve kapsam kazanan bu tekâmül imkânları içinde -kâinattaki işlerini bitirmek için- varlık, uzun tekâmül yolculuğuna koyulur. Onun tekâmülü icaplarından olarak, bu vazifeli varlıklardan gelen tâli tesirlerle, biraz önce söylediğimiz gibi, hidrojen atomunun çeşitli elementlerinden sonsuz kombinezonlar kurulur, sayısız cisimler meydana getirilir. Bu cisimlerin sonsuz varyeteler içinde bir araya getirilmesi ve dağıtılması suretiyle, çeşitli formasyonlar meydana getirilerek, büyük ve küçük cisimler, madde kompozisyonları, bedenler, dünyaları dolduran türlü maddeler, nihayet dünyalar ve sistemler kurulur. Bütün bunlar, Ünite'den süzülen aslî

---

* "Müessir" sözcüğü, "tesir edici, tesirli, tesir eden, etkili" anlamına ve "müessiriyet" ise, "tesir edicilik, tesirlilik, tesir etme, etkililik" anlamına gelir.

tesirlerin ışığı altında, her kademede bulunan vazifeli varlıkların gönderdikleri sayısız tâli tesirlerle yapılır.

Şu hâlde, atomun bünyesine tâli tesirler müdahale edemez. O, tümüyle esasî tesirlerin hâkimiyeti altındadır. Fakat atom elementlerinin her türlü kompozisyonları, vazifelilerden gelen tâli tesirlerle kurulup dağıtılabilirler ki; bunlar da, doğal olarak, muhtelif tekâmül düzeylerindeki varlıkların derecelerine göre, büyük veya küçük çapta olurlar.

* * *

Hidrojen atomunun en ilkel hâlinden itibaren gittikçe yükselen, inkişaf eden bünyesi, o oranda hareket, kudret ve müessiriyet kazanır. Ve onlara bağlı bulunan ruhlar da, gittikçe zenginleşen ve kudretleri artan bu hareketlere uya uya tekâmül ederler. Maddedeki bütün bu hareketleri uyandıran etkenler, aslî kaynaklardan gelen tesirlerdir. Çünkü tesirler, fonksiyonlarını, maddelerde hareketleri meydana getirmek suretiyle yaparlar.

Özetle, hidrojen atomlarını kuran aslî tesirler, taşıdıkları icaplara göre, etraftan mütemadiyen topladıkları cüzlerle hidrojen atomunu bir üst âleme doğru inkişaf ettirirler. Doğal olarak hidrojen atomunun inkişafıyla yayınlayacağı enerjiler de o oranda yükselir, kudretlenir ve hidrojen atomu inkişaf ettikçe, daha yüksek ve karmaşık enerjiler, yâni daha münkeşif partiküller yayınlamaya başlar. Fakat bütün bunlar hidrojen atomunun henüz ilk safhasına ait maddelerdir.

Burada şunu da belirtelim ki, hidrojenin bu inkişafı, birtakım atom çekirdeklerinin, ayrı ayrı kimliklerini koruyarak, atomun içinde kabaca birikmeleri tarzında olmamaktadır. Aslî tesirlerin hâkimiyeti altında atomda biriken değerler; birbirleriyle birleşmeden, tam bir ahenk ve denge içinde kaynaşarak, hidrojen atomunun o ândaki mahiyetini karakterize eden bünyesini meydana getirirler.

* * *

Bütün maddelerin manyetik alanları vardır. Böyle münkeşif bir atomun manyetik alanı, ilk hidrojen çekirdeğinde olduğu gibi basit değildir. Hidrojen çekirdeklerinin bir araya gelmelerinden meydana gelen hidrojen atomunun bünyesinde bir sürü partikül olduğu ve her partikülün de bir manyetik alanı bulunduğu için, bu münkeşif atomun manyetik alanı da, kendisini oluşturan cüzlerinin manyetik alanlarının sentezinden meydana gelmiştir. Bu alana "manyetik alanlar sentezi" deriz. Maddelerin bu manyetik alanları çok önemlidir. Çünkü onların birbirleri ile ve varlıklar ile olan bütün ilişkileri bu manyetik alanlar vâsıtasıyla sağlanır ve bu alanlara gelen tâli tesirler; şiddetlerine, kudretlerine ve yönlerine göre, bu alanların tâbi bulundukları maddelerin bünyelerinde -düalite prensibinin ve değer farklanması mekanizmasının kuralları altında- çeşitli değişmeler, dönüşümler, deformasyonlar, dağılmalar ve toplanmalar yapabilirler. Yine, varlıkların maddelerden yararlanmaları, onları çeşitli hâllere sokabilmeleri de bu yoldan olur. Dünya'nın da doğal olarak o oranda kapsamlı ve geniş olan manyetik alanından yararlanan vazifeli varlıklar -bu alana çeşitli tesirler göndermek suretiyle- dünyadaki küçük veya büyük doğa olaylarını meydana getirirler. Bunun gibi, idraki daha üstün bir varlıktan gelen tesirler, bu manyetik alanlar üzerine müessir olarak, onlara ait maddelerde o oranda büyük sonuçlar doğururlar. Esasen, bu yoldan dünyaların, sistemlerin, güneşlerin hâl ve durumlarına tesir edebilecek hareketler, ancak çok yüksek plânların işidir. Ve elbette bunlar, Aslî Prensibin icaplarına göre, kontrollü olarak yapılır.

Nerede madde varsa, orada manyetik alanın bulunması zarurîdir. Zaten manyetik alanın oluşması hakkında daha önce verdiğimiz bilgi, bu hakikatin anlaşılmasını kolaylaştırır. İşte böylece, bir atomun manyetik alanı olduğu gibi, atomun bütün inkişaf safhalarının, yâni elementlerin, bu elementlerin bileştirilmeleriyle meydana getirilmiş cisimlerin, dünyaların, sistemlerin, bunlardan başka, galaksilerin, âlemlerin, varlıkların birbirine nazaran az çok kapsamlı, az çok karmaşık manyetik alan sentezleri vardır. Bunların üstünde, bütün kâinatı kapsayan Ünite'nin manyetik alanı tektir. Orada, manyetik alanlar sentezi yoktur. Çünkü Ünite'de birbirinden ayrı ve farklı varlıkların veya unsurların mevcudiyeti sözkonusu olmaz.

*
* *

İşte insanların "perispri" dedikleri şey de, maddelerin bu manyetik alanlarından ibarettir. Yâni, insan bedenlerinin manyetik alanları, insanların perispri mânâsında kabul ettikleri şeydir.

Demek ki bir ruh, kendisinin kâinattaki temsilcisi olan ve bir enerjiler kompleksinden ibaret bulunan varlığı vâsıtasıyla maddelerin manyetik alanlarına tesir ederek, onları kullanır. Ve onlardan kendisi için, o maddelerin mensup bulundukları dünyalardaki tatbikatına uygun gelen bedenleri kurar ve bu bedenler vâsıtasıyla da, o dünyanın diğer varlık ve maddelerinin manyetik alanlarına tesir etmek ve onları kullanmak suretiyle, tekâmülünü sağlar.

Bir dünyanın karmaşık bir manyetik alanlar sentezi mevcut olduğu gibi, ondan daha karmaşık olan güneş sistemlerinin ve galaksilerin de manyetik alanlar sentezleri mevcuttur, demiştik. Varlıklar, bu alanlar kanalıyla bu âlemlere tesir ederek vazifelerini yaparlar. Meselâ birkaç güneş sistemini, hattâ birkaç galaksiyi içine alan ve manyetik alanlarına tesir etmek suretiyle onları idare eden çok yüksek vazifeli varlıklar mevcuttur.

*
* *

Buraya kadar sözü edilen bütün maddeler, henüz varlık hâline girmemiş durumdadırlar.

Burada şunu belirtmek gerekir ki, artık, yukarıdan beri verilmekte olan bilgileri öğrenmiş olanlar, kâinatta canlılık, cansızlık ifadelerinin de birer lâftan ibaret olduğunu ve bunların esaslı bir mânâ taşımadıklarını anlamış bulunacaklardır. Maddelerin gerek ilk safhalarda, gerek hidrojen safhasında ruhlar ile olan endirekt ilişkilerinin nizam ve tertipleri, böyle bir canlılık-cansızlık ayrımının yapılmasını mümkün kılmamaktadır. Çünkü kâinat safhalarının her maddesinde, ruhların maddeler ile o safhanın karakterine ve tekâmül sistemine uygun çeşitli ilişkileri daima mevcuttur. Ve kâinatta herhangi bir ruhun tekâmülüne yaramayan madde yoktur. Yâni, geçici veya daimî olarak, ruhların hizmetine girmemiş madde durumu yoktur. Özellikle, bu hâl, hidrojen safhasındaki bütün maddeler için çok belirgindir. Bu hizmetin dışında kabul edilecek bir madde, lüzumsuz ve gayesiz olur. Kâinatta ise lüzumsuz hiçbir süreç mevcut değildir.

Şu hâlde maddelere ruhlar ile bağı olunca canlı, olmayınca cansız demek gibi düşüncelere saplanmak yersizdir. Çünkü her madde geçici veya devamlı olarak bir ruha bağlıdır. Ancak, maddelerin devamlı olarak bir varlığa bağlanmasına bakıp varlıklara canlı demek istense bile, bu da doğru olmaz. Çünkü varlık safhasından önceki hidrojen atomuna da, varlık safhasına kadar, ruhlar bağlanmış bulunmaktadırlar. Dolayısıyla, yukarıki bilgilerden sonra maddelerde canlılık–cansızlık ayrımı yapmanın bir mânâsı kalmamaktadır.

*
* *

Henüz varlık safhasına girmemiş ilk hidrojen kademelerinde tatbikat gören ruhlar, bu maddelerde pasif ve mekanik olarak hazırlanırlar.

Bu maddeler, tatbikat görecek ruhların idaresi altında değildirler. Onlar ancak, yüksek prensiplerin icaplarına göre Ünite'den gelen tesirlerle, kâinattaki ilk öğrenci ruhların, madde hareketlerine alıştırılmalarını sağlayacak birer zemin olmak üzere kurulmuşlardır.

Buraya kadar, maddelerin inkişafları ve bu inkişaflara mekanik bir yürüyüşle tâbi olan ruhların durumları hakkında lüzumlu bilgiler verildi. Şimdi bu maddelerin birer varlık hâline geçişleriyle, ruhların âlemimizdeki otomatik veya yarı idrakli tekâmül safhalarına intikalleri hakkındaki bilgileri vermeye başlıyoruz.

İlk hidrojen atomu hâline gelmiş olan madde oluşumu, bir ruh tarafından yakalanmıştır. O ruh, o atoma bağlanmıştır. Yalnız, dediğimiz gibi, ona hâkim durumda değildir. Ruh, Aslî Prensip'le tayin edilmiş olan, maddenin nizamlı ve tertipli hareketlerinin dışına çıkamaz, onlara uymaya çalışır. Bu ruhta henüz sezgi, hattâ mekanik bir içgüdü bile yoktur. Bu sırada hidrojen atomu, kendisine bağlı bulunan ruhun tekâmülü gayesine yönelik, aslî tesirlerin tayin etmiş olduğu yöndeki hareket ve inkişaflarını yaparken, ruhun tekâmülüne de hizmet etmiş olur. Bu inkişaf sonucunda, hidrojen atomu insanların tanıdığı "H" hâline gelir. Ve sırasıyla, kimyaca bilinen elementler ortaya çıkar. Bu hâl, yukarılara doğru yükselir. Atomun hareketleri karmaşıklaşır. Değerleri bakımından bünyesi zenginleşir. Bünyesinde birtakım gruplaşmalar, toplanmalar, sistemler meydana gelir. Manyetik alan sentezleri daha karışık, daha karmaşık hâllere girer. Böylece hidrojen, birçok kademeden geçe geçe, oksijen, fosfor, bakır, gümüş, baryum, platin, altın, radyum, uranyum, senturyum hâllerine inkılâp eder.

Hidrojen atomu böyle inkişaf ettikçe, ona bağlı olan ve onun hareketleri ile intibak sağlayan ruh da, mekanik-otomatik bir tempoyla, gayet yavaş olarak tekâmül eder. Ruhun bu tekâmülü arttıkça, maddeler arasındaki ilişkilere ait, diğer deyişle çeşitli hareket kombinezonlarına ait içgüdüsel bâzı davranışlarının da hazırlıkları yapılır.

Nihayet, hidrojen atomu, insanların tanımakta olduğu en yüksek elementlerin kadrosundan taşmaya başlar. Ve onların kolaylıkla yakalayamadıkları, saptayamadıkları birtakım -yüksek enerjileri yayınlamaya başlayan- büyük kombinezonlarla bünyesini zenginleştirir. Bu sırada hem onun bu inkişafına sebep olan, hem de tekâmülü ona paralel olarak yürüyen ruhun, madde kombinezonları arasındaki ilişkilere ait ilk davranış içgüdülerinin kazanılması hazırlıkları ilerler. Bütün bunlar, hep aslî tesirlerin -daima ruhların tekâmüllerini hedef tutan- büyük ahengi içinde cereyan eder. Yâni, daha önce söylediğimiz gibi, maddenin ortasına inerek atomu amorf ortamın ilkel maddelerinden toplayan aslî tesirler, ruhların tekâmül ihtiyaçlarını, inkişaf hâlinde bulunan atoma yansıtır. Ruhun madde ile paralel olarak, daha üst bir safhaya uzanış hazırlıklarını sağlar. Hidrojen atomunun bu inkişaf kademesinde, atomun bünyesine gelen tâli tesirler yoktur. Burada, atoma doğrudan doğruya aslî tesirler iner. Aslî tesirler, Ünite'den süzülen ve maddeler ile ruhlara ait bulunan tesirlerdir. Bu durum, tâ varlık kademelerine kadar devam eder.

Hidrojen atomu, ilk oluşmasından itibaren nihayet öyle bir kademeye gelir ki, orada, çok ince ve karışık madde kombinezonları hâlinde, insanların tanımadıkları, Dünya maddesi üstü birtakım enerjileri yayınlamaya başlar. Atom, bu yüksek ve karmaşık enerjileri yayınlayabilecek inkişaf düzeyine geldiği zaman, zaten onun bu düzeye gelmesine Aslî Prensip muvacehesinde sebep olan ruh da, artık maddeler arasındaki ilişkilerin ve hareketlerin içgüdüsel davranışlarına, uzun bir tatbikat devresinden sonra, sahip olabilecek bir tekâmül kademesine ulaşmış bulunur.

İşte Dünya maddesinin en üst sınırlarındaki yüksek hidrojen atomu, öyle kudretli ve karmaşık enerjiler yayınlamaya başlar ki, artık bunlar Dünya maddesinin malı olamaz. Bununla birlikte bu enerjiler de toplu değil, darmadağınık hâlde bulunurlar. Fakat onların bu dağınıklığı ile daha önce sözünü ettiğimiz ilkel ortamdaki amorf maddelerin dağınıklığı arasında muazzam farklar vardır. Öncekiler; şekilsiz, basit, hareketleri çok ilkel ve atalete yakın, kaba maddelerdi. Bunlar ise; çok karmaşık hareketli, bünyeleri karışık, zengin madde kombinezonlarından müteşekkil, üstün değerli enerjiler hâlinde bulunan kudretli ve değerli maddelerdir. Bunların bulunduğu muhite "yarı süptil muhit" deriz. Bu yarı süptil ortam; hem hidrojen atomu altındaki amorf ortamdan, hem de ilk hidrojen atomlarının oluşturduğu astronomik galaksilerden çok daha yüksek ve yepyeni bir âlemin basamağını oluşturan yüksek enerjilerden müteşekkil bir tür galaksidir ki; Dünya'nın üstünde bulunan böyle bir yarı süptil ortamın oluşması, Dünya'nın, diğer deyişle hidrojen âleminin yavaş yavaş üst âleme kayışını ifade eder.

Bu yüksek ve dağınık enerjiler, o yarı süptil âlemin, yâni hidrojen âlemi üstü galaksisinin en ilkel ve basit atomlarını oluşturmaktadırlar. İşte bu yarı süptil ortamın ilk atomlarının da inkişaflarıyla, kendilerinden yayınlanmaya başlayan daha yüksek ve dağınık enerjiler; artık bir araya toplanıp bir ruha kâinatın sonuna kadar hizmet edebilecek bir varlık hâline girmek kabiliyet ve imkânlarına ulaşmışlardır. Aynen, onlarla birlikte o safhaya kadar tekâmül etmiş olan ruhlar da –daima aslî tesirlerin yardımıyla–

bu yüksek fakat dağınık enerjileri bir araya toplayarak onlardan bir varlık meydana getirebilecek kudrete erişmişlerdir.

Bu durum meydana gelince, bu dağınık enerjilerden kendisine bir beden kurmak liyakatine ermiş bir ruhun da ruhanî plândan yansıyan tesirlerini içeren aslî tesirler, bu dağınık ve yüksek enerjilerin ortasına inerler. Orada, ileride açıklayacağımız idrakî bir nokta etrafında bu enerjileri bir araya toplayarak, onlardan bir topluluk meydana getirirler. Aslî tesirlerde, o safhaya kadar tekâmülünü yapmış olan ruhlara ait tesirler de vardır. Bu tesirler, oluşan varlığa, yâni enerji topluluğuna aslî tesir tarafından yansıtılır ve bağlanır. Böylece, "varlık" dediğimiz o enerji topluluğu; kâinatın sonuna kadar o ruhun bütün davranışlarına mâkes olmak* ve o davranışların cevaplarını tekrar ona iade etmek üzere hizmete sokulmuş ve kâinatta ruhun bir timsali, vâsıtası hâline girmiş bulunur.

Böyle, ilk hidrojen kademesinden itibaren inkişaf edip varlık kademesine geldiği ânda, aslî tesirin maddelere ait olan esasî tesir kısmı, yerini tâli tesirlere terk eder. Ve Ünite'nin devamlı kontrolüne tâbi tutularak büyük organizasyonlar içindeki vazifelilerden veya onların kullandıkları çeşitli kademelerdeki varlıklardan gelen bu tâli tesirlerle, varlık, kâinatın sonuna kadar tekâmülüne devam eder. Bu tâli tesirlerin başlamasıyla, varlıkların sınavları, eprövleri, deneyimleri ve gözlemleri de başlamış olur. Ve varlıklar, yepyeni, daha hızlı bir tekâmül sistemine sokulmuş bulunurlar. Bu safhadan itibaren maddeler; birer varlık hâlinde, tâbi bulundukları ruhların hâkimiyetleri ve tâli tesirlerin yardımları altında, o ruhların her hâl ve durumlarına tâbi ve tercüman olarak ve onları kâinatta ifadelendirerek inkişaf edeceklerdir.

Böylece meydana gelen bir varlık; hizmet ettiği ruhun tekâmülüne ait bütün davranışlarını Aslî Prensibin ışığı altında o kadar mükemmel olarak ifadelendirir ki, artık ona kâinatta ruhun kendisi imiş gibi de bakılabilir. Bunun içindir ki, kendisinden daha aşağıdaki diğer maddelerin âtıl ve amorfa yakın hâllerine oranla,

---

* "Mâkes olmak", "yansıtıcı olmak, yansıtmak" anlamına gelir.

ruhun ifadelerini taşıyan aktif durumuna bakılarak, bu varlığa "canlı" sıfatı yüklenmiştir ki; bu da, daha önce söylediğimiz gibi, nispî bir ifadeden başka bir şey değildir. Çünkü burada "canlı" denilen varlık, aslında, âtıl görünen ilk hidrojen atomu maddesinin inkişaf etmiş yüksek kademelerinden başka bir şey değildir; sadece, imkânları kâinatta bir ruhu ifade edebilecek kadar inkişaf etmiş ve bu sayede de, kendisi, belirli bir ruhun hizmetine tahsis edilmiş bulunmaktadır.

Özetle, insanların henüz tanımadıkları hidrojen atomunun ilk çekirdek, nüve hâli; hidrojen âlemimizi, yâni astronomik vâsıtalarımızla gözlemleyebildiğimiz güneş sistemlerinin, galaksilerin ve bütün astronomik cisimlerin ana maddesini oluşturur. Nihayet, kendiliğinden (Unutulmasın ki, madde, kendiliğinden hiçbir enerji yayınlayamaz; bütün bunlar, aslî kaynaklardan gelen tesirlere tâbidir.) birtakım enerjiler yayınlamaya başlar. Burada şunu yine, tekrar söyleyelim ki, biz hidrojen atomu derken aslâ kimyada bilinen "H" atomunu kastetmiyoruz. Dediğimiz gibi, bu "H" atomu, bizim sözünü ettiğimiz atomdan çok ileri bir inkişaf safhasındadır ve ondan bambaşka bir şeydir. Ancak, insanlar ilk atoma hidrojen dedikleri için, biz de ona bağlı kalarak, âlemimizin ilk atomuna hidrojen dedik. Yoksa bu, gerçekten hidrojen atomu değildir.

İşte hidrojen atomunun Dünya'da belirli bir tezahür göstermeyen bu yüksek enerjilerinden, hidrojen âleminin bir kademe üstündeki yarı süptil ortam doğar. O ortamda inkişafına devam eden hidrojenin bu yüksek hâl ve şekilleri, yayınladıkları daha üstün enerjilerle, artık maddelerdeki tatbikat düzeylerinin üstüne çıkıp yüksek enerjileri bir araya toplamak liyakatine erişmiş bulunan ruhlara birer tekâmül malzemesi olurlar. Ruhlar -yukarıda söylediğimiz şekilde- bu enerjilerden kendilerine, kâinat sonuna kadar hizmet edecek birer varlık kurarlar.

*
* *

Böylece ilk oluşmuş olan varlık, idrak bakımından henüz pek basit ve ilkel durumdadır. Bu varlıkta mevcut olan, ancak mekanik bir içgüdü; onun, hidrojen âleminde geçireceği ebediyet kadar uzun bir inkişaf süresi boyunca çok yavaş olarak ilerleyecek ve tedricen sezgi-içgüdülere, yine uzun zaman sonra sezgilere ve böylece, aralarında büyük zaman mesafeleriyle ayrılan, sezgi-idraklere ve ilkel idraklere inkılâp edecektir. Ancak insan merhalesine geldikleri zaman, idraklerin yavaş yavaş genişlemesi ve kapsam kazanmaya başlaması mümkün olur.

*
* *

İlk mekanik içgüdülerle yaşamaya başlayan varlık, artık bir ruhun hizmetindedir. O, ruhun bütün ihtiyaçlarına, bütün davranışlarına cevap verecek ve onun, kâinattaki maddeler arasında gerçekleşmesi gereken icaplarına vâsıta olacaktır. Bu ândan itibaren başlamış olduğu tekâmül safhasına göre, hidrojen âleminin henüz varlık safhasına girmemiş kaba atomları ve onların kaba kombinezonları arasında, aktif olarak tatbikatlar yapmak ihtiyacını duyacaktır. Fakat buradaki tatbikat, ruhun daha önce o kaba atomlar içinde geçirdiği mekanik ve otomatik hayatlarınkinden bambaşkadır. O zaman onlara hâkim olamıyor, sadece bir atoma bağlı ve esir hâlde, o atomun belirli hareketlerine katılıyor ve pasif bir intibak devresi geçiriyordu. Şimdi ise, hizmetinde bulunan varlığı vâsıtasıyla, atomların, en basitinden itibaren inkişaf kademeleri boyunca, çeşitli elementlerinden kurulmuş kombinezonlarına ve kompozisyonlarına tedricen hâkim olmak üzere, aktif bir tatbikat devresine başlamış bulunmaktadır. Bunun için, onları toplamak, dağıtmak ve onlardan yeni oluşumlar meydana getirmek, bedenler kurmak, bedenleri idare etmek gibi faaliyetlerde bulunmak suretiyle, tekâmülüne devam edecek ve bu âlemdeki ileriye doğru olan hazırlıklarını da böylece tamamlamış olacaktır. Bütün bu işleri yapmasında, bundan sonra, ona, "varlık" dediğimiz işte bu süptil enerji topluluğu vâsıta olacaktır. Kâinatta bundan sonra ruhun bütün durumlarını temsil eden bu varlık, onun bu maddeler içindeki ihtiyaçlarını sağlamak maksadıyla, onun tarafından kullanılacaktır. Bu varlık vâsıtasıyla ruhlar; hidrojen âleminin yoğun madde kombinezonları, kürelerin ve dünyaların içindeki kaba maddeler üzerinde çeşitli formasyonlar ve transformasyonlar meydana getirerek onları faaliyete sokacaklardır. Çünkü ruhun bu kaba maddelere doğrudan doğruya hükmetmesi mümkün değildir. Bu sebeple, ilk oluşan varlık, ruhta beliren yeni ihtiyaçlar karşısında, hemen çevresindeki en ilkel maddelerden yararlanmaya çalışacak ve onlardan ilk önce basit bileşikleri kurarak, bu bileşikler üzerindeki hâkimiyetinin tatbikatına başlayacaktır.

Bütün bu işler -her yerde, her zaman olduğu gibi- ruhlara yardımcı olan yüksek tesirlerin yol göstermesiyle ve ışık tutmasıyla vuku bulmaktadır. İşte varlığın böyle ilk kullanabileceği madde kombinezonları, bitki bedenlerinin ilk önce en basit ve ilkel hücreleri olacaktır. Bu varlıklar, onlardan kendilerine birer beden kuracaklar ve ancak o basit bedenleriyle, yâni ilkel bitki hücreleriyle, diğer kaba maddelere ve kaba bedenlere çeşitli tarzlarda -ilk zamanlarda daima içgüdüleriyle- tesirler yaparak yaşamaya başlayacaklardır. İşte buna insanlar enkarnasyon derler. Bu hücreleri kullanan varlıklar henüz idraksiz olduklarından, bunların bu bedenleniş tarzlarına bir tür enkarnasyon denilebilir. Bunlarla, bitki bedenlerinin her çeşit hücrelerinde lüzumlu enkarnasyonları tamamladıktan sonra, bütün bir bitkiyi idare edebilecek duruma gelmiş olan varlık, artık basitten yüksek bitkilere kadar, müstakil olarak, ayrı ayrı bitkilerde de enkarne olmaya başlayacaktır ki; böyle başlı başına, müstakil bir bedeni idare edebilecek duruma gelmiş varlık için o andan itibaren de toplu, mâşerî* bir hayatın ilk kademeleri kurulmuş olacaktır. Buna, ileride açıklayacağımız organizasyon sistemlerine hazırlığın en ilkel kıpırdanışları deriz.

Varlık, bitkilerin sayısız türlerinde gittikçe tekâmül etmek suretiyle, sonsuz bedenlenmeler geçire geçire -çok uzun bir zaman sonra- bu safhayı da bitirecek ve bir üst safhanın, yâni hayvanlık safhasının tatbikatını görmek üzere, kendisine mahsus olan bir yarı süptil âleme intikal edecek; orada da bir süre yaşadıktan sonra, tedricen hayvan ve insan vücutlarının hücrelerinde beden-

* "Mâşerî" sözcüğüne sözlüklerde "topluluğa ait, topluluğa ilişkin, toplu, kolektif; ortak, ortaklaşa" anlamları verilir. "Bireysel" sözcüğünün karşıt anlamlısıdır.

lenme kademelerini tamamlamak için, en basit bir hayvan organizmasının ilkel hücrelerinde enkarne olacak ve yukarı doğru bedenlenmelerine devam edecektir. Nihayet yüksek hücrelere, yâni hayvanların sinir sistemini oluşturan hücrelere intikal edecek; bu devreyi de tamamlayıp lüzumlu melekeleri kazandıktan sonra, müstakil hayvan bedenlerine hâkim olmak durumuna girecek ve en ilkel hayvan bedenlerini idare etmeye başlayacaktır. İşte bundan sonra da, Dünyamızda ve diğer gezegenlerde bir sürü bedenlenme daha geçirdikten sonra, insan bedenini idare edebilecek bir varlık hâline gelip Dünya'da insan bedenlerini kullanmaya başlayacaktır. İnsanlık âleminin en ilkel safhalarından itibaren, ileride açıklayacağımız zengin bir tekâmül devresi içinde, dünyadaki son hazırlıklarını da tamamlamış bulunacaktır.

Demek ki ilk varlık hâlinden, yâni ilk bedenlenme hâllerinden bir insan safhasına gelinceye kadar, insanların idrakine göre sonsuzluk demek olan çok uzun bir zaman süresindeki bir tekâmül safhası geçirilmesi gerekmektedir.

*
* *

İyi bir ifade kudreti taşımayan "enkarnasyon" sözcüğünün ifade ettiği şudur: Varlık kendisine sahip olan ruha hizmet edebilmek için, daha doğrusu ruh kendisine hizmet eden varlık vâsıtasıyla kaba bir âlemin maddelerini kullanabilmek için, o âlemin maddelerinden kendisine bir tesir vâsıtası, yâni kaba bir beden yapmak ve onu kullanmak zorundadır. Fakat o varlık, henüz, tek başına, kaba maddelerden böyle büyük kombinezonlar kurabilecek kudrette değildir. Onun için, ruhların tekâmüllerinde vazifeli olan üstün varlıkların yardımlarıyla o, ihtiyacına göre (ki bu, aslında ruhun ihtiyacı demektir) kendisine kaba maddelerden bir beden kuracak ve ona devamlı tesirler göndermek suretiyle bağlanacaktır. İşte varlık, artık o dünyada mâşerî tekâmülüne başlamış olan ruhunun ihtiyaçlarına ait, kaba maddeler ve diğer varlıklar arasındaki faaliyetlerini, kurduğu bu beden sayesinde yapabilecektir. Yâni, varlık, ruhun davranışlarına göre, o bedeni idare edecektir. Zaten o beden onun idare edeceği çapta kurulmuştur.

Demek ki burada, biri diğeri vâsıtasıyla ruha hizmet eden, bir varlık ve bir beden vardır. Bunlardan biri, daha önce sözünü ettiğimiz, karmaşık bir madde yapısına sahip olan ve kâinat boyunca ruhu izleyen varlıktır ki; bu, ruhun kâinattaki sembolü, yansısı, ifadesi olan çok ince bir enerjiler kompleksidir. İkincisi ise; bu varlığın ruha hizmet edebilmesi için, içinde tatbikatlar görmek zaruretinde bulunduğu kaba âlemdeki maddeler ve varlıklar ile bir tesirleşme vâsıtası olarak kullandığı, o âlemin yoğun maddelerinden yapılmış, kaba bir bedendir. Demek ki ruha kâinat boyunca eşlik edecek varlığa hizmet etmek durumunda bulunan beden; herhangi kaba bir kürede, ruhun ihtiyacına göre ancak geçici bir tatbikat devresi süresince o varlığa bağlı kalacak, geçici bir vâsıtadan ibarettir. Varlık; bulunduğu ortamda, hizmet ettiği ruhun ihtiyaçlarını yerine getirdiği ânda -onun yeni ihtiyaçlarına uygun- diğer bir bedeni kurmak üzere, önceki bedenini terk eder. Bu da yine üst tesirlerin yardımıyla olur. İşte, varlığın herhangi bir kürede ikinci bir bedeni kurmasına insanlar enkarnasyon veya doğum derler, o bedeni terk etmesine de dezenkarnasyon veya ölüm adını verirler.

*
* *

Demek ki bir güneş sisteminin herhangi bir küresinde, o kürenin şartlarına uygun bir beden içinde doğmuş olan varlık, tekâmül ihtiyacına göre o sistemin muhtelif kürelerinde sayısız bedenlenme ve bedenden ayrılma süreçleri geçirmek suretiyle, bu madde âleminin son basamağına erişmiş bulunur ki; bu son basamak da sistemimizde insan, diğer sistemlerde de ona denk inkişaf mertebesinde* bulunan bedenlerden biridir. İşte ruhlar, "hidrojen âlemi" dediğimiz bu safhada -maddenin ilk inkişaf safhalarında olduğu gibi dağınık madde hâlleri içinde pasif olarak, mekanik yürüyüşlerle değil- maddelere bağlı, otomatik veya yarı idrakli hâllerde gösterecekleri cehit ve gayretlerine göre tekâmül ederler.

*
* *

---

* "Mertebe" sözcüğü, "mevki, sınıf, sıra; derece, basamak" anlamlarına gelir.

Mademki Dünyamızın atomu, âlemimiz üstü yarı süptil bir âlemin ana maddesi olan yüksek enerjileri çıkarabilecek kadar ileri inkişaflar kaydetmektedir; o hâlde Dünyamız, şimdiye kadar sanıldığı veya düşünüldüğü gibi geri bir dünya olmayıp, maddî inkişafı bakımından, gezegenleriyle, güneşleriyle, küreleriyle, sistemleriyle ve galaksileriyle bütün hidrojen âleminin en münkeşif ve ileri madde teşekkülâtına sahip kürelerinden biridir. Nitekim, dünyanın inkişafı ile tekâmülleri paralel giden ruhların kullandıkları insan bedenleri de, bu muazzam astronomik âlemin en ileri ve en çok inkişaf etmiş varlıklarından biridir. Esasen, ileride bildireceğimiz gibi, dünyamızın bütün imkânlarını kullanarak ve oradaki tatbikatlarını bitirerek onu tümüyle terk eden bir varlığın aynı zamanda hidrojen âlemini de terk etmiş duruma girmesi, bu bilginin canlı kanıtını oluşturur.

*
* *

Âlemleri birbiri içine girmiş, birbirinden büyük ve merkezleri ortak otuz-kırk küreye benzeterek, kâinatin kabaca bir sembolünü yapalım. Bunların en kaba ve ilkel olanı, en ortada bulunan en küçük küredir ki, buna amorf, ilk madde safhası demiştik.

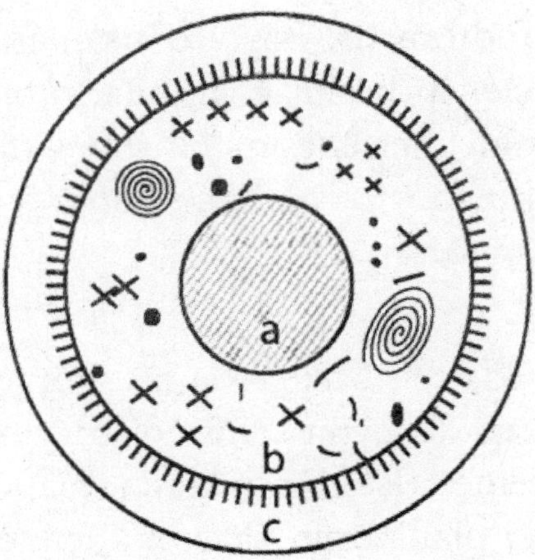

Yukarıdaki şema, söz ettiğimiz, merkezleri ortak kürelerin ilk üç tanesinin kesitini gösteriyor. Burada, "a" alanı, ilk maddeden hidrojene gelinceye kadarki, ruhların mekanik tekâmül safhalarına tekâbül eden, maddenin ilk inkişaf sahasını gösterir ki, bu saha oldukça karanlıktır; "b" sahası, bütün gök cisimleriyle birlikte hidrojen âlemimizi oluşturur; "c" safhası ise, hidrojen âlemimizin üstünde bulunan ve kademe kademe yükselen sonsuz diğer âlemlerin bizim âlemimize nazaran ilk kademesidir ki, buna da "yarı süptil âlem" diyoruz. Bundan sonra diğer safhalar, birbirinden daha çok genişleyerek art arda sürecektir.

*
* *

Böylece varlık; Güneş Sistemi'nin bir sürü gezegeninde, o gezegenlerin şartlarına ve durumlarına uygun, fakat Dünyamızdakilere nazaran basit, ilkel madde komplekslerinde sayısız bedenlenmeler geçire geçire, sistemimizin en mütekâmil varlığı olan, Dünya'daki insan bedenini kurmak liyakatine ulaşır. Ve o ândan itibaren daha serbest durum ve şekillerdeki inkişaf süreçlerine başlar. İnsanlık hâlindeki varlığın idraki, önceki safhadakilere nazaran çok artmıştır. İrade özgürlüğü, idraki oranında çoğalmıştır. Bu kudretleriyle orantılı olarak da sorumluluğun mânâsını yavaş yavaş sezmeye başlamıştır. Bütün bu melekelerin artması, ona "sevgi" ve "vicdan" denilen yüksek inkişaf mekanizmalarının şuurunu az çok kazandırmıştır. Böylece insanlar, sorumluluk sezgilerinin gittikçe güçlenen baskıları altında, otomatik veya yarı idrakli olarak, insanlık mertebesini bitirmeye çalışırlar ve bunun için insanlık hayatında yüz binlerce görgü ve deneyim geçirir, yüzyıllar boyunca yaşarlar.

*
* *

Bir insan, dünyada tek başına kalırsa, görgü ve deneyim sahibi olamaz. Görgü ve deneyim sahibi olamayınca da ruhun tekâmülüne hizmet edemez. İşte bu noktada, madde kâinatındaki çeşitli mâşerî tekâmül plânlarının zarureti, açık olarak kendini gösterir. Dolayısıyla, bedenli varlıklar, inkişaf edebilmek için, beden dışında bulunan diğer bedenlerle ve maddelerle karşılıklı alışverişlerde bulunmak zorundadırlar. Onların bu ilişkilerinden sayısız olay kombinezonu meydana gelir. İşte öz varlıktan ruha yansıyan bu olay kombinezonlarına ait idrakler, bu safhadaki varlıkların tekâmülünü sağlar.

Demek ki: Ruh, madde ile iştirak eder. Şuurlu maddeyi, yâni varlığı kurar. Varlık da kendi ruhunun ve yardımcı varlıkların faaliyetleriyle, kaba maddelerden, kendisine ayrıca bir beden yapar. Ve bu beden vâsıtasıyla maddelere tesir eder. Kullandığı kaba maddelerle de kendi haricindeki diğer bedenlere tesir etmek suretiyle, mâşerî plâna adımını atar. Ve hidrojen âleminin varlık safhasındaki tekâmülü de bu ândan itibaren yürümeye başlar.

Bu önemli bilginin hiçbir noktasının müphem kalmaması için biraz açıklamada bulunacağız. Meselâ, sevgi ve vicdan bakımından fakir, çok geri bir insanın, tekâmülü için; düalite prensibi ve değer farklanması mekanizması gereğince zıt değerler ile karşılaşması, sevgi-kin, adalet-zulüm, iyilik-kötülük gibi kavramlar ile yüzyüze gelmesi ve böylece, otomatik olarak bir kıyas bilgisi kazanması ve dengesini bulabilmesi lazımdır. Bunun için de onun diğer bedenler ile ilişkiye geçmesi icap eder. Bir insan, elinde bulunan bir kırbaçla bir kaya parçasını kırbaçlasın dursun, bundan ne sonuç alabilir? Hiç... Onun sevgi ve vicdan melekelerini işletecek hiçbir zıt değeri, bu kaya parçasını kırbaçlamasından alacağı sonuçlar, sağlayamaz. O, karşısında bir beden bulamayınca etrafına zulüm ve gadir yapamaz; bunu yapamayınca da düalite prensibi ve değer farklanması mekanizmasına göre lüzumlu olayları meydana getirecek zıt değerleri kazanamaz ve bunun sonucunda da, muhtaç olduğu madde inkişaflarına kavuşamaz, tekâmül edemez. Buna karşılık, eğer o insan bir çocuğu kamçılarsa, işler değişir. O çocuğun veya etrafındakilerin bu kamçı sonucunda gösterecekleri çeşitli reaksiyonlar, zıt unsurlar hâlinde karşısına dikilir ve onu hemen bir kıyas bilgisine götürür. Böylece, birbirini izleyen yüzlerce, binlerce olayın birbiri üzerine eklenmesiyle kıyas bilgilerinin birikmesi, onda en basit hâliyle bir iyilik-kötülük kavramının doğmasına sebep olur ve vicdan da böylece toplanmaya ve canlanmaya başlar. Bütün bu işler sonucunda meydana gelecek olaylar, idrak kanalıyla ruha yansır ve tekâmülü sonuçlandırır. Bundan sonra ruhta yeni ve daha ileri ihtiyaçlar belirir. Bu yeni ihtiyaçlar karşısında kalan ruh, bedeninin etrafıyla yapacağı daha geniş sahadaki temaslardan, daha mânâlı reaksiyonlar beklemeye başlar. Onun bu yeni ihtiyaçları da yine, öncekilerde olduğu gibi, derhal bedene yansır ve bedenden cevapları alınır; yâni ruha hizmet eden varlık, hemen bedeni vâsıtasıyla etrafındaki kaba maddelere ve bedenlere tesir ederek, ruhun bu yeni ihtiyaçları karşısında lüzumlu olayların meydana gelmesine sebep olur: İyilik yapar, kötülük yapar, hırsızlık yapar, insan öldürür, fedakârlık yapar ve bunların, etraftan gelecek karşılıklarını, reaksiyonlarını görür. Bütün bunlar, birer olay olur. Ve bu olayların her birini idrak kanalıyla ruha yansıtarak tekâmülünü sağlar. Bu şekilde, dünyanın son inkişaf merhalesine varmış olan insan varlığı, nihayet, daha ileri safhalara geçmek üzere dünyadan tamamıyla ayrılır.

*
* *

Maddelerin inkişaflarının ve ruhların tekâmüllerine hizmet edebilmelerinin, ancak tesirlerle mümkün olabileceğini belirtmiştik. Şimdi, tesirler üzerinde de lüzumu kadar durmak ve bilgi vermek gerekmektedir.

Tesirler konusuna girerken, işe tekrar ruh-madde ilişkisinden söz etmekle başlayacağız. Ruhların tekâmül ihtiyaçları, bir icaptır; maddenin bu ihtiyaca cevap vermek durumu, yine bir icaptır. Fakat ruhlar doğrudan doğruya maddeye ne bir şey gönderebilirler, ne de ondan bir şey alabilirler. Eğer iş burada dursaydı, tekâmül gayesinin zorunluluğu olan, madde kâinatının var oluş nedeni ortada kalmazdı. Oysa tekâmül için ruh-madde ilişkisinin gerçekleşmesi, yüksek icaplar gereğince zorunludur. İşte bu icaplar; hem kâinat üstü ruhlara, hem de kâinatlara doğrudan doğruya hâkim olan ve onları kapsayan, mahiyetini bilmediğimiz Aslî Prensibin kâinat içinde maddî tesirler hâlindeki tezahürleriyle yerine getirilir.

İcapların maddelerde gerçekleşmesi, düalite prensibi ve değer farklanması tekniğiyle, tesirlerin fonksiyonlarını yapması demektir. Şu hâlde, bir kâinat muamması olarak dünyada şimdiye kadar çözülememiş bu ruh–madde ilişkisini ilgilendiren tesirler hakkında lüzumu derecesinde bilginin verilmesi gerekmektedir.

Kâinat cevherinin sonsuz sayı ve şekildeki hareket imkânlarını –ruhların tekâmül ihtiyaçlarına göre– kullanan ve madde kâinatının bütün tezahürâtını yine aynı gayeyle meydana getiren tesirler, fonksiyonlarını yapmak suretiyle, ruhlar âleminin tekâmül ihtiyaçlarını yerine getirmiş olurlar. Yâni, ruhların tekâmülü için lüzumlu olan, maddedeki her hareket, her değişme ve her inkişaf, ancak bu tesirlerle sağlanır.

*
* *

Aslî Prensip dediğimiz, ruhların ve kâinatların üstünde ve her ikisine de hâkim olan büyük hakikat hakkında fazla bir şey söyleyemeyiz. Çünkü bu, bizim bütün bilgilerimizin, hattâ sezgilerimizin dışında kalır. Aslî Prensip, kudretiyle, ruhların bütün tekâmül ihtiyaçlarını kâinat cevherlerine ve kâinat cevherlerinin de bu ihtiyaçlar karşısında gösterecekleri reaksiyonları tekrar ruhlara yansıtır. Bu kudret, ruhların ihtiyaçları karşısında vücuda getirilmiş olan kâinat cevherlerini, kâinat içindeki sayısız vâsıtalarla ve yollarla hizmete sokar. İşte bu yüksek kudret, kâinatta en ince cevherler hâlinde olan, tesirlerle tecelli eder. Böylece, büyük icapları taşıyan bu tesirler, kâinatın bütününden en küçük zerresine kadar, her tarafına nüfuz eder ve fonksiyonlarını yaparlar. Bu fonksiyonlara göre, madde cevheri, şekillenir, inkişaf eder, toplanır, dağılır, formasyonlar, deformasyonlar ve transformasyonlar geçirir ve böylece, kâinat bütünü ve cüzleri, ruhların ihtiyaçlarına göre sevk ve idare olunur. Bu da elbette, kâinat içindeki alt ve üst, çeşitli mekanizmalarla ve vazife prensipleriyle yürütülür.

*
* *

Ruh ile kâinat arasındaki yolu kuran bu tesirler, dört grupta görünür: Bunların ikisi, doğrudan doğruya kâinat dışından gelen, aslî tesirlerdir. Yâni, Aslî Prensip'ten gelen tesirlerdir. Diğer ikisi, bu aslî tesirlerin maddelerde ve varlıklarda bâzı işlemlerden geçtikten sonra değişmelerinden doğan, tâli tesirlerdir. Aslî kaynaktan gelen kudretlerin ancak kâinat içinde yürüyen kısımlarını, tesir hâlinde anlayabiliriz. Kâinat dışında kalanların mahiyeti ve durumları, kâinat sakinleri için meçhuldür.

Aslî tesirlerin birinci kısmındakiler; ruhların ihtiyaçlarını kâinata ve onların kâinattaki reaksiyonlarını da tekrar ruhlara yansıtan kudretlerin tezahürleridir. Bunlar, endirekt olarak gelen, ruhlara ait tesirlerdir.

İkinci kısımdakiler ise; kâinatta, bireysel ve mâşerî tekâmüllerin icap ve zaruretinden olan, kaba maddenin formasyon, deformasyon ve transformasyonları için Aslî Prensip'ten kâinata giren tesirlerdir.

Ruhlara ait olarak kâinata gelen, birinci kısımda görülen tesirler -yine aslî kaynaktan gelmekle birlikte- ruhların davranışlarının ve ihtiyaçlarının birer ifadesidir. Kâinat ile ruhları birbirine yansıtmak ve böylece tekâmülü sağlamak için Aslî Prensip'ten gönderilmiş bu kudretler, ruhlara tahsis edilen varlıkların ve bedenlerinin belirli yapı ve mekanizmalarına katılırlar. Bu tesirler kâinattan içeri girince, Ünite dediğimiz, kâinatın son tekâmül sınırlarındaki, varlıklar ve icaplar birliğine gelirler. Ayarlanmış olarak oradan, varacakları ortamdaki bir bedene yönelirler. Bu tesirler doğrudan doğruya tekâmülle ilgili olduklarından, yâni ruhlar ile varlıklar arasındaki irtibatı sağladıklarından, bunlara "tekâmül değerleri" de deriz.

Aslî Prensip'ten ruhların tekâmül icaplarını yerine getirmek, kaba maddeleri ve kâinat oluşumlarını lüzumlu formlara sokmak için çıkan kudretlere gelince: Bunlar da yine kâinatın dışından Ünite'ye inerek, oradan, âlemleri, küreleri, varlıkları ve maddeleri bireysel ve mâşerî tekâmül icaplarına göre hazırlamak ve yürütmek üzere, yüksek tesirler hâlinde, kâinatın bütün cüzlerine ve bütününe dağıtılır ve bölüştürülürler ki; bunlara da "esasî tesirler" veya "esasî değerler" deriz. Bunlar, herhangi bir madde ortamında, o ortamın cüzlerini bir nokta etrafında toplayarak bir çekirdek kurmak ve onun etrafına diğer cüzleri çekip madde oluşumlarını meydana getirmek suretiyle, maddelerin, cisimlerin, kürelerin, sistemlerin, galaksilerin ve âlemlerin vücuda gelmesini sağlarlar.

Üçüncü derecedeki tesirler; Aslî Prensibin icapları dahilinde, kâinat dışından gelen ilk ana tesirler gibi doğrudan doğruya dışarıdan gelmeyip, kâinat içindeki belirli safhalarda bulunan bedenler haricine aktarılan, yani varlıklar tarafından beden haricine aktarılan tesirlerdir. Esasında yine aslî kaynaklardan gelmiş olan bu tesirler, herhangi bir beden tarafından kullanıldıktan sonra, asıl değerini kaybedip bir hayli farklılaşmış ve aslına nazaran kalitesi düşmüş olarak beden dışına yansımışlardır. Buradaki düşük kalite ifadesini küçümsememek gerekir. Çünkü Aslî Prensibin hiçbir icabının tezahüründe küçüklük, büyüklük diye bir şey yoktur. Buradaki düşük kalite tâbirinin işaret ettiği mânâ, yürüyecekleri ortamlara ve hedeflere göre, tesirlerin ayarlanmış olması icaplarını ifade eder. Basit bir madde kombinezonuna yüksek tesirin gönderilmesi uygun olmaz. Aynen, çok karmaşık madde kombinezonlarına da hafif tesirlerin yararı olmaz. Bütün bunlar, icapların yürüttüğü teknik mekanizmalarla ayarlanmıştır. İnsanların birbirlerine yaptıkları tesirler arasında, bu üçüncü derecedeki tesirlerin örneklerini görmek kolaydır.

Dördüncü derecedeki tesirler ise, miktarca kabalaşmış değerlerdir. Bunlar, esasî tesirlerin bir madde kombinezonunda kullanılmasından sonra tamamen değişmiş hâli olarak depo edilen ve lüzumunda otomatik faaliyetlerde kullanılan, kaba tesirlerdir. Meselâ bir maddî sistem dahilinde veya bir beden içinde otomatik faaliyetlerin yapılması, bu depo tesirlerin kullanılması suretiyle olur. Daha önce bildirdiğimiz maddelerin manyetik alanları, bu tesirlerin kapsamı dahiline girer.

*
* *

Yukarıdan gelen esasî bir tesirin, maddenin tam ortasında bir odak oluşturarak madde cüzlerini etrafına toplamak suretiyle madde teşekkülâtını meydana getirdiğini ve o maddede muhtelif transformasyonlara uğradıktan sonra, kalitesi düşmüş ve başkalaşmış olarak maddeden tekrar dışarı yayınlanmaya başladığını ve buna da o maddenin manyetik alanı denildiğini daha önce söylemiştik.

Yine, maddelerin ve bedenlerin birbirlerine tesir etmeleri de, bu manyetik alanlarının birbiriyle temasları sonucunda yapmış oldukları alışverişler sayesinde mümkün olur, demiştik. Meselâ bir "a" varlığı, "b" maddesinin bünyesinde bâzı değişmeler ve tezahürler elde etmek istiyorsa, kendi tesirlerini içeren manyetik alanını o maddenin manyetik alanı ile temas ettirir. Maddenin, manyetik alanından bünyesine intikal eden bu tesirler; "a" varlığı tarafından tayin edilmiş derece, yön, şekil ve dozlara göre, istenilen hareketlerin ve sonuçların o madde üzerinde vukua gelmesine sebep olurlar.

Yine, bir manyetizmacının, insanı manyetize etmesi ve onun fiziksel, fizyolojik ve psikolojik durumlarında bâzı değişiklikler yapabilmesi de, aynı yoldan olur. Yâni, kendi bedeninin manyetik alanı ile süjesinin manyetik alanını temasa getirmek suretiyle, ona tesir eder.

Bunun gibi, bir spiritizma celsesinde insanların ektoplazma dedikleri materyalizasyon olayları da; bedensiz varlıkların, manyetik alanlarının medyumun manyetik alanıyla temasları sonucunda gönderdikleri tesirlerin, bu alandan medyumun bedenine intikal etmesiyle, orada istenilen tarzlarda maddî değişmeler, dağılmalar, toplanmalar meydana getirilmek suretiyle olur. Yine, fiziksel medyumların eşyalara tesirleri, bireyler arasında görülen telepatiler, sempatiler, antipatiler, transmisyonlar ve diğer maddî olaylar, hep bu mekanizmayla olur. Yâni, bütün bunlar, manyetik alanlar üzerine yapılan tesirlerle, o alanların bağlı bulundukları madde kombinezonlarında çeşitli transformasyonların meydana getirilmesi suretiyle olur.

Böylece, bir yerde bir depremin, bir yanardağ püskürmesinin olması, bir tufanın baş göstermesi gibi büyük doğa olaylarının meydana getirilmesinin de yine, Arz'ın manyetik alanına vazifeliler tarafından gönderilen tesirlerle sağlandığından daha önce söz etmiştik.

Bütün bu saydığımız tesirlerden başka, daha kaba olan ve bu tesirlerle ikinci derecede ilgileri bulunan birtakım basit tesirler, basit değerler de vardır. Meselâ bir bedende ortaya çıkan kimyasal reaksiyonlar, hastalara verilen ilaçlar gibi tesirler ki, bir atomun, bir molekülün birim düalitelerindeki değer farklanmalarına oranla dahi çok daha kaba oldukları için, bunlara "kaba yükler" veya "kaba değerler" diyoruz.

*
* *

Maddeler tesirleşirken, tesirler, bir bedenden veya madde kombinezonundan diğer bedene veya madde kombinezonuna geçerken, birtakım değişmelere uğramakta, yukarılardan aşağılara indikçe basitleşmekte, yukarılara çıktıkça da karmaşıklaşmaktadırlar. Bunun sebebi şudur: Bir madde ünitesinden alt madde ünitesine geçerken tesirlerin içeriği olan değerlerin bir kısmı üst ünitede kullanıldığı için, o tesir, ilk gelişindeki hâline nazaran kısmen silinerek ve değerlerinin bâzılarını kaybederek aşağıdaki üniteye iner. Ve bu hâl, alttaki üniteyi güçlü bir tesirin zararından otomatikman korumuş olur ki, bu da kâinattaki varlıkların ve maddelerin güvenliği için kurulmuş süzgeç mekanizmalarından birini oluşturur. Bu mekanizmalar maddeler için lüzumludur. Bunların kıymetini belirtmek için Dünya'yı örnek olarak göstereceğiz. Dünyamıza Güneş'ten, Ay'dan, yıldızlardan, diğer gök cisimlerinden ve gezegenlerden milyarlar kere milyarlarca direkt ve endirekt tesir gelir ve bir tesirler şebekesi bütün Dünya'yı kucaklar. Dünya'daki varlıklar ve maddelerin her zerresine ayrı ayrı gelen yüz binlerce tesirin hesap edilmesiyle, bütün Dünya'ya inen tesirlerin toplamının hiçbir sayıya sığmayacak miktarda olduğunu tahmin etmek mümkündür. İşte bu gelen tesirler arasında, hiç şüphesiz Dünya'yı büyük zararlara sokabilecek olanları da vardır. Fakat, çok yukarılardan gelen büyük tesir kaynaklarına ait düzenleme mekanizmalarından başka, tâli tesirler için Dünya etrafında kurulmuş bâzı süzgeç mekanizmaları da vardır ki, bunlar, bu kudretli tesirleri süzerek, onların zararlarından Dünya'yı korurlar. Bu süzgeç mekanizmalarının hedefi, Dünya'nın kaldıramayacağı kadar güçlü olan tesirlere yol vermemektir. Bu çeşitli mekanizmalar sayesinde o tesirlerin bir kısmı Dünya'ya uğramadan geçer giderler. Diğer bir süzgeç mekanizması da Güneş'ten gelen tesirlerin atmosferde kurmuş olduğu koruyucu bir mekanizmadır. Bu, dışarıdan gelen veya Arz'da yapay olarak yaratılan aşırı radyoaktiviteler gibi Dünya'yı büyük zararlara uğratabilecek bâzı radyasyonları ve tesirleri değiştirir ve zararsız bir hâle sokar. Bu öyle bir şekilde işler ki, Güneş'ten veya şuradan buradan gelen vibrasyonlara -Dünya'ya zararlı olmadıkları sürece- dokunmaz. Fakat bu vibrasyonların dozları, belirli sınırları aşarak Dünya'ya zarar verebilecek bir hâle geldikleri ândan itibaren, atmosferdeki bu mekanizma, otomatik olarak çalışmaya başlar ve o zararlı ve belki de öldürücü radyasyonları zararsız hâle getirinceye kadar çalışır; onların dozlarını normal düzeye indirince faaliyetini durdurur. Meselâ böyle bir mekanizma atmosferde olmasaydı Dünya'da yaratılan radyoaktiviteler birçok ölüme sebep olabilirdi.

Bu tür süzgeç mekanizmaları ile diğerleri, hemen hemen her cisim, her madde için mevcuttur. İşte tesirlerin aşağılara inerken değerlerinin azalması da, aşağıdakilerin güvenliği için bir tür süzgeç mekanizması olur.

Alt maddeden üst maddeye çıkarken ise, tesirlerin karmaşıklaşması şundan ileri gelir: Aşağıdan gelen tesirler, yukarıya çıkarken, oranın bünyesi icabı olarak daha geniş bir tesirler alanı ile karşılaşırlar. Oradaki tesirler ile sempatize olarak onlardan değer almak suretiyle, kendi bünyelerini genişletirler ve böylece daha karmaşıklaşmış bir hâle girerler.

Şu hâlde, bir tesir, aşağılara indikçe, her uğradığı merhalede değerlerinden bir kısmını bıraka bıraka zayıflayarak iner ve kaybolur. Yukarı çıkarken de her merhaleden yeni değerler alarak, çoğala çoğala yükselir. Bu hâl, hem tesirlerin maddeler arasında yürürken yaptıkları fonksiyonlarının zarurî bir sonucudur, hem de aşağılara indikçe uğradıkları merhalelerde kendileri ile sempati kuracak birer ortam bulmalarına imkân kazandırıcı bir icaptır.

Eğer bu süzgeçler ve bu mekanizmalar olmasaydı, tekâmül icaplarına göre lüzumlu değişmeleri yapmak için varlık ve madde kombinezonlarına inen tesirler ile o maddeler arasında çeşitli kaynaşmazlıklar olur ve bu tesirler, yarar sağlamak yerine, çoğu kez zararlı olabilirdi. Bütün bu tesir ayarlanma mekanizmaları da yine, yüksek icapları taşıyan üstün tesirlerin kontrolleri altında bulunmaktadır.

*
* *

Tesirler, kâinat dışı hakikatlerin maddeye yansımış durumlarıdır. Maddenin gösterdiği reaksiyonları da kâinat dışına yansıtan, yine bu tesirlerdir. Tesirler, bir maddeyi harekete geçirdikten sonra, o maddenin hareketleriyle diğer maddelerin hareketlerine ve o diğer maddelerin hareketleriyle de daha diğer maddelerin hareketlerine sebep olmak suretiyle, art arda birbirini doğuran tesirler zincirini meydana getirirler ki; bu da, bir tür otomatizma olur. Kâinatta böyle otomatizmalarla yürütülen bir sürü iş vardır. Fakat böyle zincirleme şekilde cereyan eden otomatik faaliyetler de, yine, ancak yukarıdan gelen, vazifeli varlıkların tesirlerinin kontrolleri altında cereyan eder.

Şimdiye kadar ana hatlarıyla söz ettiğimiz tesirler, sonsuz varyeteleriyle, çeşitli madde kombinezonları hâlinde madde bünyelerine girerler ve maddeler arasındaki sayısız alışverişleri sağlarlar. Bütün bu tesirler, kâinatı baştanbaşa ve hiçbir insan idrakinin kavrayamayacağı, karışık bir şebeke hâlinde sararlar. Bunların her zerresine Aslî Prensibin yüksek icapları hâkimdir. Bütün bu tesirler, sayısız varyetelerine rağmen, ilâhî nizamın büyük ahengi içinde, kâinatın en ince maddelerinde tecelli etmiş bir tek kudret hâlinde fonksiyonlarını yaparlar. Kâinatın ilk zerresinden bütününe varıncaya kadar, insanların maddî, manevî, cismanî, ruhanî diye nitelendirmiş oldukları her şey, ancak yüksek prensiplerin icaplarını taşıyan bu tesirlerin nizam ve tertipleri dahilinde yürüyebilir. Bu noktayı bütün ayrıntılarıyla sezebilenler için, kâinatta tesirlerden özgür hiçbir akış ve oluşun mümkün olamayacağını idrak etmek mümkün olur.

*
* *

Tesirlerin akışı hakkında bu genel bilgiyi verdikten sonra, onların kâinat cüzleri arasında meydana gelen fonksiyonlanmalarından, bu fonksiyonlanmaların gerçekleşme yollarından ve nihayet, asıl hedeflerinde meydana getirdikleri sonuçlarından da söz etmek gerekiyor. Çünkü kâinatta mâşerî tekâmül hayatının esas bünyesini oluşturan organizasyon sistemlerinin daha iyi sezilebilmesi için bu konunun bilgisinde biraz daha ileri gitmeliyiz. Tesirleşme mekanizması ile organizasyon sistemleri birbirini tamamlamaktadırlar. Dolayısıyla, tesirleri tek başına değil, organizasyon sistemleriyle ve bu sistemleri kuran mekanizmalarla birlikte açıklamak gerekir.

*
* *

Kâinat baştanbaşa bir organizasyondur. Fakat bu büyük organizasyon içinde bir organlık-organizatörlük durumuyla görünen organizasyon şekilleri, kâinatın ancak belirli bir safhasından başlayıp belirli bir safhasına kadar devam eder. Bunların üst ve altlarındaki organlaşma durumları, insan idraki dışında kalan, yüksek prensiplerin nizam* ve tertiplerine ait yasa ve kurallar dahilinde vuku bulur. Bununla birlikte bunların hiçbiri, büyük kâinat organizasyonunun dışında değildir.

İnsanların sezebilecekleri kısımlardaki kâinat organizasyonları, organ-organizatör ilişkileri içinde cereyan eder. Bir organizasyon, kendisinden bir üst olan organizasyonun organizatörlüğü altında çalışır. Burada, organizatör mevkiinde bulunan üst organizasyon, alt organizasyona ışık tutar. Bu ışık da ona, yine bir üst organizasyondan gelmiştir. Bu hâl, tâ Ünite'ye kadar uzanır. Böylece, Ünite'den bütün kâinata tutulan bir projektör, hiyerarşik olarak vazife plânının en alt kademelerine kadar sıralanmış vazife organizasyonlarını, yukarıdan aşağıya doğru kateder. Bu sırada her organizasyon, bir üstündekinden aldığı ışıkla kendi vazifelerini görürken, bir alttaki organizasyonun da vazife görümündeki ihtiyaçlarına göre, o ışığı alttaki organizasyona gönderir. Ünite'den gelen direktiflerle, bütün, vazife plânının safha ve kademelerindeki organizasyonlar, kendilerine düşen vazifeleri kendi kapsamları dahilinde ve yukarıdan gelen direktifin ışığı altında ifa ederler.

---

* "Nizam" sözcüğüne sözlüklerde "düzen; icaplara göre konulmuş yasalar ve kurallardan oluşan düzen; yasalar ve kurallar bütünü; düzenleme, düzenlenme" anlamları verilir.

*
* *

Yüksek prensiplerin çizmiş olduğu tekâmül yolunda, her organizmanın belirli birtakım vazifeleri vardır. O organizmanın bütün elemanları, el ele verip -kendi kudret ve liyakatleri derecelerine göre- bu vazifeleri yapmakla yükümlüdürler. Hiçbir organın veya organizatörün, kendisine düşen vazifeyi terk ve ihmal etmemesi gerekir. Fakat hidrojen âleminin henüz ilk safhalarındaki ruhların görgü ve deneyimleri, bu hakikatleri ve zorunlulukları idrak edebilmelerine yetecek kadar ilerlemiş değildir. Hattâ az çok inkişaf etmiş olanlarında bile bu durum, çok noksandır. Bir kâinat sorumluluğunun muhtelif derecelerdeki payını taşıyan vazife idrakine, bu safhadakiler henüz varmış bulunmamaktadırlar. Onun için, bu varlıklara henüz, idare mekanizmasındaki vazifeler bırakılmaz. Dolayısıyla, bunlar, büyük vazife organizasyonlarına dahil değildirler. Bu, ancak, tekâmülün daha ileri safhalarında bulunan, vazife plânlarındaki varlıklara ait bir iştir. Bununla birlikte, daha alttaki bu idraksiz, hattâ yarı idrakli varlıkların tekâmüllerine yardım etmek vazifesiyle yükümlü kılınmış üstün varlıklar, onların vazife plânına hazırlıkları için, hisselerine düşen zarurî işleri yapabilmelerine yardım ederler. Bunun için, onlar arasında, ileriki organizasyon teşkilâtına hazırlanmak üzere, çeşitli topluluklar, gruplaşmalar olur. Ve vazifeliler yerine göre, az çok otomatik veya az çok idrakli olarak hazırlık işlerine, bu grupları ve toplulukları sevk ederler. Bunlar, inkişaf edip idraklerini genişlettikçe, hareketlerinde, o oranda artan serbestlikler kazanmaya başlarlar. Ve bu sırada kendilerine, yavaş yavaş, büyük organizasyon sistemlerinin sezgileri verilir.

İşte, nasıl kaba bir madde, varlık safhasına girip orada bir süre tekâmül ederek, bir bitki bedenini kurmaya başladığı ândan itibaren içgüdüleriyle bir topluluğa girmek suretiyle yeni bir inkişaf devresine başlıyorsa, o varlık, çok uzun bir tekâmülü sonucunda ve vazife anlayışı olgunlaştığı oranda vazife yükümlülüklerini öylece idrak etmeye başlamış ve sorumluluk duygusunu kazanma yoluna girmiş bulunur. Bu da büyük vazife plânının, organizasyonlarına giden geniş yollarını ona sezdirmeye başlar.

*
* *

Biraz önce, bir topluluk içindeki otomatik vazifelerden söz ettik. Şimdi bu otomatik faaliyetlerin açıklanması üzerinde duracağız. Çarşıdan gelirken, elinizdeki paketleri evinize taşıtmak için bir küfeciye verirsiniz. Küfeci onları evinize kadar niçin taşır? Size yardım etmek için mi? Hayır. Onun böyle bir kaygısı yoktur. O, bu işi sadece, sizden alacağı beş on kuruşu koparmak için yapar. İşte bu, sizin ona otomatik olarak yaptırdığınız bir iştir. Otomatizmanın çeşitli karakterleri arasından bir tanesi de, işte, bu örnekte olduğu gibi, birisini aklı ermediği bir maksat uğrunda, aldatıcı veya oyalayıcı birtakım bedellerle yürütmek olur. Buna göre, bir insanın otomatik olarak tekâmül yolunda yürümesi demek; varması gereken hedefe bilerek ve isteyerek gitmek kudretini gösteremeyen o insanın, nefsaniyetlerine göre önüne ya cazibeli oyuncaklar sererek ya da korkutucu, sindirici pozisyonlar çıkararak, istenilen yolda yürümesini sağlamak demektir. Büyük gayelerin gerçekleşmesine yönelik olan bu işler, böyle, birtakım otomatizmalarla başlar. Bu otomatizmanın ilk yürüyüşlerini hazırlayan hissî ve nefsanî düşünceler ve arzular da, müspet veya menfî fonksiyonlarıyla, bu otomatizmanın güçlü birer elemanı olurlar. İdrakler genişledikçe ve yapılacak işlerin neden ve sonuçları hakkındaki öz bilgiler arttıkça sonuçlar yavaş yavaş daha iyi görülür ve aradaki cazibeli veya korkunç otomatizma vâsıtaları birer birer fonksiyonlarını kaybetmeye başlarlar. Artık annesi, çocuğunun başını yıkayabilmesi için ona şeker vadetmek lüzumunu hissetmez. O zaman insan, doğrudan doğruya, hedefini daha iyi görerek, o hedefe ulaşmanın idrakine sahip olmaya ve lüzumuna inanmaya başlamış, vazife plânına doğru yürüyüşün sezgilerini kazanmış bulunur. Esasen, Yerküre'nin kudretli bir tekâmül vâsıtası, mükemmel hazırlayıcı bir okul oluşu da bundan ileri gelmektedir. Çünkü vazife bilgisine doğru şuur ve idrakleri zorlayan programlı ve tertipli olaylarla kurulmuş büyük bir otomatizmanın –insanları sevk edici– her türlü malzemesi, sayısız his ve nefsaniyet unsurları dünya okulunda mevcuttur. Ve dünya hayatı üzerindeki vazifeliler de, bu vazifelerini, insanlar arasında bu malzemeleri kullanarak yapmaktadırlar. Demek ki dünya; bitkileri hayvan ve hayvanları insan safhasına çeşitli otomatizmalarla hazırladığı gibi, insanları da vazife bilgisi ve organizasyon sistemleri sezgisine hazırlayıcı çok zengin varyetelerle doludur. Sınavlar, eprövler, gözlemler, deneyimler, acı veya tatlı bütün his kompleksleri, dinlerin koymuş oldukları cennet, cehennem, ahret yaptırımlarının çeşitli görünüşleri... Bütün bunlar, kâinatta yapmakla yükümlü oldukları büyük ve âlemşümul* işlerin, vazifelerin idrak ve şuuruna insanları hazırlamak gayesine yöneliktir. İnsanların dünya olaylarının nedensellik prensibi muvacehesindeki hakikî kıymetleri ile o kıymetler karşısında kendi durum ve davranışlarını öğrenmelerini, kendilerini ona göre ayarlamalarını ve böylece vazife bilgisine ve organizasyon disiplinine kendilerini hazırlayabilmelerini sağlamak, dünya hayatının esas fonksiyonlarından biridir. Ancak bu fonksiyonun sonuçlandırdığı hedefe ulaşmış, kâinatta yapacağı işlerin yükümlülüğünü benimsemiş olanlardır ki, dünya ile ilgilerini kesebilirler.

*
* *

Çok geniş bir kâinat mekanizmasının teknik yollarını gösteren organizasyonların faaliyeti hakkında, şimdilik kısa bir bilgi vereceğiz. Kâinatlara ve ruhlara hâkim Aslî Prensibin icaplarına göre yapılmakta olan sonsuz işler vardır. Maddelerin oluşturulmalarında, tesirlerin maddelere ve varlıklara dağıtımlarında, bu dağıtımların yerli yerince kullanılmasında, varlıkların muhtelif inkişaf safhalarının ve tekâmüllerinin sevk ve idaresinde ve kontrollerinde, onların tekâmüllerine hizmet eden kaba maddelerin çeşitli, sayısız tezahürlerinin meydana getirilişlerinde, özetle, kâinatın bütün mekanizmalarında yapılacak sayısız işler ve hizmetler mevcuttur ki; bunların her biri, uzmanlık kabiliyetlerine göre varlıkların ifasıyla yükümlü oldukları, birer idarî vazifedir. Bu yükümlülükler –Aslî Prensibin yüksek icaplarına göre– varlıkların liyakat dereceleriyle orantılı olarak yapılır ve ona göre, varlıklar, vazifelendirilir ve vazifelenir.

---

* "Âlemşümul" sözcüğüne sözlüklerde "âlem çapında; dünya çapında" anlamları verilir.

Vazife duygusuna ve idrakine varmış varlıkların liyakatlerine göre, vazife plânlarında birbirinden derece ve vazife durumu bakımından farklı gruplaşmalar, kadrolaşmalar ve organizasyonlar oluşur. Bunlar, birbirinin düzenleyicisi, denetleyicisi, yardımcısı hâlinde, aslî prensiplerin hedef tuttuğu ortak gayeye yönelmiş olarak, Ünite'ye kadar yayılırlar. Bunların yapacakları işler arasında, yüksek icaplara göre varlıkların tekâmüllerine hizmet etmek, onlar için maddî ortamlar hazırlamak, henüz otomatik kademede bulunanlara yardım etmek gibi sayısız faaliyetler vardır.

Organizasyonlar, bütün bu vazifelerini, biraz önce açıkladığımız gibi, Ünite'den çıkıp organizatörlük-organizasyon nizamı içinde aşağılara doğru yayılan direktiflere göre ifa ederler. Şu hâlde, vazife plânına dahil olmuş varlıkların sayısız yollarda uzmanlaşmaları, vazife liyakatlerini kazanmaları ve bunların sonucu olarak da çeşitli vazifeler etrafında toplanmaları, gruplaşmaları, organlaşmaları ve sistemleşmeleri; Aslî Prensibin direktifleri, yaptırımları ve icapları dahilinde, O'nun ışığı altında olmaktadır. İşte bütün bu teşkilât, ruhların tekâmülleri için şaşmadan yürüyen kâinatın Ünite'ye bağlı muazzam idare mekanizmasının teknik cephesini oluşturur. Elbette böyle yüksek bir mekanizmada vazife almak için, tam idrake varmış olmak, insan üstü düzeye gelmiş bulunmak gerekir. Esasen vazife plânı da ancak hidrojen safhasının bitirilişinden sonra başlar. Vazife organizasyonları hakkında şimdilik lüzumu kadar bir fikir verebilmek için, muazzam kâinat organizasyonu içinde kâinatın bir zerresinin zerresinden daha küçük olan Dünyamıza ait faaliyet mekanizmalarından birini, bu sahada vazifeli olan bir grup idarecisinden aldığımız bilgiyle açıklamak istiyoruz. Aşağıdaki satırlar, Dünya işleri nizamında çalışan teknik idare grubunun idarecisi, vazifeli bir plân tarafından -yüksek kaynakların onayıyla- dünyamıza ilk defa verilmiş, bu konuya ait yüksek bir bilgiyi içermektedir:

"Kâinat içindeki, kâinatı idare eden prensiplerin zaruret ve icapları olan maddî olaylar; kâinattaki tekâmülün malzemesini, gözlemini sağlayan unsurlardır. Türlü tekâmül ihtiyaçları için, en ağır madde hâlinden en hafif madde hâline kadar, sonsuz transformasyonlar, deformasyonlar ve formasyonlar olur. Bu maddî değişiklikler, kâinatın genel idaresiyle vazifeli varlıkların direktif ve kudretleri kanalıyla ve belirli sahalarda vazifelenmiş varlıkların faaliyet ve işçiliğiyle sonuçlanırlar. Kâinatın teknik içeriğinin unsurları olan sürekli değişmeler, vazifeli birçok varlığın eseridir. Fakat bu vazifelileri sevk eden varlıklar gittikçe yükselerek Ünite'deki genel sorumluluk ve güçlerle ilgili olurlar. Şimdi, aldığım bir direktifle, belirli değişmelerin vukuuna* etken olan, onları hazırlayan varlıkların nasıl çalıştıklarını anlatacağım.

"Yüksek prensiplerin icabı olarak vukuu yakın bir değişmenin, olması gerekenin direktifi bize gelir. Zaten kâinatın tekâmül eden her bir varlığı için; onların ihtiyaç ve fonksiyonlarını kontrol ve tespit eden diğer vazifeli gruplar, bu varlıkların liyakat ve ihtiyaçları derecesini ve onlar hakkında yapılması lazım geleni bize bildirirler. Yâni, yüksek prensiplere paralel olarak direktif veren yüksek varlıklardan başka, bize faaliyetlerimiz hakkında tamamlayıcı enformasyon veren diğer, başka vazifeli gruplar da vardır. Bir örnek vereyim: Dünya hayatını yaşayan bir insan tasavvur ediniz. Onun tekâmülü için belirli bir değişikliğe, belirli bir malzemeye ihtiyacı vardır. Buna ya liyakat kazanmıştır ya da bu, onun sınavlarının, teşevvüşünün, kısacası fonksiyonel özelliklerinin bir icabıdır. Bu icabı ölçüp biçen, derecelendiren, zamanını ve mahiyetini tayin eden grup, bir başka gruptur. O grubun bize yardımı; sözkonusu insan için meydana gelecek olayın, niteliklerini, miktarca değerini, zamanını, kısacası bizim yapmakla yükümlü olduğumuz bütün ayrıntılarını hazırlayıp vermesidir. Meselâ o insanın hasta olması icap ediyorsa, hastalığın türü, ağırlık veya hafiflik derecesi, uzunluğu, kısalığı, tedavi imkânları bize bildirilir. Daha ayrıntıya gireyim: Bu hastalıkta ağırlaştırıcı sebepler olması gerekiyorsa, o kimsenin, imkânı az bir yere sevk edilmesi, tedavi edecek doktorun teşhiste yanılması gibi hususlar da eksiksiz olarak verilir. Artık o bir tek kişinin bu durumundaki tekâmül malzemesi için -icap ederse- birkaç varlık çalışacak; birisi

* "Vuku" sözcüğü, "olma, meydana gelme" anlamına gelir.

bünyeyi hazırlayacak, bünyedeki mikropların faaliyetini sağlayacak, bir diğeri doktorun fikrî durumunu o belirli ânda icap ettiği gibi tesir altında bulunduracaktır. Bu teknik faaliyetlerin sahaları da pek çok branşa ayrılır. Bunlar arasından önemli birkaçını sayacağım. Meselâ, insanların hâleti ruhiyelerini belirli form kalıplarına bağlamak, mevziî,* sosyal formları kurmak ve son bir örnek vereyim; medyumları idare etmek... Bunlar gibi, çoğaltılabilecek, mahiyet ve önemleri birbirinden farklı, pek çok faaliyet branşı vardır. Bunların her biri, kendi kadrosu dahilinde, kendi tekniğiyle çalışır. Bu belirli faaliyet kadrolarının her birinin tekniği birbirinden farklıdır. Meselâ, doğada vuku bulan fiziksel değişiklikleri yapmakla yükümlü olan grup, medyumları idare edemeyeceği gibi, medyumları idare eden grup da sosyal olayları kuran grubun vazifesini ifa edemez. Zaten çalışma zeminlerinin farklı oluşu, bütün bu grupların çalışma tekniklerinin farklı oluşunu icap ettirir.

"Bu teknik vazifeli gruplar, belirli vazifeleri yaparken birçok imkândan yararlanırlar. Bu imkânlar, mahiyet bakımından çok değişiktir. Bu arada size teknik terimler vermek imkânını bulamayacağım. Çünkü kullanılan bu güçler ve imkânların sözcüklerle ifade edilmesi ve nitelendirilmesi, zor ve imkânsızdır. Ancak, onları yakın bir mânâda en uygun şekilde ifade edebilecek olan terimleri kullanmakla yetiniyorum. Kullanılan güçler; elektromanyetik güçler, mekanik güçler, birçok gücün bileşkesi olan biyolojik güçler ve kozmik güçlerdir. Bunları elde etmek için uzay imkânlarından, bedenini terk etmiş serbest varlıkların enerjilerinden, üst âlemlerdeki varlıklardan yayınlanan enerjilerden, insanların güçlerinden, bedenlilerin güçlerinden yararlanılır (tabiî onlar bunu bilmezler) ki, bu bedenliler dünya içinde pek çoktur: insanlar, hayvanlar, bitkiler... gibi. İşte bütün bu imkân ve kaynaklardan elde edilen enerjiler, bizim enerjimizi takviye ederek, (altımızdaki) vazifelilerin de sevk edilişleriyle, belirli sonuçları meydana getirirler: Bir cismin dengesinin bozulması, meselâ

* "Mevziî" sözcüğü, "bir yere mahsus, lokal, yerel, yöresel, mahallî" anlamına gelir.

rüzgâr yönünün idare edilmesi (çünkü rüzgârların belirli bir yöne sevk edilmesiyle, kimi zaman, belirli bir yerde kopacak olan bir tayfunun belirli kişilerin tekâmülü için zarureti vardır); yine, lokal bir depremde, deprem için gereken denge değişikliğinin husule getirilmesi*... İşte bütün bunlar için gereken şartların oluşturulması, bu saydığım kaynaklardan yayınlanan enerjilerle ve o enerjilerin belirli ve uygun değer ve tarzlarda, vazifelileri tarafından kullanılmasıyla vuku bulur."

*
* *

İnsanlık safhasının, yâni hidrojen atomu devresinin üstünde başlayan vazife organizasyonlarına varlıklar birdenbire sokulmazlar. Bunun için uzun hazırlıklardan sonra, vazife plânının icaplarına uygun bir idrak düzeyine ulaşmış olmak gerekir. Bu da dediğimiz gibi, ancak, hidrojen âleminin en ilkel kademelerinden en üst kademelerine kadar geçecek uzun, hem de çok uzun bir hazırlık devresinden sonra olur. İlk varlık hâlinden en yüksek bir insan varlığı hâline gelinceye kadar, idrakin böyle bir vazife liyakatini kazanabilmesi için, geçirilmesi gereken safhaları daha önce belirtmiştik. Bu safhaların başında organizasyon sisteminin en ilkel yürüyüşüne başlangıç olmak üzere, bitkilerde otomatik-mekanik içgüdülerle bir tür topluluk hayatı başlar. Bu topluluklar, varlıkların hayatı ilerledikçe kapsam kazanır ve mânâlarını genişletirler. Bu topluluk hayatı hayvanlarda kendini daha çok gösterir. Henüz bir toplum hayatı başlamamış olmakla birlikte, ona doğru ilk hazırlıkları ifade eden oldukça mânâlı topluluklar hayvanlar arasında mevcuttur. Meselâ karıncaların, arıların, toplu hâlde yaşayan bâzı hayvanların otomatik toplulukları buna örnektir.

Bunlar, insan hayatındaki mâşerî plânlara aday olan varlıkların tertipli hazırlanışlarıdır. Elbette, bunları birbirlerine bağlayan üst tesirler ve bağlar vardır. Bunlar da, bu sahalarda çalışan vazifeli varlıklardan gelmektedir. Böylece, kışlık yiyeceklerini biriktirmeleri için karınca toplulukları teşkilâtlandırılır, aynen arı toplulukları da. Bazen yuvalarını saldırgan kartallara karşı korumak

* "Husule getirme"; "meydana getirme, doğurma, ortaya çıkarma; gerçekleştirme" anlamlarına gelir.

için civardaki bütün leylekler, bir araya toplanarak, bu canavarlarla bir ordu hâlinde savaşırlar. Bâzı vahşi hayvanlar, aç kaldıkları zaman sürüler oluşturarak avcılığa çıkarlar. Hayvanlarda sık görülen bu hâller, onların daha üst mâşerî plân hazırlıklarının içgüdüsel tatbikatını yapabilmelerini sağlamak için, vazifeli varlıklar tarafından gönderilen lüzumlu tesirlerle meydana getirilmektedir.

Nihayet insanların kısmen yine otomatik, kısmen yarı idrakli olan toplulukları ve toplum hayatları gelir. Burada, artık yüksek vazife organizasyonlarına ulaşmanın doğrudan doğruya ve en yakın hazırlık tatbikatları başlar. İnsan hayatının gayesi de, bu yolda lüzumlu olan hazırlıkları bitirmektir.

Bundan başka, bir insanı kuran ve idare eden varlığın da o insan bedeni ile karşılıklı bir organizatör-organizma durumu vardır. O varlık, insanın sinir sistemi hücrelerinden oluşturmuş olduğu manyetik alana hâkim olmak suretiyle, o hücreler vâsıtasıyla bütün bedeni, organizmayı idare eder. Burada, varlık organizatör, beden ise organizmadır.

Bütün bu toplulukların, bu organizasyonların, bu sistemlerin, her madde topluluğunun, topluluk sistemlerinin, kombinezonlarının faaliyetleri, birbirleriyle olan ilişkileri, özetle, her olay, her durum, her şey; ancak, ilâhî nizamın büyük ahengi içinde, bu tesirler mekanizmasıyla sağlanır.

*
* *

Her organizmaya yukarıdan, yanlardan, aşağılardan bir sürü tâli ve yan tesir de gelir ki; bu tesirler içinde, hem o organizasyonun vazifesini kolaylaştırıcı müspet tesirler vardır, hem de onun güçlenmesi, görgü ve deneyimlerinin artması, inkişaf ve tekâmül etmesi için sarsıcı, bozucu ve hattâ yıkıcı menfî tesirler vardır. Ve bunlar, o organizmanın sınav, deneyim ve gözlem tatbikatlarının meydana gelişlerine sebep olurlar. Bütün bu tâli tesirler, o organizmanın yetişmesi için, idrakli veya otomatik olarak çalışan bir sürü vazifeli varlıktan gelir. Yüksek kâinat mekanizmasına bağlı bu vazifeliler, varlıkların beden hayatlarındaki vazifelerinde başarı kazanmalarını sağlayacak cehit ve gayretleri göstermelerine zemin hazırlamak için –tekâmül malzemeleri olarak– ağırlaştırıcı, güçleştirici ve bazen de imkânsızlaştırıcı bir sürü olayı onların önlerine sürerler. Bu malzemeler, varlıkların gittikçe liyakatlerini arttırmaları, güçlenmeleri ve daha üst durumlara kayarak yükselebilmeleri için, ilâhî nizamın yasalarına göre tertip ve tanzim edilmişlerdir. Fakat insanlar, bilgisizlikleri yüzünden, bunları daima, başlarına gelmiş birer felâket olarak tanırlar.

*
* *

Organizasyonların, yüksele yüksele, kâinatın üst sınırlarındaki Ünite'de nihayet bulduklarını söylemiştik. Ünite'ye varıncaya kadar, bu organizasyon elemanları, Aslî Prensibin yüksek icaplarına intibak etmek suretiyle, idraken yavaş yavaş birleşirler. O kadar ki, Ünite'ye girdikleri zaman, pek küçük nüanslar hariç olmak üzere, idrakleri, yüksek icaplara her noktasında ve tam liyakatle intibak etmiş bulunur ve o zaman onlar, kâinatşümul yüksek faaliyetlere, aşağılarda olduğu gibi organizatör-organ zorunluluklarına tâbi olmadan, insan aklının eremeyeceği tek ve büyük bir organizasyon vahdeti içinde devam ederler. İşte bu, Aslî Prensibin kâinata ve ruhlara ait kudreti ile kâinatımızın bütün imkânlarının birleştiği bir hakikattir. Bize nazaran görünen bu cephesine bakarak, biz ona "Ünite" diyoruz. Çünkü orada, Aslî Prensibin ruhlara ve kâinata ait kudretleri ile kâinat bütünü bir vahdet* oluşturur.

Demek ki organizasyonlar Ünite'ye yaklaştıkça, idraklerin, özgürlüklerin ve sorumlulukların artması oranında, vahdete doğru yürüyüş hızlanır. Organizatörlük-organlık ilişkileri arasındaki bağlar gittikçe gevşer ve nihayet kaybolur. O zaman ünite dediğimiz kâinatşümul vahdet gerçekleşir. Bu hususta ileride açıklama yapılacaktır.

*
* *

* "Vahdet" sözcüğü, "birlik, teklik, yekparelik, bütünlük; bir olma, tek olma, bütünleşme" anlamlarına gelir.

Âlemlerin ilk kısımlarında, ilk kaba hidrojen safhasında ruhların henüz hâkim olabildikleri varlıklar yoktur. Bu bakımdan da onlar hakkında zaten böyle bir organizasyon sistemi sözkonusu olamaz, hattâ bu ruhların toplulukları da düşünülemez. Burada, aslî tesirlerle kurulmuş, ruhların mekanik tekâmüllerini sağlayan, insan aklının eremeyeceği bir idare sistemi vardır. İşte bu idare sistemi altında, ruhlar, ilâhî nizama göre belirlenmiş yollarda, mekanik olarak sürüklenirler. Çok uzun süren ve ruhlar için pasif hâllerde geçirilen bu tarzdaki tatbikatlarla, bu ilkel ruhlar, varlık safhasına doğru yavaş yavaş yükselirler.

*
* *

Varlık safhasındaki bir beden de bir organizmadır. Bunun da kendisini oluşturan partikülleri arasında organlaşmalar ve sistemleşmeler vardır. Dolayısıyla, ona -yukarıda söylediğimiz gibi- Aslî Prensibin maddeye ait esasî tesirleri yerine etraftan tâli tesirler gelir ve yine, "tekâmül değerleri" dediğimiz, Aslî Prensibin ruhlara ait kudretleri gelir.

Bu tâli tesirler de elbette başıboş değildir; bunlar da, daha önce, kâinata girdiğinden söz ettiğimiz iki ana tesirin, varlıklardan ve bedenlerden geçtikten sonra değişmiş olarak dışarı aktarılan hâlleridir. Daha doğrusu bunlar, varlıkların manyetik alanlarıdır. Bu tâli tesirler, ruhların bireysel ve mâşerî tekâmül ihtiyaçlarına göre, Ünite'nin tayin ve takdiri gereğince, yönlerinde en küçük bir sapma bile olmaksızın, tam zamanında, lüzumu kadar ve ayarlı olarak hedeflerine ulaşırlar. Hiçbir zaman başıboş olmayan bu tesirler, kendileri için tayin ve takdir edilmiş bulunan hedeflere -bir sürü idare, kontrol ve yardım mekanizmasına tâbi tutularak- ulaştırılırlar. Bunlar çoğu kez, aralarında binlerce çatışma, çarpışma, çekişme ve bozuşma gibi ahenksizlik ve bozgunculuk manzarası gösterirlerse de, bu hâl, görünürdeki bir görünüştür. Hakikatte bütün bunlar, tekâmül zaruretlerini yerine getirmek için vukua gelen tertiplerin ve mekanizmaların teknik icapları ve insanları aldatıcı zıt görünüşleridir.

*
* *

Şimdi, bu tesirlerin maddelere akışlarındaki tertiplere ait bâzı mekanizmalardan lüzumu kadar söz edelim.

Daha önce söylediğimiz gibi, tesirin bir maddeye gelmesi demek; o tesiri verici maddenin manyetik alanından, alıcı maddenin manyetik alanına çok ince bâzı partiküllerin, yâni pek yüksek hareketlere sahip değerlerin aktarılması demektir. Bu şöyle olur: Tesiri alan maddenin ihtiyacına cevap verme kudret ve liyakatinde bulunan verici varlığın manyetik alanından bir tesir kalkar. Buna karşılık, alıcı madde veya varlık kendisine ulaşması istenilen bu tesiri -kendi manyetik alanından bir parçasını uzatmak suretiyle- âdeta davet eder gibi bir vaziyet alır; daha doğrusu tesirler göndermeye başlar. Biz buna "öncü tesir" deriz. Bu öncü tesirler grubuna, insanların isteklerini, arzularını, ihtiyaçlarını, cehitlerini ve dualarını, birer örnek olarak gösteririz. Dualar, belirli bir mesafeye kadar yukarılara yansıyabilirler. Bu mesafelerin uzunluğu da; o duaları yapanların, duayı yaparken yukarılara arz ettikleri isteklerin, içtenliğine, doğruluğuna ve şiddeti derecesine bağlıdır. Bâzı dualar, uzun yollar katedemez, aşağılarda kalırlar. Bunlar, zayıftırlar ve bu yüzden de, kendilerini gerçekleştirebilecek kudretteki varlıklara rast gelmezler. Bunun da böyle olması icap eder. Bâzı dualar ise çok uzak mesafelere kadar gidebilirler. Bunlar, özden gelen ve hakikî tekâmül ihtiyaçlarına dayanan güçlü isteklerdir. Kudretli varlıklara ulaşabilen bu duaların gerçekleşme imkânları fazladır.

İşte böylece, sanki bir havaalanından uçağa verilen sinyaller gibi, bu öncü tesirler, gelmekte olan ilk tesiri karşılamak üzere harekete geçerken, o alana inmesi icap eden ilk tâli tesir de, idrakli, yarı idrakli ve hattâ bazen de otomatik olarak, kendi kaynağından çıkıp, ineceği alana doğru yürümeye başlar. Fakat dediğimiz gibi, bu ilk tesir başıboş değildir. Ona, ulaşacağı hedefin yönünü göstermek için, daha üst idrakli kaynaktan gelen diğer bir tâli tesir de eşlik eder ki, buna "güdücü tesir" deriz. Bu güdücü tesir, ilk tesir ile sempatize olmuştur.

Fakat güdücü tesir, nispeten kabadır. Çıktığı kaynağın şuur ve idraki her ne kadar ilk tesirinkinden üstün de olsa, yine, sinyal vererek kendisini bekleyen manyetik alana onu tam isabetle ulaştırabilecek kudrette değildir. Bununla birlikte ilk tesir ile doğrudan doğruya sempatize olabilecek ayarda bulunması, kendisinin ona eşlik etmesini mümkün kılmıştır. Demek ki iş bu kadarla kalırsa, bunlar yine hedefe ulaşamazlar. Burada da iki sebep vardır: İlk olarak; güdücü tesir her şeyi kapsayan bir idrak genişliğine sahip olmadığından, burada yolunu şaşırabilir. Yâni, ilk tesirin sempatize olabileceği daha diğer birtakım manyetik alanlar da vardır ki, onlar da ihtiyaçları dolayısıyla bu tür tesirlere sinyal verebilirler. Oysa bu ilk tesirin buralara gitmemesi icap eder. İşte güdücü tesirin bu husustaki yetersizliği yüzünden, diğer alanların vermekte oldukları sinyallere aldanıp kapılarak, ilk tesirin, yönünü onlardan birine doğru yöneltmesi de mümkün olur. İkinci olarak; hedefi yönünde giden ilk tesire müdahale edip onun mahiyetini değiştirmek veya yolundan çevirmek, hattâ ortadan kaldırmak kudretinde olan diğer bir sürü parazit tesir ile bunların karşılaşması mümkündür. İşte güdücü tesirler -bazen çok güçlü olan- bu müdahalelere karşı koyabilecek durumda değildirler. Birinci tesir, bu saldırılar karşısında himayesiz kalınca, yarı yolda dejenere olup fonksiyonunu kaybedecek duruma gelebilir. Veya diğer bir yere sürüklenebilir ya da dağılıp gidebilir. Oysa, ilâhi nizamda herhangi bir işin aksaması, bozulması, kötü sonuçlar vermesi gibi, nizamı bozucu düzensizliklere aslâ izin verilmez. Onun için, bu aksaklığı önleyici tertipler kurulmuştur. Bu tertiplerden biri olarak; ilk tesirle birlikte gelen güdücü tesirden başka, daha yüksek idrakli, vazifeli kaynaklardan, daha üstün tâli tesirler çıkıp bu kafileye eşlik eder ki, bunlara da "dirijan tesirler" deriz. Dirijan tesir, sevk edici tesir demektir. Dirijan tesirler; ilk tesire hedefi bulduran ve onu yoldaki saldırgan, rastgele parazit tesirlerden koruyan ve icap ederse bu bozucu tesirleri ortadan kaldıran, daha kudretli tesirlerdir. Bu şuna benzer: Bir katarı ele alalım. Bu katarın en önünde bir vagon vardır, onun arkasında bir lokomotif mevcut, bu lokomotifi de bir makinist sevk ve idare etmekte. İşte burada vagon, ilk tesiri; lokomotif, güdücü tesiri; makinist de dirijan tesiri kabaca sembolize eder. Varılacak istasyondan verilen işaretler ise, öncü tesiri gösterir.

Böylece, bu tesir katarı, alıcının manyetik alanına gelince, güdücü ve dirijan tesirlerin vazifeleri o alanın eşiğinde biteceğinden, ilk tesiri orada, alanın sınırında terk eden bu eşlikçi tesirler, ondan ayrılırlar. İlk tesir ise, gayesine uygun olarak, o alanda meydana getireceği müessiriyetlerle, onun tâbi olduğu madde bünyesi üzerinde lüzumlu değişmeleri yapar, o maddenin dengesini bozar, ona muhtelif hareketler yaptırır: Yerinden oynatır, hâl ve şekillerini değiştirir; kısacası, şiddeti ve yönü derecesine göre, fakat daima düalite prensibi ve değer farklanması mekanizmasından yararlanarak, o maddede çeşitli olayları meydana getirir. Yalnız, bütün bunların daima yüksek tesirler mekanizmasının kontrolü altında olduklarını unutmamalıdır.

*
* *

Yukarılardan alınan tesirler çok önemlidir: Çünkü bu tesirlerin her biri yükseltici değerleri içerir. Ve maddeler, bu yüksek değerleri ala ala, üst plânın daha zengin değerli maddeleriyle ve tesirleriyle sempatize olabilecek durumlara gelirler. Ve günün birinde de bir üst kademedeki kombinezonlara kayarak, onlarla aynı plânda, yâni üst plânda tesirleşmelere başlarlar. Böylece, o madde, bir üst kademedeki madde kombinezonlarına geçerek, bir kademe daha yükselmiş olur ve inkişaf da böylece devam eder gider. Aksine, eğer aşağıdan gelecek tesirler fazla olur ve üstten de lüzumlu derecede tesirler alınmazsa, bu defa iş tersine döner. Yâni, alttan gelecek tesirler, nispeten basit olduklarından, o maddenin kendilerine nazaran daha karmaşık olan bünyesindeki bütün hareketleri besleyecek durumda bulunmazlar. Eğer bunlar yukarıdan da beslenmezlerse, yavaş yavaş o hareketlerin bir kısmı silinmeye başlar. Ve o madde artık, bulunduğu kademedeki diğer kombinezonlarla dahi alışveriş yapamaz hâle gelir ve ancak kendisiyle sempatize olabilen bir alt kademenin maddeleri arasına karışmış olur ki, bu da onun gerilemesi, kıymetlerinin silinmesi demektir.

Şu hâlde, bir madde kombinezonunun, daha doğrusu bir organizmanın yükselmesi veya alçalması; ona gelecek üst veya alt tesirlerin nicelik ve niteliklerine bağlıdır ki, bu da onu idare eden varlığın, gelecek tesirleri iyi ayarlayabilmesine, lüzumlu olanları organizmasına davet edip, lüzumsuzları bertaraf edebilmesi* hususundaki kudretine bağlıdır. Yâni, bu işler onun sorumluluğu altındadır. Meselâ bir organizmanın her cüzüne gelen milyarlarca tesiri, eğer onun organizatörü, o bedeni idare eden varlık iyi ayarlayamazsa ve bu yüzden bâzı cüzlerin organizatörleri, kendilerine tesirleri lüzumundan fazla davet ederlerse, o zaman bu organlara fazla tesirler akmaya başlar. Ve bunun sonucu olarak da, o grupta, diğer gruplardaki cüzlere nazaran aşırı bir faaliyet görülür. Bu aşırı faaliyetler, gittikçe o organın genel organizma nizamına karşı aykırı hareketlerde bulunmasına sebep olur. Ve bu hâl, nihayet, o organın organizmada hiçbir nizam tanımayan âsi bir duruma girmesine yol açar ki, buna da kanserleşmiş bir organ deriz. Şu hâlde, kanserleşme vakası, organizma içindeki bir organın, olduğundan daha ileri bir hamle alması, inkişaf etmesi ihtiyacını gösterir. İşte, bâzı organların çeşitli hâllerde böyle, dengeyi bozucu fazla veya eksik faaliyetlerde bulunması, o organların tâbi bulunduğu organizmanın bir gün çökmeye ve dağılmaya başlamasına sebep olur. Bu hâl, insanların kaba iç organlarında olursa, insanlar organik hastalıklardan, ölümlerden söz ederler. Sinir sistemine ait partiküller arasında görülürse, ruhsal hastalıklardan veya şuur bozukluklarından söz ederler. Bütün bunlar, varlığın, bedenine gelecek tesirleri, muhtelif sebeplerle veya yüksek icapların tesiri altında iyi ayarlayamamasının sonucudur ki, bu sebeplerin başında yine, o varlığın mukadderatıyla ilgili olan, yâni kendi liyakat ve ihtiyaçlarını sonuçlandıran durumları gelir.

*
* *

---

* "Bertaraf etmek" fiili, "bir tarafa itip ya da atıp saf dışı bırakmak, etkisiz hale getirmek, ortadan kaldırmak" anlamına gelir.

Tesirler hakkında bu genel bilgileri verdikten sonra, bir insana gelen tesirlerden de söz edeceğiz.

İnsan denilen şey; bir varlığın, bağlı bulunduğu ruha hizmet etmek için, Yerküre'deki kaba maddeleri bir araya toplayıp, kendisine vâsıta olarak kullanmak maksadıyla, kurmuş olduğu bir bedendir.

Varlık, bu bedeni ancak yüksek vazifeli varlıkların yardım ve direktifleriyle kurabilir. Esasen varlık da; ruhun bütün ihtiyaçlarına cevap verebilecek şekilde, kâinatın bir noktasında konsantre olmuş, çok ince madde partiküllerinden ibaret olan ve ruhun ihtiyaçlarına ait bütün ifadeleri kâinat boyunca taşıyan, belirli bir enerjiler veya tesirler kompleksidir, demiştik. Yalnız, şunu önemle belirtmek isteriz ki, buradaki nokta kavramını, dünyadaki mekân kavramına kıyasla sabit, donmuş bir yer gibi düşünmemek gerekir. Bu, fiziksel şartlar altında anlaşılması ve anlatılması zor ve ekseriya imkânsız olan bir kavramdır. Bu hususta şu kadar söyleyelim ki, bu noktayı fiziksel bakımdan değil, idrakî bir nokta olarak anlamaya çalışmalıdır. Bu öyle bir noktadır ki, idrak nerede tespit edilirse, orada mevcuttur. Demek ki o nokta, hem kâinatta belirli bir yerdedir, hem de her yerdedir. Bunun üzerinde düşünenler, bu hususta birçok şey sezmeye başlarlar. Bu sezgi, yalnız bu hususta değil, diğer bâzı problemlerin çözümünde de onların işlerine yarar. İlerideki idrakî mekân veya küresel mekân bilgisi, bu sezgiye insanları daha iyi hazırlayacaktır.

İşte varlık; bu mânâda kabul edilmesi gereken bir noktada konsantre olmuş bir tesirler veya enerjiler topluluğudur. Ve bunlar da bir ruha aittir. İnsanların anladığı yüzey zamanı ve mekânı ölçüsüne girmeyen, böyle çok ince enerjilerden veya tesirlerden bileşmiş bir varlık, âlemlerin kaba kürelerine doğrudan doğruya tesir edemez. Oysa ruhun -muhtelif tatbikatları sırasında- bu kaba kürelerin maddeleriyle de karşılaşması gerekmektedir. Ruha hizmet edecek varlığın bu hizmeti yapabilmesi için, diğer deyişle ruhun hizmetinde olmanın icaplarını yerine getirebilmesi için, bir kürede, kendisine o kürenin maddelerinden bir beden kurması lazım gelir. İşte bu lüzuma göre, onun için vazifelendirilmiş yardımcı varlıklar faaliyete geçerek, böyle bir bedenin kurulmasında ona yardım ederler. Varlık, kurulan bu bedene -ruhundan gelen tesirlerle- bağlanmış ve onu hâkimiyeti altına almış olur ki, daha önce de söylediğimiz gibi, buna enkarnasyon derler. Bu şöyle olur:

İlk önce, tatbikat yapılacak kürede bir aile birim düalitesine, yâni bir erkek ile kadının bir araya gelerek bir birim oluşturmasına ihtiyaç vardır. Bu ihtiyaç yerine getirildikten sonra, üst, vazifeli yardımcı tesirlerle, erkek ve kadın tohumları birleştirilerek aşılanmış bir yumurta meydana getirilir. Varlık, bu aşılanmış yumurta ile irtibata geçer. Burada, varlık, beyin hücrelerine ait varlıkların manyetik alanlarına yaptığı müdahalelerle, onları embriyonun beynini, daha doğrusu beyin hücrelerini kurmaya sevk eder. Zaten insan varlığı spatyumda iken bu yüz binlerce beyin hücresi varlığını bir arada, toplu olarak tutuyor ve onların manyetik alanlarına tesir ediyordu. Böylece beyin hücreleri varlıkları, insan varlığının tesir ve yardımlarıyla, kendi bedenlerini, yâni beyin hücrelerini kurarlar. Varlık, kurulmuş olan bu beyin vâsıtasıyla, sinir sisteminin diğer kısımlarını kurar. Bu da olduktan sonra, sinir sistemi vâsıtasıyla, bedenin diğer bütün teşekkülâtını meydana getirir. Bedeni kurarken annenin maddelerinden yararlanılır. Yâni, oluşmakta olan ceninin beden malzemeleri, annesinin bedenini oluşturan maddelerden alınır.

İnsan bedenine hâkim olan varlık, doğrudan doğruya, beyin hücrelerine ait yüz binlerce varlığın manyetik alanlarından oluşan manyetik alanlar sentezi üzerine müessir ve hâkimdir. Yâni, beden, beyin hücreleri tarafından idare edilir. Ancak, bu idare, bedenin varlığı olan ve bir ruha ait bulunan enerjiler topluluğunun, insan varlığının hâkimiyeti altındadır.

Embriyonun ilk devrelerinde, beyin hücreleri topluluğuna, ancak lüzumu kadar tesir gönderilir. Varlık, daha önce sözünü etmiş olduğumuz, kendisine mahsus idrakî konsantrasyon noktasını terk edip bütünüyle bedenin içine dağılmaz. Enerjiler veya tesirler kompleksi hâlinde, o idrakî konsantrasyon noktasında toplanmış hâlde bulunan durumunu daima koruyarak, ancak lüzumu kadar miktardaki tesirlerinden bir kısmını beyin hücrelerinin manyetik alanına gönderir, bir kısım tesirleriyle ona bağlanır. Embriyonun inkişafı, ceninin tekâmülü ve nihayet insanın doğumu ânlarında, ihtiyaca göre, onun beyin hücrelerinin manyetik alanına göndereceği ve bağlayacağı tesirlerin miktarı da artar. Ve insanın doğduğu sırada, tesirlerinin önemli kısmı ona bağlanmış bulunur. Dünya anlayışına göre, idrakî noktada mevcut olan bu enerjiler kompleksinin 7/8'i bedene bağlanmış olup, ancak küçük bir kısmı yarı serbest hâlde, o idrakî noktada kalmıştır. İşte insanların "enkarnasyon" dedikleri şey, budur. Görülüyor ki, burada, varlık ne bedenin içine girmiştir, ne de bütünüyle bedenin organlarına dağılmıştır. O, beden hayatının tamamı boyunca, bütünlüğünü, açıkladığımız idrakî konsantrasyon noktasında korur. Büyük bir kısmını, beyin hücrelerinin manyetik alanlar sentezine gönderir ve bağlar. Unutulmasın ki, bütün bunlarda yine yüksek tesirlerin yardımları vardır. Bu beyin hücrelerine bağlanmış olan tesir sahalarına, insanlar -mahiyetini iyice bilmeksizin, sadece gözlemlerine göre- "şuur" demişlerdir. Fakat varlığın serbest kalan, beyin hücrelerine bağlanmamış kısımları, o insanın çevresindekilerce ve kendisince meçhul kaldığından, insanlar o kısımlara ait açık bilgiler elde edememişlerdir.

*
* *

Yalnız, şu var ki, insanı idare eden varlık bir bütündür. Her ne kadar kendi enerjilerinin küçük bir kısmını beyin hücrelerinin manyetik alanı dışında bırakmış ise de, yine, bütünlüğü ve tekâmülü icabı olarak, bu kısım da bedenden tümüyle ayrılmış değil, onunla sıkı bir ilişki hâlindedir. Dolayısıyla serbestliği tam değildir. Esasen bu iki kısım arasındaki sıkı ilişkiler sayesindedir ki, o varlık, dünyada bedene bağlı kısımlarının, tekâmülü hedef tutan faaliyetlerinden yararlanır ve böylece, bedenlenmenin zarureti yerini bulmuş olur.

*
* *

Varlığın beden dışı durumu, insanların şuurlarına direkt olarak çarpmaz. Çünkü insan, ancak, varlığın kendisine göndermiş olduğu tesirlerin bir kısmıyla şuurlanır ve kendisini yarım yamalak idrak etmeye çalışır. Kendisine gelmeyen kısımlarına ait bâzı müphem sezgileri bulunmakla birlikte, bunlar hakkında açık bir idrake sahip değildir. İşte insanların bazen derin bir iç murakabesi* yoluyla sezebildikleri, iç varlık, öz benlik, öz varlık dedikleri şeyler, bedeninin dışındaki hakikî varlığının nispeten serbest durumlarıdır. Buna nispeten diyoruz; çünkü o ne kadar serbest olsa da, yine, tekâmülüne ait, dünyadaki vazifelerinin zorunluluğuyla, bedenin bütün durumlarını izlemek, o durumların icaplarını yerine getirmek mecburiyetindedir. Bu, onun vazifesidir. Bedenin ölümüyle, bağlı olan kısımları bedenden çözülmedikten sonra, serbest kalan kısmını da tam serbestliğiyle kullanamaz. Çünkü endirekt olarak, yâni bağlı olan kısımlarıyla, bedenin zorunluluklarından kendisini tamamıyla özgür kılamaz. Bedene bağlı olan taraflarıyla bedenden aldığı izlenimlerin -o âna mahsus tekâmül zaruretlerine göre- hazmedilmesi, sonuçlandırılarak ruha yansıtılması gibi, kendisini bedeni üzerindeki faaliyetleriyle daima meşgul edecek, mecburî meşguliyet sahaları vardır.

*
* *

Tekâmülün icaplarından olarak, varlık, kendisinde mevcut kıymetlerin ve kazanımların pek az kısımlarını ara sıra beyne yansıtır. İşte insanlar varlıklarının bu serbest taraflarından beyinlerine yansıyan bu tesirlere -yine mahiyetlerini pek anlamaksızın- dikkat etmişler ve onları "şuuraltı" diye ifadelendirmişlerdir. Şu hâlde, insandaki şuur; varlığın, bedene, daha doğrusu beyin hücrelerinin oluşturmuş olduğu manyetik alanlar sentezine doğrudan doğruya olan bağlantısıyla yansıyan kısımlarının tezahürüdür. Bir de varlığın -dediğimiz gibi- beden dışındaki idrakî bir konsantrasyon noktasında kalıp, beynin manyetik alanına bağlanmamış kısımlarına ait şuur ötesi sahası vardır ki, bunu da iki kısımda mütâlaa etmek gerekir: Bunlardan biri şuuraltıdır; bu saha, varlı-

---

* "Murakabe" sözcüğüne sözlüklerde "iç âlemine dalma; denetleme, kontrol; kendini denetleme" anlamları verilir.

ğın geçmiş hayatlarına ait izlenimlerini içeren kısımlardır. "Şuurüstü" dediğimiz ikinci kısım ise; varlığın serbest kalan tarafının devamlı olarak ruhundan ve diğer varlıklardan aldığı tesirleri içermektedir. İşte şuur ile şuurüstü ilişkileri sonucunda, insanların, ruhî plândan, diğer varlıklardan aldıkları tesirler ile şuurları arasında ilişkiler ve alışverişler kurulur; beyin, aldığı ruhî tesirlerle, şuurüstüne bağlanır. Yâni, şuurüstü kanaldan, kendisine, ruhanî plâna ait izlenimler gelir.

*
* *

Şu hâlde, tesirleri asıl merkez olan şuur sahasından alarak kullanılmak üzere lüzumlu yerlere sevk eden sayısız sinir merkezleri vardır ki, bunlar, esas fonksiyonları bakımından, birer merkez değil, birer istasyondur. Ve organizmaya dağılan tesirler ayrı ayrı fonksiyonlar görse dahi, bunların kaynakları birdir ve daima birbirleriyle ilişkileri mevcuttur. Şuur ötesinden gelen tesirler, varlığın beyin hücrelerinin manyetik kanalına doğrudan doğruya bağlı bulunan sahaya inerler. Oradan da, tekâmülün icaplarına göre, bedenin yaşaması için lüzumlu olan yerlerde kullanılmak üzere, sinir istasyonlarına gönderilirler.

Demek ki insanlar; bir, varlıklarından gelen bu tesirler ile, bir de çevrelerinden aldıkları tesirler ile daima karşı karşıya bulunmaktadırlar. İşte insan, öz varlığından gelen tesirler ile dünyadaki çevresinden aldığı tesirlerin dengesi içinde yaşar.

*
* *

Beden ölünce ne olur? İnsanların yine yanlış olarak "dezenkarnasyon" dedikleri ölüm meydana gelince, beyin hücrelerinin varlıkları, bedenlerini, yâni enkarne oldukları beyin hücrelerini terk ederler. Fakat dağılmazlar. Çünkü artık bedeni terk etmesi icap eden varlık, onlar üzerindeki tesirini, bedenini bıraktıktan sonra dahi kaldırmaz. O varlıkların manyetik alanlarına göndermeye devam ettiği tesirleriyle, onları, spatyumda da daima bir arada tutar ve tesiri altında bulundurur. Elbette onlardan da tesir alır. Spatyumun ilk zamanlarında, ileride açıklayacağımız gibi, bir varlığın kendi ruhundan gelen tesirler hariç, yukarıdan, aşağıdan ve civardan gelen bütün tesirler ve irtibatlar kesilir. O, yalnız kendi varlığı ve şuuraltının özellikle son hayatına ait izlenimleri içinde mahsur kalır. Ve bu sırada beyin hücrelerinin varlıkları ile sürekli olarak ilişkide bulunduğundan, o varlıklarda da mevcut olan, dünyaya ait izlenimleri toplayarak, onlardan kompozisyonlar yapabilir. Bu faaliyet de, genellikle çok ıstıraplı olmasına rağmen, kendisine lüzumu olan murakabeyi yapmak imkânını verir. Bu murakabeyle, lüzumlu olan sonuçları elde ettikten sonra, tekrar, kendisine yukarılardan ve civarlardan tesirler gelerek, uyandırılması ve idrakinin arttırılması sağlanır. O zaman hakikî varlığını anlayabilecek duruma girer. Bu sırada, elbette, beyin hücrelerinin varlıkları da kendilerine göre tekâmüllerini yapmış olurlar. Böylece uzun birtakım işlem ve süreçlere tâbi tutulup yeniden dünyaya girmek hazırlığını tamamladıktan sonra, kendisine, dünyadaki tekâmülüne en elverişli olan, geniş bir imkân sahası içinde, hayatının şekillerini ve şartlarını seçme hakkı verilir. Bu sahanın, yâni kendisine sunulan seçim sahasının genişliği, onun idrakine göre kazanmış bulunduğu özgürlüğü derecesine bağlıdır. Eğer idraki çok dar ise, bu saha da onun için çok dar olur ve bâzı hâllerde de, hemen hemen hiç yok denecek kadar, kendisine az bir seçim sahası bırakılır. Eğer idraki bütün dünyayı kapsamına alacak kadar genişlemişse, o zaman da onun dünyada tekrar bedenlenmesine ve tatbikat yapmasına lüzum kalmaz. İşte böylece o, kendi seçim özgürlüğü derecesine göre dünyadaki çevresini hazırladıktan sonra, tesiri altında bulundurduğu beyin hücreleri varlıklarını -manyetik alanlarına tesir etmek suretiyle- ana rahminde oluşacak bir ceninin beynini kurmak üzere, o annenin bedenine sevk eder. Ve daha önce açıkladığımız süreç yeniden, yeni şartlar altında tekrar başlar.

*
* *

Fakat hiç unutulmasın ki, bütün bu işlerin ilâhî nizama uygun olarak yürümesi şart olduğundan, bunu sağlayan yüksek tesirlerin ve idareci enerji komplekslerinin daima denetim ve gözetimi -her yerde olduğu gibi- burada da mevcuttur.

Şunu da belirtmek isteriz ki, insanı idare eden varlığın daima tesiri altındaki beyin hücreleri varlıkları, elbette ona ebediyen bağlı kalmayacaklardır. Çünkü onlar da, bu sayede birer insan bedenini müstakil olarak idare edebilecek kudreti kazanabilmek için, kendilerine lüzumlu olan hazırlıkları yapmaktadırlar. Ve hazırlıklarını tamamladıkça birer birer, kendilerini o varlığın tesirinden ayıracaklar ve bir beyin hücresi olmaktan kurtulacaklardır. Bunların da müstakil birer insan varlığı hâline girebilmeleri için, Dünya'dan ayrılıp, Dünya dışı muhtelif ara ortamlarda tatbikatlar geçirmeleri gerekmektedir. Ancak bu şekilde, bir insan bütününü idare edebilecek duruma geldikten sonra, artık bir insan beyni hücrelerinin manyetik alanlar sentezine tesir ederek, Dünya'daki tekâmüllerini insan hâlinde, yâni insan bedeni vâsıtasıyla yapmaya başlarlar.

*
* *

Bu bilgilerden sonra, insan varlığının bedenlenmesi terimini, bu geniş mânâda anlamak ve "ete girme" demek olan "enkarnasyon" kavramı gibi dar bir çerçeve içinde düşünmemek gerekir. Enkarnasyon terimi, zorla hücreler içine sevk edilerek onlara bağlanan daha basit varlıklar hakkında kullanılabilir. Fakat insan varlığı için doğru değildir.

Şu hâlde, bir insan varlığının beden ile ilişkisi, onun beyin hücrelerinin manyetik alanına hâkimiyeti ve bu vâsıtayla da, bütün organizmasına tesirlerini göndermesi şeklinde olmaktadır. Bu da, o sözünü ettiğimiz konsantrasyon noktasından varlığın bedene göndereceği, tesirlerinin büyük bir kısmıyla sağlanmaktadır. Tesirlerin az bir kısmı da, beden dışındaki noktada, az çok serbest olarak, daima bulunmaktadır.

*
* *

Bedendeki tesirler, bedeni idare eden varlığın kontrolü altında ve yüksek tekâmül icaplarına göre, bedenin bütün fiziksel, fizyolojik, biyolojik ve ruhsal fonksiyonlarını yerine getirirler. Burada hiçbir şey, zerre kadar aksamaz. Bu tesirlerin fonksiyonları, kâinatın genel fonksiyonundan ayrı değildir. Onun büyük ahengi içinde cereyan eder ve o ahengin dışına çıkamaz.

Zaten ilâhî nizam, bütün kâinatın durum ve hâllerini o kadar mükemmel bir ahenk içinde tertiplemiş, o kadar mazbut* bir mekanizmaya bağlamıştır ki, bütün sonsuz görünüşlerine rağmen, kâinat olayları, bir tek yürüyüş hâlinde akıp gider. Bu hakikati görebilenler için, bir tek beden ve bütün kâinat, birbirinden ayrılmayan iki mekanizmadır.

*
* *

Bütün varlıklarıyla birlikte, kâinatın her zerresine bir sürü tesir gelir. Milyarlarca zerrenin oluşturduğu bir cisme, milyarlarca cismin oluşturduğu bir güneş sistemine, milyarlarca güneş sisteminin oluşturduğu bir galaksiye ve sayısız galaksilerin oluşturduğu bir âleme, nihayet hidrojen realitesi dışında, yine sayısız âlemlerden oluşan kâinat bütününe gelen tesirler kompleksinin bir zerresini dahi, insan idraki lâyıkıyla kavramaktan âcizdir.

İşte ilâhî nizamın kâinattaki icaplarını yerine getiren, bu icaplar içinde kâinatın ahengini kuran ve onu kucaklayan bu tesirler vahdetidir ki, bütün hareketleri ve durumları meydana getirir ve ruhların kâinat ile ilişkisini ve tekâmül akışının zaruretini izah eder.

*
* *

Madde kombinezonlarının muhtelif değişmelerinin ve üst değerler almalarının, maddelerin inkişafında ne kadar büyük roller aldığını açıkladık. Ruhun kâinat ile irtibatının tek gayesi tekâmül olduğuna göre, ruha hizmet eden varlığın bu değişmelerden yararlanması ve bunun için de sayısız madde kombinezonlarıyla karşılaşması zarurî olur. Madde kombinezonlarının sayısız kürelerde, sayısız şekilleri ve dereceleri vardır. Bir kürenin, özellikle Yerküre gibi madde teşekkülâtı en zengin olan bir kürenin imkânlarından başka, yine, sayısız diğer kürelerin madde kombinezonlarına ait imkân zenginlikleri, ruhların tekâmüllerine yarayan bol malzemelerdir. Fakat bir varlığın bu malzeme bolluğundan lâyıkıyla yararlanabilmesi için, birbirinden çok farklı ve dereceleri

* "Mazbut" sözcüğü, "sağlam, kararlı; kesin, belirli, muayyen; düzgün, düzenli; sıkı; kararlaştırılmış, mukarrer" anlamlarına gelir.

çok değişik olan bu sayısız kombinezonlarda yaşadıktan sonra, onları değiştirmesi ve üst kısımlara geçebilmesi, kendi bulunduğu alt merhalede kullandığı madde kombinezonlarını bırakması gerekir; aksi halde, yukarı kombinezonlara ulaşamaz ve basit durumunda kalır. Oysa esasen bu madde kombinezonlarında tatbikat görmesinin gayesi, daima yukarılara ulaşmak ve böylece, hizmet ettiği ruhun maddelerle olan tekâmül safhalarının tamamlanmasını sağlamaktır. O hâlde bir varlık, ihtiyacına göre, önce bir kürenin maddelerinden kurulmuş beden ile sıkı irtibata geçecek, kendi süptil vibrasyonlarıyla onun her zerresine hâkim olacak ve sonra onu, bağlı bulunduğu ruhun ihtiyaçlarına göre kullanarak, bu sayede o küredeki kaba madde kombinezonlarından ve bu kombinezonlar ile diğer bedenler arasındaki ilişkilerden doğacak olay vibrasyonlarını idraki kanalıyla ruha gönderecektir ki; beden ile olan bu irtibatını insanların enkarnasyon diye adlandırdıklarını daha önce söylemiştik.

Varlığın bedende işi bittikten sonra, artık orada kalmasına lüzum ve ihtiyaç yoktur. Çünkü bu, kendi tekâmülü aleyhine olur. Dolayısıyla, işi bitince varlık, bedeni terk edecek ve başka madde kombinezonları imkânları içine girecektir. İşte bir varlık, bir bedenin bütün imkânlarından yararlandıktan sonra, ondan daha üstün başka bir madde kompleksi şartları içinde de tatbikatlara girişmek zaruretindedir. Fakat bu hâlin gerçekleşebilmesi için, onun ilk, madde kompleksi şartlarından ayrılması, bedenini terk etmesi gerekir ki, buna da insanlar dezenkarnasyon veya ölüm demektedirler.

*
* *

Ölüm; ilâhî nizamın ahengi altında, belirli bir ândaki değer farklanmasının miktarî bir ifadesidir. Yâni, bir dünya bedeni, dünya hayatı boyunca hizmet ettiği ruha, kendisinden beklenen hizmeti lüzumu derecesinde gördükten sonra, artık onun o ruha vâsıtalık yapmak gayesi ortadan kalkmış olur. Bunun sonucunda da o bedendeki değerlerin azalması icap eder. Çünkü ilâhî nizamda, lüzumu kalmayan bütün süreçlere son verilmesi zorunludur.

İşte bu zorunlulukla, kendisinin canlanmasına sebep olan varlık karşısında bütün fonksiyonlarını tamamlayıp artık işe yaramaz hâle gelmiş dünya bedenine yukarıdan inen tesirler, yâni değerler kesilir. Bu tesirlerin kesilmesiyle, onun kombinezonlarındaki hareketlerin bir kısmı silinmeye başlar. Bu sırada aşağıdan gelen tesirlerin de müdahalesiyle, o beden artık eski şeklini ve hâlini koruyamaz. Parçalanmaya ve dağılmaya başlar ki, bu hâlin kalitatif olarak görünüşü, ölümdür. Ve bu da beyindeki hücre varlıklarının bedenlerini terk etmeye başlamasıyla gerçekleşir. Çünkü beyindeki hücrelerin bedenlerini terk edişleri, bu hücrelere hâkim olan varlığın beden ile olan ilgisini kesmesi demektir.

Dünya hayatı boyunca bu bedenden yararlanmış olan varlık; sonraki inkişaf ve tekâmül safhalarına devam edebilmek için, daha üst tesirlerin değer ve mekanizmaları sayesinde, daha müsait kombinezonlarla beslenmeye ve zenginleştirilmeye muhtaçtır.

Bir dünyadaki bedenlenmeler serisinde varlığın ölümleri ve doğumları birbirini izleye izleye nihayet, onun o dünyadaki işi biter. Böylece orada ebediyen terk edilmesi icap eden bedene ait üst tesirlerin miktarı son defa olarak azaltılırken, diğer taraftan ve aynı zamanda, kazanılması gereken başka bir âlemin bedenine ait tesir miktarları ve değerleri çoğaltılır. Demek ki ruhun tekâmülüne hizmet eden varlık, dünyadaki son ölümüyle o ortamdan ayrılacak ve imkânları çok, bol ve kapsamlı bir üst ortama geçecektir. Şu hâlde, nasıl, bir ruhun tekâmülü için kâinattaki süptil maddî vâsıtasının, yâni varlığının kaba bir kürede doğuşu bir icap ve zaruret ise, ruhun sonraki tekâmülüne hizmet edebilmesi için bu süptil varlığın, işine yaramayacak hâle gelmiş olan kaba ortamları terk ederek muhtaç olduğu daha üst ortamlara geçmesi de, o kadar güçlü bir icabın zarureti olur.

*
* *

Bir insanın ölmesi sonucunu doğuran bütün şekiller ve hâller, hastalıklar, felçler, cinayetler, kazalar, doğa olayları; sadece bu icap zaruretlerini, o varlığın sonraki inkişaf ve tekâmülüne en uygun gelecek tarzda yerine getirmek içindir. Bu hakikati öğrendikten sonra artık ölümü ve ölüme sebep olan hâlleri birer felâket diye kabul etmenin hiçbir mânâsı kalmaz. Buradaki bütün dâva, ölüm denilen, bu alt ortamdan üst ortama intikal sırasında; insanın alt ortamda iken, yâni dünyada iken kendisinden beklenen işleri lâyıkıyla bitirmiş bulunması ve başarıyla hayatını geçirirken kendisinin biricik rehberi olan vicdanının yüksek realitelerinden ayrılmamış bulunması gerekir. Böyle yaptıkça, hem o yüksek realitelere uymakla doğru yolu kaybetmemiş olur, hem de vicdanının böylece daha ileri inkişaflarını sağlayarak, onun kudretlenen rehberliğinden o oranda çok yararlanmış bulunur. O hâlde dünyada vicdan, tekâmül yolunda insanların en kudretli dayanağı ve kurtarıcısıdır.

DÜNYA, AHENKSİZLİK, AHENK

İnsan hayatında vicdan şeklinde görülen inkişaf mekanizması, yalnız bu safhaya özgü değildir. O, dünyadaki bütün varlıkların tâbi bulundukları bir inkişaf ve tekâmül hazırlığı mekanizmasıdır. Dolayısıyla, vicdanı, lâyık olduğu bu genel kıymetiyle tarif etmek ve anlamak gerekir.

Vicdan; varlıklar için, bütün fiil ve hareketlerin gayesi demek olan vazifenin gerçekleşmesine yönelmiş bir hazırlık mekanizmasıdır.

Bütün varlıkların gayesi tekâmül olduğuna ve insanlık safhasındaki tekâmülün mânâsı da dünya üstü vazife plânına hazırlanmak olduğuna göre, tarifi vazifeye hazırlık kavramına dayanan vicdan mekanizmasının dünyada bütün varlıkları kapsıyor olması gerekir. Diğer taraftan idrak ile vicdanın inkişafları arasında birlik vardır. Hâlbuki varlıkların, inkişaf kademelerine göre, idrakleri çok değişiktir. O hâlde idrakleri farklı varlıklar arasında da, vicdan anlayışları ve vicdan tatbikatı o oranlarda farklı olacaktır.

*
* *

Şimdiye kadar insanlarca vicdanın, ancak insan safhasındaki durumu mütâlaa edilmiş, diğer safhalarına tekâbül eden durum ve hâlleri dikkate alınmamıştır. Bu hâl, insanlara, vicdanın, ilk bitki hayatından insan hayatına kadar geçen safhalarının birbirini izleyen akışını mütâlaa etmeye fırsat vermemiştir. Oysa vicdanın, dünya hayatı bütünü içinde mütâlaa edilmesi, tekâmül bilgisinin daha iyi anlaşılması bakımından, lüzumludur. Vicdanın genel ve kapsamlı mânâsı içinde mütâlaası, düalite prensibi ve değer farklanması ışığı altında yapılır.

*
* *

Bütün âlemimizde her şeyin düalite prensibi ve değer farklanması mekanizmasıyla meydana geldiğini, hiçbir zerrenin, hiçbir olayın ve kavramın bu prensip dışında kalamayacağını, daha önce bütün ayrıntılarıyla açıklamıştık. İşte, dünyamızda tekâmül hazırlığının güçlü bir mekanizması olan vicdan da, bu prensibe tâbi bulunmaktadır. Şu hâlde, vicdan, bir birim düalitedir. Birim düalitenin birbirine zıt iki unsurdan oluşmuş bulunduğunu belirtmiştik. Şimdi vicdan düalitesinin bu zıt unsurlarını açıklayacağız.

Herhangi bir birim düalitenin zıtlarının mevcudiyeti, onun fonksiyonunu yapabilmesi için, şarttır. Zıtlar olmayınca, o birimin mevcudiyetinin gayesi, gerçekleşemez.

Şu hâlde, inkişafı sağlamaya yönelik olan vicdanın zıt unsurlarından biri, yâni üst taraftaki, vazife sezgisine yönelmiştir. Buna karşılık diğer zıddı, yâni alt unsuru da, öncekinin vazife sezgisi yolundaki yürüyüş hızını kesen bir nefsaniyettir. Dolayısıyla, birincisine kısaca vazife hazırlığı unsuru, ikincisine de nefsaniyet unsuru diyeceğiz.

Demek, dünyadaki varlıkların vazife plânına hazırlanmaları için işleyen vicdan mekanizmasının, biri vazifeye, diğeri nefsaniyete yönelen birbirine zıt iki unsuru vardır ki; vicdan mekanizması, bu iki unsurun, sürekli değer farklanması sonucunda, yâni zıtlardan birinin veya diğerinin daha üstün değerler ve tesirler alması sonucunda meydana gelen çatışmalarıyla, mücadeleleriyle, denge hâlleriyle çalışır. Ve varlıkların ilerlemeleri de, bu denge hâllerine göre çeşitli formlarını alırlar. Bu çatışmalar ve denge hâlleri, dünya varlıklarının bütün kademelerinde, o varlıkların içgüdü, sezgi ve idrak kudretlerine göre, mevcuttur.

*
* *

İnsanlar, bu düalitenin bitkilerdeki, hayvanlardaki ve hattâ bir kısım insanlardaki mevcudiyetini idrak edemezler. Çünkü bu mekanizmanın insanların anladığı mânâdaki formu, ancak insanlarda görülür. Vicdanın bu formu alabilmesi için, idrakin insanlarda tezahür eden düzeye ulaşmış olması gerekir. Dolayısıyla, insanlığın altındaki kademelerde görünen inkişaf düalitesinin, insanlardaki vicdan şekline benzerliği, elbette, olmayacaktır. Bununla birlikte, dünyadaki, az çok müstakil ve serbest duruma girmiş en ilkellerinden itibaren, bütün varlıklarda bu inkişaf düalitesi vardır. Ve onların -pek çok yavaş da olsa- inkişafları, bu mekanizmanın işlemesine bağlıdır. Dünyada pek ilkel hâlde bâzı hayat hamlesi kırıntıları, bitki bedenini kullanan varlıklarda görünmeye başladığından, insanın, idrakinin düalite prensibi kapsamını, onlara kadar uzatması mümkündür. Bununla birlikte bu mekanizmanın insanlarda görülen vicdan şekli, mükemmelleşmiş ve tam formunu almış bulunduğundan, vicdan adını insanın altındaki varlıklarda da kullanarak zihinleri karıştırmamak için, bütün varlıklar sözkonusu olunca, bunu -insanlardaki gibi- "vicdan" adı altında değil de, "inkişaf mekanizması" veya "tekâmül mekanizması" adı altında genelleştirerek konuşmak uygun olur.

*
* *

Şimdi, inkişaf mekanizmasının gerektirdiği idrak, özgürlük kavramlarının dünyadaki bitki ve hayvan gibi basit varlıklardaki karşılıklarını belirtelim:

Bedenlenmiş olan her varlıkta, idrak ve özgürlüğün kendisine özgü en basit ve ilkel hâli mevcuttur. Bunu yukarılarda açıklamıştık. Yalnız, şu var ki, ilkel kademelerin idrak ve iradeleri, insanların kabul ettiğinden bambaşka mânâları taşır. Hele bitkilerde bunlar hissedilmeyecek derecede basittir, ilkeldir, âdeta içgüdüsel hamleler hâlindedir ki, bu da o safhadaki varlıkların hayat ihtiyaçlarına bol bol yetmektedir. Şu hâlde, bitki ve hayvanlarda, insanların tanımakta olduğu vicdan şeklinde olmamakla birlikte, ona denk bulunan bir inkişaf düalitesi mevcuttur. Fakat tekrar ediyoruz; bunu insanlık âlemindeki vazife-nefsaniyet düalitesi şeklinde düşünmemek gerekir.

İlkel varlıkların sadece basit bir inkişaf mekanizması olarak kabul ettiğimiz bu düalitenin en ilkel içgüdülere ayarlanmış bulunması doğaldır. Meselâ bitkileri ele alalım. Bitkilerdeki idrak ve irade özgürlüğü insanlarınkine oranla o kadar ilkel ve basittir ki, bunun objektif olmaktan ziyade, sübjektif karakteri vardır. Ve bunu da insan idrakinin kavrayabilmesi hemen hemen mümkün değildir. İşte bu yüzden onlardaki inkişaf, insanlara tümüyle mekanik bir yürüyüşe tâbiymiş gibi görünür. Buradaki durum, aslında bir görünüşten ibarettir. Çünkü bu safhadaki varlıklar, kaba maddelerdeki gibi yalnız Ünite'den gelen tesirlere tâbi ve onların maddede yaptıkları hareketlere intibak etmeye mecbur durumda değildirler. Bunlarda içgüdüsel hamle ihtiyaçları belirmiş ve bunun basit tatbikatları da başlamıştır. Fizikteki kılcallık özelliğine uyarak topraktan gıdasını kökleri vâsıtasıyla alıp bedenine yayarken, onları bedeninde kullanması ve harcaması, hakikatte, insanlara göre meknî* denebilecek kadar ilkel olan içgüdüsel hamlelerini gösterir. Bu durum, o bitkinin yaşaması için kaba maddeye olan müdahalesinin en basit şeklini ifade eder. Bitkinin diğer hayatî fonksiyonları hakkında da hâl böyledir. İşte ancak bu mânâyı korumak şartıyla, bitkilerdeki inkişafın otomatik olduğunu söylemekteyiz. Dolayısıyla, onların da çok basit olmakla birlikte, bu ilkel canlılık durumlarına yetecek kadar otomatik ve basit müdahalelerini içeren birer inkişaf mekanizması mevcuttur ve bu da, bir birim düalite içinde işler. İşte bu birim düalitenin insan hayatındaki adı vicdandır. Zaten bu görüşü kabul etmezsek, dünyadaki bedenlilere özgü olan inkişaf mekanizmasına göre, bitki ve hayvanların ilerleyişlerini de açıklayamayız. Hayvanlarda bu iş, biraz daha belirgindir. Çünkü onların idrak ve irade özgürlükleri biraz daha, yâni insanların gözüne çarpabilecek kadar, inkişaf etmiş bulunmaktadır. Dolayısıyla, inkişafa ait bu birim düalite mekanizmasının hayvanlardaki gözlemini, ufak bir dikkat sarfıyla yapmak, birçok kimse için mümkündür. Bir tarafa sopayı, diğer tarafa kemik parçasını koyup da ikisinin ortasında serbest bırakılan -o sopanın tadını almış- bir köpek, şaşkına döner. Ruhunda, sopanın anısı canlanan bu köpeğin kemiğe hücum edip etmemek hususunda bir süre geçireceği kararsızlık, ondaki basit, kısa bir iç mücadelesine rastlar. İşte bu durum, insanlarda vicdan düalitesi dediğimiz mekanizmanın, ne kadar ilkel hâlde olursa olsun, hay-

---

* "Meknî" sözcüğü, "gizli, saklı, örtülü, kapalı halde" anlamına gelir.

vanlardaki şeklini ve işleyiş tarzını gösterir. Hayvanlarda bu mekanizma otomatik olarak işler. Meselâ açlık hissi, onu gıdasını arama vazifesini köstekleyen korku veya tembellik duygusunu yenmeye sevk eder. O, bu duygusunu yener; çünkü açlık hâli onu, gıdasını bulmak için etrafında araştırmalar yapmak, cehit ve gayret göstermek zorunda bırakır. Bu da ona, tıpkı insanların vicdan mekanizmasında olduğu gibi, bir sürü tatbikat zemin ve imkânları hazırlar: Gıdasını bulamaz, aç kalır, gittiği yerlerde dayak yer, hemcinsleri ile boğuşur, nihayet, öldürülebilir. Bunlar, o hayvanın varlığında gelip geçici de olsa, bir sürü otomatik çatışma eşliğinde olur. Yine, yukarıdan gelen şiddetli tesirler, sevgi bağlantıları, yeni doğan yavrusunu beslemek ve büyütmek vazifesini ona yükler. Böylece, onun gelen bütün tesirler karşısında göstereceği cehit ve gayretler, insanlardaki vicdan mekanizmasının hayvanlardaki dengi olan birim düaliteyle yürür ki; hayvanları, otomatikman, insanlardaki vicdan düalitesine bu birim düalite hazırlar. İnsanlara gelince: Burada aynı mekanizma, doğal olarak daha yüksek, yâni idrakli karakteriyle, "vicdan" denilen formunu almaya başlar. İnsanlıkta vicdan realitesinin hem otomatik, hem yarı idrakli, hem de az çok idrakli olmak üzere, üç safhası da mevcuttur.

Otomatik vicdan safhası, insanların henüz ilk zamanlarına aittir. Bu insanlara hatalı olarak "henüz vicdanları inkişaf* etmemiştir" diyenler bulunabilir. Fakat bu yargı, vicdan düalitesine ait, vermekte olduğumuz geniş kapsamlı bilgi içinde yanlıştır. Ve bu hâl, insanlarda düaliteyi açık olarak görememenin sonucudur. İnsanlığın ilk kademelerindeki vicdan mekanizması, ne kadar az belirgin olursa olsun ve ne kadar otomatik görünürse görünsün, yine de hayvanlardakine nazaran az çok idrakli hareketlerle zenginleşmiştir. Meselâ, büyük bir sevgi bağıyla yavrusuna bağlı olan ilk insan kademesi kadınının idrakinde, analık yükümlülüğüne ait az çok güçlü duygular, sezgiler ve hattâ bilgi kırıntıları vardır. O, çocuğunu, bir hayvanın yavrusunu beslediği gibi sadece kör içgüdü-

* "İnkişaf" sözcüğü, "gelişme" anlamından başka, "açılma, meydana çıkma" anlamına da gelir.

lerine uyarak beslemez. Çocuğunun hasta olmaması, rahatsız edilmemesi, ölmemesi için aklı erdiği kadar, ön tedbirler almanın ve o tedbirlere göre bâzı fedakârlıklara katlanmanın lüzumunu kabul eder, bu yolda cehit ve gayretler gösterir. Biraz büyüyen çocuğunu -hayvanların yaptığı gibi- silkip atmaz. Yine, aklının erdiği, bilgisinin yettiği kadar, onun öğretim ve eğitimiyle de meşgul olmanın lüzumunu idrak eder ve bu yolda çocuğuna karşı bir analık borcuna ait yükümlülüğünün bulunduğu sezgisine az çok varmış olur. Bununla birlikte o, bunları yapmayabilir de!.. Yâni, ilk kademelerinde insanlık otomatizmasını, hayvanlık âleminin otomatizmasından ayıran özgürlük ve serbestlik hâli; hayvanlarda mevcut olmayan sorumluluk duygusunun ve idrakinin insanlarda -bir sezgi hâlinde de olsa- doğmaya başlamış olduğunu gösterir. Bu sorumluluk sezgisinin doğuşu, insanlık inkişafının hızlanmasında etken olan en önemli duyguların başlangıcıdır. Çünkü vicdan düalitesinin vazifeye ve nefsaniyete yönelik zıtları arasındaki denge durumları üzerinde, bunun büyük rolleri olacaktır: Bu sayede sayısız sınavlar, eprövler, ıstıraplar, azaplar, gözlemler, kısacası bir sürü olay idrak sahasında yer alarak, insan varlığı -icap eden otomatizmalarla- vazife sezgisine hazırlanacaktır.

*
* *

İnsanlık kademeleri ilerledikçe vicdan realitesine ait duygular, bilgiler ve idrakler artar. O oranda özgürlüklerin sınırı genişler. Fakat bir bakımdan da, idraki genişledikçe insan, yapması ve yapmaması icap eden şeyleri daha iyi sezmeye başlar, onlara uymak mecburiyetini duyar; böyle olunca da özgürlüğünü, gene, bizzat kendisi sınırlamak zaruretini duymaya başlamış olur. Böylece vicdan mekanizması, gittikçe daha iyi idrak edilir ve insan, o oranda otomatizmadan kurtulur ki; bu da onun adım adım vazife sezgisine yaklaşmasını sağlar. Nihayet, oldukça uzun bir süre sonra, vicdan düalitesinin dengeleri vazife sezgisinin ve bilgisinin eşiğine dayanır.

*
* *

Varlıklara ait inkişaf mekanizmasının genel olarak şemasını kısaca verdikten sonra, insanlık hayatında onun nasıl işlediğini, nasıl işlemesi gerektiğini ve ne şekilde inkişaflar kaydettiğini açıklamaya başlıyoruz.

İnsanlardaki vicdan mekanizmasının inkişafını izlerken, genellikle yapıldığı gibi sevgi, fedakârlık, nefsaniyet, vicdan gibi birtakım durum ve melekeleri belirli bir tertibe tâbi tutarak sıralamak, doğru değildir. Meselâ "önce fedakârlık safhası gelir, sonra onu mutlaka bir sevgi veya vicdan safhası izler" gibi mutlak bir sıra tertip etmek yanlıştır. Sadece, burada, insanların hayatı boyunca hem birbirine zıt olan, hem de birbirini destekleyen, vicdanın vazifeye ve nefsaniyete yönelik unsurları, bir bütünün iki zıddı hâlinde, karşı karşıya yürüyüp giderler. Demek ki dünyada vazife sezgisi hazırlığını yapan vicdan mekanizması, bazen nefsaniyet, bazen vazife yönüne yönelmiş iki cepheli bir bütün hâli gösterir ve yukarıda saydığımız melekeler, bu bütünün içinde, müspet ve menfî taraflarında, onun her kademesine uygun hâllere ve ihtiyaçlara ayarlı denge durumlarını alırlar ki; bu dengeyi sağlayan zıtlardan yukarıda olanı, vazife plânına, aşağıda olanı, nefsaniyete yönelmiştir. Meselâ, diğerkâmlık duygusu, vazife plânına daha yaklaştırıcı bir üst realite ise; onun karşısına zıt olarak dikilen bencillik nefsaniyeti, alt realiteyi oluşturur. Fakat unutulmasın ki, aslında bunların ikisi de, bir düalite içinde, düalite prensibinin icaplarıyla birbirine zıt nitelikler gösteren aynı kıymetin iki cepheli tezahüründen başka bir şey değildir. Bu zıtların mânâsını, vicdan konusu üzerinde konuştukça daha iyi anlatmış olacağız. Demek ki vicdan, hem müspet, hem menfî taraflarıyla, tam bir birim düalite hâlinde, insanın idrakini vazife bilgisine yaklaştıran kudretli bir mekanizmadır. Bu mekanizma, bitki safhasındaki içgüdüleri hayvan safhasının otomatizmasına, hayvan safhasındaki otomatizmaları insan hayatındaki vicdan duygusu safhasına, insanları ise vazife sezgisi ve bilgisi idraklerine, yâni vazife plânına hazırlar.

* * *

İnsanlık safhasına geldiğinde, bu inkişaf mekanizması, insanın az çok beliren idrak ve irade özgürlüğüne terk edilmiştir. Böylece insan, kullanmakla yükümlü bulunduğu idrak ve irade özgürlüğüyle, cehit ve gayretlerini vicdan düalitesinin hangi zıddına yöneltirse, hangi zıdda daha fazla değer yüklerse, denge o zıddın lehine olarak bozulur. Çünkü bir madde kombinezonuna yönelmek, ona tesir göndermek demektir; gönderilen tesirler ise birer değerdir ve o tarafın lehine olarak değer farklanmasına sebep olur.

* * *

Şimdi vicdan mekanizmasının işleyiş tarzı üzerinde duracağız. Vicdan düalitesinin müspet dediğimiz üst realitesi ile görece olarak menfî dediğimiz alt, nefsaniyet realitesi, herhangi bir inkişaf kademesinde, insanda denge hâlinde bulunur. Yâni, bunların içerdiği değerler, aralarındaki statüyü korurlar. Yalnız, buradaki denge, devamlı olarak sabit kalmaz, her ân bozulur. Fakat -daha önce söylediğimiz gibi- bozulan bütün düalite dengeleri, daima yeniden kurulmaya, denge hâline gelmeye eğilimlidir. Düalite prensibi gereğince, dengesi bozulmuş zıtlar, aslâ o hâlde kalamazlar. Hangi tarafın fazla değer almasıyla denge bozulmuşsa, dengenin tekrar kurulması için, o zıttan zayıf olan tarafa bir değer akımı başlar. Bu da karşı taraftaki menfî olan zıddın değer düzeyinin müspet zıddın değer düzeyi hizasına kadar yükselmesine sebep olur. Böylece, esasen yüksek değerler alarak düzeyini arttırmış müspet taraf ile menfî taraf arasında kurulan yeni denge düzeyi, önceki düzeye nazaran daha üstün bir duruma girmiş bulunur ki; bu da, o birim düalitenin bir üst kademeye geçmiş olması, yâni vicdan mekanizmasındaki idrakin, vazife bilgisine biraz daha yaklaşmış bulunması demektir. Buna karşılık menfî zıdda, yâni nefsaniyete fazla değer gönderilirse, iş öncekinin aynı olmakla birlikte, yön aksi tarafa döner. Bu takdirde birim düalite, yâni vicdan, bir kademe aşağıya doğru kaymaya başlar. Ve vicdanın aşağılara kayması demek, yüksek kıymetlerinden kaybetmeye başlaması demektir ki, bu gibi hâllerde insanlar görünüşe bakarak, "vicdan sesini boğmak, körletmiş olmak" gibi deyimler kullanırlar. Nitekim önceki hâlde de, vicdan sesinin güçlenmiş olmasından söz ederler.

Fakat genel tekâmül prensipleri, hiçbir varlığın mütemadiyen aşağılara doğru yuvarlanıp gitmesine rıza göstermez. İş bu hâle gelirse, yâni eğer o insan mütemadiyen menfî zıdda değerler göndermek suretiyle dengeyi hep aşağılara doğru kaydırarak, idrak ve irade özgürlüğünü kötüye kullanmaktan kendisini kurtaramayacak duruma girerse, ona yardımla yükümlü olan vazifeli varlıklar, derhal gönderdikleri güçlü tesirlerle, onu, yuvarlanmaktan kurtarmak için, mecburî bir otomatizmaya sevk ederler. Yâni –aşağı yukarı ilk insan kademelerinde olduğu gibi– onun önüne birtakım çekici veya itici ağır olayları sürerek, idrak ve iradesinin istenilen üst zıdda otomatikman yönelmesini sağlamaya çalışırlar. Az çok zorlayıcı bir karakter taşıyan bu hâl, doğal olarak, serbest iradeyle olduğu gibi pek kolaylık içinde cereyan etmez. Aksine, burada, otomatizmanın zorunluluklarından olarak, ortaya sürülecek sayısız olayın genellikle ıstıraplı ve sıkıcı olan mahiyetleri, o insanın iradesini yola sokuncaya kadar, ona birçok zahmetler, azaplar, hattâ icap ediyorsa işkenceler ve ölümler hazırlar. Tâ ki* onun, kendi serbest hâliyle kullanamadığı iradesi, istenilen zıt tarafa yönelebilecek kudreti kazanmış olsun.

*
* *

Şimdi, vicdanın vazifeye ve nefsaniyete yönelik olan zıt unsurlarına geçelim. Herhangi bir kademedeki vicdan mekanizmasında, birbirine zıt görünen iki unsur; bir insanı vazife plânının bilgilerine hazırlayıcı mahiyette aşağıdan yukarıya doğru sıralanmış ve ihtiyaçların zaruret ve icaplarına göre tertiplenmiş realiteler zincirinin, o kademeye özgü, birbirine kenetli bulunan, alt ve üst iki halkasıdır. Alttaki halkayı oluşturan realiteye nefsaniyete yönelmiş, üsttekine de vazifeye yönelmiş diyoruz. Bu zincir, aşağıdan yukarı, geçmişten geleceğe doğru uzandığına göre, altta olan nefsaniyete derken yaşanmış realiteyi, üst zıddı oluşturan vazifeye derken de yaşanacak realiteyi kastetmekteyiz. Şu hâlde, vicdan

* "Tâ ki" ifadesi, şu anlamları verecek şekilde kullanılır: "...mesi için, ...sin diye; ...e kadar; yeter ki".

mekanizması unsurlarının her biri, insan hayatının geçirilmiş ve geçirilecek olan realitelerini içermektedir. Devresini tamamlamış bir realite, vazife plânına insanı biraz daha yaklaştırıcı mahiyette olan bir üst realitenin önüne engel olarak dikilir. Ve zaten buna onun için "nefsaniyet" diyoruz. Fakat unutulmasın ki, o ân için üsttekine engel olan bu alt realite, o üst vicdan kademesini hazırlamış bulunan bir önceki kademenin üst realitesi idi.

*
* *

İnsanlar için realite, hislerinin alâka kurduğu mevcudiyete inanmaları demektir. Şu hâlde -hisler daima değiştiğine göre- sabit bir realite yoktur. İdrakler genişledikçe ve arttıkça, hisler ve realiteler de değişir ve kapsam kazanırlar. Demek ki vicdan mekanizmasında aşağıdan yukarıya yükselen ve değişen realitelerin durumu, varlığın vazife plânına doğru uzanış ve yürüyüşünün hızını gösterir. Çünkü realiteler, idrak ile birlikte yürürler. İdrakler ne kadar artarsa, realiteler de o oranda genişler ve kapsam kazanırlar. Yâni, hislerin alâka kurduğu mevcudiyetler çoğalır ve onları benimsemek, hazmetmek kudretleri artar; böylece daha yüksek ve ileri realitelere ulaşılır. Bir dağa tırmanan insan, dağın eteklerinde iken, karşısında ancak küçük bir arazi parçasını görebilir. Dağa tırmanıp yükseldikçe, gözlerinin önünde açılan arazi o oranda genişler. Ve dağın tepesine çıktığı zaman, ovayı bütün kapsamıyla görür ve kavrar. İşte, idrak yükseldikçe realitelerin kapsamı da böylece artar.

Realite, aynı zamanda bir bilgidir. Hislerle alâka kurulup da varlıklarına inanılan şeyler, duyulur ve bilinir. Şu hâlde, her kademe ve safha için sabit olan, değişmeyen mutlak bir realite, dünyada mevcut değildir. Herkesin kendine özgü duyuş ve inanışları vardır. Bu duyuş ve inanışlara göre de, mahiyetleri ve kapsamları değişik realiteler mevcuttur. Aşağılarda bulunan insanların henüz realitesine girmemiş durumlar, üst kademede bulunanlar için realite olabilirler. Yine, realiteler, yükseldikçe, alt kademelerin basit realitelerini de kapsamları içine alırlar. Yüksek realitelere giren bu basit realiteler, onların kapsamı içinde yavaş yavaş eriyerek kendi kimliklerini kaybederler. Şu hâlde, meselâ insanın dağın eteğinde iken gördüğü birkaç yüz metrekarelik arazi içindeki ufak tefek ayrıntılar, girintiler, çıkıntılar, hendekler, çalı çırpılar, ufak su birikintileri... dağın tepesine çıkıldıkça daha genişleyen ufukların geniş sahası içinde yavaş yavaş kaybolurlar. Fakat onlar yine de, meydana gelen bu bütünün kurucu unsurları, birer cüzü olarak o sahanın içinde kalırlar. Dolayısıyla, realiteler birbirine eklenerek genişledikçe eski realitelere takılıp kalmamak gerekir. Bunu yapmadıkça, eteklerden görünen birkaç yüz metrekarelik manzaranın ayrıntılarından ayrılmak istenmedikçe, yukarılara çıkmak ve manzarayı genişletmek mümkün olmaz. Ve tepelerden gözlemlenen kilometrelerce geniş sahanın zenginliklerinden, haşmetli manzaralarından yararlanılamaz.

Esasen o iki karışlık yere bağlı kaldıkça, bu manzaraları, bu güzellikleri aramak ihtiyacı da belirmez. Şu hâlde, yükselmek için, hedefe yaklaşmak için, özetle, vazife plânına lüzumlu olan liyakatleri, idrakleri kazanmanın yolunu tutmak için, alt kademelerin nefsaniyetleri içinde gömülüp kalmamak ve onların ağırlıklarından silkinip kurtulmak gerekir.

*
* *

Realitelerden silkinip kurtulmak, herhangi bir realiteyi gelişigüzel fırlatıp atıvermek suretiyle olmaz. Burada şu noktanın iyi anlaşılması gerekir: Bir realitenin daha yüksek bir realiteye yerini bırakması, keyfî bir iş değildir. Bu, öncelikle, bir inkişaf zaruretinin sonucudur. Bir realitenin terk edilip daha üstün bir realiteye geçilebilmesi için, o realitenin bütün icaplarına uyulması, ona hâkim duruma geçilmesi ve onun iyice hazmedilmesi gerekir; yâni o realitenin sonuçlarının, öz varlık tarafından bütün icaplarıyla benimsenmiş ve öz bilgi hâline girmiş bulunması gerekir. Yoksa, henüz benimsenmemiş ve hazmedilmemiş bir realitenin vicdan mekanizmasındaki esas yeri, zaten o mekanizmanın üst unsurudur. Çünkü o, geçirilmiş değil, henüz geçirilmesi gereken bir realitedir. Yâni, kazanılmış değil, kazanılacak bir realitedir. Dolayısıyla, onun, tam mânâsıyla, icaplarına uyulması gerekir. Tâ ki o, geçirilmiş, yaşanmış bir unsur olarak ikinci plâna, nefsaniyet plânına inebilsin. Bunu da tayin edecek olan hâl, ihtiyaçtır.

*
* *

İnsan bir realitede tümüyle yaşadıktan sonra, orada kendisini tatmin etmemeye başlayan noktalarla karşılaşınca ve daha üstünü aramak ihtiyacını duyunca, içinde bulunduğu realite, artık ikinci plâna düşmesi gereken, nefsaniyet hâline giren bir unsur olur. İşte böylece eskimiş, geriye bırakılması icap eden bir realiteden silkinmek için yapılan mücadelelerden doğan olaylar ve bu olaylardan alınan dersler; öz bilginin mütemadiyen artmasına, idrakin genişlemesine ve sonuç olarak ruhun tekâmülüne sebep olmaktadır. Böylece, realiteler aşağıdan yukarılara doğru, art arda sürüp gider. Yâni, herhangi bir kademenin vazifeye yönelik unsuru, üst kademenin nefsaniyet unsurunu; nefsaniyete yönelik unsuru da alt kademenin vazife unsurunu oluşturur. Tekrar edelim ki, bu realiteler değişmeyen bir sıra içinde birbirini kovalamaz. Kişinin tekâmül ihtiyacına ve idrak kapasitesine göre değişerek birbirini izler. Burada bir örnek verelim: İntikam duygusuyla, insan öldürmenin mübah sayıldığı herhangi bir kademe düşünülsün. Orada, babasını veya akrabasını öldüren bir kâtilden, kan dâvası güderek öç almanın lüzumuna inanmış ve bu işi, bu inançla bir ödev olarak kabullenmiş bir insan var. Bu inanç, o kademenin bir bilgisi, bir realitesidir. Fakat bunun üstünde de öyle bir bilgi kademesi daha var ki; orada, kendisine kötülük yapmış bir insan hakkında intikam duygusu beslemenin doğru olmadığı ve bunun sorumlu tutulmayı mucip* bir hâl olduğu, buna karşılık, kötülüklere daima af ve hoşgörüyle karşılık verilmesi gerektiği bilgisi ve hükmü geçerlidir. Önceki kademede yaşamış insanın, kendi realitesinden sıyrılıp üst kademe realitesine geçmesi kararlaştırılmış ve bunun için de o, tekrar dünyaya gelmiş bulunsun. O insan dünyaya gelirken, kendisini eski realitesinden kurtarmaya yardım edecek bütün mücadele imkânlarını plânına koymuştur. Fakat hâlâ eski realitesinin tesiri altındadır. Şu hâlde,

---

* "Mucip" sözcüğü, "sebep olan, icap ettiren" anlamına gelir.

dünyaya gelince, vicdan mekanizmasının menfî kutbunu oluşturan intikam nefsaniyeti realitesinin güçlü bağları karşısında, o insan, af, hoşgörü, hattâ sevgi telkin eden üst realiteye yanaşmayabilir. Ve böylece, eski intikam realitesinden kendisini kurtarmakta güçlük çekmeye başlar. Dolayısıyla, eğer kendi kendine kalırsa, belki bütün hayatı boyunca yerinden kımıldayamayacak ve üst kademeye geçemeyecektir. Fakat bu hâlin aslâ böyle devam edemeyeceğini daha önce de söylemiştik. Ve bir birim düaliteye, yukarıdan üst zıdda, aşağıdan da alt zıdda gelecek milyonlarca tesirin mevcudiyetinden de söz etmiştik. Üstelik, bir de onun dünyaya gelirken çizilmiş olan hayat plânı vardır ki; o, dünyada bu plâna sâdık kalacağına nasıl söz vermiş ise, o plân etrafında ona yardım etmekle vazifelenmiş yardımcı varlıklar da vazifelerini elbette yapacaklardır. Dolayısıyla, o insanın üst realitelere ulaşması için muhtaç olduğu güçlerin inkişafı maksadıyla neler yapılması gerekirse, bu yardımcılar onları yapacaklardır. İşte, bu yardım ve müdahalelerle o, eski realitesinden sökülür ve üst kademenin af, hoşgörü ve şefkat bilgilerine atlayarak, eski, intikam almak, insan öldürmek realitesinden vazgeçer. Şu hâlde, üst realiteyi benimsemek, alt realitenin bağlarından çözülmekle mümkün olur.

*
* *

Realiteler, öz varlıkta sonuçlandırdıkları bilgi bakımından ele alınınca, onların birbirlerini bütünlediklerini de unutmamak gerekir. İşte bu bakımdan her realite, bir üst realiteyi hazırlayarak varılması gereken noktaya kadar zincirleme giden bir bütünün cüzüdür. Ve esasen, bir insan varlığının görgü ve deneyimi de, bu realitelerin öz varlıkta bilgi hâlinde birikmiş izlenimlerinden ibarettir. Yâni, geçmiş bir realite, gelecek realiteyi hazırlarken, gelecek realitenin öz bilgileri içinde, o geçmiş realitenin de izlenimi mevcut olarak kalır. Esasen, böylece, gelecek realiteler, geçmiş realitelerin sonuçlarını içine ala ala genişler ve kapsam kazanır ve varlığın görgü ve deneyimlerinin artmasına sebep olurlar. Meselâ kaba bencillik realitesinin bulunduğu kademeyi dolduran bireysel bencillik nefsaniyeti, üst mâşerî bir plân realitesinde, daha üstün ve kapsamlı bir karakterde, mâşerî bencillik hâlini alır. Eğer birinci kademede bir insan, yalnız bireysel menfaatleri için çırpınıyorsa, ikinci kademede kendisine bağlı küçük bir topluluğun, bir ailenin menfaatleri için çalışmaya başlar. Ve bu bencillik nefsaniyeti; kademeler yükseldikçe bir cemiyeti, cemaati, ulusu, tüm insanları ve hattâ bütün varlıkları kapsayacak şekilde artar ve genişler ki, oralara doğruldukça artık ona bencillik değil, diğerkâmlık demek icap eder. Bununla birlikte yine de, o, kendisinden bir üst realiteye nazaran, nefsaniyet durumunda kalır. Bu durum, eski nefsaniyetlerin öz varlıktaki sonuçlarının, yeni elemanların sonuçlarıyla, yâni üst zıtların sonuçlarıyla beslene beslene kapsam kazanan ve inkişaf eden hâllerini gösterir. İşte böyle, bir üst realitenin karşısına dikilmek suretiyle onun kazanılması için lüzumlu cehitleri gerektiren bir nefsaniyet realitesi, aynı zamanda, bu üst realitenin içine karışıp daha yüksek kimliklerde kaybolmaya aday durumdadır. Şu hâlde, en ileri ve yüksek realitelerin öz bilgi hâline geçmiş sentezleri içinde, ilk realitelere ait nefsaniyetlerin o bilgilere intibak etmiş ve ilk mahiyetlerini orada eritmiş sonuçları vardır.

*
* *

Şimdi, realitelerin insanları vazife plânına nasıl hazırladıkları problemi üzerinde duracağız. İnsanın vazife plânına geçecek olan tarafı; etiyle, kemiğiyle, sinirleriyle, bedeni değildir. Beden, her dünya hayatı devresinin sonunda bütün teşekkülâtıyla birlikte, toprağa gömülmeye mahkûmdur. Dolayısıyla, ilk insanlık hayatından itibaren, insan üstü bir plân olan vazife plânı bilgisine kadar yürüyen; insanın bedeni değil, başka bir tarafıdır ki, o da daha önce açıklamış olduğumuz, varlığıdır. Yâni, tâbi olduğu bir ruha hizmet etmek için çeşitli maddeler kullanarak, bütün kâinat boyunca inkişaf ede ede yürüyen, varlığıdır. Bedenler, bu varlığa sadece bir vâsıtadan ibarettir. Şu hâlde, bütün bu realiteler ve realiteleri oluşturan unsurlar, vazife plânına insan bedenini değil, onu kullanan varlığı hazırlamaktadırlar. Bunun da mânâsı şudur ki, insan beynine göre kıymetlendirilmiş olan dünya realiteleri, öz varlığa, aynı hâl ve şekillerde geçemezler. Ve zaten böyle olmasaydı, bedene hiç lüzum kalmaz, varlık dünyada doğrudan doğruya yaşayabilirdi. O hâlde, insan beyninin kıymetlendirdiği, dünyada bildiğimiz, gördüğümüz realitelerin öz varlığa intikal eden ve onun hazırlanması için intikal etmesi gereken asıl kıymetleri nelerdir?

Varlığa geçen bu kıymetler, dünya maddelerine ayarlanmış bulunan realitelerin kaba hâl ve şekilleri değildir. Bu kıymetler; bu realitelerin, öz varlıkta meydana getirmiş oldukları, varlığın ince bünyesine ve ihtiyaçlarına uygun, yüksek ve ince madde kombinezonları hâlindeki, birtakım sonuçlarıdır. Bunlara birer izlenim demek de doğru olmaz. Çünkü bu sözcük, burada tam mânâyı ifade etmemektedir. İşte, mahiyetleri insan idrakine göre pek müphem olan bu sonuçlar veya izlenimler, varlıkların inkişaflarına sebep olan derin izlerdir. Ve bu izlerin derinleşmesi ifadesinin mânâsı da, o varlığa ait olan ve tekâmülü sağlayan öz idrakin genişlemesi ve kapsam kazanması demektir. Esasen, öz idrak, varlık ile eş olduğundan, idrakin genişlemesi ve kapsam kazanması demek, bizzat varlığın inkişaf etmesi demektir.

*
* *

Realitelerin öz varlıktaki meydana geliş tarzına gelince: Yaşanan realiteler ve bu realitelere bağlı iyi ve kötü bütün olaylar, insanları çeşitli görünüşleriyle memnun eder veya üzerken, hakikatte bunlar, öz varlıkta –o varlığın bünyesine uygun değerlerle– insanın anlayamayacağı şekilde birtakım formasyonlara ve transformasyonlara sebep olurlar. Böylece orada, çok yüksek madde sentezleri içinde, dünyadaki görünüşlerinden bambaşka şekil ve tarzlarda gittikçe değerlenerek zenginleşen ince kombinezonlar meydana getirirler. Bunlar, hakikî, öz bilgilerdir ki, ruhların tekâmüllerine hizmet ederler. Demek ki realitelerin, kaba dünya maddeleri arasında, daha önce söylediğimiz maddî şekilleri ve durumları birbirini kovalayıp hazırlayarak art arda sürerken, onların, öz varlıkta mürâdifleri* bulunan sonuçları da, kaba âleme özgü ifadelerinden çok daha derin ve ince mânâlar hâlinde birike birike,

* "Mürâdif" sözcüğü, "anlamdaş, eş mânâlısı, eş değerlisi, eşi" anlamına gelir.

öz bilgileri beslerler. Bunlar, hakikî tekâmül değerleridir. Daha önce bilgisini verdiğimiz tekâmül değerleri kavramını buradaki kavram ile karşılaştıranlar, ruhların kâinattan ne şekilde yararlandıklarına ilişkin sezgilerini biraz daha genişletirler. Öz bilgilerle genişlemiş bulunan öz idrak, yâni beden ortamının üstündeki varlığa ait olan ve varlıkla kâinat sonuna kadar uzanan hakikî idrak, dünyada endirekt olarak, beden kanalıyla içinde yaşamış olduğu realitelerin kaba görünüşleri yollarından yararlanır. Ve böylece, tâbi bulunduğu ruhun tekâmülüne ait hizmetlerine devam eder. İşte bu bilgi iyice kavrandıktan sonra, realitelerin hem unutulması, hem yaşanması ifadelerinin mânâlarını birbirine karıştırarak teşevvüşlere düşmek olasılıkları ortadan kaldırılmış olur. Çünkü, burada, olaylara hedef olan iki ekran vardır: Bunlardan biri, fizik dediğimiz kaba maddeler topluluğu, diğeri ise bu topluluğu kullanmak suretiyle bir ruha hizmet eden ince ve karmaşık bir varlıktır. Bedenin kabalığı, kaba realiteleri almaya yarar, varlıktaki öz bilgilerin artmasına imkân sağlar. İşte, işleri görülünce unutulması gerekenler, realitelerin kaba bedenlere hitap eden kaba görünüşleridir. Ve bu da, zaten ileride açıklayacağımız yüzeysel zaman idrakinin bir zaruretidir. Çünkü bu zarurete göre, yeni bir kıymetin meydana gelebilmesi için, eski kıymetin yerini ona terk etmesi icap eder. Buna karşılık, realitelerin öz varlığa hitap eden cepheleri ise, kaba görünüşlerinin öz varlıktaki mürâdifi olan, ince mânâlardır. Bunlar, daha önce söylediğimiz gibi, birbirini hazırlayan ve birbirine eklenen kıymet cüzleridir ki, bu cüzler, öz bilgi sentezini genişletirler.

Tekrar ediyoruz: Realitelerin yaşanması ve unutulması konusunu mütâlaa ederken, insan beynine, yüzeysel zaman idrakine göre kronolojik kıymet ve sistemlere bağlı olan maddî anılar ile bu realitelerin varlıkta derinleşmiş ve öz bilgi sentezine dahil olmuş izlenimlerini birbirinden ayırt etmeyi unutmamalıdır. Çünkü yüzeysel zaman icaplarına tâbi olan beden için öncekilerin unutulması ne kadar lüzumlu ise; küresel zaman idrakinde yaşayan varlık için de, ruhun tekâmülüyle ilgili ikincilerin öz bilgiler arasında temelleşmesi, o kadar doğal ve zarurîdir. Ve hattâ esas gayenin icabıdır.

*
* *

Şimdi öz bilgilerin artmasını sağlayan vicdan mekanizmasının düaliteleri arasındaki ilişkileri biraz daha inceleyeceğiz.

Vicdan mekanizmasında biri vazifeye, diğeri nefsaniyete yönelmiş iki zıt tezahürün, birbirini izleyen ve hazırlayan realitelerden ibaret olduğunu söylemiştik. Sırasına göre aynı realite, hem nefsaniyete, hem de vazifeye yönelebilmektedir. Uyulması icap eden yerde vazifeye, geride bırakılması gereken yerde de nefsaniyete yöneliktir. O hâlde, nefsaniyetlerin sonuçları, yâni öz bilgiler, nasıl birbirine takılarak geçmişin zenginliklerini meydana getiriyor ve gelecekleri hazırlıyorsa, o gelecekler de öylece, vazife plânına yönelmiş olan daha ileriki geleceklerin yollarını açmaktadırlar. Burada, bu vazife ve nefsaniyet yönlerine yönelmiş zıt unsurların birbirine nazaran durumlarını daha maddî kıymet benzerleriyle açıklayabilmek için, daha önce vermiş olduğumuz mıknatıs çubuğu örneğine tekrar dönüyoruz: Bu çubuğu "+" tarafı yukarı, "-" tarafı aşağı gelmek üzere çekül doğrultusunda tutalım. Bu hâlde iken çubuğun tam üst yarısı ile alt yarısı, birbirine eşit miktarda zıt mıknatıslığı içermektedir. Şimdi bu çubuğu üst tarafa doğru uzatırsak, yâni ona üst taraftan mıknatıslık eklersek denge bozulacağı için, çubuğun nötr noktası, yerinden oynar ve biraz yukarı yükselir. Çünkü "+" taraftan eklenen bir kısım mıknatıslıkla "+"dan "-"ye doğru bir mıknatıslık akımı başlayacağından, denge hattı yukarıya çıkar. Bu işlemi alt taraftan yaparsak sonuç aksi olur, denge hattı biraz daha aşağı düzeye kayar. Bu, kaba bir örnektir. Fakat sezgi vermesi bakımından yararlıdır. Bu deney gösteriyor ki, biri "+", diğeri "-" işaretli olmasına rağmen, çubuğun her iki tarafındaki unsur, aynı cevherdir. Bu örnekte mıknatıs çubuğuyla sembolize ediyorsak da, elbette vicdan düalitesi, aslında bu kadar basit bir durum göstermez. Yâni, onun unsurları arasında, bir mıknatıslık unsurlarıyla kıyas edilemeyecek kadar büyük ve karmaşık farklar vardır. Dolayısıyla, buradaki realite farkları, mıknatısın "+", "-" kutuplarındaki gibi basit değildir. Fakat vicdan mekanizmasının işlemesine ait, kabaca bir sezgi kazandırmak için bu örneği vermiş oluyoruz. İşte bir mıknatıs çubuğuyla sembolleştirdiğimiz vicdanı çekül doğrultusunda tutarsak; üst tarafta bulunan vazifeye yönelik unsuru ile alt tarafta bulunan nefsaniyete yönelik unsuru denge hâlinde iken, bu unsurların kıymet dereceleri, insan idraki muvacehesinde, yâni yine bizzat vicdan mekanizmasında, birbirine eşittir. Ve bunların denge hattı da, mıknatıs çubuğu sembolüne oranla, tam ortadadır. Eğer bu vicdan çubuğunu üst yarısından itibaren yukarıya doğru uzatırsak, yâni üst tarafa, vazife realitesine yakın cüzlere değerler eklersek, çubuğun yükü o tarafa doğru artar. Ve eski denge hattı aşağıda kalır. Bu takdirde, vazife ile nefsaniyet cephelerinin birbirine karşı olan denge durumu bozulmuş bulunur. Fakat denge yasası, bu bozukluğa katlanamaz: Mıknatıslık olayında olduğu gibi, denge tekrar kuruluncaya kadar, değeri artmış olan taraftan az değerli tarafa, vazife tarafından nefsaniyet tarafına doğru bir akım başlar. Bu akım, elbette, yüksek realitenin bâzı kıymet cüzlerinin daha alt realiteye geçmesi demektir. Elbette, sözünü ettiğimiz bu değerler -biraz yukarıda açıkladığımız gibi- realitenin maddelere ve şekillere ait, bedene hitap eden cephesi için değil, öz bilgilerle ilgili, varlığa hitap eden cephesi içindir. Bunlar, öz bilgi değerleridir ve vicdan mekanizmasının bir sürü işleminden sonra gerçekleşmektedirler. Böylece, "+" taraftan "-" tarafa bu akımın başlaması, bozulmuş olan denge hattının, öncekine nazaran biraz daha yüksek düzeyde yeniden kurulmasına sebep olur. Daha doğrusu vazife unsuru değerlerinin bir kısmı, nefsaniyet unsurları arasına karışarak, nefsaniyet düzeyini de biraz daha yükseltmiş bulunur. Böylece de, öz bilgi düzeyi ve öz bilgi idraki yukarılara doğru uzanır. Demek ki vicdan mekanizmasının vazife cephesine ait değerleri arttıkça, bu üst cephenin aşağıdaki nefsaniyet cephesine akan değerleri, nefsaniyet cephesinin vazife cephesine doğru kaymasına ve iki cephe arasındaki denge hattının da vazife plânı bilgilerine doğru yükselmesine sebep olmaktadır.

*
* *

Şunu belirtmek isteriz ki, bir insanın, dünya kıymetleri idraki muvacehesinde yapacağı iş; vicdan düalitesinin vazifeye yönelik olan unsurunu beslemek, nefsaniyet unsurunu geriye atmak olmalıdır. Çünkü vazife unsuruna değerler eklendikçe vicdan dengesinin öz varlıktaki kazançları hızla yükselecek; nefsaniyet unsurlarına bağlanıp üst unsurlar ihmal edildikçe de, öz bilgilerin artması, başka kanallardan, uzun uzadıya geçirilecek ıstıraplı, zahmetli işlemlerle, otomatik yürüyüşe tâbi olarak, yavaşlayacaktır.

Şu hâlde, inkişaf yolunu kısaltmak ve vicdan mekanizmalarının zahmetli müdahale zaruretlerini mümkün mertebe azaltmak için, bu mekanizmanın üst ve alt unsurlarını birbirinden ayırt edebilecek idrak düzeyine bir ân önce ulaşmak gerekir; tâ ki üstlere yönelmenin idraki ve cehdi mümkün olabilsin. Bunun için, inkişaf mekanizmasındaki önemi açıkça görülen idrak üzerinde durmamız gerekiyor.

*
* *

Yukarıda, vicdan mekanizmasının, insanlıktan önceki varlıklarda -doğal olarak en ilkel şekillerde- içgüdüsel düaliteler hâlinde olduğunu, insanlık derecesindeki idrakli formunu ancak insanlık hayatından itibaren almaya başladığını belirtmiştik. Bunun sebebi hiç şüphesiz, idrak kudretinin, insanlık düzeyine özgü derecesine erişmiş bulunmasıdır. İnsanlık safhasındaki vicdan mekanizması, idraklere göre ayarlanır. İnsanlar arasındaki vicdan mekanizmasının inkişafı, en basit idrak düzeyinden en yüksek idrake kadar, çeşitli kademeler gösterir. Bütün bunlar gösteriyor ki, insanlıktaki vicdan mekanizmasının inkişafında idrakin çok önemli bir durumu vardır. Daha doğrusu vicdanın inkişafı, idrakin inkişafı demektir. İdrakin en basit içgüdüler hâlinde mevcut bulunduğu ilk dünya varlıklarında, ancak o düzeye göre vicdan mekanizması vardır. Meselâ insanların dünyada ilk varlık olarak tanıdıkları bitkilerde, idrakin en basit hâli olan otomatik içgüdüler bulunmaktadır. Ve bu da, elbette, insanların sahip oldukları idrak kademelerinden çok uzak bir hâl gösterir. Bu sebepten dolayı onlara bir idrak damgası da vurulamaz. Fakat bu içgüdüler, o düzeydeki varlıklarda, onların hayat icaplarına yetecek kadar idrakin yerini tutmaktadırlar. O hâlde idrakin hakikî mânâsı üzerinde duralım.

*
*   *

İdrak, madde kâinatında, sonsuz madde sistemlerini birbirine bağlayan bir kudrettir. Fakat bu tarifi yaparken şunu unutmamalı ki, kâinattaki her şeyin olduğu gibi, bu kudretin de nedeni, madde kâinatı dışındadır. İşte bu kudret sayesindedir ki, maddeler arasında ilişkiler kurulabilir. Ve bu ilişkilerden de ruhların kâinat içindeki sembolleri, yâni timsalleri olan varlıklar meydana gelir. Yine, bu kudretle, plânlar arasındaki ilişkilerin karşılaştırılmalarından inkişaflar ve tekâmüller sağlanır. Burada, idrak bahsinde ifade edilmiş büyük hakikatler vardır. Bu hakikatlere nüfuz edebilmek için, bu sözlerin üzerinde düşünmek gerekir.

*
*   *

İdraki hazırlayan ilk unsurların, varlıkların ilk oluşması esnasında nasıl meydana geldiklerini açıklamıştık. Burada, ruhlar, münkeşif hidrojenin dağınık hâlde yayınladığı enerjileri bir araya toplamak suretiyle bu varlıkları kuruyorlardı. Birer yüksek vibrasyon kompleksinden ibaret olan bu yüksek enerjilerle varlıkların meydana gelmesi demek, idrakin en ilkel hâli olan içgüdülerin, bu sözü edilen dağınık enerjilerde tezahür etmeye başlaması demektir. Burada, bu varlıkları kuran ruhlara tâli yardımlar da yapılmaktadır. Çünkü daha önce belirtmiş olduğumuz gibi, varlık kurulduğu ândan itibaren, aslî tesirlerin yerine, tâli dediğimiz, üstten ve yanlardan gelen tesirler geçer. Bu konuyu biraz daha açıklayalım. İdrak madde sistemlerini bir araya toplayan bir kudrettir, dedik. Buna göre: Varlığın ilk oluşmasında, hidrojen atomu enerjileri artık öyle bir inkişaf kademesine gelmiş olurlar ki; tâli tesirlerin de yardımı sayesinde, ruhlar, insanların ancak "idrak" sözcüğü sembolüyle ifade ettikleri kudretlerinin en basit hâli olan içgüdülerini, maddenin bu kademedeki durumlarından yararlanarak kullanabilmek imkânlarına kavuşmuş bulunurlar. Burada, idrakin nasıl başladığı hakkında yeterli derecede bir bilgi verilmiş olmaktadır.

Varlığın mayası idraktir. Ve ilk oluşan varlık, ilk ânından itibaren, diğer, daha basit madde kombinezonlarını ve sistemlerini, kendisinde mevcut olan bu mayanın, yâni idrakin tedricen inkişafıyla orantılı olarak, birbirine bağlamakta ve yeni yeni kombinezonlar ve sistemler meydana getirmektedir. İdrakin doğuşu ve önemi hakkında bu kadar sözü yeterli görüyor ve onun vicdan mekanizmasındaki rolüne geçiyoruz.

*
* *

İlk önce şunu belirtmek isteriz ki, idrakin vicdan mekanizmasındaki rolü, bizzat o mekanizmanın mahiyetinde mevcuttur. Çünkü esasen, vicdan mekanizmasının zıtları arasındaki ilişkilerin kuruluş ve bağlanışları, idrak mekanizmasıyla olmakta ve hattâ doğrudan doğruya idrakin fonksiyonuna ait bir iş bulunmaktadır. Doğal olarak bu iş, varlığın ilk oluşması ânında daha ziyade yardımcı tesirlerin müdahaleleriyle olur ve tedricen, idrak inkişaf ettikçe bu müdahaleler azalır, varlığın vicdana hâkimiyeti belirmeye başlar ve idrakin ileri inkişaf hâllerinde o, artık, vicdana tamamıyla hâkim olur. Vicdan realitelerinin birbiriyle olan ilişkilerinin iyi takdir edilmesi, yukarılara doğru yükseltici mahiyette olan vazife unsurlarının nefsaniyetlerden ayırt edilip, yüksek unsurlarla onları takviye edici sistemlerin kurulması ve böylece vicdan mekanizması dengesinin gittikçe daha üst kademelere yükseltilmesi, idrakin fonksiyonuna bağlı işlerdir. Şu hâlde, idrak ne kadar mükemmelleşirse onun bu fonksiyonu da o kadar iyi çalışır ve sonuç olarak, vicdan düzeyinin vazife bilgisine doğru yaklaşması o oranda kolaylaşır ve hızlanır. Meselâ böyle geniş ve kapsamlı bir idrake sahip olan insan, artık, cehit ve gayretlerini vazife unsuruna mı, yoksa nefsaniyet unsuruna mı çevirmesi gerekeceğini daha iyi bilir. Ve müspet olan vazife unsuruna uyduğu zaman ileriye doğru ne gibi yüksek madde kombinezonları ve sistemleri kurabileceğini takdir etmeye başlar ki, bu da, onun, vazife plânına -idrakiyle- gittikçe yaklaşması demek olur. Buna karşılık, vazifenin zıddı olan nefsaniyet unsurunu seçtiği takdirde, aşağılara doğru indikçe vicdanın bünyesindeki yüksek tertipli ilişkilerde ne gibi çözülmelerin, çöküntülerin meydana geleceğini ve böylece maddenin inkişaf kombinezonları zenginliğinden ne gibi kıymetlerin kaybedileceğini de görür ve anlar. Çünkü bunların takdiri, idrakin, madde kombinezonları ve sistemleri arasındaki kuruculuk kudretinin kapsamına giren işlerdir.

Şu hâlde, idrak, öyle büyük bir kudrettir ki, bütün hayatlar boyunca vazife bilgisi hazırlanışı yolunda geçireceği hazırlık kademelerinde, vicdan düalitesi tekniği içinde, kendi kendinin hem rehberi, hem de hareket ettiricisidir. İşte bu da, madde kâinatının diğer unsurları arasında onun ruha en yakın bir vâsıta durumunda bulunduğunu ifade eder.

*
* *

Şimdi, dünyadaki vazife plânına ait hazırlıklarda bu kadar önemli roller alan idrak ve vicdan mekanizmalarını besleyen öz bilgilere geliyoruz. İlk önce şunu söyleyelim ki, öz bilgiler, idrak ve vicdanı beslerken, kendileri de idrak ve vicdan yoluyla zenginleşirler.

Öz bilgiler, idrakin bizzat kendisiyle birlikte, dış müdahalelerin yardımlarıyla da, değerlerini arttırırlar. Bu dış, yardımcı müdahalelerin, öz bilgileri güçlendirmeleri konusuna gelince: Bu hususta daha önce biraz bilgi verilmişti. Şimdi o bilgiye tekrar dönüyoruz.

Öz bilginin artmasına yardım eden müdahaleler, vicdan muvacehesinde, çeşitli madde kombinezonlarının sayısız hâl ve durumlarından, yâni bir sürü olaydan yararlanarak hedeflerine ulaşırlar. Olaylar, kaba kıyas bilgisi süzgecinden geçerek, şuurdan şuurdışına çıkarlar ve orada kalırlar. Bunlar, öz varlığın emri altındadır. Ve insanın o dünya hayatı süresince orada, şuurdışında bulunurlar. Bunlar henüz şuuraltına geçmemişlerdir.

Olaylar doğrudan doğruya öz bilgi hâline geçemezler. Çünkü bunlar arasında henüz intibaksızlık vardır. Şuurda cereyan eden bu olaylar, şuurdışındaki nispeten kaba maddî izlenimlerle, ilk kıyasî muhasebeleri yapıldıktan sonra, şuurdışına itilirler. Bunlar, öz varlığın emri altında bulunmakla birlikte, henüz onun öz malı olmamışlardır, öz bilgi hâline girmemişlerdir. Şuurdışındaki bu bilgilerin öz bilgi hâline geçebilmeleri için, öz bilgilere intibak etmeleri, öz bilgi sentezine dahil olabilecek duruma gelmeleri gerekir. Oysa bunların şuurdışındaki kıyasî muhasebeleri şuuraltı bilgileriyle değil, şuurdışı bilgileriyle yapılmıştır ki, bunlar da öz bilgiler değildir.

Ölümden sonra spatyuma geçilince varlığın dışarısıyla bütün irtibatları kesileceğinden, bu bilgilerin, şuuraltı bilgileri ile karşılaştırılarak varlık tarafından muhasebeleri yapılacak, muhasebeleri yapıldıktan sonra şuuraltına geçerek varlığa mal edileceklerdir. Çünkü bu işlem, şuuraltındaki bilgiler ile şuurdışındaki bilgileri intibak hâline getirecek ve onları şuuraltı bilgilerinin sentezleri arasına karıştıracaktır.

Demek ki bütün hayat boyunca şuurdışı kalan bilgiler, ancak ölüm olayıyla büyük muhasebeden geçtikten sonra, varlık tarafından temsil edilip şuuraltına girebilirler. Şuurdışında bilgilerin nasıl toplandığına gelince: Bunlar, şuur tarafından idrak edilen veya edilmeyen dünya realitelerinin uyku esnasında kabaca yapılacak muhasebelerinde, vicdan muvacehesindeki kıyas bilgisi mekanizmasına tâbi tutularak şuurdışına itilmeleri suretiyle birikirler.

*
* *

Özetle, idrak edilsin veya edilmesin, şuurun karşılaşmış olduğu olaylar, şuurdışındaki kıyas bilgileriyle sonuçlandırılırlar ve bu sonuçlar şuurdışında kalırlar. Bunlar orada, varlığın henüz öz bilgileri hâline girmemişlerdir, dolayısıyla şuuraltına ait değildirler. Bununla birlikte bu bilgiler, varlığın hâkimiyeti altındadırlar ve icap ettikçe şuur sahasına çıkarılabilirler. Ve ancak, ölümün ardından yapılan büyük muhasebeden sonra, şuuraltındaki öz bilgi yüküne karışırlar.

Öz bilgiyi besleyen kaynaklar ve yollar çok çeşitlidir. Bunların en önemlilerinden bâzılarını sayacağız: Bilgi, din, ulus, aile gibi mâşerî durumlar ve bu durumları güçlendiren hâller ve nihayet, doğrudan doğruya, muhtelif kademelerde vazifeli varlıklar tarafından insanlara ve medyumlara verilen tebliğler, ilhamlar, bilgiler ve bütün bunlardan doğan olaylar; öz bilgiyi arttıran ve varlığı vazife plânı bilgisine yaklaştıran güçlü malzemelerdendir. Bunlar, dünya realiteleri içinde geçirilir ve dediğimiz gibi, bâzı işlemlerden sonra varlığın öz bilgi dağarcığına karışırlar. Şimdi biraz öz bilgi üzerinde duralım.

*
* *

Öz bilgiler; en ilkel devreden itibaren geçmiş hayatlara ait elde edilen kazanımların daha önceki kazanımlar ile mukayesesi, muhakemesi sonucunda ulaşılan ve -insanın değil- varlığın malı olan, insanların idrak edemeyecekleri birtakım derin izlenimlerdir. Bunlar, idrak formlarıyla bir taraftan, hizmetinde bulundukları ruhun tekâmülünü sağlarlarken, diğer taraftan, yeni bilgilere zemin hazırlamak suretiyle varlığın inkişaf sahasını genişletirler. Bu kazanımlar, dünya idraki tekniği içinde birtakım durumlarla elde edilir. Bu durumları olay kavramı içinde toplamak mümkündür. İnsan, etrafındaki olaylardan bâzılarının içinde bizzat yaşar, o olayların kahramanı olur. Bâzılarında da bizzat yaşamaz, onların içinde yaşayan diğer insanların ve varlıkların durumlarını yakın bir ilgiyle izler ve gözlemler. İşte insanların, dünyada, hayatları icabatıyla direkt olarak içlerinde yaşadıkları veya endirekt olarak başkalarında gördükleri olay kombinezonlarına ait ilişkiler, dünya idrakiyle ifade olunan bilgilerin topyekûn hepsidir ki; bunlar, öz bilgiden ayrı kavramlar ve öz bilgilerin oluşmasına vâsıta olan malzemelerdir. Bunların ancak, ölüm sonrasındaki spatyum hayatında geçirecekleri çeşitli mekanizmalardan sonra öz varlığa intikal eden sonuçları ve izlenimleridir ki, öz bilgi hâlinde varlığın malı olurlar.

İşte daha önce açıkladığımız şuur, dünyanın kaba realiteleriyle, daha doğrusu bu olaylarla doğrudan doğruya karşılaşarak, dünyadan yeni bilgi malzemelerini toplamaya devam eder. Öz bilgiler ile dünyada bilgi diye itibar edilen olayların farklarını böylece belirttikten sonra, bunları birbirine karıştırmadan, "bilgi" sözcüğünün dünya lisanına göre olan mânâsını kullanarak, açıklamamıza devam edeceğiz.

*
* *

Dünyaya ait bilgilerin mütâlaasını kolaylaştırmak için, onları bir ağaca benzeterek, onların direkt elde edilenlerine, yâni olayların bizzat içinde yaşanmak suretiyle elde edilenlerine "gövde bilgiler"; endirekt, yâni başkalarının gözlemlenmeleriyle elde edilenlerine de "dal bilgiler" diyebiliriz ki; bunların her ikisi de, kendi kapasitelerine göre, öz bilgilerin inkişafına sebep olan kudretli vâsıtalardır. Meselâ elini ateşe sokmuş bir çocuğun yanık ıstırabını bizzat duymasıyla edinmiş bulunduğu bilgi, onun için bir gövde bilgisi ise; arkadaşı olan bir başka çocuğun onun elinin yanmasından doğan ıstıraplarını ve reaksiyonlarını gözlemlemesiyle elde ettiği bilgi de, dal bilgi olur. Bu örnekle de, öz bilgilerin oluşmasında, gövde bilgilerinin dal bilgilere nazaran daha kestirme yoldan sonuçlar verebileceğini anlatmış oluyoruz. Bununla birlikte, insanların bizzat her olayın içinde yaşamalarına ve sadece direkt bilgiler almalarına imkân bulunamaz. İşte bu imkânsızlıktan doğan eksiklikler dal bilgilerle tamamlanır.

*
* *

Bilgiler, öz bilgileri beslerken, arada yardımcı bâzı prensiplerden kuvvet alınır ki, bunlardan biri de nedensellik prensibidir.

Kâinatta hiçbir olay, sebepsiz değildir. Kâinatın bütün olayları, ilişkileri, tesirleşmeleri, kuruluşları, değişişleri, dağılışları, kısacası bütün madde kombinezonlarının formasyonları, transformasyonları ve deformasyonları; büyük tekâmül nedeninin zorunluluklarıyla, birbirinin nedeni ve sonucu hâlinde ve birbirine bağlı olarak meydana gelir. İşte bu, kâinattaki büyük nedensellik prensibinin bir tecellisidir. Zaten bu kitabın her noktasında, bütün hareketlerin sebeplere dayandığını ve sonuçlara vardığını ifade etmekteyiz. Sebepsiz ve sonuçsuz hiçbir oluş düşünülemez. Kâinatta bütün ilişkilerin kuruluş ve dağılışlarına ait mekanizmalar, bu prensibe göre işlemektedirler. Hiçbir olay, başıboş ve müstakil değildir. Her olay, direkt veya endirekt olarak diğer olaylara bağlıdır. Böylece bütün kâinat, bütün cüzleriyle, büyük bir bağ şebekesiyle örülmüştür ki, bu bağların düğüm noktaları nedensellik prensibinin sebep–sonuç zorunluluklarıdır. Her olay, bir üsttekinin sonucu ve bir alttakinin nedenidir. Hangi olayın sebebi görülmüyorsa, bu hâl, o olayın sebebinin bilinmemiş olmasından ileri gelmektedir.

*
* *

Nedensellik prensibi; olayların öz bilgiye inkılâplarında en önemli rolü alan idrakin kullandığı kıyas bilgisinin güçlü bir dayanağıdır. Nedensellik prensibi hakkında yukarıdaki kısa bilgiyi verdikten sonra, idrak ile kıyas bilgisinin karşılıklı durumlarını belirtmemiz yararlı olur.

Kıyas bilgisi; idrakin nedensellik prensibine uyması yoludur. İdrakler, kâinattaki nedensellik prensibine intibak edebildikleri oranda inkişaf ederler. Nedensellik prensibine yabancı kalan idrakler, kâinattaki sonsuz kombinezonlar arasında mevcut olan sonsuz ilişkileri tayin ve takdir etmekte o oranda acz gösterirler ve o oranda da geri ve basit durumlarda kalırlar. Ateşi eliyle tutarsa elinin yanıp yanmayacağını idrak edemeyen bir çocuğa ateşle oynamak yetkisi verilmez. Çünkü onun idraki, henüz böyle bir işe lâyık duruma gelmemiştir. Onun idraki, bu maddelerin ilişkilerine ait nedensellik prensibine henüz lüzumu kadar intibak etmemiştir. İşte bu intibakı sağlayacak şey, onun kıyas bilgisi olacaktır. Kıyas bilgisine girmek için o çocuk, eliyle ateşi birkaç defa tutma tecrübesini yapacak ve her defasında eli yanacaktır. Her eli yandığı zaman onun idrakinde el ve ateş ilişkilerine ait sebep ve sonuçlar hakkında yavaş yavaş birtakım sezgiler belirecek ve kıyas bilgilerinin yardımıyla, bu sezgiler bilgiye intikal edecektir. Böylece idrak ve dolayısıyla, öz bilgi içeriği artacaktır. Bu işleme "görgü ve deneyim" diyoruz.

*
* *

Verdiğimiz bu bilgiler gösteriyor ki, öz bilgileri arttıran nedensellik prensibi ile kıyas bilgisi, bu fonksiyonlarını ancak olaylar yoluyla yapmaktadırlar. Olaylar olmayınca ne nedensellik prensibi mütâlaa edilebilir, ne kıyas bilgisi anlaşılabilir, ne de bunların birbirine bağlantısı sözkonusu olabilir. O hâlde kıyas bilgisine devam edebilmek için, önce olaylar üzerinde durmak zarureti doğmaktadır.

Bilgilerin ve öz bilgilerin elde edilmesi ve bunların sonucu olarak da tekâmülün kazanılması için, lüzumlu olan esaslı malzemelerden biri ve hattâ birincisi olaydır. Olayların içinde direkt veya endirekt olarak yaşamak gerekmektedir.

Olayların ortaya çıkması birçok sebebe bağlıdır. Fakat her şeyden önce, olaylar, sebep-sonuç yasası hükümlerine göre cereyan ederler. Esasen olayların öz bilgiyi doğurabilmeleri de, onlardaki sebep-sonuç ilişkilerine, idraklerin kıyas yoluyla intibak edebilmeleri derecesine bağlıdır. Ateş çocuğun elini yakar, çocuk bu ıstırabı duymuştur. Ateşten elinin yanması, eliyle ateşi tutmasından ileri gelmiştir. Eğer çocuk, bu yanık duygusu etrafında toplanan olaylar arasındaki sebep-sonuç bağlarını idrak edebilirse öz bilgi bakımından alacağı sonuç başka olur, edemezse yine başka olur. Yâni, idrakin bu olaydaki sebep-sonuç bağlantılarına intibakı oranında, bilgiler, ortaya çıkar ve ruha yansır. Bilgileri sağlayan olaylar, o varlığın ihtiyacıyla orantılı olarak, yardımcı varlıklar tarafından tertiplenir ve insanın önüne konur veya aynı sebeple, o varlığa, yine yardımcı varlıkların gönderecekleri tesirlerle, yaptırtılır. O varlık, bu olaylara bizzat kendisi, kendi hareketleriyle sebep olur. Çünkü o insanın bilgisini hazırlayan bu olayların tertip ve sıralanışları, tekâmülle ilgili bir sürü bireysel ve mâşerî plâna ve bir sürü nizama tâbidir ki, bu nizamlar da, ancak üstün idrakler ve kudretler tarafından yürütülebilir.

İstenilen herhangi bir olayı bir insana yaptırtmak için, icap ettiği zaman, yardımcı varlıklar, onun vicdanının nefsaniyet unsurlarını tahrik ederler. Veya onun karşısına kendi ihtiyarı* dışında olaylar çıkartırlar ve böylece, onu çeşitli hareketlere sevk etmiş olurlar. Bu da, nefsanî hareketlerinin acı sonuçlarını insanlara tattırmak ve bu sayede insanları kıyas bilgisine götürerek, öz bilgilerine o yoldan değerler hazırlamak içindir. Meselâ bir insan, eğer bir kâtilin duyacağı ıstırapları çekecekse, onun buna ihtiyacı varsa, o insanın önüne öyle olaylar çıkartılır ki, o, bunların karşısında kendini tutamaz ve insan öldürür. Demek ki böyle sonu-

* "İhtiyar" sözcüğü, "kişinin seçimi, tercihi, isteği, iradesi" anlamına gelir.

cu çok vahim bir olaya onun bizzat sebep olması, keyfî veya rastgele olmuş bir iş değildir. Çünkü yavaşlatmış olduğu inkişaf hazırlıklarını tekrar canlandırabilmesi için lüzumlu olan kıyas bilgisine girebilmesi, olaylara ancak bizzat kendisinin liyakat kazandığını idrak edebilmesi oranında mümkün olur. Bunu da sağlayacak olan şey, onun bir insanı öldürmesidir. O, bu insanı öldürsün ki, o zamana kadar vicdanının vazife unsuruna nefsaniyet unsurundan daha fazla değer vermeyen, daha doğrusu buna yetmeyecek derecede zayıf olan bilgi ve idrak dağarcığı, bu olay yüzünden gireceği kıyas bilgisi yoluyla, yeterli derecede kudret kazansın ve zenginleşebilsin ve artık ondan sonra da iradesini, vazife unsuruna yöneltmek suretiyle, inkişafında hız almak imkânlarına kavuşabilsin. Varlığın buna benzer daha binlerce ihtiyacı karşısında, bu yardım ve müdahalelerde bulunularak, çeşitli olaylar ortaya çıkartılır. İşte vicdan düalitelerinin üst unsurlarına yönelmeye yetecek derecede güçlenmemiş, daha doğrusu alt kademe bilgilerinin tesirlerinden kendilerini kurtaramamış ve vicdanlarının denge düzeylerini yükseltmekten âciz kalmış insanların karşılarına, onların tekâmülleriyle vazifeli olan yardımcı varlıklar, böyle bir sürü olay çıkartırlar ve onlar da, bu olaylardan doğan azap ve ıstırapların tesiri altında girdikleri kıyas bilgisinden önemli dersler alırlar ki; bu derslerin her biri, onların öz bilgilerinin tohumlarını atmaktadır. Böylece o varlık, idrakini daha üst kademelerdeki realitelere ait yüksek değerlere hazırlar ve inkişaf eder. Yâni, insan üstü safhasının vazife bilgilerine yaklaşır. Onun için, çoktan beri insanlar arasında sınav, epröv diye anılan bu ıstıraplı olaylara insanlar -pek de mahiyetlerini idrak etmeden- birer kurtarıcı etken gözüyle bakmışlardır ki, doğrudur. Nitekim biz de, bu sınav veya eprövlerin veya deneyimlerin sonuçlarından çıkan derslere, "görgü" veya "gözlem" diyoruz. Bunların her biri, birer tekâmül malzemesidir.

*
* *

Gerek nedensellik prensibi, gerek bu prensibin ışığı altında olayların akışları –insanları bu olaylar içinde direkt veya endirekt olarak yaşamak suretiyle– bir kıyas bilgisine götürür, demiştik. Hakikaten, öz bilgilerin artışında, kıyas bilgisi, önemli bir unsur olarak kendini göstermektedir.

Kıyas bilgisinin en müessir yardımcısı, acı ve ıstıraptır. Burada, ıstırabın da öz bilgiyi kazanmada önemli rolü olduğunu belirtmek gerekir. Şurası açıktır ki, kıyas bilgisi, öz bilgiyi ve idraki genellikle ıstırap yoluyla beslemektedir. Spatyumda çekilen ıstıraplar, şuurdışı bilgilerinin muhasebeleri sırasında varlıkların girecekleri kıyas bilgilerinin kıymetli yardımcılarıdır. Buna ilişkin bir dünya örneği vereceğiz. Bu örnek, bu konunun bütün inceliklerini içermektedir.

Dünyada en güç yenilen ve birçok safhayı derecesi oranında kapsayabilen, birçok sınavın, birçok ilerlemenin, birçok gerilemenin etkeni olan cinsiyet bencilliğini ele alalım. Bir adam, sırf etinin, sinirlerinin arzularını yerine getirmek için bir kadını sevmektedir. Ve bu yoldan o, maddî bencilliğini atlatma durumundadır. Sevdiği kadın, bir gün ondan bıkar, bir başkasını sever. İşte bu epröv karşısında bu adam sevgilisini öldürecek kadar nefsaniyetine yenilir. Onun böylece göstereceği reaksiyonlar safhanın sonuna kadar derece derece değişerek gider. Şimdi, vicdanın az çok ilerlemiş safhasında, aynı durumdaki başka bir adamı ele alalım. Sevgilisi onu terk etmiştir. Ve bir başkasını sevmeye başlamıştır. Vicdan safhasının yukarılarına doğru ilerlemekte bulunan bu adam, kırılmadan buna razı gelecek ve belki de, o kadına, bu hususta elinden gelen yardımı yapmaktan da çekinmeyecektir. İşte burada bir cinayet ile bir erdemin, bir bencillik ile diğerkâmlığın kıyası karşı karşıyadır. Cinayeti işleyen adam, bu kıyasın bilgisine eğer kendi idrakiyle varacak durumda değilse (ki mademki bu cinayeti işledi, değilmiş demektir) o zaman dış müdahalelerin yardımı ona gelmeye başlayacaktır. Tâ ki o, bu kıyasın idrakine varabilsin. Ve ancak bu kıyas bilgisiyledir ki, sonuç elde edilecek ve o adam, bencillik nefsaniyetini yenmek için lüzumlu olan cehit ve gayreti gösterebilecektir. Şöyle ki: O, cinayetini bir bıçakla işlemiş olsun. Cinayetin ardından bir hapishaneye kapatılacaktır. Burada, kıyas eprövlerinin bir zincirini sıralamak istiyoruz. Bu adam ilk önce, hapishanede cinsî arzularını ve zevklerini tatmin edememek ıstırabıyla zoraki bir kıyasa girecektir. Ateş karşısında eli yanan bir çocuk gibi, ateşe benzeyen ihtiraslarının ilk acı sonuçlarını bu şekilde duymaya başlayacaktır. Böylece, ıstıraplarına sebep olan etkenin ne olduğunu kendisine öğreten bir kıyasla karşılaşacaktır. Bu, onu uslandırmadı diyelim. Mahkûm, hapishanede yaşlanacak. Hormonları, iktidarı, cinsî faaliyetleri zayıflayacak ve cinsiyet fonksiyonunu yapmaktan âciz kalacak. Bu duruma gelince, bu adam, artık sırf etine ve sinirlerine mahsus olan bencilliğini duyamayacak ve onu ancak imajine edecektir. Eğer önceki derslerden yeterli derecede ibret almadıysa, olayların verdiği bilgilerden lüzumu kadar yararlanamadıysa, o zaman bu mahkûmu bir kavgada başka bir mahkûm bıçaklayacak veya o öyle bir kaza geçirecek ki, bıçak gibi sivri bir cisim vücuduna saplanacak. Ve bundan şiddetli bir maddî ıstırap duyacak. Burada, örneğimizin süjesi, gayet doğal olarak, zorlu bir kıyasa girecektir. Cinsiyetten yoksun olduğu için doğrudan doğruya etinin esiri değildir. Artık o realiteden zorunlu olarak, geçmiştir. Üstelik bir kâtillik eprövünün anısını kıyasen yaşatacak bir de kaza atlatmıştır. Artık bu durum karşısında bu varlığın bir ders almaması ve lüzumlu bilgileri kazanmak için cehit ve gayret göstermek girişiminde bulunmaması mümkün olmaz.

Şimdi bir de yukarıdaki örneğin objektif bir gözlemini veriyoruz: Orta yaşlı zengin bir adam, seviştiği ve oynaştığı genç bir kızın kendisinden bıkıp yüz çevirmesi üzerine, tekrar ilgisini kazanabilmek için yaptığı bütün girişimlerin boşa gittiğini görünce, işi zorbalığa döktü; kızın yolunu beklemeye başladı ve yakalayınca da bir bıçakla vücudunu 25-30 yerinden delik deşik ederek onu yere yıktı. Cinayetinin ardından, idamdan kurtulan bu adam, bir akıl hastanesinde, câni delilere ayrılmış kısma kapatıldı ve on iki yıl orada kapalı kaldı. Bir gün, aynı kısımda kalan ve kendisiyle çok iyi anlaşan azgın bir delinin geçirdiği ruhsal bir kriz esnasında, hücumuna mâruz kaldı ve deli, elindeki bir bahçe çapasıyla onun vücudunu 25-30 yerinden çapalayarak parça parça etti ve yere yıktı.

Bu gözlem de yine, bütün kıyasların sıralanışlarını gösteriyor. Elbette, gerek ateşte eli yanan çocuğun, gerek sevgililerini ihtirasları yüzünden öldüren ve birisi hapishanede, diğeri akıl hastanesinde, daha önce yapmış oldukları cinayetlerin misilleriyle karşılık görerek can veren bu insanların derece derece çektikleri ve çekecekleri ıstırap ve acılar, onları güçlü birer kıyas bilgisine sokacak ve bu bilgi de, yukarıda şemasını çizdiğimiz yoldan, onların -ileri kademelere ulaşabilmeleri için lüzumlu olan- öz bilgilerini ve idraklerini hazırlayacaktır.

*
* *

Demek ki bilgi ile idrak birlikte yürümektedir. Bu bakımdan, bunların inkişafını birlikte açıklamak gerekir. İdraklerin inkişafında iki yol vardır: Birincisi, insanın kendi bünyesi dahilindeki durumları inceleme konusu yaparak ilerlemesidir. Buna "idrakin direkt olarak inkişafı" deriz. İkincisi idrakin beden dışındaki olayları gözlemlemesiyle, daha doğrusu kendisinin sebep olduğu olayları mütâlaa* yoluyla olan ilerleyiştir. Buna da "idrakin endirekt olarak inkişafı" deriz. İdrakin endirekt inkişafında kullanılan unsurların başında, insanların görgü ve deneyimlerini arttıracak olan, etraflarındaki, kendilerinin bizzat sebebiyet verdikleri olaylar, işler ve eserler gelir ki; bunların çoğu, dış tesirlerin yardımlarıyla meydana getirilmiş bulunur. Bu olaylar, özellikle inkişafın ilk kademelerinde, ağır, zahmetli, sıkıntılı, ıstıraplı ve çok uzun vadeli görünürler. Bitmeyecek ve tükenmeyeceklermiş gibi duygular doğururlar. Bu sırada insan, güçlükler içinde çalışır, bir lokma gıdasını sağlamak için bütün hayatı boyunca doğanın çeşitli imkânsızlıklarıyla boğuşur, canavarlarla, kendi cinsleriyle didişir. Bu mücadelede bazen galip gelir, çoğu zaman yenilir. Bunların azaplarını nefsinde duyar, böylece işkenceli hayatı yüzyıllar boyunca sürüp gider. Bütün bu olayların, insanlardaki idrak ve öz bilgileri nasıl besleyip arttırdıklarını, inkişaf mekanizmalarının

---

* "Mütâlaa", "inceleme, araştırma " anlamına gelir.

dengelerini hangi yollardan üst düzeylere yükselttiklerini daha önce söylediğimiz için, onları burada tekrara lüzum görmedik. Böylece bu olaylar, bir taraftan öz bilgilerin artmasına sebep olurlarken, diğer taraftan da idrakler'i, inkişaf mekanizmalarına müdahale etmeye sevk ederler. Bu da yeni yeni olayların, sınavların, deneyim ve gözlemlerin ortaya çıkmasına yol açar ve böylece, idrakin yürüyüş temposu yavaş yavaş hızlanır.

İdrak arttıkça, etraftaki olayların mânâları daha çok belirir. Ve bu sayede, insanın beynine ait madde kombinezonlarından süzülen idrak vibrasyonları, bu sayısız olaydan çeşitli sonuçlar çıkarmaya, olay cüzlerinden türlü türlü kombinezonlar kurmaya başlar ki, bunlardan da dünya bilgileri meydana gelir. İdrakler inkişaf ettikçe bu bilgiler de kapsam kazanır ve artar. Böylece bilgiler, çeşitli dallara ayrılır: Sanat, edebiyat, bilim, tıp, felsefe, müzik, resim, ekonomi, siyaset, din gibi bir sürü bilgi kolu oluşur. Bütün bunlar, inkişaf mekanizmasında artan idrakin, olay maddelerinden kurmuş olduğu yeni madde kombinezonlarının sonuçlarıdır. Ve doğal olarak, tekâmülün ancak dünyadaki icap ve zaruretlerini yerine getirmek üzere, dünyaya özgü ve dünyada kalmaya mahkûm olan şeylerdir. Bunlar, dünyayı idare eden vazife plânının tesirleri ve kontrolleri altında cereyan eder. Şu hâlde, dünyada iken öz idrakin genişlemesi; onun vâsıta olarak kullandığı beyne bağlı durumlarının karmaşıklaşması, zenginleşmesi ve yüksek, ince madde hâllerine doğru yeni oluşumlara sahip olmasıyla ilgilidir.

Zaten ruhun tekâmülü için, olay maddelerinin öz varlıkta meydana getirdiği sonuçların, yâni öz bilgilerin, öz idrak kanalıyla ruha yansıması gerektiğini daha önce belirtmiştik. Bunun içindir ki, tekâmül ihtiyacıyla dünyaya gelen bir varlık, dünya olayları imkânlarından mümkün olduğu kadar fazla yararlanmaya çalışır. İdrakin bu yararlanması, hem bedenin form değiştirmeleri, hem de bedenin yaşadığı âlemin sayısız madde değişmeleri sayesinde olur. Bunlardan birinciye idrakin direkt, ikinciye endirekt inkişafları demiştik. İdrak; direkt hâllerde, doğrudan doğruya bedende formasyon, transformasyon ve deformasyonlar meydana getirmekle yapmış olduğu tatbikatlar sonucunda inkişaflar kaydederken; endirekt hâllerde de, yine bizzat kendisinin beden vâsıtasıyla yapacağı veya üst vazifelilerin tertipleyeceği sayısız dış olayların sonuçları üzerindeki tatbikatlarıyla, genişler.

Kâinat içindeki bütün formasyonlar, ruhların ihtiyaçlarıyla ayarlıdır. Ölçü dahilindeki transformasyonlar, çeşitli mekanizmalarla meydana gelir. Dünyada en ince bir madde hâli olan idrak de, böylece, bu çeşitli mekanizmalar içinde, direkt ve endirekt olarak, kendisini ruha hizmet edebileceği en uygun tarzda hazırlar. Bunun için de bizzat kendi bedenine ve bedeni vâsıtasıyla da dış âleme tesir ve müdahale eder. Hem bedeninde, hem dış maddelerde meydana getireceği inkişaflarla, kendi inkişafını ve öz bilgisinin artışını sağlamış olur. Ve unutulmasın ki, bütün bu işler, daha önce uzun uzadıya açıkladığımız tesirlerle, mekanizmalarla ve düalite prensibi tekniğiyle meydana gelmektedir. Öz bilgilerin inkişafını hızlandıran ve besleyen unsurlardan bilgiyi açıkladıktan sonra, sevgi unsuru üzerinde de bâzı bilgileri vereceğiz.

*
* *

Hakikaten, dünya hayatının birçok olay ve sınavına sebep olan sevgi; hem öz bilginin oluşmasında, hem de vicdanın inkişafında direkt ve endirekt yollarda rol alan, en kudretli etkenlerden biridir. Sevgi olmasaydı, öz bilgiyi kazanma yolları ve vicdan mekanizmasının müspet veya menfî yönlerde sonuçlar meydana getirme fırsatları, bir hayli azalmış ve sonuç olarak, sınavlar, deneyimler, gözlemler ve kıyas bilgileri imkânları iyice sınırlanmış olurdu. Çünkü sevgi; vicdanın hem üst unsurlarını destekleyerek müspet yollarda doğurduğu olaylarla doğrudan doğruya, yâni şuurlu bir idrakle öz bilgilerin çoğalmasına yardım eder; hem de, vicdan mekanizmasının gerektiğinde alt unsurlarını tahrik edip ortaya çıkmalarına sebep olduğu ıstıraplı ve azaplı sonuçlardan doğan kıyas bilgisi yoluyla, endirekt ve otomatik olarak, öz bilginin artmasına hizmet eder. Meselâ insanlardan birisini hapishaneye, diğerini akıl hastanesine gönderen ve ikisinin de öldürülmeleri suretiyle kıyas bilgilerine ve bir sürü ıstıraba sebep olan, yukarıda sözünü ettiğimiz sevgiler -aslında yine müspet olmakla birlikte- menfî görünen yoldan meydana gelmiş tesirleriyle, endirekt inkişaflara örnek oluştururlar. Sevginin önceki iki örneğinden başka, müspet şekilde tesiri görülen bir örneğini de burada veriyoruz: Henüz deneyimsiz bir genç, bir kadını büyük ve temiz maksatlarla sevmektedir. Kendisi de vicdan safhasında oldukça ilerlemiş bir durumdadır. Fakat kadın, istediği meziyetleri* onda görmediği için, onu reddetmektedir. Delikanlı, kadının ilgi ve beğenisini kazanmak azmiyle meziyetlerini arttırmaya, kendisini değerlendirmeye çalışmak üzere, derhal işe koyulur. İlk önce bu işleri sevginin otomatizmasıyla yapar. Başarısı arttıkça sevginin kapsamı genişlemeye ve mânâsı değişmeye yüz tutar. Bu sayede kendisini daha çok yetiştirmek ihtiyacını duyar, insanlığa yararlı eserler meydana getirmeye çalışır. Herkesi sevmeye, herkes tarafından sevilmeye başlar. Sevgi, genelleşir ve ilk basit, tek cepheli formunu, genel ve kapsamlı bir alâkanın** sonsuz cepheleri içinde kaybeder. Ve böylece o, ilk sevgisi yolunda yürürken karşılaşmış olduğu bir sürü sonuçla, öz bilgisini arttırır ve yüksek bir vicdan dengesi düzeyinde, aktif ve vazife bilgilerine hazırlanmış bir varlık hâline girer.

*
* *

Sevgi denince, daima onun dar mânâsı üzerinde durmamak gerekir. İnsanların anladıkları dar mânâdaki sevgi, geniş bir sevgi kavramının inkişaf mekanizmasında almış olduğu büyük rolünün -önemli olmakla birlikte- küçük bir kısmıdır. Yâni, bizim burada kastettiğimiz sevginin sonsuz cepheleri ve şekilleri vardır. Sevginin vicdan mekanizması, daha doğrusu inkişaf mekanizması karşısındaki rollerini açıklarken, bu geniş mânâsı üzerinde durmak gerekir. Ancak böyle yapılırsa, onun tekâmüldeki tam kıymeti belirtilmiş olur. O hâlde böyle genel mânâdaki sevgiyi açıklayalım.

Sevgi, herhangi bir şeye karşı duyulan çekilimdir. Dünyada her şey, her realite; yerine ve kişisine göre, -her inkişaf kademesinde

* "Meziyet" sözcüğü, "birini benzerlerinden üstün kılan nitelik" anlamına gelir.
** "Alâka", "ilgi, bağ; teveccüh; sempati, sevgi, aşk; çekilim, afinite" anlamlarına gelir.

bulunan– insanları ve varlıkları çeşitli tarzlarda kendisine çekebilir. Dolayısıyla, her kademede, her şeye karşı sevgi duyulabilir. İşte sevgi, bu kadar genel ve kapsamlı bir konudur. Maddelerin birbirine karşı göstermiş oldukları fizikokimyasal alâkalar dahi, yüksek varlıklarda görülen sevginin belki en maddî ve ilkel bir hazırlığıdır ki, bu, o safhadaki varlıkların kendilerine özgü ihtiyaç ve zaruretlerinin birer icabıdır. Bitkilerin, gıdalarını alarak bünyelerine dahil etmeleri, havanın karbonunu, oksijenini çekerek kendi öz sularına karıştırmaları ve hattâ bâzılarının güneşe karşı dönmeleri, hayvanları içlerine çekip hazmetmeleri; genellikle, fizikokimyasal çehrelerde görünen bu çekilimin çeşitli içgüdüler mahiyetindeki tezahürleridir.

Sevginin bitkilerde basit ve muhtelif mekanizmalarla tezahür eden bu çekilim hâllerinin, hayvanlarda daha az maddîleşmiş ve az çok insanlarınkine yaklaşmış durumlarını görmeye başlarız. Hayvanlarda, yavru, eş, aile, arkadaş, hattâ hemcinslerinin dışındakilerle dostluk alâkalarının bazen tümüyle sevgi manzarasını alan varyetelerini gözlemlemek mümkündür. İnsanlara gelince: Oldukça geniş bir idrakle duyulan sevginin yüksek ve zengin tezahürleri bu safhada meydana çıkar.

*
* *

Burada sevginin mahiyetini biraz daha açıklamamız gerekir. Sevginin beden ile ilişkilerini daha iyi açıklayabilmek için, bu kitabın baş taraflarındaki madde kombinezonları bilgisini bir daha gözden geçirmek yararlı olur. Her şeyden önce şunu açıkça belirtmek isteriz ki, bir duygu diye tanınan sevgi unsurunun bedendeki oluşma mekanizmasına ait, vereceğimiz bilgiler, daha önce de söylediğimiz gibi, bedende görünen ve "ruhsal" denilen bütün hislerin ve ihtirasların da oluşmalarını kapsamı içine alır. Bu bilginin ışığı altında, bedende mevcut bütün duyguların bedendeki oluşmalarını ve beden ile olan ilişkilerini açıklamak mümkün olur.

İnsanlığın inkişaf kademelerinde en yüksek formunu bulan sevgi, bedenin çok ince bir kısım madde kombinezonlarının yayınlamakta oldukları yüksek ve süptil vibrasyonların, enerjilerin tezahürlerinden ibarettir. Bir insanın, gerek kendi görgü ve deneyimlerinin, yâni öz bilgilerinin ve plân tatbikatlarının icap ve sonuçlarıyla, gerek doğrudan doğruya bir sınav konusu olarak, vazifeli varlıkların müdahaleleriyle, beyninin belirli kısımlarında öyle yüksek ve ince tertiplerde birtakım madde kombinezonları ve sistemleri oluşmaya başlar ki; bu ince kombinezonların yayınlamakta oldukları vibrasyonlar ve enerjiler, onun etrafında çok güçlü ve çekici bir saha, bir manyetik alan meydana getirirler. Yalnız, burada sözcüklerin ifadelendireceği kaba mânâlara bakıp, bu sözlerden, adi bir mıknatıs akımını kastettiğimiz mânâsını çıkarmamak gerekir. Bunlar, tanıdığımız mıknatıslık dalgalarından çok ince ve onlarla kıyas edilemeyecek derecede yüksek mahiyettedir. İşte bu alan, kendisiyle sempatize olabilecek diğer birçok vibrasyonu çeker. Ve aynı yoldan, o diğer vibrasyonların tâbi bulundukları manyetik alanlar tarafından çekilir. İşte bedenlerin birbirini sevmeleri ve birbiri tarafından sevilmeleri kelimelerinin ifade ettiği mânâlar budur. Bedenlerde şu veya bu icapla oluşan bu ince madde kombinezonları devam ettikçe, yayınladıkları vibrasyonlar da devam eder. Bunlar değiştikçe, bu değişişin şekil ve derecesine göre, vibrasyonların mahiyetleri ve şiddetleri de değişir. Bu kombinezonlar dağılınca, vibrasyonlar da ortada kalmaz. Ve sevgi tezahürü de biter. Bütün bu işlerin, icaplara göre, yukarıdan gelen tesirlerle olduğu malûmdur.

Şimdi bir de bunun tersini düşünelim. Diğer bir insan var... Onun bedeni de aynı tarzda, fakat başka tertipler dahilinde, yine birtakım ince madde kombinezonları kurmaktadır. Bunlar, kaba fizikokimyasal diğer madde kombinezonlarına oranla bir hayli ince ve süptil olmalarına rağmen, önceki sevgi kombinezonlarına oranla kabadırlar. İşte bunların yayınladıkları vibrasyonlar da antipati ve nefret vibrasyonlarıdır. Bunlar da etraflarından, alâkalandıkları nefret ve antipati duygusu vibrasyonlarını aldıkları gibi, kendileri de onlara aynı vibrasyonları gönderirler. Böylece birincilerin bütün bedenlerinden sempatik yayınlar çıkarken, ikincilerin bedenlerinden mütemadiyen antipatik dalgalar etrafa yayılır. İncelikleri ve kudretleri daha üstün olan sempatik yayınlar, antipatik yayınları yapan madde kombinezonlarına doğru çevrilirse, onlardan çok güçlü olan bu vibrasyonlar o kombinezonları silip dağıtabilirler. Bu sebepten dolayı, sevenler ve sevilebilenler, düşman olan ve kin besleyenlerden çok daha kudretli ve müessir durumdadırlar. Bunlar, mâşerî yoldaki inkişaf tatbikatında işe yarayacak çok yararlı bilgilerdir.

*
* *

Sevgi –müspet veya menfî yollarda kullanıldığına göre– vicdan mekanizmasında sonsuz olay varyetelerine sebep olarak, öz bilgileri arttıran, önemli bir inkişaf vâsıtasıdır. Ve bu bakımdan o da, insan hayatındaki diğer bütün kudretlerde olduğu gibi, bedenlenmeyi zarurî kılan lüzum, ihtiyaç ve icaplara göre devam eder, zamanı gelince dağılır veya dejenere olur. Ve bütün bu hâllerden varlıklar öz bilgi dağarcıklarını doldururlar, ruhlar yararlanırlar.

Böylece sevgi, yüksek cephesiyle, kudret ve karakterine göre, vicdanın daima üst unsurlarıyla sempatize olmaya eğilimli bulunduğundan, onun denge hattının mütemadiyen yükselmesine sebep olur. Yeter ki bu sevgi vibrasyonlarına muhtelif sebeplerden ve özellikle bâzı zarurî ve lüzumlu sınav ve gözlem ihtiyaçlarından dolayı daha basit ve kaba kombinezonların ağır yayınları karışmış olmasın. Meselâ bunlardan kıskançlık, bencillik, gurur, kibir, kabadayılık, para ve şöhret hırsları gibi sevgiyi zehirleyici diğer bir sürü kaba 'madde kombinezonu' sevgi kombinezonlarına karışabilir. Böylece bu kaba 'madde kombinezonları'ndan çıkan ve bedenin ince sevgi kombinezonlarına devamlı olarak kuvvetle ve şiddetle yönelen tesirler, yavaş yavaş sevgi kombinezonlarına müessir olarak, onların üst kıymetlerini kısmen silmeye ve sonuçta, bu kombinezonları dejenere etmeye başlarlar ki; bu takdirde, o kombinezonlardan yayınlanan bulanık, karışık ve ağırlaşmış enerjiler, daha alt realitelerle bağdaşmaya başlayacaklarından –bu gibi hâllerde daima vuku bulacağı gibi– vicdan mekanizmasının otomatik olarak işlemelerinin sonuçlandıracağı birtakım ıstıraplı olaylara yol açarlar.

*
* *

Sevgi, vicdan mekanizmasına muhtelif* varyeteleriyle karışır. Çünkü onun, bir kısmı vicdanın vazife unsurlarına, diğer kısmı nefsaniyet unsurlarına yönelik bir sürü cephesi vardır. Özellikle insanlığın ilk kademelerinde, sevginin bencillikle karışmış cepheleri hâkim durumdadır. Bu kaba kombinezonlarla karışmış sevgi şekillerinden, yukarıda biraz söz etmiştik. Bunlar, bir sürü zahmetler, sıkıntılar, ıstırap ve azaplarla sonuçlanan akıbetlere yol açarlar. Bazen de sevgi; saf ve yüksek tezahürleriyle, insanı doğrudan doğruya üst realitelere ulaştırır. Onun bu cephesinde, özellikle feragat, fedakârlık, diğerkâmlık, yardım, şefkat gibi inkişafı hızlandırıcı, yüksek, ince diğer madde kombinezonlarının da tezahürleri vardır. Bunun da örneğini yukarıda vermiştik.

Sevgi; müspet yolda, diğerkâmlık cephesiyle, vicdanın vazifeye yönelik unsurlarını kuvvetlendirir ve inkişaf mekanizmasında hızlı ve idrakli bir yürüyüşü sağlarken; bencillik cephesiyle de, nefsaniyet unsurlarını tahrik eden menfî kudretleriyle, inkişafın yürüyüş temposunu ağırlaştırır ve insanı zahmetli, ıstıraplı şartlar içine sokar. Böylece her iki takdirde de, öz bilginin artmasına, birbirine zıt yollardan sebep olur. Meselâ, sevgiyle, bir insana yardım edilir, denize düşen birisini kurtarmak için fedakârlık yapılır, aç kalan bir kimse doyurulur, ağlayan gözyaşları dindirilir ve bütün bunların sonunda, insana bir ferahlık, bir huzur ve hattâ mutluluk duygusu gelir. Bu da, hızlı bir inkişafın şuurdaki tezahürüdür. Buna karşılık; sevgi için, birçok kalp kırılır, bir ihanetin cezası verilir, bir rakibin vücudunun ortadan kaldırılması düşünülür, başkasına kötülük yapılır ve sonuçta, insanda hayal kırıklığı, huzursuzluk ve sıkıntı başlar. Bu da, ağırlaşmış bir inkişafın insan üzerindeki baskısını ifade eder. Birinci gruptakiler, vicdan mekanizmasının nasıl yüksek unsurlarına yönelik kudretler ise, ikinci gruptakiler de nefsaniyet realitelerini o kadar besleyici, geri etkenlerdir. Bunların her ikisi de, inkişaf kademelerine göre, insanlarda bulunabilir. Ve ona göre de sonuçlar doğurur.

---

* "Muhtelif" sözcüğü, "birbirine uymayan, zıt, muhalif; farklı, çeşitli" anlamlarına gelir.

Şu hâlde, kademeler ne kadar aşağılarda ise, o kademelerdeki sevgiye karışan bencillik malzemeleri ve vibrasyonları da o kadar fazla olur. Aksine, inkişaf kademeleri ne kadar üst denge düzeylerinde ise, sevgi unsuru da o oranda saf ve erdem vibrasyonlarıyla zenginleşmiş bulunur. Ve bu inkişaf hâli nihayet öyle bir duruma gelir ki, insanlara karşı duyulan bu erdemli hisler, onlara hizmet etmek, onların iyilikleri, inkişafları hususunda her türlü yardımda bulunmayı -ne pahasına olursa olsun- göze almak gibi, çok kapsamlı ve yüksek derecelere ulaşır. Ve o zaman vicdanın nefsaniyet unsurları ve realiteleri, bencillikten sıyrılıp, diğerkâmlık yollarında yürümeye başlarlar. Vicdan mekanizmasının denge düzeyleri artık, diğerkâmlığın yüksek ve idrakli sahalarında kurulur. O insan, başkalarının yükselmeleri için her türlü fedakârlığa katlanmayı kendisine bir borç, bir vazife sayar. O zaman ondaki sevgi, bir vazife sevgisi hâlini almaya yüz tutar ki, bu da artık onun, vazife plânının eşiğine gelmiş olmasının işaretidir.

İşte, vicdan mekanizmasının bu sahalara kadar ulaşmış yüksek denge düzeyi, dünya okulunun insana kazandırmış olduğu en yüksek mertebedir. Bu mertebeye ermiş olan insan; dünya okulundan tam dereceyle diplomasını alacak ve dünyada kazandığı en yüksek öz bilgi kudretiyle vazifeler kabul ederek, daha kudretli ve mutlu bir varlık hâlinde yüksek plânlara geçecektir. Bu duruma geldikten sonra, vicdan düalitesi ortada kalmayacak, onun yerini daha yüksek tertipte bir vazife düalitesi alacak ve varlık o ândan itibaren hakikî ve objektif bir tekâmül mekanizması içine girmiş bulunacaktır. Çünkü ileride söyleyeceğimiz gibi, vazife safhasından önceki tekâmül seyri, daha ziyade sübjektif şartlar içinde vuku bulmaktadır. Zaman hakkında açıklamada bulunurken bu kavram, açık olarak belirtilecektir.

*
* *

Daha iyi anlaşılabilmesi için, bu konuda bâzı noktaları özet olarak tekrarlamayı yararlı görüyoruz.

Vicdan, realite, idrak, bilgi, sevgi, kısacası dünyada tezahür eden bütün kıymetler; ancak beyin cevherinin imkânları dahilinde formlarını almış, maddî görünüşlerden ibarettir. Bunların asıl kıymetleri, öz varlıkta saklı olan kudretlerdedir, fonksiyonları da, dünya imkânları içinde, ancak, öz varlığa hizmet etmek yolunda işler. Dolayısıyla, bunlar; yalnız dünyada geçerli, yüzeysel zaman idrakiyle ölçülebilen dünya şekilleri, hâlleri ve görünüşleridir. Bunların besledikleri, inkişaflarına vâsıta oldukları, öz varlıktaki asıl kıymetler ise, öz varlığın tâbi bulunduğu 'küre zamanı'nın sonsuz diyebileceğimiz idrak imkânlarıyla değerlenen hakikî kıymetlerdir ki; bu kıymetler, ruhun kâinattaki tekâmül ölçüsünü gösterir. Küresel veya idrakî zaman tekniğiyle değerlenen bu ince kombinezonlar, dünyanın yüzeysel zaman idrakiyle tarif edilemez ve nitelendirilemezler. İşte vicdan mekanizmasına ait olarak geçen bütün bilgilerdeki "idrak", "bilgi", "realite", "unsur", "sevgi"... gibi sözcüklerin hep bu kavramlar içinde, kendi kıymetleriyle ele alınması gerekir. Meselâ sevginin sözü edilen cephesi, dünyaya ait olan kıymetlerini ifade eder. Bunun varlığa ait olan, idrakî zaman karşısındaki durumuna ve mânâsına, dünya zamanıyla düşünen bir insan aslâ nüfuz edemez. Yine, küresel veya idrakî zaman tekniğine tâbi olan, dünyayı müteakip yarı süptil âlemdeki sevgi kombinezonlarının da idraki insanlar için mümkün değildir. Ancak bedenlerinden yükselerek tümüyle ayrılmış varlıklar, o âleme gittikleri zaman bunların hakikî mânâlarını anlayabileceklerdir. İleride verilecek yüzeysel ve küresel zaman bilgilerini gördükten sonra tekrar bu satırlara dönülürse, yüzeysel zaman idrakine bağlı insan sevgisinin yanında, küresel zaman tekniğiyle yürüyen ve sevginin öz varlıktaki karşılığı olan vibrasyonların mânâsındaki kapsamın derecesini sezmek daha kolay olur. Ve sevginin tek yüzeyli basit insan idraki karşısındaki ilkel durumu ile sonsuz imajinatif yüzeyleri içeren, insan üstü âlemdeki sevgi izlenimlerinin nihayetsiz kapsamı, yâni öz bilgiler içinde parlayan ihtişamlı durumu hakkında daha geniş bir sezgi kıyası yapmak mümkün olur.

*
* *

Öz bilgileri zenginleştiren etkenlerden bilgi ve sevgiyi mütâlaa ettik. Fakat bunların yanında, yine öz bilginin inkişafında, artışında kudretle rol alan bir unsur daha vardır ki, bu unsuru insanlar henüz takdir edememiş durumdadırlar. Bu da, dünyada muhtelif tekâmül kademelerindeki vazifeli varlıklar tarafından insanların varlıklarına gönderilen tesirlerdir. Bu tesirler, insanların hem bireysel, hem de genellikle bu bireyler vâsıtasıyla kazanılan mâşerî bilgi değerlerini -insanların aslâ tahmin edemeyecekleri tarz ve şekillerde- arttırmaktadır. İşte bu tesirleri alan insanlara "medyum" diyoruz.

İnsanlar için, medyumluk, kâinat tesirlerini, kâinat vibrasyonlarını alabilmekte hassasiyet kazanmış olmak demektir. Dünyada medyumluk reaksiyonlarını doğuran tesirlerin en önemlisi, yüksek entüvitif tesirlerdir. Medyumların yapılarında, entüvitif bakımdan gönderilen tesirleri kolayca ifadelendirebilmek imkân ve gücü fazladır. Fiziksel medyumlar için de bu kural geçerlidir. Ancak fark şudur ki, entüvitif medyumlarda, gelen tesirler, yüksek idrak kombinezonlarıyla ilgili çok ince vibrasyonlardır; fiziksel medyumlarda ise, gelen tesirlerin, kaba bir maddeye yöneltilmesi ve o kaba maddelerdeki reaksiyonların sonucu olarak, çeşitli formasyonları, transformasyonları, deformasyonları veya daha basit hareketleri meydana getirmeleri sözkonusudur. Demek ki genel bir görüşle, biri entüvitif, diğeri fiziksel olmak üzere, iki medyumluk tezahürü vardır.

*
* *

Medyumluğun mekanizmasını açıklamaya başlamadan önce, verilmesi gereken bâzı hazırlayıcı bilgiler var ki, onları bildirmekle işe başlayacağız. Bunun için ilk önce, insan beyninin, burada bilinmesi lüzumlu olan bâzı durumlarından söz etmek gerekiyor.

Beyin; organizmanın, birtakım atomlar ile bu atom topluluklarından müteşekkil, yüksek fonksiyonlara sahip moleküllerden ve bunların hareketlerinden meydana gelmiş, hâkim bir organıdır. İnsan vücudunun her tarafında hücre vardır. Ve hepsinin de, kendisine göre belirli hareket frekansları mevcuttur. Bir hücrenin hareketi ne kadar fazla olursa, o hücrenin kudreti, faaliyeti o kadar yüksek derecede bulunur. İnsan bedeninde en fazla harekete sahip olan hücreler beyin hücreleridir.

Esasen bu hareketlerinin fazlalığı sayesindedir ki, beyin hücreleri dünyaya ait izlenimleri alabilirler. Yine, beyinde molekül hareketleri en fazla olan kısımlar (ki bunlar şuur merkezini temsil ederler) en seyyal ve kudretli olan kısımlardır. Nitekim şuur merkezlerinin yüksek fonksiyonlarına karşılık yüksek frekansları vardır.

Beyin hücrelerinin olağan hâllerde, kendilerine özgü, belirli frekansları vardır. Bunlar, muhtelif sebeplerle çoğalabilir. Ve çoğaldıkları zaman onların faaliyetleri ve kudretleri artar. İşte medyumlara tesir gönderen varlıklar, kullanmak istedikleri merkezlerdeki hareketleri ya doğrudan doğruya ya da şuur kanalıyla arttırmak suretiyle, onların faaliyetlerini istedikleri şekilde idare ederler.

Görece sayılarla, kıyasî bir örnek verelim: Şuur merkezinin moleküllerinin titreşimi, olağan zamanlarda saniyede 40 bin olsun; trans hâline geçince, yâni medyum, bir varlığın tesiri altında kalınca bu frekanslar saniyede 60–70 bine kadar çıkar. İşte şuur merkezinde frekansın bu artışıyla, orada faaliyet de artar, idrak genişler. İdrakin genişlemesi, bu frekansın artışına bağlıdır. Frekansın artışı da o tesiri gönderen varlığın uygun gördüğü derecede olur.

İşte hareketlerin arttırılmasıyla, medyumun varlıktan alacağı tesirlerin mânâlarını ifade etmek kabiliyeti ve idraki artar. Medyumlar ya konuşarak, ya yazarak ya da başka bir tarzda bu mânâları dış âleme, insanların anlayabilecekleri vâsıtalarla aktarırlar. Bunlara "entüvitif medyum" diyoruz.

Bir de fiziksel medyumlar vardır. Burada, gelen tesirler, ya tesiri alacak maddenin vibrasyonlarından daha kabadır ya da onlara uygundur. Kaba ise, bu tesirler medyumdan geçip o maddeye gidince, onun, daha önce açıklamış olduğumuz gibi, yüksek kombinezonlarını besleyemeyeceklerinden, onların silinmesine ve dolayısıyla maddenin dağılmasına sebep olurlar ki; bu, demateryalizasyon denilen olayı meydana getirir. Eğer gelen tesirler o maddelerin bünyesine uygun vibrasyonları içermekteyseler, o zaman medyumun o maddeler üzerindeki tesir kabiliyeti artarak birtakım formasyonlara ve tezahürlere imkân hazırlanır. Böylece, materyalizasyonlar, fantomlar, aporlar, eşyanın çeşitli hareket ve durumları gibi, türlü adlarla anılan sayısız fiziksel tezahürler meydana getirilir. İnsanların fiziksel medyumluk grubunda gözlemledikleri olaylar bu mekanizmaya tâbidir ki; bunlar, maddede, değer farklanması mekanizmasıyla düalite prensibinin yürütülmesi sayesinde, hareketlerin, yer değiştirmelerin ve nihayet molekül dağılıp toplanmalarının olması gibi hâllerle meydana getirilir.

Beyinde tam sayısı olmamakla birlikte, aşağı yukarı 90-100 merkez vardır. Ve bunların da vücutta belirli fonksiyonları olan 900-1000 tane tâli merkezi, yâni istasyonu mevcuttur. İşte öz varlıktan beyne gelen tesirler, beynin şuur merkezinden bu merkezlere, oradan da -ihtiyaçlara göre- tâli merkezlere veya istasyonlara dağılırlar.

*
* *

Şimdi, insanlarda bâzı zamanlarda görülen uyku, rüya, obsesyon, medyumluk gibi hâllerin mekanizmalarından sırasıyla söz edeceğiz. Ancak, bu mekanizmaların esasını ve tekniğini açık olarak açıklayabilmek için, bâzı ön bilgileri tekrarlamak icap ediyor. Bu ön bilgiler, varlık ile beyin arasındaki irtibat ve ilişkilere aittir.

Daha önce de söz ettiğimiz gibi, insan varlığının insan beynine 7/8'i bağlanmıştır. Yâni, varlığın yedi kısmı beyne bağlıdır, 'bir' kısmı serbesttir. Beyne bağlı olan kısım, "şuur merkezi" dediğimiz, belirli beyin hücrelerinden oluşmuş bir lokali işgal eder. Şuur merkezi, diğer merkezleri ve onlar da tâli merkezleri idare ederler. Böylece, varlığın bedene olan hâkimiyeti, şuur merkezinden itibaren, derece derece birbirine tesir eden merkezler ve istasyonlar vâsıtasıyla sağlanır. Daha önce, insan varlığının beyne bağlı olan kısmına "şuur", serbest kalan kısmına da "şuur ötesi" demiştik. Şu hâlde, varlığın bağlı bulunduğu şuur merkezi, beynin, hareketleri en fazla olan moleküllerden oluşmuş bir lokalidir. Bütün beden, bu merkezden idare edilir. Şuur merkezi, daima dışarısı ile, yâni varlık ile ilişki hâlindedir. Bu merkezin faaliyetinin azalması veya çoğalması, kendisine gelecek tesirlerle, hareketlerinin azaltılıp çoğaltılmasına bağlıdır.

Varlığın beyne bağlı olmayan serbest kısmına gelince: Buna şuur ötesi demiştik. Şuur ötesini de iki kısma ayırmak gerekiyor. Yalnız, şunu söyleyelim ki, varlık, insanların anladığı mânâda parçalanmalara, bölünmelere tâbi tutulamayan, süptil bir enerjiler bütünüdür. Dolayısıyla, onda, maddelerde yapıldığı gibi kat kat veya iç içe ayrılmış kısımlar düşünülemez, yâni beyinde olduğu gibi lokaliteler tayin edilemez. Ancak, bizim burada açıklamak durumunda kaldığımız bâzı fonksiyonların ifası bakımından, varlıkta böyle ayrı faaliyet hâllerini, lokalite sembolüyle ifade etmek zarureti doğmaktadır. İşte burada yaptığımız kısımlara ayırma, verdiğimiz adlar, bu fonksiyonları ifade eden hâllere aittir. Yoksa, gerçekte varlıkta ayrılmış, bölünmüş kısımlar, parçalar, lokaliteler yoktur. Yanılmalara düşmemek için bu durumu bir örnekle açıklamak istiyoruz. Gerçi bu örnek anlatmak istediğimiz varlığın durumuna oranla çok kabadır ve yine bizim dünyamıza ait bir realitedir ama, yukarıda anlatmak istediğimiz şeyin daha kolaylıkla sezilebilmesine yardım edecektir: Boşlukta toplu olarak, dağılmadan duran, meselâ belirli bir hidrojen hacmi düşünülsün. Bu kütle, bir sürü hidrojen atomundan oluşmuştur. Şimdi bu atomları, göreceklerini kabul ettiğimiz bâzı işler bakımından, ayrı ayrı karakterlerde birkaç gruba ayıralım. Böylece, her grubun ayrı bir fonksiyonu olacaktır. Meselâ bir kısım atomların fonksiyonu, ışık vibrasyonlarını yakalamak olsun, diğer bir kısım atomların fonksiyonu, ısı vibrasyonlarına mahsus olsun, başka bir kısım atomların fonksiyonu elektrik vibrasyonlarını saptamak olsun. Böylece fonksiyonları ayrılmış üç türlü atom karakteri, bu hidrojen topluluğu içinde karmakarışık bir hâlde bulunmakta ve gruplar hâlinde ayrı ayrı yerlerde toplanmamakta olsunlar. Böylece kendilerine mahsus birer lokalitesi olmayan bu atomlar, yine de, fonksiyonları bakımından tümüyle birbirinden ayrılmış durumdadırlar. Fakat sözünü ettiğimiz varlık, böyle hidrojen atomu topluluğu gibi maddî bir durum göstermez. Dolayısıyla, bu örneği de oraya aynen tatbik etmek yine doğru olmamakla birlikte, bundan, aşağı yukarı bir sezgi elde etmek mümkün olur. Çünkü varlık için böyle belirli bir yerde, belirli bir kütle düşünmenin dahi doğru olmayacağı, şimdiye kadar varlık hakkında vermiş olduğumuz bilgilerden elbette anlaşılacaktır. Şu hâlde, varlıkta -varlık ayrı ayrı lokalizasyonlara tâbi tutulmaksızın- ayrı ayrı fonksiyonlara sahip, idrak edemeyeceğimiz tesir kompleksleri mevcuttur.

Böylece, şuur ötesinin, yâni varlığın bedene bağlı olmayan serbest sahasının, iki kısma ayrıldığını, daha doğrusu birbirinden ayrı iki fonksiyon cephesi bulunduğunu söylemiştik. Bunlardan birincisi, "şuurüstü" dediğimiz kısımdır. Bu, varlığın dışarıya açık olan cephesidir. Varlığın ruhundan gelen tesirler, varlığa onun bu kısmından girer. Aynen, yukarıdan ve civardaki varlıklardan gelen tesirler de, yine bu kısma inerler.

Şuur ötesi sahasının ikinci kısmı şuuraltıdır. Bu, yine fonksiyon bakımından, varlığın dışarıya kapalı olan cephesidir. Şuuraltı sahasına dışarıdan hiçbir tesir gelmez. Kendisi de dışarıya hiçbir tesir göndermez. Fakat burası, varlığın bütün kâinat boyunca birikmekte olan kazanımlarının deposudur. Dolayısıyla, geçmiş hayatların bütün izlenimleri şuuraltında mevcuttur, öz bilgiler burada muhafaza edilir. İşte daha önce söylediğimiz gibi, buraya ancak öz varlığa mal olmuş, öz bilgi hâline gelmiş kazançlar girebilir.

Şuurüstü ve şuuraltının şuur ile irtibatı mevcuttur. Bunlar birbirleriyle alışverişlerde bulunabilirler. Fakat şuur ile şuuraltı ve şuurüstünün, tek kelimeyle, şuur ötesinin irtibatı doğrudan doğruya olmaz. Arada köprü vazifesini gören aracı bir fonksiyon daha vardır ki, buna da "şuurdışı" diyoruz. Demek ki şuurdışı, şuur ile şuur ötesi arasındaki geliş gidişlere vâsıta olan, varlığın üçüncü bir fonksiyon sahasıdır. Fakat şuurdışının diğer bir fonksiyonu daha vardır ki, o da şudur: Dış âlemden, dünyadan, günlük hayattan şuura gelip de henüz öz bilgi hâline girmemiş bulunan bilgilere ait izlenimler bu sahada, yâni şuurdışında toplanır ve ölünceye kadar orada kalırlar. Demek ki şuurdışı sahası (şüphesiz buradaki saha ifadesiyle ne demek istediğimiz sezilmektedir) aynı zamanda, şuurun bir bilgi deposudur. Şuur, icap ettiği zaman –şuuraltına inmeden– gereken malzemeleri bu şuurdışından alıp kullanabilir. Bunlar, varlığın son dünya hayatına, yâni insanın yaşamakta olduğu hayatına ait bilgilerinin sonuçlarıdır. Bu bilgiler, daha önce de söylediğimiz gibi, kıyasî bir muhasebeden geçtikten sonra şuurdışına itilirler ki, bu muhasebeyi yapan da vicdandır.

Şuurdışı bilgileri; yine daha önce söylediğimiz gibi, ancak ölümden sonra, varlık tarafından, şuuraltının bilgileriyle büyük kıyasî muhasebeleri yapılarak öz bilgi hâline geçerler ve şuuraltına yerleşirler. Günlük hayattaki, şuur sahasında cereyan eden olaylar, uyku esnasında bu şuurdışı sahasına intikal ederler. Esasen şuurdışı ile şuur sahaları birbirine çok yakın ve sık sık ilişki hâlindedirler.

*
* *

Bu, fonksiyon bakımından kısımlara ayrılmayı açıkladıktan sonra, olağan idrakin ne şekilde cereyan ettiğini, bu bilginin ışığı altında açıklayalım.

İnsan dışarıdaki bir objeye, meselâ bir kaleme baktığı zaman o kaleme ait titreşimler, görme sistemi muhitindeki noktalardan itibaren, belirli istasyonlardan geçerek görme merkezine gider. Oradan da şuur merkezine yansıyınca ilk, maddî idrak vuku bulur. Bu idrak, tümüyle, beynin tâbi olduğu yüzeysel zaman faaliyetine ait dünya idrakidir. Bu tesirin şuurdan şuurdışı kanalıyla şuurüstüne gitmesiyle, orada varlığa ait ve dünya realitesi dışında, insanların anlayamayacağı idrak vuku bulur. Varlık, bu kalemden kapsamlı bir idrak içinde haberdar olur.

Tekrar edelim: Şuurda meydana gelen maddî idrak ile varlıkta meydana gelen süptil idrak birbirinin aynı değildir. Bu idraklerin mahiyetleri; kendilerini oluşturmuş olan, şuur gibi nispeten yoğun ve şuurüstü gibi ona nazaran çok seyyal madde ortamlarına göre, yoğunlaşır ve süptilleşirler. Şuura bağlı olan idrak, varlıkta olduğu gibi kapsamlı ve karmaşık değil, şuur merkezinin maddî bünyesine ayarlı olarak, kaba şekilde tecelli eder.

Yukarıda verdiğimiz, kalemin idraki örneği, basit bir şemadır. Söz ettiğimiz yol, bundan çok daha karışık da olabilir. Bu tesir yolculuğuna, ilgili diğer merkezler ve istasyonlar da karışabilir. Yine, şuurdışından bâzı tesirler de katılabilir. Bunlar, sayısız icaplara göre sayısız durumlar alırlar.

*
* *

Şimdi uykuyu açıklıyoruz. İdrakin meydana gelmesi için, şuur merkezinin, serbest ve kendisinde mevcut olan izlenimleri uyandırabilecek derecede, frekansının yüksek bulunması gerekir. İnsanın uyanık dediğimiz hâlinde şuur, daima şuurüstü ile irtibattadır. Aynen, merkezlere karşı da açık durumdadır. Yâni, merkezler ile de irtibat hâlindedir. Şu hâlde, çevreden gelen tesirleri de almaktadır. Özetle, uyanık hâlde iken şuur, bir taraftan varlık ile, diğer taraftan çevresi ile, yâni dünya hayatı ile ilişkidedir. Böylece gerek yukarıdan, şuur ötesinden, gerek aşağıdan, dünyadan tesirler alır. Bu sayede bütün sinir sistemine ve onun vâsıtasıyla da organizmaya hâkim olur. Yâni, şuur ötesinden gelen icaplara göre bedeni idare eder. Esasen bedeni idare edenin doğrudan doğruya şuur merkezi olduğunu daha önce söylemiştik. Varlık, bedenden bu merkezi kullanarak yararlanır.

Uykuda iken bâzı merkezlerin dış âlem ile olan ilişkileri kesilir. Şuur da dahil olmak üzere, bu merkezler şuurdışına bağlanır. Artık bu merkezler dünya ile değil, şuur ötesi ile ilgilidirler. İşte buna, merkezlerin kendi içine dönmesi deriz. Ve dış âleme karşı o ân için hassas olmayan bu merkezlerin böyle içe dönmeleri, uyku hâli dediğimiz durumu meydana getirir. Şu hâlde, bu merkezler dış âleme karşı hareketsiz ve pasiftirler, şuur ötesine karşı ise aksine, hareketli ve aktif durumdadırlar. O ânda şuur ve ilgili merkezler; dış âlemin bağlarından özgür kalmış bulunduklarından, günlük kazançlarının sonuçlarını şuurdışına aktarmak için, onların, vicdan muvacehesinde, şuurdışındaki kıyas bilgîleriyle, ilk muhasebelerini rahat rahat yaparlar. Bu sonuçlar, orada, şuurdışında kalacaklardır. Bunların henüz, öz varlık tarafından öz bilgilerle kıyası yapılmadığından, öz bilgiler ile aralarında intibaksızlık vardır. Bu yüzden, bu bilgiler şuuraltındaki öz bilgiler sentezine dahil olamazlar. Şuurdışında, varlığın şuura yakın fonksiyon sahasında kalırlar. Onların burada birikmesi, daha önce söylediğimiz gibi, ölüm ânına kadar devam eder.

Demek ki uyku esnasında çevreye karşı hareketsiz ve pasif hâlde görünen merkezler, içeride önemli işler başarmaktadırlar. Fakat bunların faaliyetleri dışa değil, içe dönmüştür. Ve bütün meşguliyetleri de, günlük olayları şuurdışına devretmek işleminden ibarettir. Bu işlemin sağlıklı bir şekilde yapılması için, bunların çevre ile olan irtibatlarını kesmesi ve günlük hayat karşısında dinlenmeye çekilmesi, yâni uyku dediğimiz hâlin meydana gelmesi gerekir.

*
* *

Bu hâlde iken rüyaların mekanizmasını açıklamak kolaylaşır. Rüyalar iki şekilde, yâni iki tesir kaynağının müdahalesiyle meydana gelir: Bunlardan biri aşağıdan, çevreden gelen tesirler; diğeri ise şuur ötesinden gelen tesirlerdir.

İlk önce, çevreden gelen tesirleri inceleyelim: Uyumakta olan bir insanın ayağı, onu uyandıracak kadar şiddetli olmamak şartıyla, bir tüy parçasıyla hafifçe okşansın. Buradan çıkan vibrasyonlar, ayakla ilgili olan merkezi uyandırmayacak, fakat rahatsız edecektir. Çünkü bu sırada o, kendi işiyle meşgul olduğu için, çevreden gelen bu tesirle uğraşmak istemez. Dolayısıyla, ayaktan gelen bu tesiri derhal omuzundan atarcasına, o sırada irtibatta bulunduğu şuurdışı kanalıyla şuuraltına aktarır. Gerçi, çevreye karşı hareketsiz olan bu merkezin oradan gelen bir tesiri bu şekilde aktarması da bir harekettir ama, dışarıdan kendisini uyandırmayacak kadar hafif şiddette gelen bu tesire, ancak bu işi yapabilecek kadar küçük bir hareket gösterebilir. Nitekim eğer tesir biraz şiddetlenirse, bu hareketler artar ve merkezin çevreye karşı olan hareket frekanslarının artması, onu derhal içten dışa dönmeye, yâni uyanmaya mecbur kılar.

Şimdi, onun uyanmadığını kabul ederek devam edelim. Ayaktan gelen tesir, şuuraltına girince, orada mevcut olan sonsuz izlenimlerden, rastgele, kendisine uygun olanları yakalar ve onları harekete getirir. Böylece şuuraltında otomatikman, kontrolsüz olarak bir imajinasyon işlemi meydana gelir. Beyinde meydana gelen her hareketin, şuur merkezine ya doğrudan doğruya ya da başka kanallardan yansıması, bir kuraldır. Ancak, bu yansıyan tesirler, bazen, şuurda izlenimleri uyandırmayacak kadar güçsüz olurlar. O takdirde şuur merkezi, idrak etmeden vazifesini yapar. Burada, şuuraltında oluşan imajlar, şuurdışı kanalıyla şuura yansırlar. Eğer bu yansıyan izlenimler, şuuru harekete getirecek kadar güçlü iseler, şuurun, çevreye ait olan bu imajları alacak kadar frekansı artar ve imajları idrak eder; aynı zamanda uyanır. İşte o ânda, rüya görülür. Eğer şuuraltından gelen vibrasyonlar, şuur sahasını oluşturan merkezin moleküllerinde lüzumu kadar hareket uyandırmazsa, şuur merkezi kendi meşguliyetine devam eder ve bu imajlarla meşgul olmaz; rüya da görülmez. Şunu da söyleyelim ki, şuuraltından şuura yansıyan imajlar, şuur tarafından maddî bünyesine, yâni mümkün mertebe dünya realitesine uygun şekillerde idrak edilir. Şu hâlde, rüya, görülen bir şey değildir. Bir tür imajinasyondur. Bu olayın meydana gelişi, yâni ayaktaki uyarılmadan itibaren şuur ile şuur ötesi arasındaki gidiş gelişler, saniyenin bölümleri içinde olup bittiğinden, rüyanın görülüşü de bir ân meselesi olur. Ayağına her tüy sürtülen insan, mutlaka rüya görmez. Meselâ, ayağa bağlı olan merkez kendi işine o kadar dalmıştır ki, ayaktan gelen bu tesirler onu harekete getirmez. Yine, şuuraltından gelen vibrasyonlar, şuuru harekete getirecek şiddette olmayabilir... O zaman rüya görülmez.

*
* *

Sebebi yukarılara, şuurüstüne bağlı olan rüyaların mekanizmasına gelelim: Herhangi bir gayeyle bir varlık, bir insana rüya göstermek istediği zaman, o insanın tâbi bulunduğu varlığın şuurüstü sahasına, göstereceği rüyayla ilgili bâzı vibrasyonlar gönderir. Şuurüstüne gönderilen bu tesirler, şuurdışı kanalıyla şuura intikal eder ve şuuru ifade eden merkezin moleküllerinin frekanslarını arttırırlar. Bu hâl, gelen vibrasyonlarla ilgili izlenimlerin idraklerini şuurda meydana çıkartır. Bu da şöyle olur: O sırada şuur, esasen, şuurdışına doğru dönük vaziyettedir. Yukarıdan gelen tesirler maksatlı oldukları için, onların her biri, şuurdışında mevcut olan ve arzu edilen bir izlenimi uyandıracak şekilde, ayarlı olarak gelmiştir. İşte esasen şuurdışıyla irtibat hâlindeki şuura inen bu ayarlı tesirler, şuurun şuurdışından istenilen izlenimleri almasını sonuçlandırırlar. Ve şuurda şuurdışından gelen imajların idraki meydana gelir. Demek ki, rüyayı göstermek isteyen varlık, şuurdışındaki sayısız malzemelerin niceliklerine göre, göndereceği ayarlı tesirlerle, onlardan istediklerinin, yukarıda söylediğimiz yoldan, şuur sahasına çıkarılmasını sağlar. Şu hâlde, bu tür rüyalar da, yine imajinasyonla meydana gelmektedir. Yukarıdan veya aşağıdan gelen rüyalar, az çok deneyimli insanlar tarafından kolaylıkla ayırt edilebilirler. Aşağıdan gelenler, daha dağınık, müphem ve sönüktür. Şuurüstünden gelenler ise, daha derli toplu, belirgin, canlı ve derin izlenimlidir.

*
* *

Bu mekanizmada görülüyor ki, ikinci gruptaki, yâni yukarıdan gelen tesirlere bağlı rüyalarda, daha ziyade şuura hitap eden maksatlı tertipler vardır. Bunlar insana bâzı şeyler öğretmek gayesini gütmektedir. Bu rüyalar, bâzı icaplar gereğince haber verilmesi lüzumlu olan geleceğe ait vakalardan bâzı safhaları* bildirmek, herhangi bir duruma karşı uyarılarda bulunmak veya icap eden bâzı bilgilerin sezgilerini vermek gibi, çeşitli sebepler altında gösterilir. Bununla birlikte kâinatta hiçbir kıpırdanış yoktur ki, Ünite'nin kontrol ve direktifi haricinde kalmış olabilsin. Bir tek hareketten itibaren kâinatın bütün hareketlerine kadar her kıpırdanış, Ünite'nin direktifine tâbidir. Dolayısıyla, aşağıdan gelen rüyalar hakkında, rastgele, rabıtasız gibi sözcükler kullandığımıza bakarak, bunların boş ve abes şeyler olduklarını söylemek istediğimizi düşünmemek gerekir. Kâinatta lüzumsuz, mânâsız, abes hiçbir hareket ve oluş yoktur. Aşağıdan gelen rüyalar hakkında yukarıki ifa-

* "Safha" sözcüğü, "evre, aşama, bir olayın birbiri ardınca görülen hâllerinin her biri" anlamına gelir.

deleri kullanmamız, şuurüstünden gelen tesirlere bağlı rüyalara oranladır. Yoksa, çevreden gelen rüyaların da kendilerine göre, yürütülmekte olan yolları vardır. Bunlar da, başka bir yönden tertipli ve hesaplı olarak cereyan ederler. Nitekim onlar üzerinde de duruldukça birçok şey öğrenilir ve kazanılır.

Demek ki, yukarıdan gelen tesirlerle görülen rüyalarda, imaj olarak, şuurdışındaki malzemeler kullanılır. Çevreden gelenlerde ise, imajlar şuuraltından alınmış malzemelerle oluşur. Bununla birlikte, eğer rüyayı göstermek isteyen varlık, maksadının gerçekleşmesi için lüzum görürse, yalnız bu dünya hayatına ait şuurdışındaki bilgilerden değil, aynı zamanda şuuraltından, geçmiş hayatlara ait bâzı bilgilerden de yararlanır. Elbette, bu tarzda şuuraltından alınan imajlar, çevreden gelen tesirlerle alınan imajlar gibi derme çatma topluluklar hâlinde olmaz, daha tertipli ve muntazam olurlar. Bu bilgileri verdikten sonra, medyumluğun mekanizmasını açıklamak kolaylaşır.

*
* *

Medyumluk, tesirleşmeler, yâni vibrasyon alışverişleri yoluyla olur. O hâlde, varlıklardan gelen vibrasyonların medyumların bünyesine uyması gerekir.

Kâinatta mevcut bulunan dünyaların her birinde madde şartlarının değişik olması doğaldır. Bedenliler ise, daima üzerinde bulundukları kürenin madde şartlarının derecelenmiş birer formasyon hâlidir. Ve bunların her birinin kendisine özgü bir manyetik alanı vardır. Dolayısıyla, gelen vibrasyonların her hâl ve şarta en yakın madde formlarını bulması zarurî olduğuna göre, dünyada medyumların bünyelerine gelecek vibrasyonların da, onların manyetik alanlarına göre ayarlanması icap eder.

Dünyamız etrafında yoğunluktan seyyalliğe doğru uzaklaşan bir sürü tesir sahası vardır. Bunlar, âdeta birbiri içine girmiş küreler gibi, dünya çevresini sarmışlardır. Bunlar, her biri vazifeli varlıklara ait tesir sahalarıdır. En yoğun tesir kuşağı, dünya yüzüne en yakın olan sahadır. Ve nispeten daha geri varlıklara aittir. Bununla birlikte, bu sahaları, iç içe imiş gibi dünya mekânı kaydına tâbi tutarak ele almamak icap eder. Burada da, biraz önce vermiş olduğumuz hidrojen kütlesindeki fonksiyonlara ait örneği hatırlatırız. Şu hâlde, dünyanın etrafında kabalıktan inceliğe doğru, dünyadan gittikçe uzaklaşan tesir ortamları mevcuttur.

*
* *

Dünya dışı kaynaktan dünyadaki bir insana inecek herhangi bir tesir, o insanın bünyesine nazaran farklı incelikte bulunur. Bu durumda iken onlar arasında sempati mevcut değildir. Dolayısıyla, tesir, o insana, aynen olduğu gibi inemez. İnsana gelinceye kadar yumuşaması, şiddetinden bir kısmını terk etmesi, insanın kabul edebileceği ve hazmedebileceği duruma gelmesi gerekir. Bunun için, onun birtakım dönüşümler geçirmesi, bâzı süzgeçlerden süzülmesi, kabalaşması gerekir. İşte bunlar, demin sözünü ettiğimiz ortamlarda yapılır. Demek ki bu dönüşümleri sağlayacak olan her tesir sahası, gelen tesir için, bir transformasyon istasyonu, yâni bir transformatördür.

*
* *

Bir insana tesir gönderecek olan varlığın o insana mesafesi ne kadar uzaksa, yâni aralarında ne kadar tekâmül farkı varsa, o tesirin o insana gelinceye kadar geçireceği transformasyon sahalarının veya transformatör istasyonlarının adedi o kadar fazla olur. Aksine, tesir gönderecek olan varlık ile o tesiri alacak olan insan, yâni medyum seyyallik bakımından birbirine ne kadar yakın ise, aradaki transformatör istasyonların miktarı da o kadar azalmış bulunur.

Dünyaya en yakın durumdaki çok az mütekâmil varlıklar, temasa geçebilecekleri bâzı medyumlar ile, tesirleri arada hiçbir ortamdan, transformatör istasyondan geçmeden, doğrudan doğruya irtibat kurabilirler. Çünkü bunların manyetik alanları transformasyona lüzum kalmadan birbiriyle temas edebilecek kadar yakın durumdadır. Meselâ bâzı insanların, sınav geçirmeleri ve eprövleri icabı olarak, bu tür basit varlıkların hâkimiyeti altına girmeleri gerektiği zaman, vazifeli varlıklar böyle basit varlıkları o insanlara musallat ederler. Böylece obsesyonlar meydana gelir ve obsesör olan basit varlık, tesirlerini, o insana ara istasyonlara lüzum kalmadan doğrudan doğruya gönderebilir. Esasen böyle basit varlıkların, obsesörlerin birtakım transformatörleri kullanabilme kudretleri de yoktur. Çünkü bu da bir tekâmül işidir. Onların idrakleri buna müsait değildir. Onlar karşılarına çıkan müsait insanlara otomatikman yapışırlar. Bazen bu obsesörler, yüksek varlıklar tarafından istasyon olarak kullanılan, dünyaya en yakın ve kaba bir transformasyon ortamı da olabilirler.

*
* *

İlk önce, yüksek vazifeli bir varlığın bir vazife medyumu ile olan ve en yüksek medyumluk şeklini oluşturan irtibat mekanizmasını açıklayacağız.

Vazifeli varlıktan kalkan ve belirli mânâ ve izlenimleri medyumda uyandırabilecek titreşimleri içeren bir tesir, bu iş için seçilmiş medyuma doğru ilerlemeye başlar. Dediğimiz gibi, bir sürü transformatör istasyondan geçtikten sonra, medyumun varlığının şuurüstü ile irtibata geçer. Zaten varlıkların diğer varlıklar ile ve kendi ruhları ile irtibatından söz ederken, ancak şuurüstü sahalarının açık olduğunu ve bu saha ile irtibata geçtiklerini daha önce belirtmiştik. Şuurüstüne inen bu tesirler, oradan derhal, medyumun hangi melekesi veya fonksiyonu kullanılmak icap ediyorsa, o fonksiyonu idare eden merkeze, şuurdışı kanalıyla gönderilirler.

Şurası bir kuraldır ki, beyne gelen tesirler beyin merkezlerini oluşturan moleküllerin hareketlerini arttırırlar. Onların olağan titreşim frekanslarını yükseltirler ki, bu da onların kabiliyet ve kudretlerinin o oranda artmış olması demektir. Meselâ burada, medyumun gelen vibrasyonları çevreye konuşarak aktarması gerekiyorsa, şuurüstündeki tesirler, şuurdışı kanalıyla doğruca, konuşma ile ilgili merkezlere gelir ve onları faaliyete sokarlar. Bu tesirler, onlarda uyandırılacak izlenimlere göre ayarlanmıştır. Beyne giren her tesirin ya doğrudan doğruya ya da başka yollardan muhakkak şuur merkezine yansıması şart olduğundan, şuurüstünden konuşma merkezine tesirin gelmesi sırasında bu tesir şuur merkezine de intikal eder. Şuura intikal eden tesirler, şuuru ifade eden merkezdeki moleküllerin titreşim frekanslarını arttırarak, bu merkezi, tesirlerde mevcut bulunan maksatlara göre faaliyete sevk ederler. Böylece tesirleri alan şuur, onları şuurdışı kanalıyla tekrar şuurüstüne gönderir. Tesirlerin burada, şuurüstüne gönderilmesindeki gaye, onların merkeze tam gelip gelmediğinin kontrolünün yapılmasıdır. Varlık bunu kontrol eder. Aslında bu kontrolü yapan, medyumun varlığı olmayıp, yine, o tesirleri gönderen vazifeli varlıktır ama, sanki bunu medyumun varlığı yapıyormuş gibi görünür.

Kontrolün sonucunda tesirin konuşma merkezine giden hâlinin doğru veya yanlış olduğuna hüküm verildikten sonra, bu hüküm, şuurdışı kanalıyla tekrar şuura gelir. Bu doğruluk veya yanlışlık hükmüne göre de, şuur, hâkimiyeti altında bulunan merkeze, onun yapılmasını veya yapılmamasını emreder. Merkez, ancak bu emri aldıktan sonra harekete geçer; eğer "yap" diye emir almışsa, lüzumlu organlara tesir ederek medyumu konuşturur. Bu sırada medyum, gelen tesirin ihtiva ettiği mânâları söz haline çevirirken lüzumlu olan sözcük ve imajları şuurdışındaki, o hayata ait bilgilerden ve izlenimlerden alır. Bunun için hemen şuuraltını karıştırmaya lüzum yoktur. Fakat eğer verilecek tebliğin mahiyetine göre, geçmiş hayatlardan bâzı izlenimler almak icap ediyorsa, o zaman konuşma merkezi, yine şuurdışı kanalıyla, bu bilgileri şuuraltındaki malzemelerden alarak kullanır.

Tesir şuurüstünden konuşma merkezine geldikten sonra tekrar varlığın kontrolünden geçmedikçe söz hâlinde dışarı dökülemeyeceğine göre, bu merkezin, kontrolün sonucuna kadar harekete geçmemesi gerekir. Her ne kadar burada konuşma merkezinin bunu bekler gibi bir durumu varsa da, aslında burada bekleme diye bir şey yoktur. Çünkü konuşma merkezinden konuşma organlarına tesirin intikal etmesi için lüzumlu işlemlerin tamamlanması birkaç saniye sürer. Oysa tesirin şuurdan şuurdışı kanalıyla şuurüstüne gidip, kontrolden geçtikten sonra şuurdışı kanalıyla tekrar şuura dönmesi ve oradan da konuşma merkezine emrin gitmesi, ancak saniyenin onda biri kadar kısa bir zamanda olup biter. Dolayısıyla, konuşma merkezinin, kontrol sonucunu uzun uzun beklemeye ihtiyacı yoktur. Çünkü daha, henüz tesir konuşma merkezine gelirken, onun yukarıda söylediğimiz yollardan kontrolü yapılmış ve bitmiş olur. Bu mekanizmada görüldüğü gibi; daha önce açıklamış olduğumuz üst tesirlerle görülen rüyaların mekanizması ile böyle yüksek irtibatların mekanizması arasında büyük bir fark yoktur. Ancak, aradaki fark, burada sürecin daha canlı oluşu ve kontrol mekanizmasından geçişidir.

Burada, tebliğ veren varlık, yukarıda söylediğimiz gibi, lüzum hâsıl olursa şuuraltına da müracaat ederek, oradaki malzemeleri de kullanabilir. Şuuraltındaki bu malzemeler, ilgili merkezde sözcüklere çevrilerek medyumun ağzından dökülmeye başlar. Bunlara ait izlenimler şuurda uyanmayabilir. Bu izlenimler, geçmiş hayatlara ait oldukları için, esasen şuurda mevcut değildir. Bunlar şuurdışı kanalıyla, ilgili merkezlere gitmek üzere şuura da uğrarken, oradaki idrak hücrelerini harekete getirmeden seyrederlerse, şuur merkezinin bu izlenimlere ait idraki uyanmaz ve insan bunlardan haberdar olamaz. Bu takdirde otomatik intikalden söz edilir.

Kontrollü irtibatta, bâzı sebeplerden dolayı, mânâları medyumun idrakine yansımaması icap eden tebliğler olabilir. Bu tebliğler kontrol edilmek üzere şuur merkezinden şuurüstüne yansıtıldığı hâlde şuurda idrakin meydana gelmemesi şu şekilde olur: Şuur merkezi çok karışıktır. Çeşitli frekanslara sahip atom kombinezonlarından bileşmiş moleküllerden kuruludur. Bu molekül gruplarının bir kısmı idrake mahsus, diğer bir kısmı da insanın idrakiyle ilgili olmayıp, sadece, şuur merkezinin diğer merkezler üzerindeki idareci vibrasyonlarıyla, yâni onları harekete geçirici vibrasyonlarıyla ilgilidir. İşte şuur vâsıtasıyla bâzı merkezlere yaptırılacak işlerde, eğer medyumda o işlere ait idrakin ortaya çıkması isteniyorsa, o zaman şuur merkezine gelen tesirlerin frekansları şuurun idrake ait olan kısımlarını uyarıcı mahiyette olmayıp, ancak idare işleriyle ilgili molekül gruplarını uyaracak mahiyette bulunur. O zaman şuur merkezi, sadece, ilgili merkezlere gelen vibrasyonların mânâlarına göre, o merkezlerin harekete geçmelerini sağlayacak şekilde hareket eder; fakat idrak merkezi faaliyette olmadığı için, insan o işin idrakine sahip olmaz. İşte o zaman, otomatik tebliğden ve otomatik faaliyetten söz edilir. Eğer şuur merkezindeki bütün gruplar, yâni idrak molekülleri grupları da tahrik edilirse, o zaman şuur hem yönetme işini yapar, hem de yaptığından, 'insan hâli'yle haberdar olur. Bu takdirde idrakli irtibatlardan söz edilir.

Kontrollü irtibatlarda, tebliği veren varlık, tebliğin mânâsını insan idrakine yansıtmak istemiyorsa, o zaman öyle nicelik ve kıymette vibrasyonlar gönderir ki, bunlar şuur merkezinin idrak molekül gruplarını tahrik edecek durumda olmazlar. Sadece, şuur merkezinin, diğer merkezleri sevk ve idare edici molekül gruplarını tahrik ederler ve onun vâsıtasıyla, verilen tebliğlere ait mânâların o merkezlerde oluşmasını sağlarlar. Bu sırada, şuur merkezi bu emri merkezlere verirken, insan hâlindeki idrakin bu işlerden haberi olmaz. Çünkü merkezin o kısma ait molekülleri faaliyette değildir. Bununla birlikte, şuurun idareci molekülleri, o vibrasyonların merkeze yansıyan ve kontrol için yukarıya gönderilen mânâlarını yüklü bulunurlar. İşte böylece, idraksiz bir kontrol, yukarıda söylediğimiz kanaldan yapılmış bulunur. Demek ki idrakli ve idraksiz kontroller arasındaki fark; birincisinde izlenimlerin şuurdaki idrak molekül gruplarını harekete getirmesi, ikincisinde bu grupları tahrik etmemesidir.

*
* *

Büyük vazife medyumlarının dışında, bireylerin veya küçük toplulukların tekâmülleri için, orta varlıklar ile medyumların alelâde irtibatlarına gelince: Esas bakımından, durum burada da öncekine benzer. Aradaki fark, burada kontrol mekanizmasının mevcut olmamasıdır. Yâni, varlık, medyuma gönderdiği vibrasyonların doğru aktarılıp aktarılmadığını araştırmaz. O, sadece, tesirlerini medyumun şuurüstüne göndermekle yetinir. Medyum tarafından nasıl alındığı ve nasıl aktarıldığı onu ilgilendirmez. Fakat bu tebliği veren varlık, üst varlıklar tarafından kontrol edilir.

Bu varlıktan medyumun şuurüstüne gelen tesirler; daha önce tesirler konusunda açıkladığımız, öncü, güdücü ve dirijan tesirler mekanizmasına tâbi olarak, medyumdan uzaklığı derecesine göre birkaç istasyondan süzülür, medyumun şuurüstü sahasına iner ve orası ile irtibata geçer. Tesirler, şuurüstünden şuurdışı kanalıyla, o tesirleri çevreye aktaracak organların tâbi bulunduğu merkeze, konuşma merkezine gider. Aynı zamanda, şuur merkezine de yansır. Eğer konuşma merkezinde canlanması istenilen ve şuuraltından gelmesi icap eden imajlara ait izlenimler, şuurdışı kanalıyla şuuraltından alınırken idrake yansıtılacak durumda değilseler, bu vibrasyonlar şuurun idrak moleküllerine ait hücrelerini tahrik edici mahiyette olmazlar. O zaman insan onların idrakine varamaz. Bu takdirde yine, otomatik irtibattan söz edilir. Ancak, her merkez daima şuur merkezinin idaresi ve emri altında bulunduğundan, ondan emir gelmedikçe de hiçbir merkez faaliyete geçemez. Şuur merkezi, kendisinde idrak moleküllerini uyandırmayan bu tesirleri alır ve icap eden merkezlere, o tesirlere uyarak, gereken emirleri gönderir. Bazen de gelen tesirler, taşıdıkları mânâlara ait izlenimleri, şuurdaki idrak hücrelerinde uyandıracak mahiyette olurlar, yâni şuur merkezinin idrak moleküllerinin frekanslarına uygun ve onları harekete getirici durumda bulunurlar. O zaman medyum, yaptığı işi bilerek faaliyete geçer. Tebliğlerin çoğunda bu faaliyet idrakli olarak cereyan eder.

Burada görülüyor ki, şuur merkezi, icra merkezine "yap" emrini vermek için öncekinde olduğu gibi bir kontrol mekanizmasına tâbi tutulmuyor; varlıktan gelen mânâlar, doğrulukları araştırılmaksızın merkez tarafından icra ediliyor. Dolayısıyla, bu tür irtibatlarda, şuurdışından alınan izlenimlerden başka, tebliğlerin arasına şuuraltından da izlenimlerin karışması ve bunların kontrole tâbi tutulmaması, bazen tebliğlerin mânâsını değiştirmek, onları dejenere etmek veya varlığın ifade etmek istediğinin tam zıddını bildirmek gibi durumları meydana getirebilir. Bu durumların sık veya seyrek olarak meydana gelişi; medyumların kabiliyetlerine, tebliği gönderen varlığın kudreti derecesine, bünye ve çevre şartlarına bağlıdır. Çünkü unutulmasın ki, tebliğ sırasında celsede hazır bulunan asistanların idrakli veya otomatik olan düşünceleri, istekleri -hattâ o asistanların ihtiyarları dışında- medyuma tesir eder. Bu da şöyle olur: Bu tesir, aslâ medyumun şuurüstü sahasına gidemez ve o yoldan tebligatı bozamaz ama, medyumun o sırada şuura açık bulunan şuurdışı kanalından yararlanarak kolaylıkla şuur sahasına tesir edebilir ve şuurda az çok bulanıklıklar meydana getirir. Çevreden gelen bu tesirlerin şiddet ve türlerine göre şuurda ortaya çıkan bulanıklık, şuurüstünden gelen tesirlerin akışını zorlaştırabilir. Çünkü şuurüstünden gelen tesirleri yüklü şuurdışı ile şuurun irtibat sahası, çevreden gelen tesirler tarafından az çok kaplanmış duruma girer. Bu takdirde merkezler, bir taraftan şuuraltından, diğer taraftan bulanık olan şuurdan alacakları karışık ve şaşırtıcı tesirlerle, medyuma acayip tarzda sözler söyletmeye başlar.

Bütün bu hâller, maksatsız ve boş olmayıp, yine, medyumların ve çevrelerindekilerin görgü ve deneyimlerinin artması için, vazifeli varlıklar tarafından tertiplenmiş bir sürü hâllerdir. Burada, asistanların ve medyumların dikkat, cehit, gayret melekelerinin inkişafı, iyi veya kötü niyetlerinin sınavı ve bunlardan doğan yanılmalar karşısında takınacakları tavırlarla azim, cesaret ve sebat derecelerinin ölçülmesi gibi, sayısız etkenler vardır.

*
* *

Otomatik irtibatın iyi anlaşılabilmesi için, mekanizmasını kısaca tekrar etmeyi yararlı buluyoruz. Beyne gelen her vibrasyonun muhakkak surette, ya doğrudan doğruya ya da diğer kanallardan şuur merkezine yansıması şarttır. Çünkü varlık, insan bedenine şuur merkeziyle bağlı bulunmakta olduğundan, bütün beyni, sinir sistemini ve dolayısıyla bedeni idare eden merkez, şuur merkezidir. Bu yüzden, onun muvafakatından* geçmedikten sonra organizmada hiçbir iş yapılamaz. Aksi hâlde, yâni şuura müracaat olmaksızın her gelen tesir doğrudan doğruya merkezleri kullanmaya kalkışırsa, bu hâl sadece varlığın özgürlüğüne tecavüz etmiş olmakla kalmaz, aynı zamanda, bir bütün olan organizma-

---

* "Muvafakat", "uygun görme, razı olma, kabul etme, izin verme, onama" anlamına gelir.

nın bütünlüğünü bozmak, o bütünlüğü dağıtmak gibi, icaplara uymayan bir durum ortaya çıkar ve nizam bozulur. Kâinatta ilâhî nizamı bozmaya hiçbir kudret muktedir değildir. Dolayısıyla, organizmada şu veya bu faaliyeti yapmak isteyen her dış tesirin muhakkak surette organizmanın bütünlüğünü bozmadan hareket etmesi gerekir. Bunun için, oraya giren her tesirin ancak şuurun tasvibinden geçmesi gerekir. Demek ki dışarıdan gönderilen ve organizma tarafından icra olunan tesirler, idrak edilsin edilmesin, muhakkak surette şuur merkezinin tasvibinden geçmiş bulunmalıdır. Ancak, üst, orta ve alt düzeylerdeki, medyumlara gelen tesirler, şuura yansıtıldıkları hâlde, taşıdıkları mânâlara ait izlenimler, şuurda -söylediğimiz gibi- bazen, idrak moleküllerini tahrik edecek mahiyette olmayabilirler. Bu karakterdeki tesirler, sadece, insan idraki lâhik* olmaksızın, ilgili merkezlere icap eden işleri şuur merkezi vâsıtasıyla yaptırtmakla sonuçlanırlar. Yâni, şuur merkezi -insan idraki olmaksızın- kendisine gelen tesirler altında, o işin yapılması hakkında, lüzumlu icra merkezlerine müspet veya menfî emirlerini verir. O merkezler, bu emre göre, yukarıdan kendilerine gelen ve muhtelif kanallardan dolaşarak mânâlanan tesirleri kendi tebliğ vâsıtalarına çevirerek, çevreye yansıtırlar. Bu da şöyle olur: Yukarıda söylediğimiz gibi şuur, varlığın beyne bağlı olan, sekizde yedi kısmıdır. Dolayısıyla, şuur da varlığın bütününe dahildir. Ancak, insan hayatıyla ilgili olan beyin hücrelerinin belirli kısımlardaki molekül topluluklarını işgal eder. Bu moleküller, gruplar hâlinde bulunur. Bu gruplardan bir kısmı insan idrakini meydana getirirken, diğer bir kısmı da, varlıktan gelen emirlere göre, beyin merkezlerinin sevk ve idaresine ait işleri görürler. Dolayısıyla, burada sözü edilen idrak, yalnız insan beynine ait, daha doğrusu insana ait bir idraktir. Bunu, öz varlıkta teşekkül eden idrakle karıştırmamalıdır. Şu hâlde, beyindeki şuur merkezinin idrak hücrelerinde idrakin teşekkül etmemesi, şuur merkezine gelen tesirlerin öz varlıkta da idrak edilemeyeceği mânâsını ifade etmez. Dolayısıyla, otomatik olan, yâni şuur

* "Lâhik olmak" fiili, "varmak, erişmek, yetişmek; eklenmek" anlamlarına gelir.

merkezindeki idrak moleküllerince ve dolayısıyla insanlarca meçhul kalan bir olay, öz varlıkça idrak edilmiş bulunur. Otomatik karakter şudur: Dışarıdan beyne gelen ve icra merkezleri tarafından yapılmaları için muhakkak surette şuur merkezinin emirlerini bekleyen tesirler, şuur merkezini oluşturan molekül gruplarından idrak hücrelerini ya ilgilendirir ya da ilgilendirmezler ve bu da icaplara bağlıdır. Eğer ilgilendirirlerse şuur merkezi diğer merkezler üzerindeki faaliyetini idrakli olarak yapar; yâni insan hâlinde iken, yaptığı işleri bilir. Gelen tesirler idrak moleküllerini ilgilendirmezlerse, şuur merkezi yine aynı şekilde idarecilik vazifesini görür, fakat yaptığı işlerden 'insan hâli'yle haberdar olmaz; bununla birlikte bu işlerden varlığın şuurüstü, kendi idrakiyle yine haberdardır ve şuur merkezini bu idrakiyle idare etmektedir. İşte insan idraki ile öz varlığın idrakinin aynı şeyler olmadığı hakkında daha önce vermiş olduğumuz bilgilerin mânâsını, burada başka bir cepheden de güçlendirmiş oluyoruz.

Tebliğlerin otomatik olarak verilmesinin muhtelif sebepleri vardır. Meselâ yüksek bir varlık, vereceği tebliğin bâzı mânâlarını medyumdan saklamak ister. Dolayısıyla, tesirlerini şuur merkezine, şuur merkezindeki idrak hücrelerine dokunmadan, gönderir. O zaman şuur merkezi, tebliğin mânâsını anlamadan, otomatik olarak onu tasvip eder* ve konuşma merkezine ona göre hareket etmesi emrini verir. Unutulmasın ki şuurdaki izlenimler, esasen, şuurdışındaki bilgilerden gelir. Hâlbuki özellikle trans hâlinde şuur daima şuurdışıyla irtibatta bulunduğundan; izlenimlerin şuurda uyandırılmaması demek, şuurdışından merkezlere sevk edilecek olan bu bilgilerin şuurda uyanmalarına sebep olacak derecede onun kantitatif değerlerini harekete getirmemiş olması, demektir. Eğer bu değerler şuurdaki idrak moleküllerine yeterli derecede gönderilirse, onda meydana gelen hareketlerle izlenimler uyanmaya ve şuur da idrakli olarak hareket etmeye başlar.

Yine, bâzı geri irtibatlarda olduğu gibi –varlığın durumunu hiç göz önüne almadan– basit bir varlık, şuur merkezinde bu izle-

---

* "Tasvip etmek" fiili, "onamak", yani "bir işi ya da bir şeyi doğru ve uygun bulmak" anlamına gelir.

nimlerin doğup doğmaması kaydından tamamıyla uzak olarak, kendisi de otomatikman hareket eder ve sadece, şuurdan merkezlerde istediği tesiri yaratmasını bekler. Dolayısıyla, şuurda yine, gelen tesirlerin ifade ettiği mânâlara ait izlenimler uyanmaz ve şuur, otomatikman hareket eder.

Bazen medyumun bünyesi ve şuur merkezinin durumu, izlenimlerin, gelen tesirlerle şuur merkezinde doğmasına müsait olmaz. Sadece, yapılması gereken işin yapılmasına ait, şuurda doğan izlenimle, şuur merkezi, ilgili merkezlere emir verir. Bu işleri onlara yaptırtır. Bazen de, gelen tesirler bu izlenimleri uyandıracak durumda olmayabilirler. Özetle, bunlara benzer bir sürü sebeple, gelen tesirlerin mânâlarına ait izlenimler şuurda uyandırılmaksızın, şuur merkezi sadece, onların yapılması hakkındaki izlenimlerle çalışır. Bu takdirde otomatik medyumluk karakteri meydana çıkar. Tekrar ediyoruz ki, bütün bu hâller, yüksek icaplara ve zaruretlere göre, üstün varlıkların kontrolü altında cereyan eder. Keyfî ve rastgele hiçbir şey yoktur.

*
* *

Şimdi, irtibatların en kabası olan obsesyon mekanizmasına geçiyoruz. Burada da teknik, öncekilere yakındır. Yalnız, geri bir irtibatın karakteri icabı olarak, burada, obsede olan varlığın özgürlüğü, irtibat esnasında -obsesyonun şiddeti derecesine göre az veya çok miktarda- ortadan kaldırılmış bulunur. Hattâ bazen obsesyonun şiddetli derecelerinde obsede insan, kendisine hiç sahip değilmiş gibi bir duruma girer. Obsesör denilen çok basit bir varlığın elinde oyuncak olur. Obsesyon şu mekanizma altında cereyan eder:

Öncelikle, obsesyonu yapacak varlığın çok geri ve dünyanın yoğun insanlık tabakalarına en yakın durumda olması gerekir. Bir insanın tekâmülü, görgü ve deneyimlerinin artması, kıyas bilgilerinin geçirilmesi gibi sayısız sebeplerden dolayı, yüksek icapların onayı ve tasvibiyle, idraki çok dar, ihtirasları aşırı, baştan başa bencil, basit bir varlık, insanın şuurüstüne kaba tesirlerini göndermeye başlar. Bunun için, daha önce söylediğimiz gibi, tesirinin transformatör ortamlardan geçmesine ne imkân, ne de lüzum vardır. O, tesirini doğruca şuurüstüne gönderir. Önceleri şuurüstüne hâkim değildir. Fakat onun kaba ve yoğun olan tesiri, şuurüstünden şuurdışı kanalıyla şuur sahasına gidince, o sahayı işgal eder. Ve şuura tamamıyla hâkim olur. Bu hâkimiyet biraz daha ilerleyince, şuurüstüne kadar gider ve nihayet, obsesör olan varlık, şuurüstü sahasını tümüyle kaplar ve kendisi onun yerine geçer. Artık insanın öz varlığından gelen tesirleri hemen hemen kesilir ve öz varlığı yerine, tesirler obsesör varlıktan gelmeye başlar. Böylece, şuurüstüyle ilgisi azalan şuur, şuuraltına döner; bütün emirleri, şuurüstü yerini tutan obsesörden almaya başlar. Ve o ânda obsesör, şuurüstü sahasını tümüyle işgal etmiş olduğundan, obsede olan insan, obsesörü kendi varlığı imiş gibi idrak etmeye başlar. Böylece şuur merkezine tesir etmeye başlayan obsesör, şuur merkezini şuuraltına da bağlamış bulunur. Burada, daha önce mekanizmasından söz ettiğimiz, çevreden gelen tesirlerle vuku bulan rüyalara benzer bir durum meydana gelir. Yâni, obsede olan insan, şuuraltının bilgilerinden genellikle obsesör varlığın kaprislerine göre rastgele alınarak oluşmuş, tutarsız ve münasebetsiz imajinasyonlarla, acayip bir hayatta yaşamaya başlar. Ve kendisini başka bir varlığın kimliği içinde görür. Demek ki şuur, sadece, şuuraltında oluşmuş imajlar ile şuurüstünden gelen ve obsesöre ait bulunan, onun basit doğasına uygun, ihtiraslı, cahilane ve bencilce mânâlarla dolu tesirleri karşısında bulunur ve obsede olan insan, kendi kimliğini bu karışık durumlar içinde kaybeder, yâni kendisini başka hâllerde hisseder. O sıralarda obsesör, o insanın hem şuurunu, hem de şuuraltını kullandığından, bu imajları kendi kapris ve kapasitesine göre toplar ve şuurda eğilimlerine uygun izlenimleri doğurur. Burada, şuur merkezi, izlenimleri hep obsesörden aldığı için, onun idrakî kimliği de obsesör kanalından gelmektedir. Dolayısıyla, insan, her şeyi obsesör açısından görür ve kendi varlığına ait bir idrake sahip bulunmaz. Eğer obsesör, bu izlenimleri onun şuuruna hiç yansıtmazsa, o zaman o hiçbir şey bilmez ve sırf bir otomat olarak hareket eder. Bununla birlikte, yukarıda söylediğimiz mekanizmayla, iradesini tümüyle obsesöre terk eder ve obsesör onun idrakine hiçbir şeyi yansıtmadan, şuurunu istediği yere sevk eder ve istediği gibi kullanır.

*
* *

Şimdi az çok obsesyon mekanizmasına uyan, bir hipnotizörün, süjesine yaptığı tesir şeması hakkında da birkaç şey söyleyeceğiz.

Bir insan ne kadar kudretli olursa olsun, bedeninin dar imkânları içinde bulundukça -dışarıda az çok serbest hâlde bulunan bir obsesör gibi- doğrudan doğruya, diğer bir insanın şuurüstüne hâkim olamaz. Ancak, hipnotizör, çeşitli yollardan gönderdiği birtakım tesirlerle -kendisi de mekanizmasını bilmeden- süjenin şuurdışının şuurüstü ile olan irtibatını, aşağıdan keser. Şuurüstünden gelmesi gereken tesirler kesilince, kendi tesirlerini şuura göndermeye başlar. Burada, yabancı tesirler, obsesyonda olduğu gibi şuurüstünden gelmez; doğrudan doğruya, hipnotizörden şuurdışı kanalıyla şuura gelir. Görülüyor ki, teknik bakımdan, bu ikisi arasındaki fark pek azdır. Bir defa bu mekanizma kurulduktan sonra, süje hipnotizörün tesirleriyle hareket etmeye başlar. Eğer hipnotizör onun şuur sahasında izlenimler uyandıracak tesirleri göndermezse, süje tamamıyla idraksiz ve otomatik olarak hareket eder. Ancak, bu tesirler, yâni hipnotizörün telkinlerindeki mânâlar, şuurdışında mevcut olduğu için, icap ettiği takdirde bu mânâlar veya izlenimler şuura yansıtılabilirler.

*
* *

"İlham" denilen ve bilim, sanat, fikir hayatında insanların dâhilik, yaratıcılık dedikleri tezahürlere sebep olan bâzı irtibatlardan da biraz söz etmeyi yararlı buluyoruz. Bunlar, büyük vazife plânlarına mensup olmayıp, insanların bireysel veya bâzı mâşerî durumlarına yardım etmek isteyen hâmi ve yardımcı varlıklar gibi mutavassıt* vazifeliler tarafından, yukarıda söz ettiğimiz alelâde, orta derecedeki irtibat mekanizmasına tâbi olarak gönderilen tesirlerdir. Burada transa da lüzum yoktur. Çünkü trans; ancak, uzun bir tebliğin akışı sırasında çevreden gelen tesirleri ortadan kaldırmak için, beyin merkezlerinin, uykuya yakın bir durumla,

* "Mutavassıt" sözcüğü, "aracı, araya giren, orta, ortaya giren" anlamına gelir.

çevreye karşı hareketlerini azaltmak maksadıyla meydana getirilmiş bir hâldir. Oysa ilhamlarda böyle uzun uzadıya tesir göndermeler yoktur. Bunlar, bir ân sayılacak kadar kısa zamanlarda ve kesik kesik gelir.

*
* *

Vazifeliler tarafından medyumlar vâsıtasıyla dünyaya verilen bilgiler, genellikle mâşerî plânlarla ilgili çok büyük hareketleri meydana getirirler. Bazen de vazife plânının yüksek varlıkları, pek istisnaî hâllerde, insanlar arasında büyük bir hareketi uyandırabilmek ve onlara kitlesel hamleler kazandırmak, umumî ve mâşerî tertipler, nizamlar ve usuller dahilinde yetiştirici bilgileri insanlara vermek, özetle, dünyada hızlı inkişafları sağlamak için, bizzat kendileri dünyaya inerler; hem idareci, hem de mürşit durumlarda faaliyet gösterirler. Bu kudretli varlıklar, sürekli olarak irtibatta bulundukları yüksek vazife plânından aldıkları üst bilgileri insanlar arasında yaymak için kurdukları din kurumlarıyla, dünyada büyük ve toplu inkılâplara sebep olmuşlardır.

Böylece kurulan ve mâşerî plânlar dahilinde kudretli tesirler gösteren büyük dinler, sağlam ve mazbut yaptırımlarıyla, vicdanların yüksek düzeylere ulaşmalarını sağlamışlardır.

Dinler, bu cepheleriyle, insanları vazife plânlarına hazırlayan vâsıtalardandır. Dinler, dünyanın bugünkü yüksek ve mütekâmil durumunu meydana getirmiş ve dünyadaki gelecek büyük intikal devrinin ilk mâşerî hazırlıklarını sağlamış ve her biri, kendi bünyesinde, zamanının çeşitli ve değişik ihtiyaçlarına, zaruretlerine ve icaplarına cevap vererek, insanlara vazife plânına hazırlanmanın en uygun yollarını göstermiştir.

Her din, zaman ve icaplara göre, direktifler, örnekler, semboller ve bilgiler içinde verdiği derin sezgilerle, insanları cehaletin karanlığından kurtarıp büyük ilâhî yola yöneltmiştir. Bütün dinler, insanların, vicdan mekanizmalarının realite dengeleri hattını, o âna mahsus icapların müsaadesi dahilindeki idrak imkânlarının en üst düzeylerine yükseltebilmelerine, yardım etmiştir.

Kurulan bir dinin vecibelerini insanlara tebliğ ve tâlim etmek* ve bu tâlimata insanların ilk intibaklarını sağlamak için, yüksek vazife plânından vazifeli bir varlık, biraz önce söylediğimiz gibi, dünyada bedenlenerek insanlar arasına karışmıştır ki; insanlar bu vazifeli bedenlilere peygamber veya kurtarıcı demişlerdir.

Vazife plânına hazırlanmak üzere dünyaya gelmiş olan insanlar, başıboş bırakılmış değillerdir. Eğer böyle olsaydı, insanlar bugüne bu mütekâmil durumlarıyla gelemezlerdi. Dolayısıyla, bireyler gibi, mâşerî durumlar da, daima, yüksek vazife plânının denetimi ve gözetimi altında yükselmektedir. Kâinatta bu işle yükümlü büyük vazifeliler vardır.

İnsanlar, özellikle idrakleri genişledikçe, içinde yaşadıkları kaba maddelerin dar fizikokimyasal kuralları dışına taşmaya başlamışlar ve daha kapsamlı geniş idraklere dayanan birtakım yasa ve nizamların mevcut olabileceğine ilişkin, öz bilgilerinden şuurlarına sızan sezgiler ve içgüdülerle, varlıklarının nedenlerini öğrenebilmek ihtiyacı içinde mütemadiyen çırpınıp durmuşlardır. Onları ilk meşgul eden problem; etraflarında görmekte oldukları şeylerin ve bu arada, bizzat kendilerinin kimin tarafından meydana getirilmiş olması ve mukadderlerinin kimler tarafından idare edilmesi konusu idi. Dolayısıyla, Tanrı kavramı; üst vibrasyonların yardımıyla, insanların öz varlıklarından kopup gelmiş bir ihtiyacın, idraklerinde beliren ilk güçlü yansımasıdır. İdrakleri inkişafa yüz tutmaya başladıkları ândan itibaren, insanlar, bir tanrı aramaya başlamışlardır. Fakat önceleri, onların bu ihtiyaçları, değer bakımından henüz pek zayıf olan idrakleriyle orantılı olarak, basit durumda bulunuyordu. Dolayısıyla o, tanrısını ancak beş duyu organının sınırlı imkânları içinde aramaktan daha ileri bir kudret gösteremiyordu. Onların bu ihtiyaçlarını cevaplandırmaya çalışan yardımcı varlıkların gönderdikleri sezgiler, insanların ancak beş duyu organına hitap edebilecek sembollerle mümkün olabilirdi. Bu sembollerin asıl ifade ettikleri mânâları insanlar anlayabilecek idrak düzeylerine ulaşmış değillerdi. Dolayısıyla, ilâhî kav-

* "Tâlim etmek", "öğretmek" anlamına gelir.

ramların sezgileri, insanlara ancak, onların, etraflarında en kudretli olarak tanıdıkları şeylerle sembolleştirilerek verilmişti. Meselâ ilk zamanlarda, güneş sembolü, tanrıyı temsil ederdi; bir ülkeyi ihya eden büyük bir nehir, yine böyle bir semboldü. İlk zamanların basit idraklerine bu semboller bir süre kâfi gelebildi. Fakat idrakler gittikçe değerleniyor, değerleri, yüksek, ince madde kombinezonlarıyla artan insan idrakleri, artık bu sembollerle tatmin edilemez hâle giriyordu. Bütün bu hâllerin sonucunda, vazife plânından, ilâhî bilgileri insanlara sunmak için vazifeli varlıklar dünyaya indiler ve kitabî dinleri dünyada kurdular. Bu dinlerin her biri, insan topluluklarının eksik taraflarını tamamladı. Bu kitaplarla sembollerin mânâları biraz daha açıklanmış oldu. Böylece, beşeriyeti daha ileri bir inkişaf hâline getirmenin, büyük mukadderat plânına göre çizilmiş yolları insanlara gösterildi.

Her din; insanların yaşadıkları realitelerinin en son imkân hudutları dahilindeki, idraklerinin varabileceği en üst sezgi sınırlarına kadar, öğrenmeleri icap eden şeyleri öğretti ve vazifesini mükemmelen yaptı.

İlk önce, çeşitli ibadet şekilleri ve yükümlülükleriyle, vazife sezgisi tatbikatının disiplinine hazırlayıcı durumlara, insanları otomatikman soktu. Sonra insanlara birbirlerini sevmesini öğreterek, yine, vazifeye doğru yürüyüşün büyük hazırlıklarına ait istikametlerini direkt talimatla da gösterdi. Son olarak vicdanlarının daima üst realitelerine yönelmeleri için lüzumlu olan her türlü hareketi onlara, erdemin çeşitli yollarını göstermek suretiyle aşıladı ve insanları vazife sezgisi hazırlığının nurlu imkânlarına kavuşturma yollarını, çeşitli yaptırımlarla sağladı.

Özetle, dinler, bugün artık gelmekte olan dünyanın büyük intikal devrinin eşiğine insanları yaklaştırdılar. Eğer dinler olmasaydı, insanlık bugün bu mertebeden daha pek çok gerilerde bulunurdu. Böylece, insanların vazife plânına hazırlanmalarını sağlamak için vazifelenmiş varlıklar, bu vazifelerini başarıyla yapmış oldular.

Fakat ilk zamanlardan orta zamanlara geçmiş olmakla birlikte, insanlar, dinlerin kurulduğu devirlerde idraken henüz yeterli derecede donatılmış değillerdi. Dolayısıyla, hepsi aynı kaynaktan, yâni vazife plânından gelen ve hepsi, aynı derecede büyük hakikatlerin izinde yürüyen dinler, muhtelif zamanlarda, bu hakikatleri insanlara ancak anlayabilecekleri tarzda, çeşitli formlar içinde verebilmişlerdir. İşte onun içindir ki, insanlar arasında yayılması gereken hakikatleri, peygamberler ve kurtarıcılar, ancak sembol kullanarak yayabildiler. Dolayısıyla, bütün büyük din kitapları, birer hakikatin sezgisini taşıyan ve zamanlarına göre hesaplanarak tertiplenmiş bulunan güçlü sembollerle doludur. Meselâ, kıyamet sembolü bunlardan biridir ki; büyük bir hakikat olan, dünyanın yakın intikal devresini veyahut bu dünya devresinin kapanışını ifade etmektedir. Yine, cennet ve cehennem kavramları da; mânâları derinlerde olan bâzı hakikatlerin –idraklere yetecek kadar sezgilerinin verilebilmesi için– yüksek icaplara göre vazife plânı tarafından tertiplenerek, dünyaya vazifeliler eliyle sunulmuş, birer semboldür. İbadet şekillerinin her biri, zamanın icaplarına, hayat şartlarına, inkişaf durumlarına ve vicdan mekanizmalarının denge düzeylerine göre, kılı kılına hesaplanarak insanlara empoze edilmiş ve böylece otomatik bir tertiple, insanların üst vicdan unsurlarına yönelerek, bugün yaklaşmakta oldukları üst plâna elverişli bir hâle gelebilmelerinin hazırlıkları yapılmıştır.

Bu arada, dinlerin emretmiş oldukları sevgi, şefkat, yardımlaşma, affetme, hoşgörü, feragat, fedakârlık, iyilik, doğruluk, dürüstlük, hemcinslerine ve hattâ hemcinsi olmayanlara karşı birtakım yükümlülükler... gibi sayısız erdemler; yine, bunların aksine olarak yasakladıkları bencillik, kin, haset, düşmanlık, intikam, kötülük, yalancılık, ikiyüzlülük, gaspçılık, hırsızlık, cânilik... gibi sayısız rezillikler; bazen otomatik, bazen de yarı idrakli bir aydınlık içinde, insanları, yüksek idrak plânlarına hazırlamıştır.

Fakat zamanla bu idraklerin üst plâna doğru inkişafları o kadar arttı ki, dinlerin sembollerle vermiş oldukları sezgileri anlamak ve mânâlandırmak ihtiyacı, insanlarda şiddetle belirdi. Bunu da bu dinlerin başarılarından biri olarak saymak gerekir. Bugün insanlar, bu sembollerin kendilerinde uyandırmış oldukları yüksek sezgilerin mümkün olduğu kadar açık bilgilerine, susamışçasına özlem duymaktadırlar. Bununla birlikte, bu mânâları, din kitaplarının başarıyla yerleştirmiş oldukları güçlü sembollerin içinden ayırıp çıkarabilmeyi, insanların ancak yüzde ikisi veya nihayet üçü başarabilir.

Fakat direktiflerini daima ilâhî plândan alan yüksek vazifeliler insanların bugünkü özlemlerini ve yüksek ihtiyaçlarını gördüler. İşte bu kitap, büyük vazife plânının dünya için vazifeli olan kısmının dünyaya bir hediyesidir. İleri tekâmüllerine devam etmek ihtiyacı içinde susamış insanların şiddetle aradıkları ve bekledikleri bilgileri içermektedir. Din kitapları tarafından yüksek hakikatlerin, zaman ve icaplara göre, insanlara yetecek kadar, güçlü semboller içinde, sezgileri verilmiş; bu kitapta da, dünya inkılâbını* neticelendirecek** olan ve ön sezgileri daha önce verilmiş bulunan hakikatlerin açık bilgileri ve gelecek dünya üstü âlemlerin de sezgileri yazılmıştır ki, bunlar da, büyük inkılâbın eşiğinde bulunan bugünkü dünyanın son realitesi olacaktır.

*
* *

Son zamanlara doğru dünyada iyice kendini gösteren ve büyük din kurumları ile diğer mâşerî bir sürü durumu meydana getiren vazifeli varlıkların müdahaleleri, dünyanın ilk insanlık devresinde bu kadar açık ve kapsamlı olarak görülmüyordu. Çünkü ilk devirlerde insanlığın, inkişafa yeni yüz tutmuş idrakleri için de, böyle büyük mâşerî tekâmüllere pek ihtiyaçları yoktu. İdrakleri henüz otomatik sezgi kademesinde bulunan ilk insanlar, daha ziyade bireysel hayatlar geçiriyorlardı. Bu arada rastlanan küçük topluluklar, bugünkü mânâda anlaşılan büyük mâşerî topluluk kavramlarından bambaşka idi. O zamanın gelip geçici toplulukları; açlık kaygısı, korku içgüdüsü, cinsiyet ihtiyaçları gibi çok basit birkaç içgüdüsel sezgiden doğan ihtiyaçlar altında meydana geliyordu. Bu basit inkişaf kademelerinde, insanların kapsamlı mâşerî hayatları henüz kurulmuş değildi. Bu da, onların idraklerinin, böyle bir durumu meydana getirebilmek kudretinden yoksun bulunmaları-

* "İnkılâp", "köklü değişiklik; dönüşüm; devrim; altüst olma" anlamlarına gelir.
** "Neticelendirmek", "neticeye, sonuca ulaştırmak, sonuçlandırmak" anlamına gelir.

nın bir sonucu idi. Yâni idraklerde, lüzumlu olan toplayıcılık, kuruculuk ve idarecilik kudretleri, henüz, bireyleri bir araya getirip belirli bir hedefe doğru ortak faaliyetleri kuracak ve onları sevk ve idare edecek kadar teessüs etmiş bulunmuyordu. Bu yüzden, vicdan düalitelerinin denge düzeyleri daima nefsaniyet sahalarında kurulan bu ilk insanlar, pek çok zaman boyunca alt realitelerde sürünmek zorunda kalmışlardır. Çünkü insan altı kademelerindeki otomatik yürüyüşlerinden yeni ayrılmaya başlamış olan ilk insanlar, ileride geniş çaptaki özgürlüklerin kendilerine kazandıracağı, bedenlerine idrakleriyle direkt olarak müdahale edebilmek imkânlarına, henüz sahip değillerdi. Eğer hâl hep böyle devam etseydi, onların inkişaf denge düzeylerinin üst kademelere kendi kendilerine yükselebilmeleri mümkün olmazdı. Bunun için, ilk inkişafların denge düzeylerini yukarılara ulaştırabilmelerini sağlamak maksadıyla, insanların idraklerine dışarıdan gelecek bireysel müdahalelerin lüzum ve zaruretleri bir süre daha devam etmiştir. İdrakler kendilerini topladıkça, yâni insanlık hâlindeki görgü ve deneyimlerle kapsamlarını genişlettikçe, doğal olarak özgürlükleri artmış; o oranda da, dış müdahaleler, daha ziyade, idraklerin, kendi inkişaf mekanizmalarına bizzat kendilerinin müdahale edebilme imkânlarını arttırmak yönüne yönelmiştir.

*
* *

İdrakin kendi kendisine müdahalesinin, insan hayatı başlangıcında ancak dış müdahalelerle ve yardımlarla mümkün olabileceğini daha önce söylemiştik. Bu ilk devrelerde her şey otomatiktir ve idraksizcedir. Onun için insanlar buna içgüdü demişlerdir. İlk zamanlarda, üst mâşerî plânların insanlar üzerinde daima müdahalesi olmuştur. Fakat burada müdahale ifadesini yanlış anlamamalıdır. Bu müdahaleden maksat; yönlendirmek, organize etmek, programlamak demektir. Bundan daha aşırı mânâdaki müdahaleler, insanlık safhası için değildir. İşte ilk zamanlardaki bu dışarıdan gelen vibrasyonların idrakteki klâsik ifadesi içgüdülerdir. Bu içgüdüleri, hayvanlarda mevcut olan daha ağır ve kaba otomatizmalardan ayrı tutmak gerekir. Çünkü bu iki otomatizma arasında geniş mahiyet farkı vardır. Nitekim böyle farklar, bitkilerdeki otomatizmalar ile hayvanlardaki otomatizmalar arasında da mevcuttur.

İdrakler inceldikçe, bu içgüdüler, yavaş yavaş daha zengin karakterler almaya başlarlar ve insanların "sezgi" dedikleri şekil ve hâllere girerler. Sezgi devrinin dünyada başlaması, umumî değer bakımından, aşağı yukarı müsavî şekilde olmuştur. İçgüdülerin dolduramadıkları boşluk ve yetersizlikler, sezgilerin doğmasıyla yavaş yavaş dolmaya başlamış ve yüksek âlemlerdeki mâşerî plânların simetriği ve onların hazırlayıcısı olan, dünyadaki sosyal hayat kurulmuştur. İşte bu kuruluş sırasında, idraklerin inkişaflarına paralel ve aynı zamanda bu inkişafların sonuçlarına bağlı olarak, bütünün cüzlere ayrılması, parçalanmalar, organlaşmalar ve organizatör ihtiyacı başgöstermiştir. Böylece, mahiyet, ihtiyaç ve zaruret zenginleştikçe, bedenler arasındaki ilk devrelere özgü benzerlikler ve idraklerdeki içerik yetersizliğinin doğurduğu içgüdüler benzerliği ortadan kalkmış ve tekâmülün doğurduğu farklı durumlar, bedenlerde artık, daha önce olduğu gibi ufak nüanslarla değil, geniş değer farkları hâlinde belirmiştir.

Bu sosyal formasyonlar ânından itibaren, yine insan hayatı için en otomatik mânâsıyla, bireysel ve mâşerî topluluklar başlamış; türlü değer ölçüleri bakımından, bâzı bireyler bu topluluklara önderlik etmişlerdir: Nefsanî önderlikler, vicdan safhası önderlikleri ve belirli zamanlarda varılmış büyük ve genel inkişaf devreleri önderlikleri gibi.

İşte bu zarurettir ki, hassas irtibat kabiliyetlerini bâzı insanlara kazandırmış, bu yüzden güçlü medyumlar gelmiş, belirli intikal safhaları olmuş ve kâinatın yüksek yollarına doğru bir bilgi, bir kavrayış ve uzanış sezgileriyle, vazifeye hissî hazırlanma plânları başlamış ve nihayet; yakın geçmişlere doğru, bu plânlar en münkeşif hâllerini almış ve sezişler, cemaatlerde daha güçlü semboller ve reformlar hâlinde belirmiştir.

İdrakin, dünya payına düşen inkişafının şu kısa ve genel özetini yaparken, toplulukların nasıl ve ne tarzda oluştuklarını da, genel bir bilgi hâlinde vermiş olduk.

*
* *

Dünyadaki toplulukların her biri, büyük vazife plânı hazırlığının doğurmuş olduğu zaruretlerden ileri gelmiştir. Bir insanın, bu hazırlığı bir tek birey olarak, başlı başına yapamayacağı daha önce söylenmişti. Biraz önce vermiş olduğumuz bilgi de, idrakin, tek başına kalınca, istenilen inkişafları sağlayamayacağını öğretti. İnsanlar hiçbir zaman, bütün dünya hayatı boyunca tek başına yaşayıp inkişaf edemezler.

Dünyada mevcut olan ırklar, uluslar, cemaatler, cemiyetler, aileler, hep, yukarıda açıklanan zaruret ve ihtiyaçların sonuçlarıdır. Bunlardan ilk önce ırkları ele alalım.

*
* *

Ünite'den süzülüp gelen icaplar gereğince yüksek vazifelilerin onayı ve tesirleriyle, dünyanın sosyal, doğal ve coğrafî şartlarına göre insan bünyelerinde ve idraklerinde birtakım farklılaşmalar ve gruplaşmalar ortaya çıkmıştır. İdraklerin, bedenleri üzerinde yapmış oldukları çeşitli formasyon, transformasyon ve deformasyonların ana hatlarında da, belirli gruplara özgü bâzı ortak nitelikler ve karakterler ayrılmıştır. Böyle, belirli gruplarda toplanmış olan idrakler, toplandıkları grubun somatik ve psişik (bunların ikisi de aynı şeydir ve bedenin çeşitli tezahürlerine ait kavramlardır) özelliklerini taşırlar ki, bunlar da ırkları meydana getirirler.

Bu bilgi gösteriyor ki, insanların ırklara ayrılması, onların idraklerinin, bedenlerine yapmış oldukları endirekt tesirlerin sonucudur. Yâni, ırk farkları; idrakin, doğrudan doğruya varlıktan aldığı tesirlerle beden üzerine müessir olmasından ziyade, çevreden ve çevredeki olaylardan gelen tesirlerle beden üzerinde değişmelerin meydana gelmesinden doğan hâllerdir. Şu hâlde, ırk ayrılıkları, insanların inkişaf ihtiyaçlarına göre, şu veya bu şartlar içinde dünyaya inmiş ve o şartlardan, şu veya bu şekilde yararlanmış olmak zaruretinin bir sonucudur. Belirli tekâmül ihtiyaçlarıyla dünyaya gelmiş olan beyaz ve siyah ırklardan iki insan, renkleriyle nasıl birbirinden farklı özellikler gösteriyorlarsa, aynı ırktan insanlar da, yine aynı icaplara göre, aralarında, bedenlerine bağlı, birbirinden az çok farklı psişik aksiyon ve reaksiyonlar gösterirler.

Özetle, beyaz olsun siyah olsun, sarı veya kırmızı olsun bütün insanlar; aynı yolda, omuz omuza, aynı yokuşları, aynı engelleri aynı zorluklarla aşarak, aynı hedefe doğru tırmanmaktadırlar. Ve bu yolculuk umumîdir; kimsenin tekeli ve ayrıcalığı sözkonusu değildir. Her varlığın, inkişafı için nasıl bir yürüyüş gerekiyorsa, o varlığın o yürüyüşe uyması zarurîdir. Bugün yürünecek yollar beyaza boyanmıştır, icap ettiği zaman sarıya da boyanır, yine icap ederse siyah ve kırmızı da olabilir. Dolayısıyla, insanların ırk ayrımlarına sebep olan beden renklerinin ve bu renklere eşlik eden bâzı özelliklerinin, hakikî ayrılığı ifade edebilecek hiçbir kıymeti yoktur. Bunlar, yürünecek yollarda kullanılması lazım olan gelip geçici inkişaf vâsıtalarının birer basit malzemesidir. Ve vazife hazırlığı yolundaki toplu yürüyüş zaruretinin icaplarıdır.

*
* *

Bu zaruretle, inkişaflar sonucunda daha idrakli ve sistematik topluluklar meydana gelir. Bu toplulukların başında ulus veya devlet topluluğu vardır.

Kâinatta belirli vazifelerin ve işlerin birtakım grup ve kadrolardaki vazifeli varlıklar tarafından yapıldığını ve grupların, muhtelif cepheleriyle birbirine bağlı bulunduklarını, böylece Ünite'ye kadar bir organizasyonlar sisteminin kurulmuş olduğunu daha önce belirtmiştik. Vazife plânlarının kâinat prensiplerine uygun olarak yürütülmesini sağlayan bu sistemler, bütün varlıkların inkişaf ve tekâmül plânlarında çok önemli roller alırlar.

*
* *

İnsanlık hayatı; organizasyonlar sisteminin simetriği olan ve onların sezgilerini hazırlayan, aşağılardan itibaren, son merhaledir. Dolayısıyla, vazife plânı sezgilerine ve az çok da bilgilerine ait hazırlıkların insanlık hayatında tamamlanması zarurîdir. İnsanlığın dünyadaki ilk ve son vazifesi, vazife plânına hazırlayıcı icapları yerine getirmektir. Zaten insanlar, üst yardımcı tesirlerin müdahaleleriyle, en idraksiz olan ilk kademelerinden en yüksek idrake, vazife sezgisinin idrakine kadar geçen bütün tekâmül kademelerinde, bu icaplara ister istemez uymaktadırlar. Bu uyuş, ya tümüyle otomatik karakterdeki ya da az çok aydınlık bir sezgi içindeki mekanizmalarla vuku bulur. Bu yarı idrakli veya idraksiz otomatizmalar, insanların, vazife plânlarına hazırlanmalarını sağlayacak çeşitli teknik imkânlara sahiptirler. İşte bu teknik imkânlardan bir tanesi de, insanların, ulus veya devlet camiası içinde toplu olarak yaşamalarıdır.

*
* *

Ulus veya devlet, her şeyden önce, insanlar arasında kurulmuş büyük bir topluluktur. Ortak gayelerle bir araya toplanmış olan bu büyük insan kalabalığı, belirli hedeflere yönelik, muntazam, programlı, tertipli ve cehitli bir çalışma mekanizmasına tâbidir. Bu mekanizma, büyük nizama uygun ve dünya yürüyüşüyle tam bir ahenk hâlinde gider.

Ulus topluluğu, bir sürü tâli topluluktan oluşmuştur. Bu tâli teşekküller direkt ve endirekt olarak birbirine bağlanmışlardır. Meselâ, başta idareci bir önder vardır. Hiyerarşik bir sırayla ona bağlı bulunan idare mekanizmaları mevcuttur. Bu mekanizmalar içinde idare edenler, idare edilenler, zincirleme bir tertiple, birbirine bağlı olarak yürüyüp giderler. Görünürde maddî hedeflere yönelmiş görünen bu mekanizmanın bütün faaliyetleri, aslında, bu topluluğun simetriği olan daha üst plânlara insanları hazırlamak içindir ve bu hazırlık da vazife sezgisinin hazırlığıdır. Dolayısıyla, bu topluluk içinde yapılan işlerde, vazife plânına ait hazırlıkların taslaklarını bulmak mümkündür. İnsanların, bir ulus veya devlet topluluğu içinde -kendi idraklerine göre- vazife diye adlandırdıkları şeylerin hepsi, ancak, vazife sezgisinin birer hazırlık malzemesidir. İnsanlar bu hazırlığın icabı olarak bu malzemeler vâsıtasıyla, büyük cehitler ve gayretler sarf ederek asıl vazife bilgisine kavuşabileceklerdir.

Özetle, uluslar veya devletler, büyük vazife plânına insanları hazırlayan, yüksek idareci vazifelilerin gözetimleri altında dünyada kurulmuş sosyal birer teşekküldür.

*
* *

Dünya üzerinde hiçbir ulus, diğerlerinden ayrı ve tek başına değildir. Hepsi, aynı gaye yolunda, direkt veya endirekt bağlarla birbirine bağlanmıştır. Bu teşekküller, dünya üstü vazife plânının hedef tuttuğu noktalara insanları götürmekte ve büyük bir ahenk içinde, aynı elden sevk ve idare edilmektedir. Varlıklar, bütün mesuliyetlerini müdrik olarak bu işi yürütürler. İşte bu vazifeliler, ulus ve devlet organizasyonu bünyesinde mevcut diğer toplulukların, organların, ailelerin, bireylerin kendi işlerini yerli yerince ve dürüstlükle yapmalarını, muhtelif vâsıtalarla sağlamaya çalışırlar. Bu topluluğu oluşturan herhangi bir cüzde, bireyde başgösteren aykırı faaliyetler, yerine ve önemine göre, bütün toplulukta az veya çok şiddette sarsıntılar yapabilir. Böylece, topluluk içinde tekâmül eden gruplar, o topluluklardan ayrı grupları oluştururlar. Büyük topluluğun böyle tekâmül ederek parçalanan kısımları, diğer daha mütekâmil durumları oluştururlarken, büyük toplulukta kalan bireyler arasındaki koordinasyon ve kooperasyon bozulur. Bireyler, artık o topluluğun icaplarını ve ortak hedeflerini izleyemez hâle girerler. O ulusun veya devletin bünyesi çökmeye ve dejenere olmaya başlar ve bireyler, topluluk için değil, yalnız kendileri için çalışmayı gaye edinirler. Nihayet büyük topluluk ortadan kalkarak, yerini daha ileri mâşerî bir topluluğa, yâni bir ulusa veya devlete terk eder. Bu hâl tekâmülün bir icabı ve dünya nizamının ahengidir.

*
* *

Bir ulus içinde, bireyleri vazife sezgisine hazırlayıcı çeşitli faaliyetler bulunur. Bunların bâzıları daha kolay ve rahat şartlar altında yapılırken, çoğu, zahmetli, yorucu, üzücü hâllerde cereyan eder. Meselâ birisi az yorulduğu halde hayatını bolluk içinde geçirebileceği gibi, bir diğeri en ağır işlerde, maden ocaklarında didine didine hayatını kazanmaya çalışır. Birisi kendisini sorumluluk hislerinden hemen hemen özgür sayarken, diğeri en ağır sorumluluklar altında ezildiğini hisseder. Bâzıları idareci olarak başa geçer. Bâzıları idare edilenler arasında sürüklenir. Bütün bunlar; bir devlet ve ulus teşkilâtının doğal fonksiyonları arasında bulunan, her biri başka bir cepheden insanları hakikî vazife plânı sezgilerine çeşitli tatbikatlarla hazırlayan, türlü hayat tarzından ibarettir. Okul hayatı, iş hayatı, büro hayatı, askerlik hayatı, sosyete hayatı, memurluk hayatı, siyaset hayatı, aile hayatı... bunlar arasındadır. Fakat bunların ilk görünüşteki maddî hedefleri ve kaygıları ötesinde öyle büyük, ortak bir maksat gizlenmiştir ki; bu da, bütün bireyleri, bu karmakarışık ve çetin yollardan üstün bir sezgiye hazırlamaktır, bir vazife bilgisi sezgisine, insanları topluluk içinde teker teker hazırlamaktır. Dolayısıyla, ulus topluluğu, başından sonuna kadar her bireyinden, kendisine düşen vazifeyi, büyük bir sadakatle, iyi niyetle, bencillik nefsaniyetine kapılmaksızın, hareketlerini büyük insanlık topluluğuna karşı olan ödevleriyle uzlaştırarak yapmasını bekler. O ulusun bireyleri, bunu yaptıkça, topluluğun hedef tuttuğu gayelerin büyük nimetlerinden yararlanırlar. Ve gelecek vazife plânının aydınlık, kazançlı yollarına büyük bir kudret ve hızla yaklaşmış bulunurlar. Aksine ulusun bireyleri; yalnız kendi canlarına düşer ve kişisel çıkarlarını gaye edinerek diğer insanların aleyhinde bencilce çalışır ve vazifelerini kötüye kullanırlarsa, her şeyden önce, o ulus içinde dünyaya gelmiş olmalarının kendilerine sağlayacağı yüksek kazançları elde etmek fırsatını kaçırmış olurlar. Ve bu yüzden de, bencillik nefsaniyetlerinde vicdan dengelerinin alt düzeylerine takılıp kalarak, yeni birtakım ıstıraplı bedenlenmelere muhtaç bir hâlde, dünyayı hüsran içinde terk etmek mecburiyetiyle karşılaşırlar. Çünkü onların takılmış oldukları alt nefsaniyet düzeylerindeki durumlarıyla vazife plânlarına yaklaşabilmeleri mümkün olmaz. Tekrar ediyoruz: Görünürde dünyanın bâzı maddî icaplarına yönelmiş görünen ulusların kuruluşu; hakikatte, dünya sınırlarını taşan, başka ve yüksek bir zaman idraki içinde devam edecek ileri hayatları hazırlayıcı yolları hedef tutmaktadır. Yâni, bu kuruluşların, dünyada görünen gayesinden çok daha üstün ve kapsamlı rolleri vardır. Dolayısıyla, dünya hayatının zarurî icaplarından olarak görünen bu maddî taraflara takılarak asıl hedefi ihmal etmek, vicdan mekanizmasının yürüyüş temposunu yavaşlatır ve işleri geciktirir.

*
* *

Uluslar arasında aynı gayeye yönelik olmanın hakikî sezgisine varmak, o gayenin liyakatli yolculuğuna katılmış olmak demektir.

İdrakler bu inkişaf derecelerini bulduktan sonra, tıpkı, vazife plânlarında yükseldikçe küçük organizasyonların idraken birleşerek daha büyük organizasyonlara dönüşmeleri gibi, küçük ulusların da, tekâmül ışığı altında birleşerek, daha geniş ve kapsamlı işleri yapabilmek ve ortak gaye yolunda hızla ilerlemek için daha büyük toplulukları meydana getirmeleri zarurî olur ki; böylece, yüksek ve sağlam bir insanlık idrakini kazanmış, küçük topluluklardan oluşan büyük dünya topluluğu, vazife plânlarının daha uygun bir simetriği olmak liyakatini kazanmış bulunur. Bu ise, hakikî vazifelerini idrak etmiş insanların, geniş mâşerî plânlara doğru atılmış güçlü hamleleri sayılır.

*
* *

Ulusların inkişaf yolundaki faaliyetleri, otomatik, yarı idrakli ve idrakli, birçok diğer, bedensiz vazifelilerin faaliyetleri eşliğinde olur. Bu vazifeli organlar, her biri dünyada ulus veya devlet dediğimiz topluluğu oluşturan bireylerin, grupların faaliyetleri üzerinde vazife almış, üstün bir organizasyonun organlarıdır. Şu hâlde, bir ulus içindeki iş görümü disiplini ve vazifenin şaşmayan nizam ve tertipleri, o ulusun veya devletin bağlanmış olduğu dünya üstü bir sistemden gelmektedir. Bu da, hiç şüphesiz, o ulusun bütün bireyleriyle kazanmış olduğu liyakatin derecesine göre ayarlanmıştır.

Uluslar, teşekküllerinin hakikî hedeflerini kaybetmeden yükselmek istedikçe ve bu istek yolunda cehit harcadıkça, bu ayarlar yükselir; onunla orantılı olarak tekâmül otomatizmaları da yükseltilir. Özetle, ulusların bağlı bulundukları sistemler, kâinatta daha kapsamlı, birbirine bağlı büyük vazife organizasyonlarının küçük birer unsurudur. İşte bu unsurlar, dünyadaki herhangi bir ulusun veya devletin inkişafı icaplarına göre çeşitli formlar alırlar. Buradaki gaye de -dünyadaki her vâsıtayla olduğu gibi- ulus ve devlet toplulukları vâsıtasıyla insanları toplu hâlde, vazife plânı sezgilerine otomatik, yarı idrakli ve idrakli olarak, hazırlamaktır. Bu hazırlığa tam mânâsıyla uymuş olan bir ulus veya devlet de, vazifesini bitirmiş ve insanları dünya üstü vazife plânına liyakatle yetiştirmiş olur.

*
* *

Bütün topluluklar bireylerin inkişafı içindir. Ancak, toplulukları bireylerden bıçakla keser gibi ayırmak da doğru değildir. Çünkü dünyadaki topluluklar, büyük organizasyon sistemlerinin ilk hazırlık egzersizleridir. Organizasyon sistemlerinin gayesi ise vahdete, birliğe doğru yürümektir. Dolayısıyla, bireyler, bu bakımdan, topluluk kavramından ayrılamaz. Bunu daha iyi açıklamak için, bireysel ve mâşerî plânların birbirine karşı olan fonksiyonları üzerinde biraz durmalıyız.

Bireysel plân nedir?.. Bir beden, varlığın tekâmül vâhididir. Mukadderat prensibine göre, vâhit plâna sahiptir. Her bedene hasredilmiş, hazırlanmış, tekâmülünün icaplarına göre ayarlanmış bir plân mevcuttur. Plân, kaba ve dar bir çerçeve demek değildir. İcapların zarurî kıldığı imkânlar oranında, daima geniş hareket sahalarına sahiptir. Bu sayede sınavlara, dolayısıyla özgürlüğe daima yer verici mahiyettedir. Bu plânın prensibi, bedenin tâbi olduğu ruhun tekâmülüne, tekâmül derecesine, tekâmül yolundaki kadrolara, şartlara, imkânlara, özetle, tekâmülün bütün icaplarına bağlıdır.

Mâşerî plân nedir?.. Kâinat, bireylerin başıboş tekâmül ettikleri bir malzeme sahası değildir. O, idrakini güç sezdiğimiz ve güç sezebileceğimiz, yüksek prensiplerin vazettiği,* son derece derin ve yüksek bir mekanizmada tertiplerin, ayarlanmaların, icapların bütünü, yâni Ünite'nin kendisidir. Kâinat, ilâhî nizamın bir ifadesidir. Dolayısıyla, her birey, her vâhit beden, bir bireysel plâna sahip olmakla birlikte, daima diğer vâhitlerin, yâni bedenlerin kendi plânı karşısındaki durumlarıyla ilgili, ayarlıdır. Tekâmül, mâşerî plân içinde yürür. Aksi hâlde nizamdan ve ahenkten söz edilemez.

---

* "Vazetmek" fiili, "koymak; kurmak; tayin ve tespit etmek" anlamlarına gelir.

*
* *

Belirli âlemlerin belirli ortamlarında veya belirli kürelerinde, bedenler, daima birbirlerinin durumlarıyla karşı karşıyadırlar. Bu karşılaşma, aynı zamanda, yüksek prensiplerin ayarladığı bireysel plânların, başka bir mekanik cepheden idare olunuşunu ifade eder. Bütün bu işler, bu nizamlar ve tertipler, yüksek vazife plânlarının organizasyon sistemleri içinde vazifeli varlıkların işçilikleriyle yürütülür.

Bundan başka, bedenlerin epröv hayatlarında birbiriyle iştirak ederek kurdukları birçok husus vardır ki, bu hâl, dünyanın üstüne, vazife plânına hazırlanışın bir ifadesidir. Özetle, bireysel plân üstünde mâşerî plân mevcuttur. Mâşerî plân; bir gayeye yönelik olmakla birlikte, aynı zamanda bireysel plânları da ikinci derecedeki bir mekanizmayla ayarlayan, komplike bir plândır.

Bu ayarlanmalar, Ünite'den gelen direktiflere göre, vazife plânının tesiri ve kontrolü altında vukua gelir. Yâni, bireyler, yaşamakta oldukları mâşerî plâna vazife plânının muhtelif kademelerinden akan sayısız tesirin hazırladığı sonsuz hayat kombinezonu içinde, kendi epröv, sınav ve inkişaf sahalarını bulurlar. Bireydeki tesirlerin yükü arttıkça, inkişaf hızlandıkça, idrak olgunlaştıkça, bireyin plânıyla ilgili mâşerî durumlar da ayarlanır.

Burada dikkat edilecek nokta şudur: Tek birey için, mâşerî durum değil; mâşerî kadronun her bireyi için, mâşerî durum hazırlanır. Çok kaba bir örnek olarak, yüz bireylik bir mâşerî plânı ele alalım. Bu bireylerden "a" için, doksan dokuz bireyin durumu sözkonusudur. Fakat aynı yüz kişiden "b" için, diğer doksan dokuz kişinin, "a"nın da dahil olduğu diğer doksan dokuz kişinin durumu sözkonusudur. Aynı şekilde, "c" için, "a" ve "b"nin de dahil olduğu doksan dokuz kişinin durumu ayarlanır. Yâni, bir kişi için doksan dokuz kişi seferber edilmiş değildir. Vazifeliler, son derece ince tertiplerle, bu yüz kişiyi birbirleri için vazifelendirirler. Fakat şurası muhakkak ki, bu yüz kişinin tekâmül ölçüleri, birbirinin aynı değildir. Herkesin ihtiyacı ve tekâmül icabı, yine aynı ince mekanizmayla değişir. "A"nın doksan dokuz kişiye karşı durumu ile "b"nin durumu aynı değildir. Aynen, bu mâşerî plân içinde maddeye karşı durum da, her bir birey için değişir. Bütün bunlar, vazifeli varlıkların vazifeleri icabı olarak gönderdikleri tesirlerin meydana getirdikleri, madde kombinezonlarındaki ve bedenlerdeki miktarî değişmelerle vuku bulur. Buradaki mekanizmalardan haberi olmayan bireyler, anlayamadıkları birtakım esrarlı olaylar içinde yuvarlandıklarını sanırlar. Birisinin plân içindeki icaplara tâbi olarak meydana gelen miktarî değişmeleri kombinezonuna göre fakir oluşuna karşılık, ötekinin belirli dereceye ayarlanmış miktarlar dolayısıyla orta derecede oluşu, bir diğerinin zengin oluşu, birinin kültürlü, ötekinin cahil, birinin şoför, birinin müzisyen, bir diğerinin çöpçü oluşu, birinin mutlu, diğerinin mutsuz, birinin iyi, bir diğerinin kötü, birinin hastalıklı, diğerinin sağlam, huylu, huysuz, egoist veya diğerkâm oluşları ve bütün diğer durumlar; hep, zaman ve mekân kadrolarında, Aslî Prensibe göre inkişafların icaplarının yerine getirilmesi için, Ünite'den süzülerek gelen tesirler kanalıyla, bireysel ve mâşerî miktar değişmeleri tekniğiyle vukua gelirler ki, aynı mekanizmaya tâbi, maddelerin miktar değişmeleri de, yukarıdaki durumlara göre ayarlanmış bulunur. Bu bilginin kapsamı, tesirler ve varlıklar arasında genişletildikçe, daha yüksek sezgilere varmak mümkün olur. İşte toplulukların insanlara görünen görünürdeki gayelerinin ötesinde gizlenmiş hedefler bunlardır.

*
* *

Bir ulus camiası içinde böyle bir sürü mâşerî plânların, yâni toplulukların bulunduğunu söylemiştik. Bu toplulukların görünürde birbirine bağlı görünen ve öyle görünmesi icap eden durumlarının, hakikatte, vazife organizasyonlarının fonksiyonmanlarına tâbi olduklarını da bildirmiştik. Bu bilgiye göre, bir ulus, büyük bir topluluk içinde -yine aynı zaruretlerle- teşekkül etmiş olan küçük bir aile topluluğunu da, bu ışık altında mütâlaa etmemiz gerekiyor.

Hakikî mânâsıyla aile, dünyaya inkişafları için inmiş varlıkların tatbikatlarına en zengin malzemeleri hazırlayan ve bu tatbikata güçlü bir zemin oluşturan, mazbut, muntazam bir toplum cüzüdür ki; bunun da bütünü, insanlık camiasıdır. Aile, insanları vazife plânına hazırlayan en mükemmel bir vâsıtadır. İnsanlık camiasının hedef tuttuğu büyük mânâlar, küçük bir aile topluluğundaki bütün inkişaf malzemeleri zenginliğiyle özetlenebilir. Bu hakikat, vazife plânına doğru insanlığın hazırlanışında bir aile teşekkülünün ne kadar önemli roller ifa etmekte olduğunu gösterir.

Hakikaten, dünyada alt ve üst hiçbir tekâmül unsuru, hazırlayıcısı yoktur ki, aile bilgisinin kapsamı ve icapları dışında kalmış olsun. Zaten bir ailenin bünyesi, insanlık hayatında mümkün olan bütün tekâmül malzemesi zenginliklerini bir araya toplayacak tarz ve şekillerde kurulmuştur. Muhakkak ki herkes, kendi ihtiyacı oranında ve derecesinde bir aile ocağından geçmiş ve bu ocağın nimetlerinden yararlanmıştır.

*
*   *

Bir aile topluluğunun en ilkel ve basit hazırlıkları, hayvanlardan ve hattâ bitkilerden başlar. Bu hazırlığın da en ilkel şekli cinsiyettir. Cinsiyet, birçok mekanizmanın düğüm noktasıdır. Bu düğüm noktalarından bir tanesi de aile teşekkülüdür. Yine, cinsiyet dünyada acı, tatlı birçok olayın, mutluluğun, felâketin, ıstırabın, kısacası inkişaf unsurlarının da düğüm noktasıdır. Özetle, cinsiyet, dünyadaki inkişaf mekanizmalarını muhtelif cephelerden harekete getiren bir unsurdur. Hem vazifeye, hem nefsaniyete yönelen vicdan mekanizmasına, cinsiyet realitesi, çeşitli şekillerde müessir olur. Cinsiyet, birçok erdemli, yükseltici imkâna yol açabileceği gibi, felâketlerin, ıstırapların, azapların, mezarın ve akıl hastanesinin de kapılarını açabilir. Aile hayatının ilk kudretli hazırlayıcı unsuru, cinsiyet otomatizmasıdır. Bu yüzden de bir sürü sınavın anahtarı onun içinde bulunmaktadır. Cinsiyet anahtarıyla açılmış bir aile kurumu, bütün icap ve zaruretleriyle insanları -otomatik yollardan dahi olsa- sorumluluk ve vazife sezgilerine hazırlar ki; bu hazırlanış da, insanlar için tekâmül yolunun en mükemmel bir yürüyüşü olur.

*
*   *

Vazife hazırlığı mekanizmasında bu kadar güçlü bir vâsıta olan aile ocağının insanlara sağladığı inkişaf malzemeleri nelerdir?

Bu sorunun cevabını mâşerî plân hakkında biraz önce verdiğimiz bilgiden de çıkarmak mümkündür. Bu bilgiden anlaşılacağı üzere, aile teşekkülünün hazırlamakta olduğu inkişaf unsurlarının -kimilerinin akıllarına gelebileceği gibi- insanları mutlaka memnun ve mutlu edici, onların nefsaniyetlerini okşayıcı mahiyette olmaları gerekmez. Tam tersine, bunların çoğu, külfetli, zahmetli, sıkıntılı, üzüntülü, ıstıraplı, azaplı ve hattâ bazen işkenceli karakterler gösterir ki; esasen aile teşekkülünün en güçlü ve inkişafa en yararlı tarafını da, onun bu sert, haşin ve mazbut çehresi oluşturur. Kurulmuş bir ailenin ilk ânından son günlerine kadar geçen olaylarını dikkatlice inceleyenler, bu hususta oldukça derin sezgiler ve bilgiler kazanırlar. Aile daha kurulmadan bile, kurulma öncesindeki olaylar, aile mekanizmasının işleyişinden beklenen sonuçları sağlamaya başlamış bulunur: İki cinsten iki insanın bir araya gelmesi hususunda, ilk adımda onların her ikisine ait bâzı kolaylıklar görülmekle birlikte, birçok güçlük ve hattâ adaylardan her biri tarafından ayrı ayrı yenilmesi gereken birçok imkânsızlık da meydana çıkabilir. Ve bunların her biri, iki tarafa da birer sınav ve gözlem konusu olur. Onların öz bilgilerinin, daha önce açıklamış olduğumuz şekilde, artmasına sebep olur. Meselâ bu sırada dargınlıklar, kırgınlıklar, tartışmalar, dövüşmeler ve hattâ cinayetler bile meydana gelebilir. Bunlar, bir ailenin daha başlangıcında iken, menfî sayılan yollarda, ıstıraplı, fakat güçlü tekâmül malzemeleridir.

Ailenin kurulmasından sonra, geçim dâvası, eşlerin birbiriyle anlaşma dâvası, evlilik şartlarına intibak dâvası... gibi bir sürü dâva ortaya çıkar. Bunlar hem erkeğe, hem kadına ayrı ayrı, yükler, vazifeler ve ödevler yüklerler. Onlar, bu mücadelelerden ya zaferle ya da yenilgiyle çıkarlar ve her iki hâlde de, sınavların başarılı veya başarısız görünen durumlarına göre, acı, tatlı bir sürü sonuçla karşılaşır ve ona göre de, vazife sezgisi yolundaki hızlarını kazanırlar.

Nihayet çocuklar doğar. Onların büyütülmesi, hastalıkları, sağlıkları, ölümleri, kazaları, acıları... ana ve baba için bazen haz, bazen elem yollarından geçen gözlemler sağlar. Bu sırada, bütün bu deneyimleri başarıyla geçiştirmenin idraklerine vardıkları zaman duyacakları huzur, onları müspet ve mutlu yollardan yükseltirken; başarısızca, beceriksizce verilmiş sınavların sonucunda, kendilerince menfî sayılan hâllerde uğrayacakları acılar, hüsranlar da, başka bir yoldan, yine ilerlemelerine sebep olur.

Bundan sonra, çocukların öğretim ve eğitimleri, iyi veya kötü yetiştirilmeleri gibi problemlerin ana ve babaya düşen sorumluluk duyguları, yine, yetişen evlâtların ana ve babalarına, ailenin diğer bireylerine karşı davranışlarının sayısız sonucu ve âkıbeti, aile bireyleri için ayrı karakterler taşıyan, sonsuz birer sınav, görgü ve deneyim konusu olarak sıralanıp giderler. Görünürde çeşitli yollarda birer ıstırap veya sevinç kaynağı olan aile hayatının bütün olayları, hakikatte, insanlara büyük vazife plânının sezgilerini verir.

Özetle, mutlu görünen bir aile, mutsuz görünen bir aile, facialarla dolu hayatlar geçiren bir aile, sakin veya gürültülü bir aile, kısacası çeşitli hayat şartlarına tâbi bütün aileler, ancak bireylerin ihtiyaçlarına göre ayarlanmış ve onların inkişaflarına yönelmiş, güçlü birer yükselme vâsıtasıdır. Bu kıymetli vâsıta, bütün zevkleriyle, mutluluklarıyla, acılarıyla, felâketleriyle, insanların hedefi olan vazife plânı için lüzumlu sezgilerin hazırlanış tatbikatına en mükemmel bir zemin olur ve bu tatbikatın her türlü imkânını hazırlar. Orada sevgiler doğar, sevgiler kaybolur, doğumlar, ölümler, ayrılışlar, kavuşuşlar birbirini izler. Bunların hepsi, doğurdukları sevinçler ve kederlerle birer zengin inkişaf malzemesi olur.

Dünyaya gelen çocuğu için sevinen bir anne ne kadar yükseliyorsa, ölen çocuğu için gözyaşı döken bir anne de, durumunda o kadar ilerlemeler kaydeder. Fakat şu noktayı tekrar hatırlatacağız: Ailenin bütün bu durumları, inkişaf yolundaki ilerlemeleri, yürüyüşleri, duruşları, tümüyle, vazifeli varlıkların yardım ve kontrollerine tâbidir.

Aile; kâinat sonuna doğru tekâmülün tam formunu ifade eden vahdet kavramına hazırlık yolunun, dünyadaki en basit ve otomatik egzersizlerine imkân verir. Çoğu zaman görüldüğü gibi, eşler arasındaki yüz ve karakter benzerlikleri, aile topluluğu icaplarından olarak, bedenlerin manyetik alanları arasında oluşmuş bir sentezin ifadesidir ki, bu da, varlıkların birbirlerine yaklaşmakta olduklarını gösterir. Bu manyetik alanlar sentezi ne kadar iyi kurulursa, aile arasındaki kaynaşma o kadar mükemmel olur ve aile, hakikî hedefine o kadar yaklaşmış bulunur.

*
* *

Varlıkların dünyaya inmeleri, dünya maddeleri içinde kendilerine lüzumlu olan malzemeler ile karşılaşıp onlardan yararlanabilmeleri içindir, demiştik.

Güneş Sistemimizin bütün küreleri arasında inkişaf malzemesi en bol olanlardan biri Dünya'dır. Bu malzemelerin, çeşitli ihtiyaçlara göre tanzim ve tertip edilmiş, insanların işlerine yararlı hâllere sokulmuş olmaları lazımdır. Bu işlerle vazifelenmiş, vazife plânının varlıkları, liyakatleri ve kudretleri derecelerine göre, dünyaya tahsis edilmiş muhtelif vazife organizasyonları içinde, vazifelerini yaparlar. Elbette, bunun yukarılardan gelen direktiflere uygun olması gerektiğini unutmamak gerekir.

Bu yardımlarla, dünya varlıklarının ve bu arada durumları daha kapsamlı olan insanların inkişaflarına yararlı bir sürü tertip, düzen ve teşekkül meydana getirilir. Meselâ doğa olaylarının bir nizam dahilinde vukua getirilişleri, bütün dünyayı kapsayan siyasî, ekonomik, bilimsel durumlar ve bu arada, bütün tâli teşekkülleriyle kurulmuş uluslar, devletler, aşiretler, cemaatler; hep, Ünite'nin direktifleri altındaki büyük organizasyonlarda vazifeli organlar tarafından sevk ve idare edilirler. Şu hâlde, dünyadaki ulus, devlet, aile gibi bütün toplulukların sevk ve idaresi, yukarılara bağlıdır. Ve bu bağların gayesi de; vazife plânı sezgisine hazırlanıp bu plâna liyakat kazanabilmek ihtiyacıyla dünyaya inmiş varlıkların, yâni insanların, hedeflerine ulaşabilmelerine yardım etmektir. Nitekim her insan; dünyada mevcut olan bu teşekküllerin sonsuz imkânlarından çoğu zaman otomatik ve yarı idrakli olarak, direkt veya endirekt yollardan, yâni hem onların icapları içinde bizzat yaşayarak, hem de o icaplarda yaşayan diğerlerini gözlemlemek suretiyle, sonsuz yararlar sağlar. Buradaki "otomatik" sözcüğünün mânâsını daha önce biraz açıklamıştık. İnsanların bu topluluklardan yararlanmaları her zaman onların hakikî gayelerini görerek vuku bulmaz. İnsanlar, hemen hemen daima, bu topluluklara dünya realitelerine ve kıymetlerine göre ancak kendilerine sağlayacakları menfaatlere karşı istekli ve hırslı olarak katılırlar ve bu istekle, o topluluklarda canla başla çalışırlar. Bu isteklerin çeşitleri de, her kişinin nefsaniyet cüzlerinin nitelik ve niceliğine göre değişir. Bu nitelik ve nicelikler, bazen çok aşağılardaki bencillik düzeylerine kadar inebilir. Meselâ büyük bir haydut çetesi kurulabilir. Fakat vicdan mekanizmasının üst düzeylerine intibak etmiş dengelerle, bu istekler, çok asilce ve yüksek tezahürler de gösterebilirler. Meselâ temiz bir sevgi içgüdüsüyle, bir ailenin bütün yükleri altına seve seve girilebilir. Fakat görünürdeki bu gelip geçici maddî çıkar duygularına karşılık, bütün bu teşekküllerin bazen tatlı, bazen de çok acı ve zahmetli yollardan, insanları üstün ve hakikî kazançlara götürecek olan asıl büyük kıymetlerini, hemen hemen kimse görmek ve düşünmek istemez.

*
* *

Dünyada bulunan her şey gibi, ulus, devlet, aile teşekkülleri de; gaye değil, vâsıtadır. Bu vâsıtaların hakikî gayeleri; dıştan göründüğü gibi dünyanın çok geçici olan ve dünya ötesine zerresi bile götürülemeyen maddî kazançları ve realiteleri değil, bu realiteler içinde yaşayayım, bu kazançlar peşinde koşayım derken, insanların karşılaşacakları acı veya tatlı bir sürü olayın vicdan mekanizmasında uğrayacakları işlemlerden sonra hâsıl olacak,* öz bilgilerin elde edilmesidir.

İşte bu noktada, vicdan mekanizması ile öz bilginin zenginleşişi arasındaki ilişkiyi bir kez daha belirtmiş bulunuyoruz. Şimdi bu bilgileri, idraklerde karanlık ve müphem bir tarafın kalmaması için, özetleyerek tekrarlayacağız.

---

* "Hâsıl olmak" fiili; "meydana gelmek; ortaya çıkmak, doğmak" anlamına gelir.

*
* *

Dünya idrakiyle kıymetlendirilen vicdan realiteleri, varlığın öz bilgisi değildir. Bunlar, varlığın kaba maddelerdeki bedenlenmelerinin icaplarına göre, madde durumlarının, vazife-nefsaniyet düalitesi içinde çeşit çeşit formlar gösteren görünüşleridir. Bu realiteler, herkeste mutlak olarak aynı sırayı izlemezler, lüzum ve ihtiyaçlara göre sıralanırlar. İşte bu zıt unsurların çarpışmaları sonucunda doğacak olaylardan alınacak kıyas bilgileri, idrak kanalıyla varlığın öz bilgisinin değerlerini arttıracak ve bu değerler de, idrak formasyonları içinde, ruhun tekâmül ölçüsü olarak ona yansıyacaktır. Bu hâl, dünyada daima değişen realitelerin, vicdan mekanizmasındaki durumlarını ve bütün bu mekanizmaların öz bilgiyi zenginleştirici rollerini ve nihayet, varlığın ruhun tekâmülüne ait yaptığı hizmetlerin özünü, kısaca gösterir. Yine, vicdan mekanizmasını işleten bu realiteler; bir taraftan öz bilgileri arttırırken, diğer taraftan gücünü ve hızını öz bilgilerden alarak, üst realitelere doğru kayabilmektedirler. Yâni, beyne bağlı realiteler, öz varlıktaki idrake ait ince madde kombinezonları komplekslerini zenginleştirirken; öz varlıktan beyne yansıyan nurlu ışıklar da, vicdan dengelerini üst düzeye ulaştırmaktadırlar. Böylece, öz bilgiler arttıkça, vazife bilgisi yolundaki vicdan mücadeleleri, nefsaniyetin de düzeyini yükseltir. Ve bir ân gelir ki, vazife plânının yakınlarında, vazife ile nefsaniyet arasındaki mesafe kısalır. Ve idrakin, vazife cephesine yönelmesi kolaylaşır. Vazife plânına gelince, oradan itibaren vicdan düalitesi ortada kalmaz. Onun yerine büyük vazife fonksiyonlarıyla yürüyen, mahiyeti değişik, diğer bir tekâmül düalitesi başlar. Ve bu düalite, varlığı Ünite'ye kadar izler.

*
* *

Bu mücadelenin en şiddetli ânlarını oluşturan -özellikle orta insanlık kademelerinde- insanlar, mütemadiyen, sırayla bir huzur bir huzursuzluk içinde yaşarlar. Bu hâller, vicdan unsurlarının belirgin olarak meydana çıkan denge ve dengesizlik durumlarına tekâbül eder. Bu huzur, insanı idraki oranında tatminkâr bir duruma sokar. Bu sayede o, kendisini, halledilmiş problemler içinde görür. Fakat, icaplara ve öz varlığın beliren ihtiyaçlarına göre vicdanın denge hattı yukarılara veya aşağılara doğru bozulmaya başladığı ânda, onun keyfi kaçar. Yeni bir realite karşısında eski realitesinin yıkılmak üzere olduğu hissi, ona azap verir. Bu ıstırap, dengenin bozulması derecesiyle artar. Bu hâl, her devreye, her kademeye göre çeşitli mahiyetler ve şekiller alır. Bazen -özellikle az ilerlemiş kademelerde- hakikî vicdan azabı hâlinde kendini gösterir. Bu azap şekilleri, dengelerin aşağı doğru kayışlarında daha çok görülür. Varlığın ileri inkişaf derecelerinde bu tür azaplar olmaz ama, muhtelif teşevvüş hâl ve şekilleri meydana gelir ki, bunlar da az önemli huzursuzluklardan sayılmazlar. Bütün bu huzursuzluk veya ıstırap hâlleri; vicdan realitelerinin daha üst düzeylerde denkleşmelerini ve bu sayede öz bilgilerin artmasını ve insanların, mukadder olan vazife plânlarına yaklaşmalarını sonuçlandırır.

Şu hâlde, bulunulan kademenin hazmedilmiş, fonksiyonunu ifa etmiş realitelerini izleyen teşevvüşleri bir ân önce atlatmaya çalışmak suretiyle, üst realitelere ulaşmak gerekir. Tâ ki kazanılmış olan üst liyakatler, zamanlarında fonksiyonlarını yapmaya başlasınlar ve bunun sonucunda da, öz bilgilerin inkişaf yolundaki normal seyirleri kesintiye uğramadan devam etsin. İşte bir insan, herhangi bir huzursuzluk veya teşevvüş ya da ıstırapla karşılaştığı, vicdanı herhangi bir azabın kıvılcımlarıyla yanmaya başladığı zaman; o insanın derhal kendisini toplayarak, idrakini vicdanının unsurları arasında dolaştırması, o zamana kadar ilgi göstermediği vicdanının üst unsuruna yönelmesi, istekleriyle ona değerler göndermeye başlaması, buna karşılık, alt realiteye ait isteklerini, alışkanlıklarını, arzularını ise geri plânlara atarak, onları yeni değerlerle beslememesi ve her şeyden önce, bunun için elzem* olan cehit ve gayretleri göstermesi gerekir. Bunu yaptıkça, vicdan dengesi yavaş yavaş üst düzeylerde kurulmaya başlar. Bu da gerçekleşince, yeni doğacak daha büyük bir huzur ve mutluluğun neşesi, bütün geçmiş üzüntü ve sıkıntıların hepsini siler süpürür. Fakat onların öz varlıktaki bilgileri, zengin bir inkişaf yükü hâlinde, o insanı yüksek tekâmül plânlarına daha çok yaklaştırmış bulunur ki; esasen, insanda huzurun artması da bu hâlin sonucudur.

* "Elzem" sözcüğü "vazgeçilmez, mutlaka lazım olan, çok lüzumlu" anlamına gelir.

*
* *

"Acaba bu nefsaniyet unsuruna ne lüzum vardı", daha doğrusu, "insanlık hayatında belirgin olan vazife-nefsaniyet düalitesi olmaksızın da üstün realitelerin kazanılması ve öz bilgilerin artması, sonuç olarak vazife hazırlığının yapılması mümkün olmaz mıydı" gibi, insanların aklına bâzı sorular gelebilir. Bunun cevabı, zaten, geçmiş bilgilerde vardır. Onları burada belirtelim.

Ruhun tekâmülüne yarayacak olan bilgilerin öz bilgi hâline geçmiş olması, yâni varlığın öz malı olması şarttır, demiştik. Bu da, yine söylediğimiz gibi, ancak olaylar içinde varlığın yoğrulması ve bir sürü cehit ve gayret sarf edilmesiyle sağlanacak bir durumdur. Yâni, varlık, beden vâsıtasıyla, dünya olaylarının müspet ve menfî cepheleri karşısında, onlarla boğuşarak yapacağı tatbikatlardan sonra bâzı sonuçlar elde edecektir ki, işte öz bilgileri sağlayan, bu sonuçlardır. Esasen insanların tekrar tekrar bedenlenmeleri, olayların hem tatlı, hem acı sonsuz tezahürleriyle karşılaşabilmeleri içindir. Bunun sebebi de öz bilgileri arttırmaktır. Fakat burada bir zaruret daha belirmektedir: Eğer olayların içinde yoğrulma ve boğuşma imkân ve fırsatlarını hedef tutan etkenler olmasaydı, böyle zahmet verici, cehit ve gayretleri harekete geçirici olayların ortaya çıkmalarına lüzum kalmazdı. Ve eğer insanlar hak edilmemiş süreçlerle tekâmül yolunda yürütülebilselerdi, o zaman belirli hareketlerin içinde hapsedilerek idraksizce sürüklenebilirlerdi. Fakat daha önce vermiş olduğumuz bilgiler, insanlar hakkında böyle bir tekâmül sürecinin mümkün olamayacağını göstermektedir. Çünkü varlıkların idrak ve özgürlüklerinden ilgisiz bir şekilde, tam bir makine gibi işleyen bu tür ilerleyişler, ancak -daha önce açıkladığımız gibi- varlıkların henüz idrakten ve kudretten yoksun bulundukları, kâinatın ilk safhasındaki, karanlık, ebediyet kadar uzun bir esaret içinde geçen mekanik tekâmül prensibine tâbi olabilir. Ve bu prensip altındaki tekâmülün de varlıklara sağladığı en büyük sonuç; yine açıklamış olduğumuz gibi, hidrojen atomunun, henüz idraklenmemiş ve esaretten kendilerini kurtarabilecek kudretleri kazanamamış, sadece mekanik hareketlere intibak etmeye mecbur tutulmuş bir liyakat durumundan ileri geçmez.

Varlıklar, hak kazanmadıkları olaylara sokuldukları takdirde, onlardan insanlık safhasına lâyık yararları sağlayamazlar. Çünkü bu takdirde, neden ve sonuçlarını tayin ve takdir edemeyecekleri bu olayların tecelliyatında kıyas bilgisine girebilmeleri mümkün olmaz; kıyas bilgisi mevcut olmayınca da, öz bilgiler oluşamaz ve insanlıktan beklenen tekâmül gerçekleşemez. Ne olursa olsun, neden ve sonuçları bilinmeyen olaylar, insanlar için boş ve gayesiz kalır. Ancak, hak edilmiş acı veya tatlı olaylar arasında yoğrularak onların içinden zaferle veya yenilgiyle çıkmış olmanın, nedensellik prensibi muvacehesinde geçirilecek kıyas bilgisi yardımıyla idrakine varılmış sonuçlarıdır ki, tekâmül unsuru olan öz bilgileri meydana getirirler.

Demek ki insanların, tekâmül ihtiyaçlarına ayarlanmış olayları hak etmiş olmaları gerekir. Tâ ki onlar bu hak edişlerinin idraki sayesinde, o olayların içinde yoğrulurken sonuca kendilerini ulaştıracak olan kıyas bilgilerini bulabilsinler ve bunların muhasebelerini yapmak imkânına kavuşsunlar. Niçin dayak yediğini bilmeyen bir çocuk, o dayaktan lâyıkıyla yararlanamaz. Dayaktan yararlanamayınca da, durumunun ölçüsünü takdir edip hâl ve tavırlarını düzeltmek cehdini gösteremez. Bu dayaktan yararlanabilmesi için, idrakinin uyandırılması ve bunun için de, hangi zayıf taraflarıyla dayağı hak ettiğinin belirtilmesi gerekir. Bu, onun pusuda bekleyen zayıf taraflarını harekete geçirip meydana çıkartmakla mümkün olur. Bütün bunlardan başka, ileride bildireceğimiz mukadderat plânının tatbikatında da, bu cehit ve gayret mekanizmasının rolü vardır. Bu bilgiler, vazife unsurlarının önüne niçin çetin ve sert birtakım sonuçlar doğuracak olan nefsaniyet cüzlerinin dikilmekte olduğunu ve vazifeli varlıkların bu hâllere neden sebep olduklarını açıklamış olur.

Şu hâlde, vazife-nefsaniyet mücadelesi mekanizmasına lüzum vardır. Ve nefsaniyet, bunun için, inkişaf yolunda kıymetli bir unsurdur.

*
* *

İnkişaf mekanizmasında vazife unsurunun karşısına nefsaniyetin dikilmesi, boş ve lüzumsuz bir iş değildir. Nefsaniyet, bütünüyle ve cüzleriyle, cehit ve gayretleri kamçılamak ve biraz önce söylediğimiz gibi, insanı kıyas bilgisine sürüklemek için konulmuş, mükemmel ve esaslı bir vâsıtadır. Tekâmül mekanizması, hayatlar boyunca artan hızını, bu nefsaniyet unsurlarının, görünürde menfî görünen kudretlerinden alacaktır. Kırılacak odunun direnci olmazsa, balta kullanmaya lüzum kalmaz. Nefsaniyet, bu odunun direnci gibidir. Balta da, nefsaniyeti yenmek için yapılacak mücadelelere ait cehit ve gayretleri sembolize eder. Şu hâlde, nefsaniyet olmazsa mücadelelere, cehit ve gayretlere lüzum kalmaz. Böyle olmayınca da liyakatsiz, kendi kendine gelecek tekâmüller beklenir ki, biraz önce açıkladığımız gibi, böyle bir şey mümkün olmaz. Dolayısıyla, nefsaniyet olmalı ki, üst unsurlara geçebilmenin cehit ve gayretleri gerçekleşme sahasını bulabilsin. Bu cehit ve gayretler, gelecek merhalelerin bilgilerini ve onların öz varlığa mal edilmelerini sağlayan temelli süreçlerdir.

*
* *

Şimdi, bu nefsaniyet cüzleri ve vazife hazırlığı mücadelesi içinde çırpınan, çabalayan insanın, bir birey olarak içinde yaşadığı âleme oranla olan durumuna ait bilgileri vereceğiz.

İnsan; bir ruhun kâinattaki tekâmülünün vâsıtası ve ifadesi olan varlığa tahsis edilmiş madde cüzlerinden oluşan kombinezonlar bütünüdür. Demek ki beden; bir varlığın dünyadaki hizmetine tahsis edilmiş, kendi inkişaf zaruretlerine göre kullanabileceği maddî bir vâsıtadır. Varlık, hâkimiyeti altında ve hizmetinde bulunan bedenin kaba maddî durumundan yararlanarak, onun vâsıtasıyla dünya maddelerine tesir eder. Bu olaylar, bedenin tâbi olduğu yüzey zamanı realitesine göre cereyan eder. Buna karşılık, maddelerden gelen tesirler, küresel zaman idrakiyle kıymetlenerek, varlığın idraki kanalıyla ruha yansırlar. Böylece ruhun tekâmül ihtiyaçları karşılanmış olur.

Varlığın sınavları, deneyimleri, gözlemleri, kısacası plânının icaplarından olan bütün ihtiyaçları için kullandığı bedenine, yardımcı olarak, dışarıdan ve tabiatıyla yine, ancak o varlık kanalıyla, milyonlarca tesir gelir. Bu tesirler, çok yükseklerden gelebileceği gibi, muhtelif şiddet ve güçlerde sonuçlar doğurmak üzere, çeşitli tekâmül düzeylerindeki plânlardan ve kademelerden de gelebilir.

Varlığın dünyadaki beden hayatına ait, çizilmiş olan mukadderat plânının icaplarını yerine getirmek için bedene inen bütün bu tesirler, üst plânların daima kontrol ve gözetimi altındadır. Dolayısıyla, bu tesirlerin en küçüğünden en büyüğüne kadar, hiçbiri boş, mânâsız ve lüzumsuz değildir. Bunların her biri, daha önce söz ettiğimiz vicdan mekanizmasıyla ilgili durumlar gösterir ve organizmada ayarlanır. Bu ayarlanış, varlığın dünya plânının icapları ve zaruretleri ahengi içinde vuku bulur.

*
* *

Beden bir organizmadır. Dolayısıyla, onu oluşturan hücreler, organlar, sistemler vardır. Bütün bu cüzler, birbirine tâbi olarak ve sistemleşerek beden organizmasının bütününü meydana getirirler ki, bunun da organizatörü, o bedene hâkim olan beyindir. Fakat bu beyin de, asıl varlığa bağlıdır. Dolayısıyla, beden organizmasını oluşturan daha küçük organizmaların da, insanınkinden çok daha basit olmak üzere, birer varlıkları, yâni organizatörleri vardır ki; onlar da, kendi çaplarında, nispeten daha basit ruhların tekâmüllerine hizmet ederler. Demek ki insan bedeninin bütün durumlarından, bu bedene hâkim olan varlık sorumludur.

Varlıklar, bedenleri kullanabildikleri kadar kullandıktan sonra, yâni onlardan elde edebilecekleri yararları elde ettikten sonra, o bedenleri kullanmaktan vazgeçerek, onları sevk ve idare eden beyinle olan irtibatlarını keserler ki, buna "ölüm" deriz.

*
* *

Bir varlık, üst varlıkların yardımıyla bir beden kurar, o bedenden yararlandığı sürece onu kullanır; bunun için de, beyin vâsıtasıyla o bedenin bütün cüzlerine hâkim olur ve böylece, maddî ihtiyaçlarını o beden kanalından sağlar.

Bu bakımdan, henüz bir insan bedenini idare edebilecek durumda bulunan bir varlığın bu bedeni kullanması ile meselâ, madde ve varlık topluluklarından meydana gelmiş büyük bir güneş sistemini idare eden bir varlığın bu sistemi sevk ve idare etmesi arasında, esas bakımından, fark yoktur. Bunlar arasında sadece, tekâmül, kapsam genişliği ve karmaşıklık farkları vardır. Dolayısıyla, bir insan varlığının bir bedene olan tesirleri, hangi mânâları taşıyorsa, vazifeli bir varlığın da bir güneş sistemine olan tesirleri, aynı mânâları, daha kapsamlı ve karmaşık olarak, taşımaktadır.

*
* *

Bir insan doğduğu zaman, varlığının belirli bir inkişaf düzeyine gelmiş durumu mevcuttur. Yine, onun bu belirli inkişaf durumuna göre, dünyada yapması gereken belirli işleri olacaktır. İşte bu işlerin yapılması, onun o devredeki dünya hayatına ait vazifesidir. O insanın dünyada yaşaması, kendisine sahip olan varlığın dünyaya inmeden önce diğer, vazifelilerle birlikte hazırlamış olduğu dünya tatbikatı plânını gerçekleştirmesi içindir. Dolayısıyla, o varlık, dünyaya gelmeden önce, yapması gereken işleri tasarlamış, göze almış ve onları yapacağına söz vermiştir. Mademki o buna söz vermiştir, dünyaya inişi de bu verdiği sözün tatbiki içindir; o hâlde dünyaya indikten sonra, verdiği sözü tutması ve borcunu ödemesi, yâni tasarlanmış plânı tatbik etmesi şart olur. Çünkü vazife plânının onayıyla kararlaştırılmış işlerin yapılması, zarurîdir. Böylece, karar verilen işler, vicdan mekanizması dengesinin ahengi içinde tatbik edilir.

*
* *

Belirli ihtiyaçlarla beden sahibi olmuş bir varlık, kendi inkişaf durumuna uygun bir vicdan dengesi düzeyinde dünyada yaşamaya başlar ve plânına göre, çeşitli mâşerî durumlarda yer alır. Bu gelişlerin ve yerleşişlerin hiçbiri keyfî ve rastgele değildir.

Bir birey plânının yapılışı da basit bir iş değildir. Daha önce söylediğimiz gibi, onun yaşayacağı mâşerî plânlar ile sayısız ilişkileri vardır. Bunlar hep hesaba katılır. Meselâ o varlık, hangi ulustan, hangi dinden, hangi örf ve âdetlere sahip cemaatten, hangi eğilimlere, liyakatlere, isteklere, kudretlere sahip, hangi inkişaf kademelerine ulaşmış aileden ve bireylerden gelecekse ve hangi ortak ihtiyaçlara göre onlar ile mâşerî plânlar kuracaksa; bütün bunlar, önceden ve elbette hep vazifeli varlıkların yardımlarıyla ve kendisinin inkişaf zaruretlerine göre, inceden inceye hesaplanmış, tertiplenmiş, birlikte kararlaştırılmış ve plânlaştırılmıştır. İşte dünyada tatbik edilmesi gereken plân, budur. Varlık, bu plânla ayarlanmış olan, dünyadaki çevresine inmeye hazırlanır. Bu ayarlanma sırasında, o varlığın anası, babası olan bedenlerin varlıkları ile istişareler yapılır, onların da kararları alınır. Ve eğer bu kararlara göre, ana, baba olacak bedenlerin de gerek bireysel, gerek sosyal ve hattâ ekonomik durumlarında bâzı iyileştirmeler ve değişiklikler yapılması gerekiyorsa, bu işler de düzenlenir. Yâni, aralarına alacakları misafirlerine göre, onların durumlarını da, vazifeli varlıklar, yoluna koyarlar. Kısacası her şey ayarlanır.

Bir varlığın dünyaya inişinde çeşitli vazifeliler çalışır. Dünyada da o varlıkla ilgili bedenler, genellikle otomatik olarak bu hazırlıklara katılırlar. Ana, baba, akrabalar, ebe, doktor, hastane, bakımhane, yetimhane, okul, toplum, devlet, kısacası uzaktan yakından bir sürü beden; dünyaya inecek varlığın yakın ve uzak hayatı için, bilmeden, çeşitli şekillerde vazifelenirler. Onlar da bu vazifelerini çoğu zaman otomatik olarak yaparlar. İşte bu otomatik vazifelerin ifası için sarf edilecek yine otomatik cehit ve gayretledir ki, daha önce söylediğimiz kurumlar ve topluluklar içinde, yâni mâşerî bir plân içinde, insanlar, büyük vazife plânının sezgilerini kazanmaya çalışırlar.

*
* *

Bu kadar ince hesaplarla hazırlanmış bir plân etrafında bir sürü vazifelinin faaliyeti, emeği geçerek meydana getirilmiş bir bedenin sahibi olan varlığın, mensup bulunduğu mâşerî plânın bireylerine karşı, elbette, borçları olacaktır. Ve bu borçları o, daha dünyaya gelmeden önce yükümlenmiştir. Buna rağmen bir gün kalkar da, bu hazırlayıcılar ve yardımcılar önünde vermiş olduğu sözü unutur, kararlarından döner, borçlarını reddeder, plânını tatbik etmekte tembellik gösterir ve hattâ, üstelik intihar da etmeye kalkışırsa, vazife sezgisine ne kadar aykırı ve uzak bir harekette bulunmuş olur!.. Vazife sezgisine bu kadar aykırı bulunan bir hareket, o hayatın en alt nefsaniyet düzeyidir ve onun sorumluluğu, ne kadar otomatik olursa olsun, ağırdır. Bu ağır sorumluluğun otomatizması da, çok şiddetli ıstıraplar ve azaplı reaksiyonlarla tezahür eder. Böyle bir insanı, ancak, bu ağır otomatizmanın zahmetli olan kıyas bilgileri, yarı idrakli durumlarda ileri doğru itebilir.

Beden, bir varlığa hizmet eder ve kaba dünya maddelerinde o varlığın sembolü olur; tıpkı, ruhun sembolü de, daha derin mânâda, varlık olduğu gibi. Şu hâlde, dünyadaki bedenden ruha kadar uzanan bu birbirinden farklı beden–varlık–ruh ilişkisi, insanlarda, bedenin içinde ruh varmış zehabını* uyandırır.

*
* *

İnsan olarak dünyaya gelmiş bir varlığın bireysel tekâmülünü izleyebilmek için, işi çok gerilerden alarak, kâinatta hiçbir tekâmül ve inkişafın mevcut olmadığı bir kademeyi kabul edelim. Burada, inkişafın hangi etkenlerle seyrettiğinin sezgisini verebilmek için, sembolik bir projektör şeması kullanacağız. Şunu tekrar etmek isteriz ki, burada kullanacağımız şema, ancak, bu hakikatler hakkında sezgi verebilmek içindir.

Daha önce mahiyeti hakkında hiçbir şey söyleyemeyeceğimizi bildirmiş olduğumuz, hem ruhlara, hem de kâinatlara hâkim yüksek prensipten söz etmiştik. Bu yüksek prensip, bizim bilemeyeceğimiz, sonsuz, bütün mânâ ve mahiyet kavramlarının dışında kalan bir prensiptir. Bu prensibin sonsuz kâinatlara ve ruhlara yönelik kudretleri arasında bizim kâinatımıza yönelmiş olanının sezgisini, ancak bu projektör sembolüyle vereceğiz. Fakat bu projektör, kâinatlara ve ruhlara hâkim olan Aslî Prensibin kendisi olmayacaktır. O'nun, ancak kâinatımız ile, yâni madde kâinatı ile ruhların ilişkisine ait bir kudretidir. Bu, ancak bu kadarla ifade edilebilir.

---

* "Zehap" sözcüğü; "zann, sanma, zannetme; kuruntu, yanlış fikir" anlamlarına gelir.

Dünyamızın basit hareketlerini bile açıklayabilmekte yetersiz kalan "kudret" sözcüğüyle sembolize ettiğimiz, Aslî Prensibin kâinatımıza ait durumu veya veçhesi,* elbette böyle bir sözcüğün alelâde mânâsına sığmaz. Çünkü yalnız bu sözcük değil, bütün kâinatımızda bu durumu ifade etmeye yetecek hiçbir hareket, sözcük, mânâ veya imaj yoktur. Ancak, çaresiz kaldığımız için, bilinen mânâlarından tecrit edip sırf bir sembol olarak, Aslî Prensibin kâinatımıza ve orada tatbikatlarını görecek ruhlara yönelik cephesini (bu ifadeler dahi asıllarını ifade etmekten âciz sembollerdir) "kudret" sözcüğüyle ifade ediyoruz. Şu hâlde, bu sembolle, yine sembolik olarak beyan edeceğimiz ifadeye göre, kudret; Aslî Prensibin -ruhların kâinatımıza ait tekâmül ihtiyaçlarına cevap veren bütün madde imkânlarının bu ihtiyaçlar ile uyuşturulmasına yönelik- icaplarının bütünüdür. Bunu biraz daha açıklayalım: Aslî Prensibin bu kudretinde; hem ruhların sonsuz kâinatlara ait ihtiyaçlarından ancak kâinatımızla ilgili -tekâmül kavramıyla sembolize ettiğimiz- durumları mevcuttur, hem de bu ihtiyaçlara tekâbül eden, kâinatımızın bütün madde imkânları mevcuttur. İşte, ruhların ihtiyaçlarını ve kâinat maddesinin bütün imkânlarını içine alan, Aslî Prensibin bu kudretinin, ruhî ihtiyaçlar ile madde imkânlarını birleştirerek bir vahdet hâline getirmek gayesinin gerçekleşmesi; bizim "tekâmül" sözcüğüyle ifadelendirdiğimiz mânânın en son ve yüksek delâletini** anlatır. Bu sezgi, ruhların sonsuz kâinatlardan bir teki olan madde kâinatımıza ait ihtiyacı hakkındadır. Burada, diğer kâinatlar hakkında söylenmiş bir söz yoktur.

*
* *

Kâinattaki tekâmülün yürüyüşünü, güçlü bir sembol olarak verdiğimiz projektör kavramıyla izlemeye başlıyoruz. Bu projektörün ışıkları, Aslî Prensibin sözünü ettiğimiz kudretini veya icaplarını temsil etmektedir. Bu ışığın kaynağı, Aslî Prensibin kendisi de değildir. O'nun ancak kâinata yönelik olan kudretidir. Bu hu-

---

* "Veçhe" sözcüğü, "görünüş, görünen taraf" anlamına gelir.

** "Delâlet" sözcüğü, "bir işaretin, bir olayın, bir şeyin işaret ettiği, gösterdiği, ifâde ettiği, anlatmak veya demek istediği (şey), anlam" anlamına gelir.

susta bu kadar sezgiyle yetinmek ve daha ilerisine gitmeye kalkışmamak gerekir. Aksi hâlde insanlar, içinden çıkamayacakları büyük ve sonuçsuz teşevvüşlere düşmekten başka bir şey kazanamazlar. İşte yukarıda sezgisini verdiğimiz kaynaktan çıkan bu ışık, bir koni hâlinde, o ânda âtıl, amorf ve pasif olarak bekleyen kâinat cevherine, aslî maddeye iner. Işığın tepesi o kudrette, tabanı da aslî maddededir. Unutulmasın ki, bu ışıkta hem ruhların ihtiyaçları, hem de bu ihtiyaçlar karşısında maddede tecelli edecek olan imkânların tümü mevcuttur. Ve bu ihtiyaçlar ile imkânlar, ancak bu ışık içinde birleşecek ve tekâmül, gerçekleşecektir. İşte ışığın bu gerçekleştirici kudretlerine "icap" diyoruz. Demek ki her kâinata göre ayrı bir cephesi ve durumu bulunan icabın kâinatımıza ait olan cephesi; ruhların ihtiyaçlarının madde imkânları ile bir kılınmasını sonuçlandırmaya yönelik, Aslî Prensibe ait kudretin kendisidir.

Bu projektör ışığının kâinatımıza ilk indiği yer, aslî maddenin amorf hâlidir. Bu ifadeleri dünyadaki mekân kavramına göre düşünmeden sezmeye çalışmak icap eder. Yoksa, ortada ne bir yer, ne de mesafe yoktur. Bu imajlardan ancak, büyük hakikatin insanlara hitap eden cephesi hakkında ve sezgi verebilmek için söz edilmektedir.

Işık konisinin amorf maddeye ilk düştüğü saha, derhal aydınlanır. Işık konisinin aslî maddede bulunan tabanındaki bu aydınlık, tatbikata başlayacak ilk ruhların ihtiyaçlarının, o temas sahasındaki madde imkânları ile karşılaşmış olduğunu ifade eder. Burada, taban henüz pek az aydınlık ve tepeden çok uzakta bulunur. İşte onun için bu sahaya karanlık bir safha diyoruz. Bu sahada cereyan eden hâl şudur: Işığın madde ile temas eden nihaî kısmında, yâni koninin tabanında mevcut olan ruhların ihtiyaçları karşısında, âtıl madde harekete geçmiş ve bu hareketle de, ruhların mekanik tekâmül prensibi işlemeye başlamıştır.

Bu hâl gerçekleştikten sonra, yâni amorf maddede ilk imkânlar tezahür ettikten sonra, projektör ışığının aydınlattığı saha, yâni ışık konisinin tabanı, daha çok aydınlanmaya başlar. Aynı zamanda taban yavaş yavaş tepeye doğru yükselir ve koninin tepesi ile tabanı arasındaki mesafe kısalmaya başlar. Fakat bu mesafeyi kilometrelerle ölçülecek bir uzunluk mânâsına almamalıdır ve bunların birer sembol olduğunu unutmamalıdır.

Maddelerin imkân tezahürleri arttıkça, koninin tabanı daha çok aydınlanır ve tepeye yaklaşmaya devam eder. Bu şu demektir ki, maddenin imkânları gittikçe daha çok tezahür etmekte ve bu tezahüre sebep olan ruhların daha geniş çaptaki ihtiyaçları karşılanmakta, inkişaflar artmakta ve sahalar aydınlanmaktadır.

Böylece, kâinattaki tekâmülün ilk mekanik prensibi, yâni daha önce uzun ve kâranlık bir saha olarak ifade ettiğimiz hidrojen altı safhası gelişir.

*
* *

Işık konisinin tabanı, hidrojen safhasının başlangıç sahasına kadar yükselir. Buradan itibaren -daha önce açıklamış olduğumuz gibi- ruhlar artık maddelere bağlanır. Bu safhada monoton, mekanik, fakat geçecek pek uzun zaman içinde, çok yavaş tempoyla karmaşıklaşan maddenin hareketlerine, ruhların pasif ve mekanik olarak ilk intibak tatbikatları başlar. İşte bu bakımdan bu safhaya tekâmülün "pasif intibaklar safhası" da deriz. Ruhlar, bu safhada, esaret içinde bir pasiflikle sürüklenerek, sadece, maddenin hareketlerine, ebediyet kadar süren bir zaman boyunca, alıştırılacaklardır. Işık konisinin tabanı, burada biraz daha aydınlanmış ve zirveye biraz daha yaklaşmıştır.

*
* *

Işık konisinin tabanı, aydınlanmaya devam ederek hidrojen atomunun varlık safhasına kadar yükselir. Buradan itibaren, ruhların ilk basit aktif davranışlarıyla maddelerdeki inkişaf prensibi başlar. Burada, hem ruhların ilkel bir faaliyeti, hem de bu faaliyeti çok sıkı kontrol altında tutan ve destekleyen bir otomatizma prensibi mevcuttur. Bundan sonra yükselmeye devam eden ışık konisi, idrakin ilk pırıltıları olan sezgilere varlıkları hazırlayıcı, bitki bedenlerinin kurulması safhasına yükselir. Bitkilerde ilk, ilkel sezgilere intikal egzersizleri başlar. Bu safhada özgürlüğün sınırı -yine pek dar olmakla birlikte- bir miktar daha genişletilmiş ve sezgi otomatizması başgöstermiştir. Koninin tabanı yükseldikçe, bu sezgi otomatizmaları, kapsam kazanarak, hayvanlardaki sezgilere inkılâp edecektir. Hayvanlarda inkişaf, bitkilerdekine nazaran, biraz daha hızlıdır. Koninin tabanı hayvanlık safhasından insanlık safhasına doğru yükseldikçe, hayvanlarda, insanlardaki bâzı idrakî özelliklerin ilk hazırlıkları da belirmeye başlar ve insan melekelerine benzer bâzı durumlar ve hâller görülür.

*
* *

Işık konisinin tabanı, aydınlanmasına devam ederek ve yükselerek idraklerin başladığı, hidrojenin insanlık kademesine kadar gelir. Buradan itibaren, vazife plânına hazırlığın yarı idrakli, sübjektif bir tekâmül safhası başlar ki, buradaki saha oldukça aydınlanmış durumdadır. Işık konisinin tabanı böylece tepesine doğru yaklaştıkça idrakler aydınlanır, vazife plânından itibaren başlayacak olan safhaya doğru hazırlıklar ilerler ve nihayet koninin tabanı, insan üstü ve hidrojen âlemi ötesi olan vazife plânı safhasına kadar yükselir. Işık konisinin tabanı bu safhaya ulaşınca, artık saha iyice aydınlanmış bulunur. Buradan itibaren, icaplar, açık olarak tezahür ederler. Bu durum, idraklerin icaplara hızla intibaklarını sağlar. Buradan itibaren, ruhların davranışları ile icaplar birleşmeye başlayacaklardır. Varlıklar buraya kadar, ışık konisinin tabanını yukarı doğru çeşitli mekanizmalarla, âdeta itilerek ve sürüklenerek izleyebiliyorlardı. Bundan sonra, idraklerin icaplar ile vukua gelecek birleşme liyakatleri sayesinde, varlıklar, ışık konisinin huzmelerine kendi idrakleriyle tırmanarak, didinerek, faal bir şekilde tepeye doğru çıkmaya başlarlar. Bu da, idraklerin icaplara intibak ettiği, yâni onlar ile vahdet hâline girebildiği oranda hızlı olur. Onun için buradaki yürüyüşe tekâmülün "aktif intibaklar safhası" da deriz. Bu safhada tekâmül, geçmiş safhaya nazaran objektif karakterdedir. Bu kavramın sezgisi, biraz ileride zaman konusu açıklanırken daha iyi alınmış olacaktır.

*
* *

Vazife plânından itibaren, ışık konisinin tabanından tepesine doğru gittikçe artan bir kudret imkânı bolluğuyla tırmanmaya başlayan varlıkların, tepeye kadar katedecekleri mesafe, henüz çok uzundur. Çünkü aslî maddeye inen ışık konisinin, ilk safhasındaki tabanının tepeye olan mesafesine oranla, vazife plânından itibaren olan mesafesi, bir hayli kısalmış bulunmakla birlikte, yine, vazife safhasının ilk kademelerinde bulunan tabanı ile tepesi arasında, ebediyet kadar uzun denecek bir mesafe vardır.

Fakat vazife plânında iyice aydınlanmış olan ışık konisinin tabanı, aydınlığını bundan sonra pek büyük bir hızla arttıracak ve tepeye yükselme hızı, öncekilerle kıyas edilemeyecek derecede fazlalaşacaktır. Bu safha, hakikî bir tekâmül safhasıdır. Dediğimiz gibi, bu safhadan itibaren ışık konisinin artan aydınlık sahaları, tepeye doğru yükseldikçe, kâinata ait olan icaplar ile ruhların davranışlarının ve idraklerinin intibaklarına hız verecektir. Ve tepeye yaklaştıkça vahdet sahası o oranda genişleyecektir.

Ruhların idrakleri ile icapların birleşme sahaları, böylece genişleye genişleye ilerlerken, ışık konisinin tabanı nihayet öyle bir noktaya gelir ki; orada icapların bütünü ile ruhların bu kâinata ait bütün davranışları ve idrakleri tam bir vahdet hâline gelmiş bulunur ve böylece, tepeye gelmiş olan koninin tabanı, o tek nurlu noktada yolculuğunu tamamlamış olur. Bütün davranışların, idraklerin, imkânların, tesirlerin, kısaca icapların birleştiği bu tek nurlu nokta, Ünite dediğimiz idrak vahdetidir. Bu, bütün kâinattır. Onun bir tek manyetik alanı vardır ki, bu da kâinatın tek manyetik alanıdır. Bu noktada, ayrılık gayrılık yoktur. Her şey, orada birleşmiştir. Burada, bir tek idrak, bir tek davranış, bir tek icap, özetle, bir tek kâinat sözkonusudur. İşte bu nokta, kâinatta tekâmülün gerçekleşmesini ifade eder.

*
* *

Burada, büyük bir yanılma olasılığını önlemek için, şu noktayı belirtmek gerekir: Işık konisinin tepesi, daha önce söylediğimiz gibi, Aslî Prensibin kendisi değildir. O'nun bütün kâinatlara değil, sadece kâinatımıza mahsus bir kudretidir. Aynen, ruhların davranışları da ruhların kendileri değildir. Onların, bütün kâinatlarla değil, ancak madde kâinatıyla ilgili ihtiyaçlarının tecellisidir. Dolayısıyla, burada Ünite'yi; Aslî Prensibin, maddenin ve ruhların birleşmiş olduğu bir durum olarak düşünmek, hataların en büyüğü olur. Bunun da sebebini daha önce açıklamıştık. Buradaki bütün durumlar, ancak madde kâinatı kavramı etrafında toplanan ruhî davranışlar ve icaplarla açılır ve kapanır. Fakat onların ötesindeki sonsuz olaylar devam edip gider.

*
* *

Burada, açıkça anlatılmış oluyor ki, ışık konisi kâinatın kendisidir. Ve kâinat, ancak bu ışık konisiyle, aslî icaplarla var olmaktadır. O koninin huzmelerinden yoksun kalan, kâinatın bir tek noktası, derhal kararmaya, amorf hâle düşmeye, yâni insanların anladığı mânâda yok olmaya mahkûm bir duruma düşer. İşte kâinatın hiçbir zerresi yoktur ki, Ünite'den süzülerek gelen aslî tesirlerin kapsam ve ihatası dışında kalsın. Kâinatta her kıpırdanış, ancak Ünite'nin onayı ve kontrolü altında mümkün olabilir hakikatinin sezgisine, bu bilgileri alanlar, daha kuvvetle sahip olmuş bulunacaklardır.

*
* *

Aslî kudret ışığı konisine tâbi olarak kâinatın nasıl inkişaf ettiğini genel ve sembolik hatları içinde anlattıktan sonra, insanlığın başlangıcından itibaren, bir bireyin tekâmülünü, daha geniş kadrosu içinde açıklamak gerekmektedir.

İnsanlık; geçirilmiş az çok pasif inkişaf safhaları ile gelecek aktif ve hakikî tekâmül plânları arasında, yarı idrakli ve sübjektif hazırlıkları sağlayan, ara bir plândır. Ve onun, bu hazırlayıcı durumu bakımından, önemi çok büyüktür. İnsanlıktan sonra vazife safhasına geçilecektir. İnsanlıkta idrakler henüz vazife bilgisiyle aydınlanmış bulunmadığından, vazife plânına ait aktif intibaklar, insan hayatında başlamaz. Çünkü insanlık safhasında ruhların hiçbir davranışı, henüz hiçbir icap ile tam bir vahdet oluşturabilecek kudrete ermiş değildir. İnsanlar, üst plânda olduğu gibi ışık konisine kendi kudretleriyle tırmanıp çıkabilecek duruma gelmemişlerdir. Bununla birlikte insanlık, artık idrakli yükselişlerin başladığı vazife safhasının eşiğine ulaşmış ve o safhanın doğrudan doğruya hazırlıklarına başlamıştır. Dolayısıyla, insanlığın inkişafına ait lüzumlu problemler üzerinde durmanın, burada, sırası gelmiştir.

*
* *

İleride zaman ve mekân konusu üzerinde dururken açıklayacağımız gibi, insanlık hayatı sayısız bedenlenmeleri içermesine rağmen, başından sonuna kadar bir tek hayat gibi ele alınmalıdır. Bu süre boyunca insanın bir sürü bireysel inkişaf kademesi olacaktır. Her kademenin sınırları, belirli realitelerle çizilmiştir. Demek ki her insanın hayatında kendisine, kendi kademelerine özgü ayrı realiteler mevcuttur. Muhtelif realite kademelerinde bulunan insanların realite farkları, inkişaf kademeleri birbirine yakın insanlarda küçüktür. Kademeler arasındaki mesafe uzadıkça bu farklar da o oranda büyür.

*
* *

İlk insan ele alınınca, onda diğer tekâmül kademelerine nazaran belirgin olan şey; idrak eksikliğinden doğan bir otomatizmanın hâkim durumda görünmesidir. O, çoğu zaman, yaptığı işin ancak yarı idrakine varmış ya da hiç idrakine varamamış durumdan daha ileri kudret gösteremez. Bu hâl, insanlığın oldukça ileri kademelerine kadar, birçok durumda böyle devam edebilir. Ve bütün insanlık boyunca da yine, tam idrake varılması mümkün olmaz. Zaten bütün bu otomatizmaların gayesinin de, insanları vazife bilgisine ve idrakine hazırlamak olduğunu söylemiştik.

*
* *

İnsan bedenini kullanan varlıklar, dünyada, bedenlerini kullandıkları çevrelerin imkân ve şartlarından yararlanarak, o şartlara tâbi sayısız olay içinde yaşarlar. Çünkü insanları vazife sezgisine bu olaylar hazırlayacaktır. Vazife plânının doğal ve olağan olan disiplini, bu olayların sert ve haşin çehreleri karşısında yapılacak sayısız tatbikatla öğrenilecektir. Demek ki, yararlı olayların meydana gelmesi için, insanların diğer varlıklara, yâni mâşerî durumlara ihtiyacı vardır. Fakat bu mâşerî durumlar, yalnız insanları kapsamaz; bunların içine hayvanlar, hattâ bitkiler de dahildir. Ve bu hâl, bir zarurettir; diğer deyişle, dünyada büyük bir varlık kadrosu içinde birbirini yetiştirmek suretiyle, derece derece hazırlanmak zaruretinin bir icabıdır. Bunun en objektif örneği, beden hücreleridir. İnsanlar, bu ilkel varlıklar ile mukadderleri bağlı olarak, geniş bir mâşerî plân içinde, kucak kucağa yaşamaktadırlar. Meselâ bir insanın kalbini oluşturan hücreler, inkişaflarını sağlamak için nasıl o insan bedenine muhtaç iseler, o insanın bedeni de yaşayabilmek için bu hücrelere o kadar muhtaçtır. Birisinin hastalığı diğerini müteessir* edeceği gibi, her ikisinin sağlığı da, ortak selâmeti sağlar. Demek ki bütün bu varlıklar arasında mevcut olan mâşerî hayatlar, boş ve mânâsız şeyler değildir.

*
* *

Mâşerî plân; kendi imkânları içindeki inkişaf icaplarını yerine getirmek için birbirine dayanarak ve birbirinden habersizce güç alarak yan yana yürüyen bireysel plânların bir sentezidir ki, bu da, insanlık hayatındaki inkişaf otomatizmasının bir zaruretidir.

İnsanların, kendilerinden daha küçük varlıklar ile olan mâşerî plânlarının yanında, onlardan daha önemli ve idrakli olarak hemcinsleri ile ve hattâ bâzı bedensiz varlıklar ile kurdukları plânlar da vardır. Bütün bu mâşerî plânlar, inkişafın zaruretidir. Çünkü söylediğimiz gibi, insanın inkişafı, vazife plânına ait vazife sezgisi hazırlığı tatbikatlarına girişmesiyle mümkün olur. Hâlbuki büyük vazife plânında, her şeyden önce, tam mânâsıyla bir koordinasyon ve kooperasyon vardır. Yâni, orada, o plândaki organizasyonların, gruplarına göre, aralarında tam bir vahdet, bütün faaliyetlerinde birbirinden ayrılmaz bir iş birliği mevcuttur. Bu durum, o plânın şaşmayan bir esasıdır. Hâlbuki tek başına hâllerde çalışmakla, bu kadar sıkı bir koordinasyon ve kooperasyon hazırlığı tatbikatını yapabilmek sözkonusu olamaz. Böyle olunca da, kolektif bir faaliyet içinde yürüyen vazife plânına herhangi bir hazırlık yapılamaz.

---

* "Müteessir etmek", "etkilemek; üzmek" anlamlarına gelir.

*
* *

Daha önce, ulus, aile ve mâşerî plân konularını işlerken söylediğimiz gibi, dünyadaki büyük küçük, bütün topluluklar, ortak gayeler etrafında birleşmiş insanlardan oluşur. Vazife plânında doğal olan ve dünya için ideal olarak kabul edilen, hattâ mânâsı meçhul kalan tam bir iş birliği, yâni belirli noktalarda meydana gelmiş idrakli bir vahdet, dünya topluluklarında mevcut olmamakla birlikte, o ideale doğru bilmeden bir hazırlanış ve sürükleniş cehdi insanlarda vardır ki; bu da, tekâmül denilen ihtiyacın bu safhadaki zaruretidir. Bu hâl, otomatik olarak akıp gider. Esasen dünyada hemen hemen hiçbir topluluk yoktur ki, hakikî bir vazife idrakiyle teşekkül etmiş ve herhangi bir hedef uğrunda tek bir birey hâlinde yürümek kudretini gösterebilmiş bireylerden oluşmuş olsun. Bununla birlikte, bütün bu topluluklar, bambaşka ve genellikle çeşitli nefsaniyetleri tahrik edici mahiyetteki otomatizmalarıyla, insanların canla başla bir iş birliği yapmak iştah, arzu ve cehitlerini sağlarlar ki; burada asıl gizlenmiş olan hedef, insanların hakikî vazife idraki ve bilgisiyle, tam bir vahdet içinde iş birliği yükümlülüğünün mânâsını sezmeye hazırlanmaları ve bunun egzersizlerini bu otomatizmalar yardımıyla yapmış olmalarıdır.

Bir ailedeki bireylerin, bir okulda okuyan çocukların, bir fabrikada çalışan işçilerin, bir kışlada talim gören askerlerin, bir dairede çalışan memurların, bir toplantıda kararlar alan diplomatların, bir hastanede tedavi gören hastaların ve tedavi eden doktorların, bir ulusu oluşturan vatandaşların, kısacası insanlar içindeki sayısız toplulukların hepsi; otomatik nitelikleriyle, büyük vazife plânının yüksek sezgilerini hazırlayıcı tatbikatları sağlayan güçlü ve sürükleyici vâsıtalardır.

*
* *

Her insan, mâşerî plânlardan bir veya birkaçına mensup olmuştur. Bu mensup oluşlar, bazen ihtiyarîdir,* fakat çoğu kez zoraki olur. Bu zoraki itilişler de, yine, yüksek gayelere yöneliktir. Esasen, insanlar, hayatlarını kurtarmak kaygısıyla bu sürüklenişlere

---

* "İhtiyarî" sözcüğü, "kişinin kendi iradî seçimine bırakılmış" anlamına gelir.

gönüllüdürler. Kimisi nefsaniyet düşkünlüğünün sonucu olarak bir akıl hastanesinde ömrünü geçirir, kimisi bir hapishaneye kapatılır, kimisi bir lokma günlük ekmeğini kazanmak için, meselâ maden ocaklarının en ağır hayat şartları içinde bütün ömrü boyunca gömülü kalır... Bunlar hep, vazife bilgisi sezgisine ulaşmak, yâni ilâhî icaba idrakini intibak ettirebilecek, âhenge girebilecek durumlara gelebilmek içindir. İnsan, bunu yapmada ne kadar cehit ve gayret gösterir ve başarılı olursa, vazife plânına o oranda hızlı ve emin olarak yaklaşmış bulunur ve dünya hayatının ıstıraplı, ağır kademelerini de o kadar çabuk atlatmış olur. Eğer bunu yapmaz da, mütemadiyen nefsaniyetine yenilir, ondan kurtulmak cehdini göstermez, geri hislerle, basit düşüncelerle bağdaşıp kalırsa ve dünyayı plânının tatbikatına bir vâsıta değil de, nefsaniyetlerinin tatminine bir vâsıta sayar ve ona göre hareket ederek plânının icaplarını çiğner geçerse, işler değişir. O zaman, onun esasen otomatik yürüyen mâşerî plânları, hazırlıkları ve hayat şartları, bu hareketlerinin düzeltilmesi yoluna yöneltilir. Bunu vazifeli yardımcılar yaparlar. O insan, hayat şartlarının birdenbire çatılan kaşları, ekşiyen yüzleri karşısında, sebebini idrak etmeden, çok güç durumlara düşmeye başladığını görür, işleri tersine yürümeye başlar, maddî, manevî üzüntüler, acılar birbirini izler. O, hâlâ işin nerelerden geldiğinin farkında olmaz ve bıkkınlık getirir. Kabahati durmadan kadere, talihe, topluma, insanlığa... şuna buna yüklemeye kalkışır. Fakat durum ve hareketlerine göre ayarlanmış olan plânı gereğince şaşmayan inkişaf mekanizması, onun bu telâşına zerre kadar aldırış etmeden, kendi yolunda işleyip gider. O, eğer hâlâ uslanmaz ve idrakini zorlamak istemezse, ortalık kararmaya devam eder, tatsızlıklar gittikçe artar ve nihayet onu isyana sürükleyinceye kadar uğraşırlar. Fakat bu isyan, işi büsbütün çıkmaza sokar ve nihayet bir hapishaneye, bir hastaneye, bir akıl hastanesine, bir mezara veya buna benzer en ağır, zorlayıcı hayat şartlarından birine, onu sürükler. Bütün bunlar, o insanın kendi idrakiyle başaramadığı, o âna mahsus tekâmülü için elzem işlerin, vazifeli varlıklar tarafından kendisine yaptırtılması için, vazife plânının almış olduğu kararların tatbikatından ibaret olaylardır.

*
* *

O hâlde insanların ıstıraplı ve çetin olan dünyadan, bu arasat ortamdan bir ân önce başarıyla ayrılabilmeleri için yapacakları şey; vicdan mekanizmalarının diğerkâmlığa, vazife sevgisine bağlı olan realitelerini hazmetmeye ve nefsaniyetleri zoruyla bırakmak istemedikleri bencillik arzu ve iştahlarının güçlü bağlarından kendilerini, idrakleriyle kurtarmaya çalışmalarıdır. Bunun da başarısı, ancak, feragat, fedakârlık ve vazife sevgisiyle gösterilecek cehit ve gayretlere bağlıdır.

Bu mücadelede gösterilmesi gereken cehitlerin yönünün güvenlik ve başarısını sağlayan âlemşümul bir kıstas veriyoruz. Bu bilgi, iyilik ile kötülük kavramlarının ayırt edilebilmesini kolaylaştıracaktır. İyilik vicdanın üst realitelerini, kötülük ise alt realitelerini ilgilendiren kavramdır. Bu kavramlar birbirinden iyi ayırt edilebilirlerse, idrakler için vicdan yürüyüşünü düzenlemek kolay olur. Yapılan her işin, aynı ânda, hem aşağıya, hem yukarıya zarar vermemesi gerekir. İşte, kıstas budur. Meselâ alt tarafa iyilik yapayım derken, üst tarafa zarar vermek kötülüktür. Aynen, üst tarafa iyilik yaparken alt tarafı zarara sokmak, yine kötülüktür ve bu durumların ikisi de, vicdan terazisinde sorumlu tutulmayı mucip olur.

Esasen, idrakleri az çok ilerlemiş olanlar, yapacakları işleri bu kapsam içinde göz önüne alırlarsa görürler ki; alt veya üstten birisine yapılan iyilik, eğer hakikî iyilik ise, diğer tarafı da yararlandırmış olur, zarara sokmaz. Fakat eğer bir tarafa yapılan iş diğer tarafa zarar veriyorsa, o iş, iki taraf için de hakikî bir iyilik olmaz. Meselâ, terbiyesiyle yükümlü bulunduğu çocuğunu hırsızlık huyundan vazgeçirmek için döven bir babanın elinden -sırf çocuğa iyilik yapacağım diye- çocuğu kurtaran ve böylece onu kötü kaprislerinde cesaretlendiren bir insan, belki, yüzeysel bir görüşle, çocuğa, yâni aşağıya iyilik yapmış gibi olur ama, babanın, yâni üst tarafın vazifesini bozmak suretiyle, ona zarar vermiş olur. Dolayısıyla, aslında bu hareket, baba için olduğu kadar, çocuk için de kötülüktür.

Eğer insan böyle dikkatli hareket edip kötülüklerden kaçmada başarılı olursa ne alâ!.. Hızlı bir yoldan yükselir. Başarılı olamazsa, bu başarıyı otomatik yollardan, onu zorlayarak sağlayacak imkânlar ve tertipler, vazifelilerin yardımıyla, örneklerini biraz önce verdiğimiz şekillerde, önüne çıkartılır.

*
* *

Böylece, düşe kalka bir hayat içinde, beden imkânları, çeşitli yollarda kullanılarak tüketilir. Nihayet beden hastalanır, ihtiyarlar, işe yaramaz hâle gelir. Varlık, inkişafına, o bedenin yeterlik sınırının üstündeki imkânlara sahip ortamlarda devam etmek zorunda kalır. Bu takdirde yine vazifelilerin yardımlarıyla eski beden terk edilir. Varlık, bir üst kademenin şartlarına çıkarılır. Bunun için varlık, ölüm olayıyla dünyadan ayrılır. O ândan itibaren, yâni spatyuma geçişinin ilk ânlarında ona kendi ruhundan gelen tesirler hariç, etrafından gelen bütün tâli tesirler kesilir. O varlık, yalnız kendi varlığı içinde, tecerrüt etmiş* hâlde, yapayalnız bırakılır. Bu hâl, bir insanın bir odada kapatılıp onun bütün duyu organları ortadan kaldırıldıktan sonra, her şeye karşı, hattâ kendi bedenine karşı dahi duygusuz olarak, orada terk edilmesine yakın bir duruma benzer. Yakın diyoruz; çünkü spatyum hayatı bundan çok daha derin ve içsel bir yalnızlığı ifade eder. Şu hâlde, spatyum hayatı, varlıklar için bir mekân değildir. Onların mekânı, o ânda, yalnız kendi varlıklarıdır. Dolayısıyla, varlığın oraya ilk intikalinde ne dünya ile, ne dünya üstü ile, ne etrafındaki, kendisi gibi diğer varlıklar ile irtibata geçmesi, konuşması, görüşmesi mümkün olmaz. Çevresi ile olan bütün ilişkileri kesilmiştir. Bunun, hem o varlığın ağır bir egoizma içinde bulunmasından doğan doğal sebepleri, hem de biraz aşağıda söyleyeceğimiz diğer, zaruretleri vardır. Bu hâl, spatyumda lüzumlu olan bir süre kadar devam ettikten sonra, etraftan gelmeye başlayan tesirlerle ortadan kaldırılır ve varlık, bu tesirler sayesinde uyanan idrakiyle, etrafını ve kimliğini, ihtiyaçlarını tanımaya başlar.

*
* *

---

* "Tecerrüt etme", "dış âlemle alâkanın kesildiği izolman haline girme" anlamına gelir.

Ölümün ardından, varlık, doğal olarak serbestleşir ama, vazife plânına bütün hazırlık tatbikatını dünyada henüz tamamlayamamış ise, insanlık safhasını bitirmiş sayılmaz. Dolayısıyla, her ne kadar bedenden ayrılmış ise de, o varlık, yine bir insan mertebesinde bulunmaktadır. Çünkü ne olursa olsun, yarım kalmış işini bitirmek üzere, o tekrar dünyaya dönmek zaruretindedir. Ve oradaki hazırlık tatbikatlarını tamamlayıncaya kadar, meskeni, dünya olacaktır; mâşerî plânda insanlık!..

İşte oraya intikal eden, daha doğrusu ölünce bütün tesirlerden tecrit olunan insan varlığı, spatyumda bir süre geçirmek zorunda kalır. Bunun da önemli bir sebebi vardır: Bir varlık, dünya hayatına ait plânının tatbikatını yaptıktan sonra, o tatbikat sırasında kazanmış olduğu şeylerin muhasebesini yapmak, onları tümüyle kendisine sindirmek ve mal etmek ihtiyacındadır. Bunun için de bir süre inzivaya çekilmesi, kendi öz bilgilerine dönmesi, yâni son dünya hayatında elde ettiği bilgiler ile eski bilgilerini karşılaştırarak onların muhasebesini yapması gerekir. Daha önce söylemiştik ki, insanlar dünyada kazandıklarını uykuları esnasında şuurdışlarına atarak orada biriktirmektedirler. İşte, ölümün ardından varlığın, etraftan irtibatlarını keserek tam bir tecerrüt hâline girişi, bu bilgileri rahatça hazmedebilmesi için lüzumlu işlemleri yapmasına, imkân verir. Şu hâlde, spatyum hayatı, varlık için derin ve esaslı bir murakabe ve muhasebe ânıdır. Ve bütün bir dünya devresi boyunca devam eden insan hayatının aralarına ölüm denilen fasılaların sokuşturulmasının bir sebebi de, bu imkânı sağlamak içindir.

Burada kıyas bilgilerinin en mükemmel tatbikatı yapılır. Çünkü varlık bu sırada çevreden gelen realitelerle rahatsız edilmez ve serbestçe çalışan vicdan mekanizması, birikmiş olan bütün bilgilerin acı veya tatlı kıyaslarını yapmak ve onların sonuçlarını öz varlığa mal etmek fırsat ve imkânlarını bulur.

İşte bu işleme yardım etmek için, ölümü izleyen ânlarda, dışarıdan gelen tesirlerin hepsi kesilir. İdrakini meşgul edebilecek ve dışarı çekecek hiçbir tesir ona gönderilmez. Vazifeliler buna mâni olurlar. Bununla birlikte o yine, vazife plânının tam bir kontrolü altında bulunmaktadır. Eğer aşağıdan kendisine bâzı tesirlerin gelmesi onun muhasebesi ve murakabesi için lüzumlu görülürse, ancak vazifelilerin izni ve kontrolü altında, bu, yapılabilir. Yâni, meselâ ölen "X." dünyada kalan dostu "A." ile istediği zaman temasa geçemez. "X."in o sıradaki murakabe ve muhasebesine ait faaliyetlerle ilgili olan çok ince hesaplara göre, bu işe izin ya verilir, ya verilmez. İzin verilmeyince de, insanlar ile temasa geçebilmesini hiçbir güç sağlayamaz.

Spatyuma geçmiş bir varlık, ilk zamanlarda diğer, kendisi gibi varlıklar ile de irtibata geçemez. Yukarıdaki kayıtlarla, bu da izne bağlıdır. Çünkü orada, keyfî hiçbir şey yoktur. Her şey, vazife plânının hesaplı kitaplı kontrolü altında cereyan eder. Hayatta iken nasıl en ince ihtiyaç ve zaruretler hesap ediliyorsa, ölüm ötesinde de, lüzumlu işlerin icapları öylece yerine getirilir.

Spatyuma geçen varlık, dünyadan ve etraftan tesirler almayınca, ister istemez, kendisinde mevcut olan imajların izlenimleriyle baş başa bırakılmış olur ve onların içinde yaşamaya başlar. Bu hâl, çok derin ve güçlü bir rüya gibidir. Fakat bu yaşayış, zevk için değil, ıstırap çekmek için de değildir. Bu sırada zevkler ve ıstıraplar mevcut olsa bile, asıl gaye, dünyada elde edilmiş olan kazançların -kıyas bilgileriyle- varlığa mal edilmesidir. İşte orada inkişaf mekanizmasının, vazife plânının kontrolü altında tam bir serbestlikle işleyişi, varlığı, çoğu zaman ıstıraplı olan kıyas bilgileriyle, cebrî* sentez ve analizlere sürükler. Bu sırada kıyasın tesirlerini hafifletici çevre tesirleri mevcut olmadığından, kıyastan doğan acı duygular, dünyadakinden binlerce defa artmış olarak varlığa azap verirler. Ve bilgiler de, ancak bu derece şiddetli bir hesaplaşmadan sonra hazmedilip öz bilgi hâline geçebilirler. Böylece bütün sonuçlar alınır. Bu hesaplaşma sırasında, varlık için çok şaşırtıcı durumlar ortaya çıkabileceğinden, bu hâle varlığın teşevvüş hâli deriz. Bu murakabe ve muhasebe, dediğimiz gibi, her zaman ve hattâ çoğu zaman, rahat ve sakin olarak geçmez.

---

* "Cebrî" sözcüğü "zorla yapılan, zorla yaptırılan" anlamına gelir.

Özellikle ilk intikal devrelerinde, genellikle huzursuzluk, şiddetli ıstırap, azap ve ağır teşevvüş hâlleri eşliğinde olur. Muhasebe ve murakabenin zaruret ve icaplarına göre, az çok rahat haller de görülebilir. Bazen cehennem azabı yaşatacak derecede gürültülü de olur.

*
* *

Böylece spatyumda bir sürü teşevvüş geçirip kazançlarının muhasebesini yaptıktan ve bilgilerini sindirdikten sonra, varlığa yukarıdan tekrar, yardımcı tesirler gelmeye başlar. Etraftan da tesirler alır. Bütün bunlar sayesinde teşevvüşten kurtulur, kendisini ve etrafını tanır ve genişlemiş olan idrakiyle, geleceği düşünmeye başlar. Kazanç ve kayıplarının derecesini takdir eder, eksiklerini tamamlamak için tekrar dünyaya dönmek ihtiyacını duymaya başlar. Eğer onun bu ihtiyacı yerine getirilmek icap ediyorsa, bunu takdir eden vazifeliler, yükseklerden gelen direktiflerle ona derhal yardım etmeye hazırlanırlar. Ve dünyada kendisine en lüzumlu ve yararlı olacak bireysel ve mâşerî plânının, varlık ile birlikte tanzim ve tertip edilmesine koyulurlar. O, bu plâna istekle bağlıdır. Çünkü selâmetinin ancak bu plânın tatbikatıyla sağlanabileceğini takdir etmiş bulunmaktadır. Dolayısıyla, bu plâna dünyada sâdık kalacağına söz verir ve bu sözle, daha önce açıkladığımız şekilde, dünyada bedenlenir. Bedenlenince tekrar yüzeysel zaman hâkimiyeti altına gireceğinden, kendisinden küresel zaman idrakine ait zenginlikler silinir. Ve hepsi şuuraltına atılır. Yüzeysel zamana tâbi olan idrak, yeni şartlar içinde dünyada yaşamaya başlar. İşte, dünyada plânını tatbik ederken, spatyumdan kalan izlenimleriyle birlikte vazifelilerin yardımları destek olacak ve bu plânın tatbikatında rehberlik yapacaktır.

Böylece hayatlar birbirini izleyerek, insanın her gelişinde öz bilgilerinin ve idrakinin artmasıyla, vicdan mekanizmasındaki realitelerin üst taraflara kayma imkân ve zaruretleri artar. Vicdan dengeleri artık üst kademelerde kurulmaya başlayacağından, ölümden sonra spatyumdaki muhasebelerin de acı tarafları, yavaş yavaş, kalmaz. Burada bir kural vardır: İdrakler ne kadar genişlemişse spatyumdaki tecerrüt hâli süresi o kadar kısalmış olur. Çünkü orada yapılması icap eden muhasebe işleri o kadar hızla tamamlanır.

*
* *

Dünyada yaşayan bir insan, her şeyden önce, vazifesinin ne olduğunu, neye hazırlandığını, nereden gelip nereye gittiğini ve özellikle, biraz önce tarif ettiğimiz mânâdaki iyilik-kötülük kavramına göre nasıl hareket edilmesi gerektiğini bilmelidir. Ve zaten bunları bilmedikçe, daha yukarılara, vazife plânına çıkmaya ne lüzum kalır, ne de imkân. Çünkü bu durumda kaldıkça vazife plânında yapabileceği iş yoktur. Bunun için, üst plân icaplarına hazırlanması ve bedenlenme zincirinin çeşitli halkaları içinde birçok defa dünyaya gelip gitmesi gerekir. En basit işleri yaparken bile idraki ancak otomatik yollarda çalışan bir insanın, 50-60 yıllık bir dünya bedenlenmesi sonunda derhal, âlemşümul olayların ve madde kombinezonlarının nedensellik prensibi ve yüksek icaplar muvacehesindeki ilişkilerini kavrayacak kudrete erişivermesini ve muazzam âlemlerin büyük işlerini bütün sorumluluklarını müdrik olarak sevk ve idare etmek için lüzumlu idrak kapsamına varabilmesini kabul etmek mümkün olmaz. En çalışkan bir insanın idrakinin bile, bütün bir hayat boyunca ne kadar ağır bir karınca ayağıyla inkişaf ettiğini gördükten sonra, böyle âlemşümul bir idrake erişmenin birkaç dünya hayatında mümkün oluvereceğini düşünmek hatadır. Şu hâlde, tam bir vazife bilgisi liyakatine erişmesi; varlığın ancak, dünyada on binlerce yıl insan bedeni içinde geçen hayat zinciri halkalarını tamamlamasından sonra mümkün olabilir.

*
* *

Bu bilgilerden sonra kolayca anlaşılır ki, dünyadaki insanlar için herhangi bir vazife yükümlülüğü sözkonusu olamaz. Çünkü dünyadaki yüzeysel zaman idrakine bağlı realitelerle, kâinatın değişmez hakikatlere dayanan nizamı yürütülemez. İnsanların, böyle büyük işlere karışmak mazhariyetine kavuşabilmeleri için, yukarılarda açıkladığımız hazırlık kademelerinden geçmesi gerekir ki; burada da onlara yardımcı olan en mükemmel mekanizma, vicdan mekanizmasıdır.

Vicdan mekanizmasının üst taraflara doğru kayması demek; onun denge düzeylerinin, gittikçe, bu büyük yükümlülükleri ifa edebilmek için lüzumlu nitelikleri kazanmaya yaklaşmış kademelerde kurulması demektir. Yâni, zıtlar arasındaki dengelerin, gittikçe vazife plânına yakın realiteler sahasında kurulması ve böylece, birbirine zıt olan unsurların da vazife icaplarına yakın malzemelerden oluşmuş bulunması demektir. Dolayısıyla, buradaki zıtlık -aşağı kademelerde olduğu gibi- aralarında çetin uçurumlar bulunan çekişmeler şeklinde değil, birbirini destekleyen ve mutabakatı hedef tutan, ahenkli bir yürüyüş hâlinde kendini gösterir. Zaten insanlık devresinin bitirilmesinin bir mânâsı da, vicdan düalitesi unsurları arasındaki zıtlığın ortadan kalkmış olması demektir. Meselâ aşağılarda, babasını öldüren bir insanı affetmek veya öldürmek duyguları arasında zıtlaşan vicdan mekanizması, yukarılarda, aynı kâtilin, bu kötü hareketiyle zaten duyacağı azaplarını elinden geldiği kadar hafifletebilmenin şu veya bu yolunu veya tarzını tercih etmek şeklinde bir düalite gösterir ki; bu da, insan için yorucu bir zıtlık olmaktan ziyade, vazife bilgisine daha idrakli bir hazırlanışın az çok tatlı bir faaliyeti olur.

*
* *

Vazife plânına hazırlanışın bu ilk vicdanî akışlarını din ve ahlâk kurumları açıklamış ve onları birtakım mazbut yaptırımlara bağlamıştır. Vicdanın bu ilk akışları, bu kurumlar tarafından erdemler ve rezillikler düalitesi içinde ele alınmış ve bu yaptırımlar, vicdanın üst zıddını oluşturan erdemlere insanlığı otomatik olarak yöneltmiştir. İyi olanlara vadedilen cennet, kötü olanlara mahsus cehennem sembolleri, bu otomatizmanın en güçlü ve isabetli birer yaptırımı olmuştur.

Cennet ve cehennem sembollerinin isabetli olduğunu söyledik. Hakikaten, vicdanın, denge düzeyinin kurulduğu kademelerinden bencillik dediğimiz rezilliklere ait alt kademelerdeki bütün yürüyüşler, belki cehennem kavramıyla dahi ifadesi güç olan her çeşit azabı ve ıstırabı beraberinde taşır. Buna karşılık, vicdan düalitesinin yukarılarda kurulmuş denge düzeyleri, feragatin, fedakârlığın, sevginin ve özellikle vazife sevgisinin, cennet sembolüyle ifade edilmeye çalışılmış bahtiyarlık ve mutluluk duygularını içerir.

*
* *

Vicdanın üst kademelerine feragat ve fedakârlık eşlik eder. Dolayısıyla, oralara alt kademelerin ihtiraslarıyla geçilemez. Üst kademeler, bu tür bencilliklerle zerre kadar ilişiği bulunmayan, vazife bilgisine en yakın basamaklardır. Böylece, aşağı kademelerde iş karşılığı olarak beklenen ücret kavramı, yukarılarda yerini, vazife sevgisine dayanan, hasbilik* realitesine terk etmiştir. Hattâ alt kademelerde hırsla peşinden koşulan kişisel çıkarlar, üst kademelerdekiler için birer ıstırap kaynağı bile olabilirler. Böylece, maddî çıkarlarını sağlamak ve hattâ bunu kendisine gaye edinmek durumundan uzaklaşıp, işini gücünü, canla başla ve etrafındakilere hizmet kastıyla yapabilmek kudretine erişmiş bir varlık, artık dünya sınırının üst kademelerinden vazife sahalarına atlayabilecek olgunluğa gelmiştir. Ve bu dereceye gelince, vazife plânı tarafından kendisine verilecek uygun bir vazifeyi de ikmal ettikten** sonra, doğrudan doğruya vazife plânına geçer.

Ancak, dünya okulunu bitirip de henüz vazife almamış insanların geçirecekleri arasat*** plânı vardır ki, buna "yarı süptil âlem" diyoruz. İşte bu arasatı aştıktan sonra varlıklar, büyük vazife plânının ilk kademelerine ulaşacaklar ve asıl tekâmüllerine başlayacaklardır.

*
* *

Bir insan idrakinin, insanlığa ait üst sınır çizgisine varabilmesi için geçirmesi gereken hayatların miktarı, bir sürü özgürlük ve sınav yüzünden her ne kadar kesin olarak söylenemezse de, bunun ortalama 500–700 bedenlenmeyle sınırlı olduğu bir vâkıadır.****
Bu sayının kesin olarak söylenememesi de gayet doğaldır. Nitekim,

* "Hasbilik", "bir işi yaparken hiçbir karşılık beklememe" anlamına gelir.

** "İkmal etmek" fiili, "tamamlamak, bitirmek, bütünlemek" anlamına gelir.

*** "Arasat" sözcüğü, "ara; ara yer" anlamlarına gelir.

**** "Vâkıa" sözcüğü, "olmuş, vuku bulmuş (şey), olgu, gerçek" anlamına gelir.

mazbut ve plânlı olmasına rağmen, insanın bir tek hayatının dahi, mukadderat zaruretleri yüzünden, ne kadar devam edeceğini kesin olarak ifade etmek mümkün değildir. Yine aynı sebeplerden dolayı, insanların, plânlarını tatbik ederken, ne zamanda hangi inkişaf kademelerine ulaşacaklarını da çok öncelerden kestirmek imkânsızdır. Çünkü burada, varlığın cehit ve gayretlerinin -kendisine tanınmış bâzı özgürlükler sonucunda- kendi eline bırakılmasıyla, o cehit ve gayretlerin mukadderat plânınca takdir edilecek sonuçlarının daima değişebilmesi, bu imkânsızlığa sebep olmaktadır.

*
* *

Dünya ötesindeki ve üst plânlardaki zaman ölçüsünün dünya zamanına uymadığını ve bunların aralarında büyük farkların bulunduğunu söylemiştik. Hakikaten dünya idaresinde vazifeli olan plânın zaman ölçüsü ve idraki, dünyadaki basit zaman idraki ile kıyas edilemez. Meselâ, dünya üstü zaman ölçüsünün bizim ölçümüze göre bir saniyesi içine, dünyada yüzyılların yetmediği uzun süreli işlerin hepsi sığabilir. Bunun çok basit ve kaba olmakla birlikte, insanlara bir sezgi verebilecek olan örneği, rüyalardır. Yine, özellikle boğulanların, son saniyelerinde hayatlarının bütün safhalarında en ince ayrıntılarıyla yaşamaları da böyledir. Bununla birlikte şu noktayı da aslâ unutmamak gerekir ki; dünyaya özgü zaman idraki, dünya için eksik, hatalı ve yetersiz değildir. Dünya zamanının dünya için değeri, tam ve mükemmeldir. Yâni, dünyaya özgü zaman idraki, dünya için, dünya maddesi inkişafının reel ölçüsüdür. Ve insanların, dünyaya ait teknik ve mekanizmaları öğrenirken, dünyaya özgü zaman idrakini kâinatı kapsayan zaman formlarıyla mukayese etmeleri lüzumsuz ve hattâ zararlıdır. Çünkü aradaki büyük fark; muazzam bir kâinat mekanizması içinde ihmal edilebilir denecek kadar küçük bir cüz olan dünyanın basit mimarisinin anlaşılmasını imkânsız kılar ve dünya realitelerini silip süpürür. Dolayısıyla, dünyaya inkişaf yönü vermiş unsur ve mekanizmaları incelerken, dünyaya özgü zaman idrakini göz önünde bulundurmak, dünya bilgilerinin objektifliği ve netliği bakımından daha hayırlıdır. Ve dünya inkişaf icaplarının da bir zaruretidir.

*
* *

Zaman kavramlarının genişlemesi ile idraklerin inkişafının baş başa yürümekte olduklarını, daima hatırda tutmak gerekir. Yâni, yüksek zaman idrakinin doğuşu, inkişafın belirli kademeleri aşabilmesiyle mümkün olur. Yüksek âlemlerde, o âlemlerin idraklerine hitap eden zaman durumları vardır.

*
* *

Dünya idrakine uygun olan zamanın önemli niteliklerinden biri, onun bir başlangıç ve bir son noktalarıyla sınırlanması zorunluluğudur. Yâni, dünya hayatı içinde bazen konuşulan sonsuzluk fikirlerine rağmen, dünya idrakinin tatbikatlarla eğitim ve tekâmülünde, başlama ve bitme noktaları göreceliklerine ihtiyaç vardır ki; bu ihtiyaç, aynı zamanda, dünyada geçerli olan ve dünya idrakine hitap eden zaman formuna uygundur. Şu hâlde, her realitenin belirli bir noktada başlaması ve belirli bir noktada bitmesi, ancak dünyada geçerli ve dünya idrakine kalıplanmış bir zaman ifadesidir. Bu bilgiyle şunu anlatmak istiyoruz ki, hakikatte böyle başlayıp biten durumlar yoktur. Bütün âlemlerin oluş ve yürüyüşleri, icapların tayin ettiği gayelere doğru kesiksiz olarak akıp giderler. Bu akışlar, ancak geçtikleri merhalelerin idraklerine ve bu idraklerin kıymetlendirdiği zaman ölçülerine göre, görece bir başlangıç ve son kavramlarına tezahür zemini olurlar. Yâni, dünyadaki, "şurada başladı, burada bitecek" veya "bitti" diye sayılan zaman anlayışları, ancak dünya idrakine göre kalıplanmış ölçülere dayanır. Daha yüksek idrakler için, bu başlangıç ve bitiş anlamları, insanların düşündükleri kıymetleri taşımazlar. Onlar, yüksek idrak zamanının imkânlarında bambaşka mânâları içerirler. Onun içindir ki, yüksek âlemlerin olaylarını anlayabilmek dünya idrakiyle mümkün olmaz. Dünya realitelerine bol bol yeten dünya zamanı ölçüsü, yüksek âlemlerin zaman idraklerine oranla, çok basittir. Bunun için, dünya zamanına bağlı olan realiteler, yüksek âlemlerdeki hakikatlere nazaran pek kısır durumda kalırlar.

*
* *

Dünya zamanının kısırlığının sebebine gelince: Zamanın idrak ile ilgili olduğunu söylemiştik. İdrakler ne kadar kapsam kazanırlarsa, tâbi olacakları zaman sistemi de o kadar kapsamlı olur. Hâlbuki idraklerin kapsam kazanması; fazla değerler alması, değerlerinin artması demektir. Hemen hemen değerleri aynı kadrolar içinde bulunan insanlık âlemi idrakinin tâbi olduğu zaman, basit bir sistemdir. Bu sistemin basitliği de; onun bir odağının, belirli başlangıcının bulunması, geçmiş, şimdi ve gelecek durumlarının mevcut olması zorunluluğundan ileri gelmektedir. Bu hâl, dünya maddelerinin ve onlara bağlı idrakin basitliğinin zaruretidir.

Dünya zamanı idrakinde bir sınırlılık vardır. Dünya zamanında, belirli noktaların periyotlar hâlinde, birbirini belirli aralarla izlemesi zorunluluğu mevcuttur. Yine, her realitenin bir başlangıç ve son buluş noktası vardır. Oysa, yüksek zaman idraki, bu bakımdan büyük farklar gösterir. Ve bu farklar, şüphesiz, bu zamana ait idrak değerlerinin, basit zamanınkine nazaran çok zengin ve kapsamlı olmasının sonucu ve icabıdır. Bu idrak, o kadar çeşitli, ince madde kombinezonlarına sahiptir ki; bunlardan yayınlanan vibrasyonlar, basit idrakler ile kıyas edilemeyecek kadar büyük bir hız ve kapsamla nitelenen zaman ölçüsüne kavuşmuş bulunurlar. Bu idraklere göre, zaman akışındaki geçmiş, şimdi, gelecek durumları, basit idraklerde olduğu gibi tek yönde, birbiri arkasından giden bir sıra izlemek zorunluluğunda değildir. Yüksek idrakte bütün bu geçmiş, şimdi ve gelecek durumları, bir toplam olarak, tek bir oluşa bağlanır. Fakat bu tek oluş, sonsuz cepheli formlar gösterir. Yâni, bir ân demek olan o tek oluş içinde, her yöne yönelen sonsuz zaman kavramı toplanmıştır.

*
* *

Bunu daha objektif olarak açıklamak gerekiyor. Bâzı problemlerin iyi anlaşılabilmesi için, zaman realitesini mümkün olduğu kadar kuvvetle sezmeye çalışmak gerekir. Bu işi kolaylaştırmak için zaman konusunu şema ve grafikle açıklayacağız.

Üç boyut anlamına tâbi olan basit zamana "yüzeysel zaman" diyoruz. Çünkü bu zamanın akışı, aşağıdaki şemada gösterildiği gibi, bir yüzey üzerine çizilmiş spiral daireler hâlinde, tek bir yöne doğru seyreder. (Şekil-A)

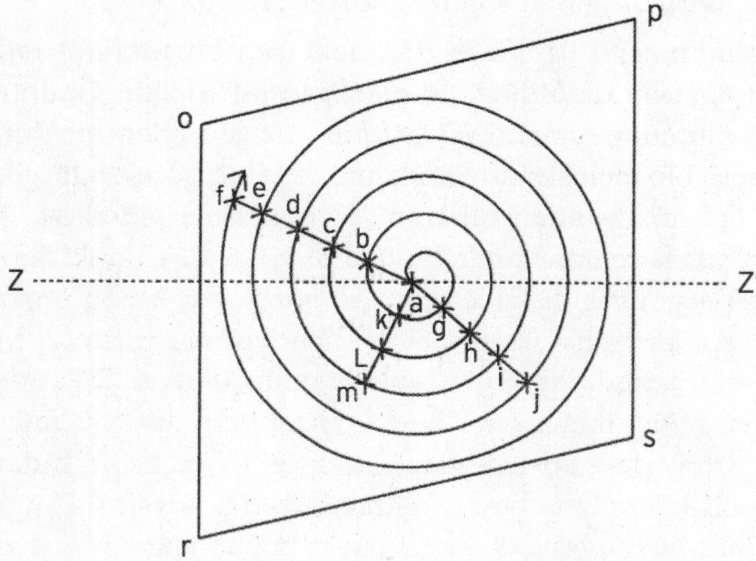

(Şekil-A)

Şunu söyleyelim ki, bu şekil, zaman kavramını açıklamak için çizilmiş bir grafikten ibarettir ve basit zamanın objektif olarak idrak edilebilmesini sağlamak için yapılmıştır.

Şemada görüleceği gibi, yüzeysel zaman, dümdüz bir hat üzerinde yürümez. Uzun bir hattın bir noktası etrafında, o hatta dikey olan bir yüzey üzerinde devirler yaparak, spiral şeklinde döner. Bu şekilde bir Z-Z' düz hattının, "a" noktasından dikey olarak delip geçtiği bir "o-p-s-r" yüzeyi var. Bu yüzey, Z-Z' hattına tam olarak dikeydir. İşte bu yüzey üzerinde, "a" noktasından itibaren çizilmiş bir spiral mevcut. Bu spiral, çizilirken, Z-Z' hattına dikey yönde yürüdüğünden, spiralin uzunluğu ne kadar olursa olsun, Z-Z' hattı üzerinde hiçbir mesafe katetmez; sadece hattın "a" noktası etrafında devirler yapar durur. İşte yüzeysel zaman idrakinin yürüyüşü budur. Z-Z' hattı ise, kâinatı kapsayan aslî zamandır. Şunu da belirtelim ki, bu aslî zaman, biraz sonra sözünü edeceğimiz, üst âleme özgü küresel zaman değildir. Bu, âlemlerdeki bütün zaman realitelerini kapsamına alan ve kâinatımızı baştan başa kateden kâinat üstü zaman prensibinin kâinattaki tecellisidir. Bundan şimdilik söz etmiyoruz.

Bu spiralin seyri üzerinde, "a" noktasını bir insanın doğduğu ân, "f" noktasını da öldüğü ân olarak tespit edelim. Onun doğumundan ölümüne kadarki inkişafında, devam eden bir durumunu, meselâ bir melekesini ele alalım. Şekilde görüldüğü gibi, bu meleke "a" noktasından itibaren "f" noktasına giderken, önüne gelen spiral dairelerini birer birer, "b, c, d, e, f" noktalarından katederek geçmiştir. Şekilde çok açık görülüyor ki, bu noktaların her biri, spiralin akışı üzerinde birer periyot oluşturuyor. Meselâ "a" ile "b" arasında bir daire tamamlanmış oluyor. Fakat derhal, onu daha geniş, ikinci bir, "b–c" dairesi ve onu da üçüncü bir, "c–d" dairesi izler. Böylece son olarak "e–f" dairesine kadar, daireler birbirinden daha büyük olarak birbirini kovalar. İşte bunların her biri, birer periyodu, yâni hayat boyu içindeki birer devreyi oluşturur. Ve bu periyotlar, bir sıra izleyerek, birbirinin arkasından gelir. Burada, geçmiş periyot, içinde bulunulan periyot ve gelecek periyot kavramı, esas olarak bulunur ki, bu da yüzeysel zaman idrakinin bir zaruretidir.

Hayatta bâzı melekeler, bu "a–f" hattı gibi, bütün hayat boyunca inkişafına devam etmiştir. Fakat bütün melekeler böyle olmaz. Meselâ şekilde görüldüğü gibi, "a–j" melekesinin inkişafı, hayatın dört devresinde devam etmiş ve orada durmuştur. Yine, "a–m" melekesinin inkişafı daha kısa sürmüş ve ancak üç devre devam edebilmiştir. Bundan daha kısa, meselâ ancak bir devrelik süresi olan meleke inkişafları da vardır. Demek ki bir insan hayatında, onun bütün melekeleri aynı derecede inkişaf etmiş olmaz.

*
* *

Şimdi yüksek zaman idrakini açıklayacağız. Her ne kadar bunu da şemayla anlatacaksak da, dünyada mevcut olmayan böyle bir idrakin mümkün mertebe sezilebilmesi için, şemayı incelerken sezgileri oldukça zorlamak gerekir. Burada, imajinasyonu kullanmak ve anlatılmak istenen kavramları hayalde canlandırmayla sezmeye çalışmak gerekir ve sebatla düşünülürse, çok kıymetli sezgiler elde edilir.

Yüksek zaman idrakine "küresel zaman idraki" veya "idrakî zaman" diyoruz. Yüksek zaman idraki, öncekinde olduğu gibi bir yüzey üzerinde kıvrılarak tek yöndeki spiral daireler hâlinde dönüp duran basit bir sistem değildir. Bu, bir kürenin bütünü içinde, her tarafa akarak yürüyen bir zaman kompleksidir. Burada, kürenin merkezinden sonsuz olan çevre noktalarının her birine yürüyen sonsuz yönler ve bu yönlere denk gelen, sonsuz kapsama sahip zaman akışı kavramı sözkonusudur. Aşağıdaki (Şekil–B), bir kürenin kesitidir.

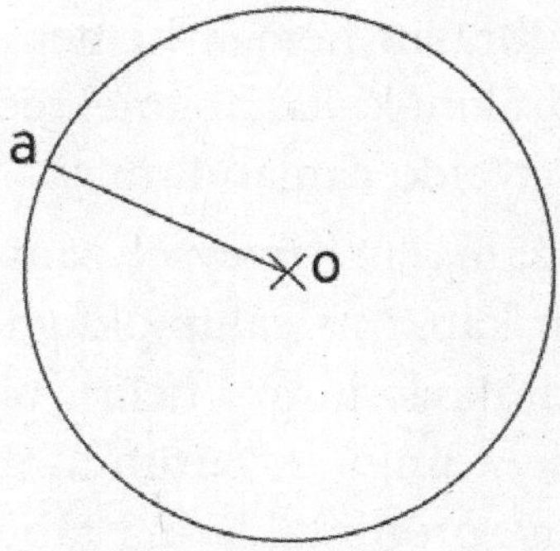

(Şekil–B)

Yâni, içi dolu bir kürenin, meselâ bir topun, merkezinden geçen bir bıçakla iki eşit parçaya ayrıldıktan sonra görülen kesik yüzeylerinden biri gibidir ki, şekilde görüldüğü gibi, bu, bir daire oluşturan yüzeyden ibarettir; "o–a" hattı bu dairenin yarıçapıdır. Şimdi bu yüzey üzerinde, önceki "o" merkezi etrafında dönen spiral daireler hâlinde, bir yüzeysel zaman akışı idrakinin mevcut olması mümkündür ve doğaldır. Demek ki bu topun bir tek kesitinde, bir yüzey zamanı idraki vardır. Bu, dünyada bir insan hayatının bütün realitelerini içine almaya yeten bir kıymettir. Fakat bu kesit, topta veya kâğıt üzerinde değil de, muhayyilede, yâni imajinasyonda canlandırılsın. Pozisyonunu değiştirmeden bu topun başka taraflarından da, daima merkezinden geçmek şartıyla, diğer kesitler alınabilir. Ve böylece, hayalen, sonsuz kesitler elde edilir. Bıçağımız ne kadar keskin, tekniğimiz ne kadar mükemmel ve imajinasyonumuz ne kadar geniş olursa, bu topu o kadar defa, ayrı ayrı yönlerden ikiye bölebiliriz. Bu esnada topun pozisyonu sabit kalacağından, bu sonsuz yüzeylerindeki basit zamanı gösteren spirallerin yönleri birbirine uymaz; sonsuz yönde yüzeysel zaman spiralleri meydana gelir. Şu hâlde, bir küre içinde, sonsuz diyebileceğimiz kadar ayrı ayrı yüzeysel zaman imkânı mevcuttur. İşte bütün bu ayrı zaman idraklerini birleştirip, hayalen bir tek oluşa bağladığımız ânda, küresel zaman idrakini canlandırmış oluruz. Buna kısaca "idrakî zaman" da demekteyiz. Dünyada yaşayan bir insan, bir ânda, ancak, zamanın bir tek yüzey üzerindeki seyri içinde idrakini kullanabiliyorsa; dünya üstü plânda yaşayan bir varlık, aynı ânda, bu idrakin hemen hemen sonsuz katı olan, idrakî zaman içindeki idrakini kullanabilmektedir. Bu hâl, doğal olarak, dünyada ancak hayalde canlandırmayla sezilebilir.

Bu bilgiler, idrakî zamanın yüzeysel zaman ile kıyas edilemeyecek kadar zengin bir kapsama sahip olduğunu öğretir. Buna göre, yüzeysel zaman idrakiyle insan, belirli bir ânda ancak bir tek yönde hareket edebilir. Çünkü o, bütün idrakiyle, fiil ve hareketleriyle yüzeysel zaman zorunluluklarına tâbi olarak, geçmiş, şimdi ve gelecek kavramları içinde bir tek sırayı izlemeye mecburdur. Ve bir spiralin periyotlarının birbirlerini izleyişlerine, muhakkak o da katılacaktır. Çünkü bunun dışına çıkmasına maddî durumu müsait değildir. Oysa idrakî zamana tâbi bir varlık, sonsuz yönlerdeki geçmiş, şimdi ve gelecek kavramlarını bir tek oluşa bağlayarak, aynı ânda yaşamak imkânına sahiptir. Çünkü onun bulunduğu süptil madde ortamı, aynı ânda bir kürenin bütün yüzeylerinde birden yaşamasına kolayca imkân vermektedir.

*
* *

Yüzeysel ve idrakî zamanlar hakkındaki bilgiyi tamamlamak için, bu iki zaman idrakini kâinattaki aslî zamana oranla, birbirine kıyasen açıklamamız gerekiyor. Bu bilgiyi de yine şemalar üzerinde vereceğiz.

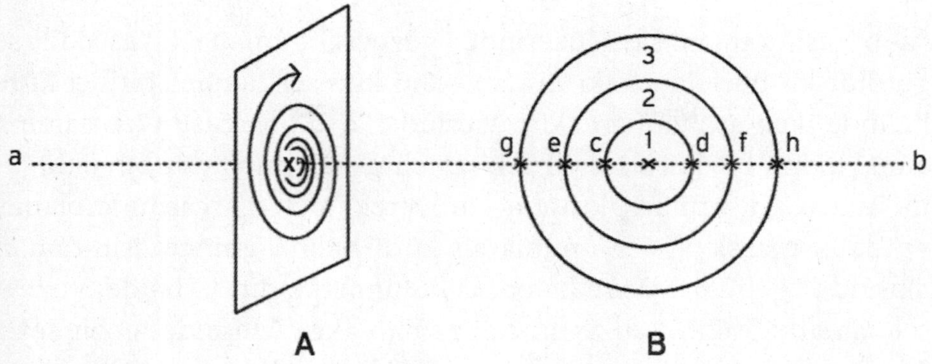

(Şekil-C)

"C" şemasında "a–b" hattı, kâinatı kateden aslî zamandır. "A" şekli, aslî zaman üzerindeki yüzeysel zaman akışını, "B" şekli ise küresel zamanı göstermektedir. Yüzeysel zaman, şekilde görüldüğü gibi, aslî zaman akışının bir "x" noktası etrafında devirler yapar ve periyotlarıyla spiral çizer. Bu spiral, ne kadar fazla devirli olursa olsun, aslî zaman üzerindeki "x" noktasından ayrılmamakta, hep yerinde sayarak uzanmaktadır. Şu hâlde, bir ömürlük süreyi gösteren "A" zaman realitesinde, aslî zaman üzerinde yürüyüş ve akış yoktur. Ancak, aslî zaman üzerindeki bir tek "x" noktasının realitelerinin tatbikatı vardır ki; bu da, önceki şemalarda gösterdiğimiz gibi, yüzeysel zamanın birkaç periyodunda veya bütün periyotlarında devam edebilir.

"B" şekline bakıldığında ise, burada, 1, 2, 3 rakamlarıyla gösterilmiş, merkezleri aynı olan iç içe üç kürenin kesiti görülmektedir. Bu küreler, birbiri içine girmiş üç tane ayrı küre gibi düşünülmemelidir. Bu, birinci kürenin, yâni ortadaki en küçük kürenin her yöne doğru genişleyerek büyüyen üç safhasını göstermektedir. Çünkü küre zamanının inkişafı, bir yüzey üzerindeki spiralin bir tek yönde uzayıp kısalması şeklinde olmayıp, merkezinden itibaren kürenin bütün yönlerine doğru aynı zamanda genişlemesi, yâni büyümesi suretiyle olur. Meselâ burada, "1" numaralı küre, kürenin en küçük hâllerinden bir safhayı göstermektedir. "2" numaralı küre onun genişlemiş ileri bir safhası, "3" numaralı küre ise en geniş safhasıdır. İşte idrakî zaman böyle inkişaf eder. Bu inkişaf, "a–b" aslî zaman akışı üzerinde, yüzeysel zamana kıyas edilirse görülür ki; burada idrakî zaman, yâni küresel zaman, birinci küre hâlinde iken aslî zaman akışı üzerinde "c–d" parçasını kapsamına almaktadır. Bu küre idraki inkişaf edip "2" numaralı büyüklüğünü alınca aslî zaman akışında yürüyerek "e–f" parçasını kaplamış ve daha genişleyip "3" numaralı küre hâline girince aslî zaman akışında "g–h" parçasını katetmiş bulunmaktadır. O hâlde, yüzeysel zaman idrakinin inkişafı, aslî zaman akışı üzerinde hiçbir seyir yapmayıp bir tek nokta üzerinde durduğu hâlde, küresel zaman idrakinin her inkişaf ânı, aslî zaman akışı üzerinde yürüyüş eşliğinde olmaktadır. İşte onun içindir ki, asıl tekâmül, idrakî zamanın hâkim olduğu, dünya üstü vazife plânından itibaren başlar. Hakikaten, dünya hayatının icaplarından olarak muazzam cehitler harcanıp güçlükle alınacak bir sonucun milyonlarca katı, dünya ötesi âlemlerde en küçük bir cehit karşılığında elde edilebilir.

*
* *

Zamanı bu şekilde, şemalar üzerinde az çok bir kolaylıkla açıklarken, buna bağlı olan mekân üzerinde de durmamız gerekiyor. Çünkü mekân olmayınca zamanın mevcudiyeti, yâni âlemlerdeki tezahürü mümkün olmaz. Kâinattaki aslî zaman akışının âlemlerde tezahür edebilmesi için, o âlemlerin bünyelerine uygun mekân kavramına ihtiyaç vardır. Diğer deyişle, zaman mekanizmasının açıklanması, maddî ortama ve maddenin varyasyonlarına muhtaçtır. Böyle olunca, zaman ve mekân kavramları birleştirilmedikçe, âlemlerde ne zaman, ne mekân tezahürü mümkün olmaz. Bu hakikati ileride daha açık olarak açıklayacağız. Mademki yüzeysel ve idrakî zamanlar, yukarıda açıkladığımız gibi birbirinden büyük farklarla ayrılmaktadır; zaman idraklerine sıkı sıkıya bağlı olan, dünya ve dünya üstüne ait mekânların da, birbirinden o kadar farklı olması gerekir.

*
* *

Şimdi, küresel zamana ait mekânı açıklayalım. Mekân, maddenin muhtelif unsurlarını lokalleştirmek zaruretinin bir ifadesidir. Bu ifadeyi her iki zaman realitesine göre açıklayalım. Öncelikle şunu belirtelim ki, burada yapılan açıklamalar, herhangi bir cisim üzerinde tatbik edilerek değil, tarif edildiği şekilde imajine edilerek düşünülürse, mekân konusunu anlamak kolaylaşır.

Önce, yüzeysel zamanda mekânı açıklayalım. Yüzeysel zamanda periyotların oluşabilmesi için, üç şartın gerçekleşmesi gerekir: Birincisi, zamanın akışını ve periyotların geçişini tespit etmek için maddî bir ortam (bu ortam, mekân değildir); ikincisi, bu periyotların oluşması ve zamanın akışı için, hareket; üçüncüsü de, hareketin vukuunu ve periyotların tespitini takdir etmek için, hareketi o ortama bağlamak. İşte, yüzey zamanı için mekân budur.

Şu hâlde, yukarıdaki şartları bir araya getirdikten sonra, yüzeysel zaman mekânını şöyle tarif ve kabul etmek icap eder: Spiral yönde vuku bulacak bir hareketin akış yönünü ve belirli periyotlarının başlangıç ve bitiş noktalarını tespit ve takdir etmek için, maddî bir ortamın o harekete bağlanışı, yüzeysel zaman mekânını meydana getirir. Burada geçen ortam terimiyle kastedilen, bir mekân değildir; o sadece, lokalize olmamış madde unsurlarını ifade eder. Yâni, madde unsurları mevcuttur, fakat onların lokalizasyonları, diğer deyişle, birbirine oranlanabilecek pozisyonları mevcut değildir. Bu lokalizasyonun vuku bulması, mekânın oluşabilmesi için, o unsurların, yukarıda söylediğimiz gibi, herhangi bir harekete bağlanması gerekir. Şu hâlde, zaman ve mekân birbirinden ayrılamaz. Bu öyle bir oluştur ki; biraz ileride açıklayacağımız gibi, Aslî Prensibe bağlı iki büyük prensibin, kâinatın muhtelif âlemlerine göre ortaya çıkan ve bütün olaylarıyla, realiteleriyle, idrakleriyle o âlemleri kendilerine adapte eden tecelliyatıdır.

Yüzeysel zaman mekânını bir bedene kıyasen şöyle ifade ederiz: Bedenin hareketlerinin maddeye olan irtibatı ve maddenin bu irtibatlardaki değeri, mekânın bütününü yaratır. Anlaşılması güç gibi görünen bu ifadeyi bir örnekle aydınlatacağız: Havaya atılmış bir taş tasavvur edilsin. İlk olarak, burada taşın hareketi ve bu hareketin başlangıç ve bitiş noktasıyla ifade edilebilecek periyot karakteri vardır; bu birinci şart. Bundan sonra hareketi ve periyot noktalarını tespit ve takdire yarayan, havada ortama lüzum vardır; bu da ikinci şart. Son olarak, bu hareketin ve periyot noktalarının ortama kıyası veya bağlantısı mevcuttur; bu da üçüncü şart. İşte bu üç şartla tezahür eden, taşın boşluktaki hareketi, yüzeysel zaman idrakine özgü mekânı meydana getirir.

Demek ki bir bedenin idraki karşısında, o bedenin hareketlerine bağlanmak suretiyle hareketlerin periyotlarını, yâni başlangıç ve bitiş noktalarını tespit eden ortam, bir mekândır. Bu ortama bütün maddeler dahildir. Bir madde lokalizasyonu kabul ettiğimiz bir beden karşısında mekân: Taşıyla, toprağıyla, atı, arabası, uçağı ve insanlarıyla, bütün bir lokalizasyon, bir mekândır. Mekân; bir bireyin bastığı bir metrekarelik toprak, başını kaldırıp baktığı uzay, şehir, ülke, kıta ve dünya olarak sonsuz nüanslarla derecelenir. Burada sonsuz mekân imkânları vardır.

*
* *

Yüzeysel zaman idraki mekânına nazaran sonsuz imkânlara sahip idrakî zamana ait mekânı, değil idrak etmek, en güçlü imajinasyonlarla dahi sezebilmek, insanlar için o kadar kolay olmayacaktır. Bununla birlikte, biz bunun da sezgisini vereceğiz. Yalnız, burada imajinasyonu kullanmak ve sezgilerle hareket etmeye çalışmak şarttır.

Öncelikle şunu söyleyelim ki, dünya idrakine göre böyle bir mekân realitesi yoktur. Dolayısıyla, burada söylenecek şeyleri dünya maddeleri üzerinde canlandırarak görmeye uğraşmamalıdır. Dediğimiz gibi, bunun sezgileri ancak muhayyilede canlandırılabilir. Fakat şunu da ifade edelim ki, muhayyile, yâni imajinasyon da çok süptil bir madde ortamıdır. Dolayısıyla, imajinasyonda yaşatılan mekân, reel ve hakikî bir kıymettir.

İlk önce hayalî olarak bir küre tasavvur* edilsin. Bu kürenin, daha önce söylediğimiz gibi, bir tek yüzeyi üzerinde, yine hayalen, yüzeysel bir zaman ve bu zamanla mevcut mekân tasavvur edilsin, yâni hayalen düşünülsün. Bu, basit bir zaman ve mekân-

* "Tasavvur" sözcüğü, "zihinde şekillendirme, zihinde kurma, zihinde canlandırma, gözönüne getirme, tasarlama" anlamına gelir.

dır ve belirli, tek bir yöne sahiptir. Bu basit zaman ve mekânı hayalen canlandırdıktan sonra, bunun gibi, ikinci, fakat yönü ayrı, diğer bir basit zaman ve mekân daha hayalen canlandırılsın. Böylece, yönleri ayrı olmak üzere, üçüncü, beşinci, yüzüncü, bininci, milyonuncu ve sonsuz basit zaman ve mekânlar hayalen ayrı ayrı düşünülsün. Bunlar böyle ayrı ayrı tasavvur edildikçe, hepsi birer yüzeysel zaman ve mekândan ibaret kalır. Ancak, güçlü bir sezgi faaliyetiyle bunların sentezini yapmak gerekir. Bunun için de, hayalen canlandırılan bir küre içindeki, bu sonsuz yönde, sonsuz zaman akışlarının ve bu akışları tespit edip bağlayan sonsuz ortamların hepsi birden, bir tek zaman ve bir tek mekân imiş gibi düşünülsün. Bu takdirde, aynı ânda sonsuz yönlere doğru akan bir tek zaman ve bu sonsuz yönlere kıyaslanarak o akışları tespit eden sonsuz ortam kavramından bir tek mekân meydana gelir ki, bu da küresel mekândır. Çünkü bu mekân, küre içinde zamanın akışını sağlamaktadır. Buradaki ortam, bizzat muhayyiledir. Esasen ancak muhayyilenin çok süptil maddelerinden ibaret bir ortamdır ki, böyle sonsuz yön ve periyot karakterini ifade eden hareketlerin akışlarını bağlayabilir. Yoksa, bu hâl, dünyanın kaba maddeleriyle olmaz.

Demek ki, bir küredeki sonsuz hareketleri, sonsuz yönlerdeki akışlara ve periyotlara kıyaslayarak onları tespit eden imajinasyondaki sonsuz ortamları bir tek oluşa bağlayan imajinasyonun -kendisi de dahil olduğu hâlde- bu hareketler ve ortamlarla birlikte, bütünü; idrakî veya küresel mekânı meydana getirir.

Bu imajinasyonu yapabilmek için bir hayli çalışmak ve düşünmek gerekir. Bununla birlikte, az çok bir gayretle, burada, güçlü sezgiler elde edilir. Dünyada, kaba bir ortamda yaşayan insanlar için dünya maddelerinde gerçekleştirilmesi mümkün olmayan bu yüksek zaman ve mekân mekanizmasını, dediğimiz gibi, ancak muhayyilenin çok süptil malzemeleriyle bir dereceye kadar gerçekleştirmek, birçok insan için mümkün olur. Fakat insan muhayyilesindeki süptil ortamlardan daha süptil olan üst âlemlerdeki varlıklar için, bu yüksek idrakî zaman ve mekân realitesinde yaşamak, doğal ve hattâ zarurî bir hâl olur.

*
* *

Yüzeysel zamanın aslî zaman üzerinde mesafe katetmediğini, idrakî zamanın ise aslî zamanda her ân ilerlediğini söylemiştik. Şimdi, varlıkların tekâmülünde -bu bilginin kıymetinden yararlanarak- yüzeysel zaman idrakinde yaşayan bir insanın yerinde saymak suretiyle inkişafının ve küresel zamanda yaşayan bir varlığın da aslî zaman üzerinde ilerleyerek tekâmülünün ne demek olduğunu ve bunların inkişaf mekanizmasındaki sonuçlarının nasıl tecelli edeceğini açıklayacağız.

Yukarıda zaman ve mekân hakkında verilen bilgiler, her ne kadar, yüzeysel ve idrakî zaman ve mekânları açıkça açıklıyorsa da, biraz önce sözü edilen problemlerin hallini bu bilgilerden çıkarmak için, ayrıca açıklamalarda bulunmaya ihtiyaç vardır. Aşağıdaki şemalar dikkatlice incelenirse, bu önemli noktanın da kolaylıkla anlaşılması mümkün olur.

Bütün bir insanlık hayatında, varlığın, sonsuz cephesiyle geçirmesi icap eden bir inkişaf sahası vardır. Ve bu inkişaf sahası belirlidir ve sınırlıdır. Çünkü onun kendi realitesi içinde bir başlangıcı, bir de sonu vardır. Biz bu sahayı "AB" paraleli arasını dolduran mesafeyle gösteriyoruz. (Şekil-D)

(Şekil-D)

Burada, yüzeysel zaman idrakinin zarureti olan, bu inkişaf sahasının bir başlangıç ve bitiş noktaları vardır. Başlangıç, "AB" paraleli arasındaki sahada "c-d" hattı; bitiş de, "e" noktasının bulunduğu yerden geçen "g-f" hattı olsun. (Şekil-E)

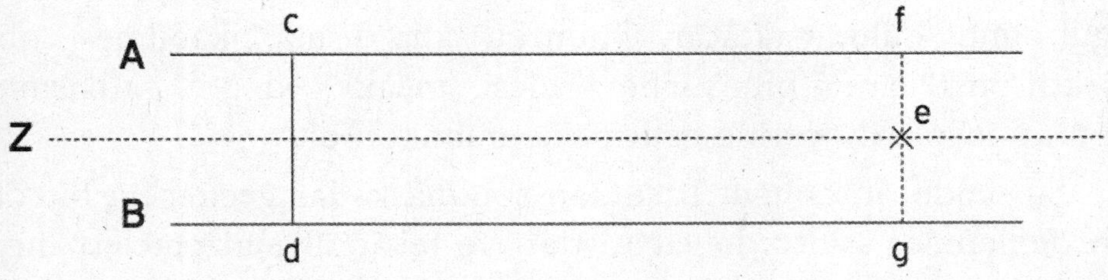

(Şekil–E)

İşte, insanlığın üst plâna, yâni idrakî zamanın hâkim olduğu vazife plânına hazırlanması için, inkişafı gereken ve "c–d" sınırında başlayıp "f–g" sınırında tamamlanan bütün insanlık melekeleri ve durumları "c–d–g–f" sahasını doldurmaktadır. Bu, insanın dünyada başladığı ilk hayatından, sayısız bedenlenmeler sonrasında dünyayı bitirdiği son hayatına kadar geçen, bütün, dünya hayatı safhasını gösterir. Buradaki "Z" hattı aslî zamandır, "e" noktası da bu zaman üzerinde alınmış bir ândır. Demek ki aslî zaman üzerinde alınmış olan bu bir ân; bir insanın, bütün insanlık hayatı boyunca inkişaf ettirilip olgunlaştırılması icap eden hazırlık melekelerinin toplamını içermektedir. Bir insanın, dünyadaki bütün insanlık safhasının başından sonuna kadar hazırlığı, aslî zaman akışı üzerindeki bu ân içinde gelişecektir. Elbette, şemada çizdiğimiz "c–d–g–f" yüzeyini, "Z" hattına dik olarak ve o hat ile ancak "e" noktasında kesişmiş olarak tasavvur etmek gerekir. Bu "e" noktası; aslî zamanın belirli bir ânında, insan varlığının, inkişafına başlayıp, kendisinde mevcut olan ve inkişafı icap eden kudretleri olgunlaştırdıktan sonra tekrar ulaşacağı bir noktadır. Yâni, varlığın insan hâlindeki tekâmülü, aslî zaman üzerinde bu noktadan başlar, yine bu noktada biter. Ve bu safha tamamlanıncaya kadar, aslî zaman üzerinde yürüyüş olmaz. İşte onun içindir ki, insanlık safhasındaki tekâmüle sübjektif tekâmül devresi demiştik. Çünkü bütün, insanlığın inkişaf safhasını oluşturan "c–d–g–f" sahası katedilmedikten sonra, "e" ânının "Z" aslî zamanı üzerinde akışı yoktur. İnsanlık, burada kendi kudretleri içine kapanmış ve sadece onların üstün bir plâna hazırlığıyla meşgul olmuş bulunmaktadır. Onun bu saha dışına çıkabilmesi, objektif bir tekâmül prensibine girmesi, ancak "c-d-g-f" safhasının bütün icaplarını yerine getirmekle mümkün olur.

Şu hâlde, insanlığın başından sonuna kadar geçireceği birçok bedenlenme, sayısız hayat şartları ve tekâmül malzemeleri, hep bu "c-d-g-f" sahası içinde olup bitecektir. Fakat bu esnada bu saha, "e" noktasına en uzak ve insanlığın en ilkel kademelerini oluşturan "c-d" sınırından itibaren, yavaş yavaş "g-f" sınırına doğru doldurulacak ve bu doluş, çeşitli bedenlenmeler yoluyla olacaktır. Sembolik bir ifadeyle her bedenlenmeyi bir üçgen kabul ederek, bu sahanın bu üçgenlerle nasıl doldurulduğunu ve bir insanın en geri kademelerinden, son kademesi olan "g-f" sınırına nasıl geldiğini açıklayacağız. (Şekil-F)

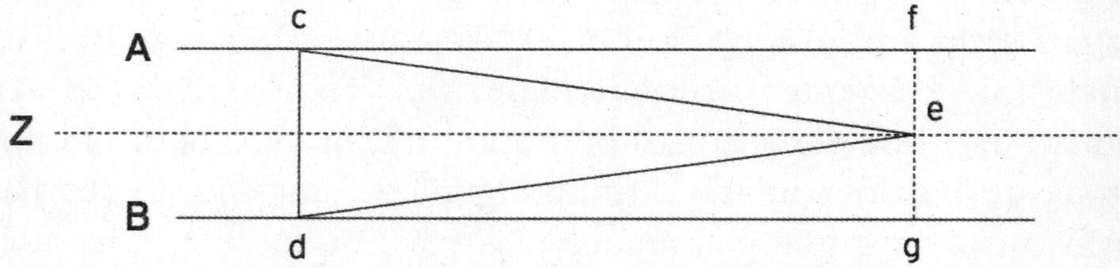

(Şekil-F)

Üçgenin tabanı, "AB" paraleli üzerinde, ilk önce "c-d" hattından başlayıp, gittikçe "e" noktasına, yâni tepesine yaklaşarak bu sahayı kapatacaktır. Bu da, periyodik olarak, daima tepeleri "e" noktasında olmak üzere, diğer üçgenlerin ilâvesi suretiyle olacaktır. Bu üçgenlerin her biri, bir beden hayatını ifade etmektedir. Böylece, "c-d" hattı, her bedenlenmede "AB" paraleli üzerinde devre devre yürüyerek, "g-f" hattına yaklaşacak, sonunda "c-d" hattı "g-f" hattı ile çakışacaktır. Bunun mânâsı şu demektir ki; bir insan, insanlık safhasına ait inkişafı icap eden bütün melekelerini inkişaf ettirmiş ve bütün hazırlıklarını bitirerek "e" noktasından itibaren aslî zaman üzerinde yürümeye başlayacak bir duruma gelmiştir. Bu bilgiyi grafik üzerinde biraz daha açıklayalım:

Mademki bütün insanlık hayatı, aslî zaman akışının bir ânı olan "e" noktasında cereyan etmektedir, o hâlde insanın bütün hayat devreleri, yâni doğum ve ölümleri bu noktada olup bitecektir. Yalnız bu noktaya, bu ânın icaplarına bağlı olan ve bir insanlık safhasının inkişaf sahasını dolduran zaruretler vardır ki; bunlar, insanlığın, "e" noktasından itibaren aslî zamanda ilerlemeler kaydedebilmesi için, hazırlanması zarurî olan taraflarıdır. Ve sembolik olarak "c–d–g–f" sahasıyla gösterilmiştir. Bu sahanın "e" ânına oranla uzak veya yakın zaruretleri mevcuttur. Bu zaruretlerin en kaba, en ilkel durumları, inkişafın sonu olan "e" noktasından itibaren en uzaktaki "c–d" sınırıdır. Bu sınır, "e" noktasına yaklaştıkça, saha daralır, hazırlıklar gelişir ve "e" noktasının icapları gerçekleşir. Yâni, insanın "e" noktasından itibaren harekete geçebilmesi için istenilen işlerin bitirilmesi durumu ilerler. Nihayet "c–d" hattı tam "g–f" hattı üzerine gelince, yâni son üçgenin tabanı olması gereken hat, aslî zaman üzerindeki "e" noktası üzerine gelince, bütün icaplar yerine getirilmiş ve saha tümüyle taranmış ve temizlenmiş olur. İşte insanlık hayatının grafiği olarak gösterdiğimiz bu şema üzerinde, insanlık hayatının devrelerle, ömürlerle, kademelerle veya hamlelerle (bunların hepsi aynı şeydir) her akışında, bu "c–d" hattının "AB" paraleli üzerinde nasıl kayarak "g–f" hattına yaklaştığını ve böylece insanlık safhası icaplarının nasıl yerine getirildiğini açıklıyoruz.

İlk önce, ilk dünya insanı grafiğini çizelim: Bu insan, insanlık kabiliyet ve melekeleri en ilkel durumda olan bir varlıktır. Dolayısıyla, onun inkişaf etmesi icap eden durumları, inkişaf sahasının ideal noktası olan "g–f" hattından en uzak yerde bulunacaktır ki, bu da "c–d" sınırıdır. Bu insan, henüz ilk insanlık melekelerini inkişaf ettirmekle meşguldür. Bu yüzden onun hayatı "c–d" hattından başlayacaktır. Grafiği tamamlamak için "c" ve "d" noktalarını birer çizgiyle, "e" noktası ile birleştirelim. Meydana gelen "c–d–e" üçgeni, ilk basit insanın ilk bedenlenme hâlinin grafiği olur.

Şimdi bu insanın ikinci hayatına geçelim (Şekil–G): Onun inkişaf hattı "AB" paraleli üzerinde "c–d" hattının "e" tarafında ve bu hatta en yakın noktalardan başlayacaktır. Grafikte daha belli olması için, biz bu noktaları biraz uzaklaştırarak "i-j" hattı ile gösteriyoruz.

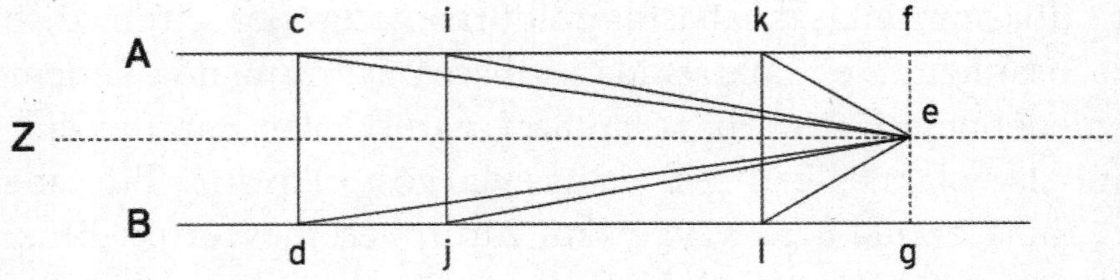

(Şekil-G)

Böylece ikinci hayatın grafiği olarak "i-j-e" üçgeni meydana gelir. İnsanın 3'üncü, 5'inci, 10'uncu, 50'nci vs. hayatlarında meydana gelecek üçgenlerin tabanları, "AB" inkişaf paraleli üzerinde gittikçe "f-g" hattına yaklaşa yaklaşa, nihayet "k-l" noktalarına kadar gelir. O zaman "c-d-g-f" sahasının "c-d-l-k" kısımları tümüyle yaşanmış, bu kısımlardaki hazırlıklar tamamlanmış, ancak "k-e-f" ve "l-g-e" sahaları henüz tamamlanmamış bulunur. Ve nihayet öyle bir ân gelir ki, bu insanın, insanlığa ait, aslî zaman akışındaki "e" noktasının bütün icapları gerçekleşir; yâni o varlık, insanlık merhalesine ait bütün melekelerini inkişaf ettirir ve hazırlıklarını bitirir. O takdirde üçgenin tabanı "f-g" hattıyla tam olarak çakışmış bulunur ve insanın dünyadaki hayatları da bitmiş olur.

Dikkat edilirse, bu grafikte, insanlığın bütün inkişaf safhasını gösteren "c-d-g-f" sahasında; inkişafın ilk, ilkel sınırı olan "c-d" hattı, insanın inkişafıyla adım adım "f-g" hattına yaklaşmak üzere "AB" paraleli üzerinde kaymakta ve kaydıkça da bu sahanın yaşanmış, inkişafı tamamlanmış kısımları büyümekte, henüz inkişaf etmemiş sahaları küçülmektedir. Ve nihayet bütün sahadaki inkişaf tamamlanınca, sahanın başlangıç sınırı olan "c-d" hattı, son merhalenin sınırı olan, aslî zaman noktası üzerindeki "f-g" hattıyla çakışmış bulunmaktadır. Ve böylece de, aslî zaman üzerinde bir ân olan "e" noktasının insanlık safhasına ait bütün icapları yerine getirilmiş olmaktadır.

İşte, insanlığın inkişafı bu noktaya gelince yüzeysel zaman idraki realiteleri sona erecek, idrakî mekân olan üst vazife plânlarında hakikî tekâmül devam edecek ve insan varlığı da sübjektif tekâmül sürecinden kurtulup, aslî zaman üzerinde yürüyen objektif bir tekâmül akışına girecektir.

Yüzeysel zaman inkişaf grafiğiyle kolayca anlaşılabilecek bâzı önemli noktaları belirtiyoruz: Yüzeysel zaman inkişafında, inkişaf paraleli, bir insanlık safhası boyunca değişmemektedir. Bu safha, aslî zaman akışında bir ân olan "e" noktasının icaplarıyla sınırlanmış, varlığın hazırlığına ait inkişaf sahasıdır. Dolayısıyla sübjektif bir tekâmül safhasıdır. Bu saha içinde her bedenlenme devresi, hamleler hâlinde birbiri üzerine eklenmektedir. Fakat bu hamleler, inkişaf paralelini hiçbir noktada aşamamaktadır. Bunu grafiğe göre ifade edelim: Her yeni gelen üçgen, eski üçgenin üzerine eklenmekte ve inkişaf sahasındaki tamamlanması gereken hazırlıklardan bir miktarını daha, öncekine katmaktadır. Şu hâlde, inkişafta kesintiler yoktur. Devreler birbirine sessizce eklenmektedir.

İşte aslî zaman üzerinde, bir insanın, kendi hazırlık kadrosu içine kapanarak, bütün insanlık boyunca kendi hazırlıklarıyla meşgul olması, onun sübjektif tekâmülünü ifade ettiği gibi; birçok bedenlenme hâllerinin, sadece insanlık safhasını tamamlamasına yönelik oluşu da, bütün bu beden hayatlarının topyekûn bir tek hayat olarak ele alınmasını icap ettirir. Yâni, bir inkişaf devresinin bütün insanlık boyunca vukua gelecek bedenlenmeleri, aslında bir tek hayatın zaruretlerinden başka bir şey değildir. Ve bu zaruretler de, aslî zamanda bir ân olan "e" noktasının icaplarını yerine getirmektir.

*
* *

Şimdi, tekâmülün idrakî zaman içinde yürüyüşünü diğer bir grafikle açıklayacağız. Burada, en belirgin özellik, varlığın her tekâmül akışının, aslî zaman üzerinde daima mesafe katetmesi eşliğinde olmasıdır. O artık kendi âleminden çıkınca, aslî zamanın akışı icaplarına uymak liyakatini kazanarak, organizasyon sistemleri içinde objektif ve aktif bir tekâmül durumuna girmiştir.

Daha önce, küre zamanında zamanın her yönde genişleyerek inkişaf ettiğini söylemiştik. İdrakî zaman inkişafının başından itibaren meydana gelen genişleme farkları, hem aslî zaman üzerinde yürüyüşler kaydeder, hem de hızlı ve sınırsız bir inkişaf seyri izler. Yâni, buradaki inkişaf hatları, paralel olarak gitmez, mütemadiyen birbirinden uzaklaşarak, açılarak genişler.

Bunu şemayla açıklamak için, muhtelif büyüklüklerde, birbiri içine girmiş dört tane küre alalım (Şekil-H):

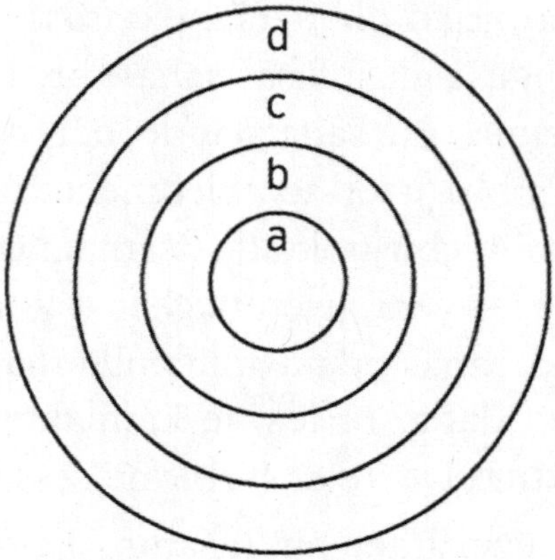

(Şekil-H)

Merkezleri ortak olarak, iç içe girmiş bu dört küre, merkezlerinden geçmek üzere ortalarından kesilip iki kısma ayrılınca, bunlardan birinin kesitine bakıldığı zaman, orada -şemadaki gibi- her biri bir küreye ait, dört ayrı kesit görülür. Bu kesitler merkezden çevreye doğru, "a, b, c, d" durumunu meydana getirirler. Bunların her biri, bir kürenin, yâni ortada bulunan en küçük kürenin gittikçe büyüyerek almış olduğu büyüklüğün dört ayrı safhasından biridir. Yâni, merkezdeki "a" büyüklüğünde bulunan kürenin genişleyerek büyümesinden "b, c, d" büyüklükleri meydana gelmiştir. Böylece "a" küresi gittikçe büyüyerek "d" büyüklüğünü bulmuştur. Şimdi kürenin bu genişleyişi içinde, bu kesitlerin birbiriyle kıyasını yapabilmek için, yukarıki şemada en küçük kesit olan "a" kesiti sabit tutularak, en büyük kesit olan "d" kesiti âdeta bir fotoğraf makinesi körüğü gibi, ondan uzaklaştırılsın. Bundan bir koni meydana gelir. Doğal olarak bu koninin tabanını, en büyük ve dışta bulunan "d" küresinin kesiti oluşturur. Koninin tepesine yakın, yâni sivri tarafında, en küçük küre olan "a" küresi bulunur. (Şekil-İ) Aradaki "b, c" katlarını da muhtelif büyüklüklerdeki iç içe kürelerin kesitleri oluşturur.

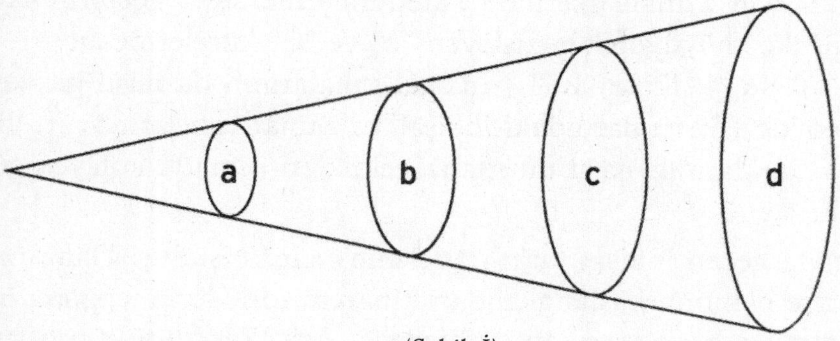

(Şekil-İ)

Burada, koninin "a, b, c, d" kesitleri arasındaki genişlik farkları, idrakî zamanın birbirine oranla olan inkişaf kıymetlerini gösterir. Çünkü buradaki her kesitin, aslında birbiri üzerine inkişaf eden kürelerin farklı genişliklerinden birini göstermekte olduğunu söylemiştik. İşte bir kesitin, önceki kesite nazaran olan genişliği, küre inkişafının o âna mahsus vüsatini* gösterir. Böylece, aşağıdaki şema, her kesitin kendi kapasitesine ait inkişaf genişliğini ifade etmektedir. (Şekil-K) Buradaki genişlik farkı, aynı zamanda, inkişaf esnasında aslî zaman üzerinde katedilen mesafeyi de gösterir.

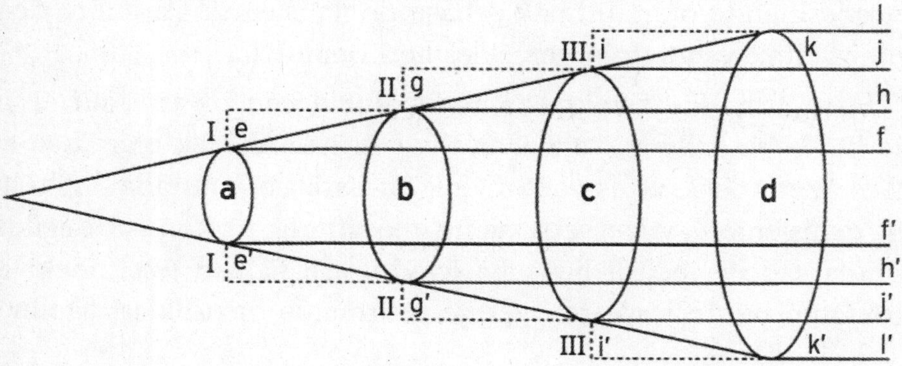

(Şekil-K)

* "Vüsat" sözcüğüne, sözlüklerde "genişlik; bir nesnenin uzayda kapladığı yer, doldurduğu boşluk, boyutsal kapsam, büyüklük" anlamları verilir.

Meselâ "e-f" ve "e'-f'" paraleli, "a" küresine mahsus inkişaf derecesini gösterir. Bunu izleyen "g-h" ve "g'-h'" paraleli, "b" küresinin inkişaf derecesini gösterir. Bu iki paralel arasındaki "I" mesafesi, iki inkişaf kademesi arasındaki inkişaf farkını ve aynı zamanda aslî zaman üzerinde katedilmiş mesafeyi gösterir. Aynen, gittikçe büyüyerek genişleyen "c" ve "d" kürelerine ait, "i-j" ve "i'-j'" ile "k-l" ve "k'-l'" inkişaf sahalarının da nasıl gittikçe genişledikleri ve aralarındaki inkişaf ve zaman akışlarına ait "II" ve "III" farklarının nasıl meydana geldikleri şemada kolayca görülebilir.

Burada geçen inkişaf farkı ifadesinin mânâsı şudur: Daha önce, vazife plânının başlangıcından itibaren, idraklerin icaplara intibak etmeye başladığından ve böylece, Aslî Prensibin bütün ruh ve kâinat ilişkileri icaplarına idraklerin uyarak, bir vahdete doğru gidilip, nihayet Ünite'ye ulaşıldığından söz etmiştik. Ve onun için de vazife plânından itibaren başlayan tekâmül safhasına "aktif intibak safhası" denilmişti. İşte şimdi küre zamanının şematik açıklanması içinde bu hakikati de göstermiş oluyoruz. Çünkü kürelerin iki inkişaf kademesi arasında görünen ve aslî zaman üzerinde yürüyüş diye nitelendirilen bu fark, aslında bu intibak sahasının genişlemesinden başka bir şey değildir. Fakat bu küre inkişafının elbette bir nihayeti vardır ve bu da kâinatın sonudur. Zaten bu inkişafların artması, kâinattaki hakikî intibak sahasının genişlemesi eşliğinde olur. İntibak sahasının genişlemesi ise ünite dediğimiz idrak vahdetinin gerçekleşmesi demektir.

Hatırlatırız ki, yüzeysel zaman realitelerinin art arda sürmesinde böyle bir inkişaf, yâni Ünite'ye yürüyüş demek olan, aslî zaman üzerinde ilerleyiş yoktur. İnkişaf hatlarının buradaki gibi her ân genişlemesi, yüzeysel zaman inkişafında sözkonusu değildir. Orada sadece, belirli bir saha içinde, aslî zaman üzerindeki bir noktanın bütün icaplarını yerine getirmenin hazırlıkları yapılır.

*
* *

Gerek yüzeysel, gerek küresel zamanlara ait bu iki şema gösterir ki, yüzeysel zamanda olduğu gibi belirli bir saha içinde kalarak hamlelerin birbirine eklenmesi şeklindeki bir kesintisizlikle devam eden inkişaf tarzı, küresel zamanda yoktur. Burada, öncekinde olduğu gibi ayrı ayrı devreler de yoktur. Aksine, her ân genişleyen yeni inkişaf sahaları vardır. Diğer deyişle burada, aslî zamanın bir tek ânı içinde hapsolmuş, sınırlı sahadaki periyodik gidiş hareketleri değil, kâinatın sınırlarına kadar dayanan sonsuzluk içinde genişleme, ilerleme ve inkişaf etme sahaları vardır. Ve bu ilerleyiş, Ünite'de nihayet bulmaktadır. İşte bununla da, daha önce söylenmiş bulunan, hakikî tekâmülün küresel zaman idrakiyle başlamış olduğu sözünün mânâsını daha açık olarak açıklamış oluyoruz.

*
* *

Şimdi burada çok önemli bir problemin açıklanmasına sıra gelmiştir. Bu problem; kâinatta aslî icaplara tâbi olarak seyreden aslî zamanın âlemlerle ilgili durumlarının, o âlemlerdeki madde ortamlarına intibaklarını, bağlantılarını sağlayarak zaman formlarını meydana getiren mekânın mahiyetidir. Bir tarafta zaman formunu meydana getiren hareketler var, diğer tarafta da, zaman idrakinin oluşması için bu hareketlere bağlanması icap eden madde ortamı mevcut. Fakat zaman ve mekânın ilişkilerinde saymış olduğumuz üçüncü şart, yâni bu ortamın zaman hareketlerine bağlantısı sağlanmayınca, mekân kurulamaz ve zaman formunun tezahürü mümkün olmaz. O hâlde burada, kâinat mekanizmasında esas rol alan büyük bir etken vardır. İşte bir âleme özgü mekânı oluşturmak ve zaman formunu kurabilmek için, mevcut madde ortamını zaman formuna ait hareketlere bağlayan unsur, kâinat ötesinde Aslî Prensibe tâbi yüksek kader prensibidir ki; bunun kâinatta kader mekanizması hâlinde tecelli eden icapları, aslî icaplarla ve aslî zamanla birlikte, Ünite'den süzülerek kâinata yayılmaktadır. Şu hâlde, kısaca, mekân; kaderin âlemlerdeki ve kâinattaki tecellisidir. Yâni, bir âlemde, zamana ait hareketler ile madde ortamlarının bağlanmasından ileri gelen mekân; kaderin o âlemdeki tezahürüdür.

Demek ki kader; âlemlerdeki zamanı madde ortamlarına bağlayarak o âleme özgü zaman ve mekân formlarını meydana getiren ve zamanı kullanarak aslî icapların direktifi altında çalışan ve onlara bağlı bulunan kader prensibinin kâinattaki akışıdır. Kader, âlemlerde o âlemlerin imkânlarına göre tezahür gösterir. Meselâ hidrojen âlemindeki yüzeysel zaman mekânı kaderin bu âleme özgü tezahürüdür.

Şu hâlde, Ünite'den bütün kâinata aslî icapları taşıyarak yayılan kader, yine aslî icaplara bağlı zamandan yararlanarak, âlemlerin bütün formasyon, deformasyon ve transformasyonlarını meydana getirir. Şimdi daha açık olarak açıklamış oluyoruz ki, varlıkların otomatik, yarı idrakli ve idrakli olarak, ihtiyaçlarına göre maddelerde husule getirdikleri bütün formasyonlar, transformasyonlar ve deformasyonlar, ancak Ünite'den süzülüp gelen direktiflere göre, Aslî Prensip, kader ve zaman prensipleri kadrolarında vazifeli varlıkların yardım, müdahale ve kontrolleriyle vukua gelmektedir.

Bu bilgi, kader ve zamanın kâinattaki esas rollerine ait sezgileri insanlara verir. Eğer Ünite'den gelen kader ve zaman olmasa idi; Aslî Prensip icaplarına göre kâinat cüzleri durumlarının, ruhların her ânki davranışları ve liyakatleri karşısında vukuu icap eden sonsuz şekil değiştirmelerine ve şekil almalarına ait teknik faaliyet, odağını kaybetmiş olurdu. Ruhların tekâmüllerine ait, Aslî Prensibin tayin etmiş olduğu icaplarla, ruhların bu icaplara liyakat derecelerini ölçüp ayarlayarak takdir eden etken, kaderdir. Yâni, aslî icapların kâinattaki teknik unsuru, kaderdir. Kader, bu fonksiyonunu zaman unsurunun yardımıyla yapar ve onu ölçü olarak kullanır. Bu mekanizmayı kaba bir örnekle açıklayarak biraz daha aydınlatıyoruz:

Bir okul var. Bu okulun belirli sınıfları mevcut. Derslerin o okulda sınıflara göre kadrolarını tayin eden, öğrencilerin belirli liyakatlere göre belirli sınıflarda bulunmasını takdir eden yüksek bakanlık makamı da var. Şimdi bir öğrenci, o okulun ilk sınıfından başlayıp, hiçbir incelenmeye tâbi tutulmadan bütün sınıfları otomatikman atlayarak okulun kapısından çıkarsa, okulu bitirmiş sayılamaz. Bunun için, o öğrencinin, her yıl ve hattâ yılda birkaç defa, yine bakanlık tarafından yetkilendirilmiş memurlar vâsıtasıyla yoklanması, denenmesi, sınav denilen gayet sıkı ve özenli kontrollerden geçmesi, özetle, kendisine o okuldan o âna mahsus verilmesi icap eden ile bu verilmesi icap edene kendisinin liyakat kazanmış olup olmadığının incelenmesi gerekir. Eğer çocuk, bu sınav sonucunda, içinde bulunduğu sınıfın hakkı olan dersleri öğrenmiş ve onlara hak kazanmış ise sınavını muvaffakiyetle başarmış, üst sınıflara geçmeye, okulu bitirmeye liyakat kazanmış olur. Aksi hâlde kendi liyakatine ve bilgisi derecesine en uygun olan sınıfta bırakılır ve ona göre tedris ve tâlimlere tâbi tutulur. Yâni, o okulda öğrenciler mutlaka şu kadar zaman süresince şu veya bu sınıfta kalacaklar ve o zaman bitince otomatikman sınıfları atlayarak okulu bitirecekler gibi bir kayıt yoktur. İşte hayat da bunun gibidir. En yüksek ve yetkili makam dediğimiz Aslî Prensip, dünya okulunun programını düzenlemiştir. Bundan kıl kadar sapılamaz. Fakat yine bu program gereğince öğrencilerin, yâni insanların oradaki sınıflara terfi edebilmeleri için; çalışmaları, cehit harcamaları ve bu cehitleriyle orantılı olarak, dünya okulunda kendilerine tahsis edilmesi icap eden sınıflara ve derecelere hak kazanmaları ve bunu da ispat etmeleri gerekir. İnsanlar bunu yaptıkça lâyık oldukları sınıflara terfi ederler; aksine, tembellik ve beceriksizlik sonucunda bulundukları durumun liyakatlerini gösteremeyenler, ona göre, yâni liyakatleri derecesine göre işlemlere tâbi tutulurlar. Bunun için de iki şart gerekir: Bunlardan biri, insanların liyakatlerini ispat edebilmeleri için lüzumlu olan cehit ve gayret özgürlüğü; diğeri ise, bu liyakati takdir eden, onun aslî icaplara uygunluk derecesini ölçüp biçen ve ona göre, o varlığın, o icaplar karşısında kendisine lâyık ve en uygun madde hâl ve durumlarını hazırlayarak tertipleyen bir etkenin mevcudiyeti.

İşte aslî icapların yerli yerinde tatbikini sağlayan, varlıklar ile aslî icaplar arasındaki mutabakatın* derecelerini ve ölçülerini takdir ve tespit ederek kıymetlendiren bu teknik etken, kâinattaki kader mekanizmasıdır.

---

* "Mutabakat" sözcüğü "intibak halinde olma, uyum, uygunluk; uzlaşma, anlaşma; birlik; ahenk" anlamlarına gelir.

Demek ki, kâinat üstünde bulunan, Aslî Prensibe bağlı kader prensibinin, kâinatta kader mekanizması hâlinde işleyen tecelliyatı; âlemler içinde, o âlemlerin imkânlarına göre kader tezahürlerini meydana getirir ki, bunun da âlemlerdeki görünüşü, mekânın sonsuz hâl ve durumlarıdır. Şu hâlde, varlıkların aslî icaplar karşısındaki liyakat derece ve ölçülerini takdir ve tespit eden ve varlıkların kâinat akışındaki maddî imkânlarını bu liyakate göre ayarlayan kader mekanizması, yüksek kader prensibinin kâinattaki tezahürüdür. Âlemimizde belirli mekân formları içinde görünen kaderin, başka âlemlerde nasıl tecelliler gösterdiğini bu âlemin idrak ve görüşleriyle tayin etmek ve nitelendirmek elbette mümkün olmaz. Yalnız, şunu beyan ederiz ki, bu tecelliler vazife plânlarından Ünite'ye doğru yükseldikçe, bizim âlemlerimizde geçerli olan fonksiyonunu, elbette kapsamıyla orantılı olarak, değiştirir. Ünite'ye gelince, bütün icaplar ile, idrakler ile, imkânlar ile ve durumlar ile birleşmiş bir vahdet hâlini ifade eder.

*
* *

Burada açıklanması gereken bir nokta var: Kader mekanizması, kâinattaki fonksiyonunu yaparken, Aslî Prensibe tâbi bulunan zaman prensibi ile birlikte yürür. Zaman prensibinin kâinattaki durumu aslî zamandır. Ve aslî zamanın, muhtelif âlemlerden geçerken, o âlemlere göre tecellileri vardır. Bunlardan birini, dünyaya mahsus, yüzeysel zaman idraki, diğerini de dünya üstü âlemlere mahsus, idrakî zaman diye biraz önce açıklamıştık. İşte kader mekanizması, dünyada fonksiyonunu ancak aslî zaman ile birlikte yapabilir. Yâni, kader mekanizması, Aslî Prensibin muhasebesini ve teknik ifadelendirilmesini yaparken, ölçü olarak zamandan yararlanır.

Zaman mekanizması hem elzemdir, hem de zarurîdir. Elzemdir; çünkü Aslî Prensibin had ve öz olarak tayin ettiğini gerçekleştirmede, kader prensibinin ölçütü ve ölçüsü, zamandır. Zaman olmayınca kader prensibi ölçüsüz kalır ve teknik fonksiyonunu ifa edemez.

Zarurîdir; çünkü zaman mekanizmasının değerlendirme niteliği olmazsa, kader mekanizmasında ahenk, bundan dolayı da Aslî Prensip ile vazife ve tekâmül plânları arasında irtibat ve bu prensipler ile, plânlar ile âlemlerin oluşlar ve akışlar nizamı arasında mutabakat olmaz ve nihayet, değer farklanmalarının tayin edilmesi ve kıymetlendirilmesi imkânsızlaşır; dolayısıyla, miktar ve sonra keyfiyet* nizamsız kalır ki, bu takdirde bütün tatbikatlar odağını kaybetmiş olurlar.

*
* *

Aslî zaman akışının dünyadaki tecellisine yüzeysel zaman diyorduk. Buna karşılık, yine kâinat boyunca akıp giden ve her âleme mahsus ayrı birer tecelli gösteren kaderin de dünyadaki tezahürü mekân formlarıdır, demiştik. İşte, dünyada zamandan ayrılmayan ve zamanla kıymet ve ayar ölçüsünü bulan mekân, kader prensibinin dünyadaki fonksiyonunun sonucudur. Bu bilgilerle de, kaderin, dünyada zaman mekanizmasıyla birlikte tecelli eden mekân hâlindeki tezahürünü açıklamış olduk. Ve açıkça belirttik ki, zaman ve mekânla mevcut olan bütün realiteler; insanların özgürlük esasına dayanan cehit ve gayretleriyle lâyık olacakları veya kazanabilecekleri derecelerin, yine zaman ve mekânla ölçülüp biçilmiş, yâni zaman ve mekân kadrolarında vazifeli varlıklar tarafından takdir edilmiş, birtakım icap zaruretleridir.

Çünkü şurası bir hakikattir ki, aslî icapların ve bu icaplara bağlı bütün mekanizmaların kâinattaki tatbikatları; aslî icap, aslî zaman ve kader mekanizması kadrolarında çalışan organizasyonların vazifelileri tarafından yapılması zarurî yükümlülüklerdendir. İşte Ünite'den süzülerek aslî tesirlerle kâinat içine yayılan kader ve zaman mekanizmalarına ait tesirler, bu mekanizmaları yürüten kadrolar dahilinde vazifelenmiş büyük vazife plânlarının kâinatşümul faaliyetleriyle tatbikat zeminlerini bulurlar. Ve bu kadroların bütün elemanları yerli yerine yerleşmiş, vazifelerini hakkıyla idrak etmiş kudretli varlıklardır.

---

* "Keyfiyet" sözcüğü "kalite, nitelik" anlamına gelir. Genellikle "nicelik" anlamındaki "kemiyet" ya da "miktar" sözcüğüyle birlikte kullanılır.

*
* *

Zaman ve mekân hakkında verilmiş olan bu bilgilerden sonra iyice anlaşılmış olur ki, dünyada herhangi bir konuda "şu insanın mukadderi bu imiş" demenin mânâsı; o insanın o konuda, içinde bulunduğu olayları meydana getiren bütün madde kombinezonlarının belirli zamanlara bağlı olarak bir araya gelişleri ve bağlanışları, o ânda o şekilde ortaya çıktı demektir ki; mekânın tarifini iyi kavramış olanlar, bunun da o insanın etrafında ona göre mekânlar kuruldu demek olduğunu idrak ederler.

Aynen, "kaderi yardım etmedi" sözü de, onun hakkında beklenilen bir konuya ait madde kombinezonlarının beklenildiği tarzda değil de, başka şekillerde meydana geldiğini ifade eder ki; bu da, yine, o konu etrafında arzu edildiğinden başka madde şekillerinden ve durumlarından kurulmuş, bir mekân demek olur. Özetle, mekânı ifade eden, maddenin her hâl ve şekli, olayların her durumu, kaderin bir tecellisidir. Elini oynatan bir insanın bu hareketine zemin olan ortam, bir mekândır ve kaderin tecellisidir. Yürüyen bir insan için bastığı yerler, mekândır; gökyüzüne bakan bir kimse için, yıldızlarıyla, bulutlarıyla, renkleriyle, bütün görünüş ve durumuyla, gökyüzü mekândır ve kaderin tecellisidir. Dikkatini vücudunun herhangi bir noktasına çeviren insan için, orası mekândır ve kaderin tecellisidir. Düşünen bir insan için, muhayyilesi mekândır; olaylar arasında ilişkiler kuran idrak, bir mekândır ve kaderin tecellisidir. Özetle, kâinatta görünen her şey, her varlık, insanın bizzat kendisi, bir mekândır ve bunların hepsi, kendi âlemlerinde, kaderin birer tecellisidir. Çünkü bütün bunların şekillenmeleri, çeşitli tarzlarda birbirine bağlanmaları, sayısız kombinezonlar hâlinde analiz ve sentezlere tâbi tutulmaları, yâni bütün olayların ve madde hâllerinin vukuu, mekânın çeşitli varyeteleridir ki; bunlar da, kader mekanizmasının fonksiyonu içinde yürürler.

*
* *

Varlıklar, sahip oldukları özgürlükleri sayesinde, sürekli olarak sınavlar içinde bulunurlar. Bu sınavlar karşısındaki davranışlar, müspet veya menfî reaksiyonlar, özetle, başarılı oluşlar veya olamayışlar; kaderin takdir ve tespit ettiği madde kombinezonlarının, yâni mekânların sonsuz hâl ve durumlarının meydana gelmesini sonuçlandırır ve varlıklar, liyakatleri derecelerine göre bu olayların çeşitli durumlarında yaşarlar. İşte bütün olaylar ve onları meydana getiren bütün madde kombinezonları; her biri kader mekanizmasının birer tecellisi olan, mekânlardan ibarettir. Özetle, varlıkların, fiil ve hareketlerine göre derecelerinin ölçülüp biçilerek, aslî icaplardaki durumlara uydurulmaları için muhasebe işlemlerinden geçirildikten sonra ayarlanmaları ve formlara bağlanmaları; kader mekanizmasının, aslî icaplar altında aslî zamanı kullanarak çeşitli madde ve olay formlarını ve tertiplerini meydana getirmesi demektir.

Artık bu bilgilerden sonra, vazife plânına henüz girmemiş ve en küçük hareketlerine kadar her durumları sınavlara tâbi tutulmuş dünya insanlarının gelecekleri hakkında, ad ve zaman belirterek kesin dille konuşmak doğru olmaz. Çünkü insanlar, özgürlüklerini kullandıkları yönlere göre, çevrelerinin ve mekânlarının, yâni tek kelimeyle kaderlerinin yürüyüşünü kendileri sonuçlandırmaktadırlar. İstikbale ait sözler, bâzı kayıtlar altında, ancak hakikatlerin tahakkuk etmekte bulunduğu vazife plânlarında söylenebilir. Dünyada, geleceğe ait kesin yargılarda bulunmak, bütün insanların özgürlük yetkilerini reddetmek olur. Bir noktadan itibaren diğer bir noktaya yürümek üzere serbest bıraktığınız küçük bir karınca bile, ister yolunda aynı hızla yürüyerek belirli zamanda o noktaya varır, ister biraz eğlenerek veya sağa sola saparak yolunu uzatır, isterse gerisin geriye dönerek yolunu büsbütün değiştirir. Bütün bunlar, onun alacağı sonuçların şeklini, yâni onun kaderlerini tayin eder. Yukarıdan beri verilmiş olan bu bilgiler, kâinata bir projektör ışığı sembolüyle indiğini kabul ettiğimiz aslî icapların ruhları ve maddeleri kapsayan kudretleri arasında kader mekanizmasının ve aslî zamanın da bulunduğunu ve aslî icapların gerçekleşmesinde bunların ne kadar önemli rolleri olduğunu anlatmaya yeterlidir.

*
* *

Şimdi, vazife safhasına girildikten sonra, oradaki yürüyüş hakkında da bâzı bilgileri vereceğiz.

Vazife plânı, tekâmüle, açık bir idrakle devam edilmeye başlanabilen bir merhaledir. Vazife plânına kadar gelen otomatik, yarı idrakli inkişaflar burada tam idrakli bir safhaya girmiştir. Bunun da açık mânâsı şudur: Varlıkların idrakleri bu plânda tırmandıklarını söylediğimiz ışık konisi huzmelerine kendi kudretleriyle intibak etmeye başlamışlardır. Onun için vazife safhasına aktif intibakların başladığı safha da diyoruz. Bu safhada ilerlendikçe icaplara idraklerin intibak sahaları da genişler, yâni idrakler, tekâmül ettikçe, akan aslî zaman içinde, ruh ve kâinat ilişkilerine ait ilâhî icaplara daha geniş çaplarda intibak ederler. Diğer deyişle, bütün idrakler, bu icaplar ile ve dolayısıyla birbirleriyle birleşirler ki, buna da "vahdet hâli", yâni "ünite" deriz. Bununla birlikte, vazife plânının bu ilk kademelerindeki vahdet, tam olmaktan daha çok uzaktır; ama gerçekleşmeye başlamıştır. Meselâ Aslî Prensibin ruhların ihtiyaçları ile kâinat cevheri imkânlarının ilişkilerine ait sonsuz icaplarını "n" adedi gibi sonsuz bir kıymet olarak kabul ettiğimize göre, vazifenin ilk kademelerinde, bu kıymetlere o kademelerdeki varlıkların idrakleri, henüz pek küçük çapta intibak edebilmiştir. Ve idrak, hangi icaplar ile intibak, yâni vahdet hâline geçmiş olursa, orada hakikatleşir. Ve o varlık, oradaki ahengin bir cüzünü oluşturur. İşte bu, ahenge katılmak, ahenkten olmak demektir. Bu bilgi, vazife plânının bir tahakkuk, bir gerçekleşme plânı olduğu ifadesinin de mânâsını açıklar. İşte bu plânın başlamasıyla birlikte, idrakler, kâinat hakikatlerine gittikçe daha büyük bir kudretle nüfuz etmenin yolunu tutarlar. Yâni, o hakikatlerin ahengi içinde gittikçe kapsamlarını genişletirler.

Yine, bu bilgi diğer, büyük bir hakikati daha açıklar: Aynı icaplarda tam bir mutabakat hâline gelmiş muhtelif varlıklar, o noktada birbirleriyle de vahdet hâline girmişler demektir. Şu hâlde, vazife plânının muhtelif kademelerinde, belirli icaplarda birleşmiş, vahdet hâline gelmiş muhtelif vazife grupları vardır. Bunlar arasında, dünyada olduğu gibi realite farkları yoktur. Çünkü esasen onlar hakikatlere intibak hâlindedirler. Orada realiteler değil, hakikatler vardır.

Bununla birlikte, tekrar ediyoruz; bu intibak, birdenbire vazife plânının bütününü kapsamış değildir. Tam ve bütün intibak, ancak Ünite'de mümkün olur ki; bu da, vazife plânının ilk kademelerine nazaran, henüz nihayetsizlik denecek kadar uzaktadır.

*
* *

Ünite'de artık realite diye bir şey yoktur. Aslî Prensibin kâinattaki akışı olan aslî icaplar, kader ve zaman prensiplerinin kâinattaki akışları olan kader mekanizması ve aslî zaman, oradaki idrakler ile birleşerek, vahdeti meydana getirirler. Orası hakikatin kendisidir. Kâinatın son sınırı ve tekâmülün gerçekleşmesinin ifadesidir. Kâinatın bütün idaresi ancak, buradan süzülerek yayılan tesirlerle mümkün olur.

*
* *

Vazife plânının ilk kademelerinden itibaren, Ünite'ye kadar uzanan ve sonsuz görünen yolların katedilmesi de çok komplike mekanizmalarla olur. Bu hususta bilgi vermek için projektör sembolündeki ışık tabanının, ilk vazife plânı kademelerinde bulunduğu âna dönelim. Varlıklar yukarı, bu ışık konisinin tepesine doğru tırmanmaya başlamışlardır. Burada, belirli icaplarda iştirak etmiş idraklerden ve bu birleştikleri noktalarda onların bir tek varlık hâline girdiklerinden söz etmiştik. Böyle bir hâl, vazife plânının altındaki âlemde, meselâ dünyada yoktur. Çünkü insanların tam mânâsıyla hiçbir hakikate ulaşmaları mümkün olmadığından, insanlık, hakikatin yalnız görecelikleri içinde, yâni realitelerde yaşamaktadır. Dolayısıyla, dünyada ne kadar idrak varsa, o kadar realite mevcuttur. Çünkü dünyada hakikatin kendisi değil, idraklerin çeşitli kapasitelerine göre değişen, hakikatlerin çeşitli ve görece görünüşleri sözkonusudur. Her idrakin, böyle, kendi kapasitesine göre kıymetlenebilecek şeyler, elbette birbirinden farklı olacaklardır. Bunun için, dünyada hiçbir nokta üzerinde idraklerin tam mutabakatı ve vahdeti mümkün olmaz. Bu ancak vazife plânından itibaren başlar.

Vazife plânında başlayan bu mutabakatlar, varlıklara birtakım işler ve vazifeler yükler ve onları –intibak sahalarının genişliğine göre– birtakım yükümlülüklere tâbi kılar. Onlar, bu yükümlülükleri ifa ederken gösterecekleri liyakatlerin derecesine göre, intibak sahalarını daha çok genişletirler ve idrakî zaman ve mekânın geniş imkânları içinde, Ünite'ye doğru yükselen vazife plânı kademelerinin üst basamaklarına tırmanırlar. Fakat varlıkların bu yükümlülükleri, aşağı plânlarda akıllara gelebileceği gibi verilip alınan şeyler değildir. Çünkü zaten, hakikat ile mutabakat hâline girmek, onunla birleşmek demektir ki; yükümlülük dediğimiz şeyin hakikî mânâsı da bu vahdetten çıkar. Şu hâlde, varlıklar vazife kademelerinde yükseldikçe, yükümlülükleri de mukadderat mekanizması altında otomatikman artar. Vazife plânındaki varlıklara yükümlülüğü kimse yüklemez. Yeter ki onlar, bu yükümlülüklerinin –kader mekanizması muvacehesinde– liyakatlerini arttırsınlar. Böyle olunca, oradaki varlıklar da sınavlardan tamamıyla sıyrılmış değildirler.

*
* *

Şimdi, bu yükümlülük liyakatlerinin nasıl meydana geldiğini belirtelim: Varlıkların, madde kâinatı içinde ve kader mekanizmasının icapları altında, idrak vahdetlerinin ilk adımına vazife plânında başladığını söylemiştik ve buna da, idraklerin, icaplara, hakikatlere ulaşması, gerçekleşmesi demiştik. İşte varlıkların vazife yükümlülüğünü doğuran zaruret, bu gerçekleşmeden ileri gelir. Bu gerçekleşmeler, idrakî zaman mekanizmasıyla yürürler. Vazifeliler de zaten idrakî zaman ve mekân şartlarına tâbidirler.

Gerçekleşme –projektör sembolüyle ifade ettiğimiz– aslî icaplara idraklerin intibak etmesi demek olduğuna göre, ilk gerçekleşmeler vazife plânının ilk kademelerinde başlar, yüksele yüksele Ünite'de son kapsamına ulaşır. Şu hâlde, varlıkların kâinata inen Aslî Prensip ışığı huzmesine tırmanarak yukarılara çıkması demek; o ışık huzmelerinin kapsamında mevcut olan bütün icaplara idraklerinin intibak etmeleri, onun ahengine girerek, gittikçe daha geniş çapta o ahenge karışmaları demektir. Bu tırmanış Ünite dediğimiz, kâinatın son imkân sınırlarına geldiği zaman, o varlığın idraki bu ışık huzmesinin içerdiği bütün icaplara intibak etmiş, tam o ahenkten olmuş ve dolayısıyla, kâinat cüzlerine ve bütününe hâkim bir durum almıştır. Yâni, kâinatın bizzat kendisi olmuş gibi, o büyük vahdete karışmıştır. Şu hâlde, vazife plânının ilk kademesinden itibaren varlıklar, tedricen, yâni Aslî Prensip ışığına tırmandıkça kendi bulundukları noktalara kadar meydana gelen intibakları derecesinde, kâinat cüzlerine hâkim durumlara geçerler ve bu hâkimiyet, Ünite içinde tamamlanır.

*
* *

Bu yükümlülüklerin nasıl tecelli ettiklerine gelince: Gerçekleşmiş idrakler, bu gerçekleşmeyle zaten hakikatlerin tatbikatları içine girmişler demektir. Ve bu tatbikatların her biri de, birer yükümlülüktür. Böylece, belirli gerçeklerin tatbikatı, belirli idraklerin işbirliklerini zarurî olarak sonuçlandırmış bulunmaktadır. İşte bu noktadan itibaren birtakım kadrolar ve organizasyon sistemleri zarureti başgösterir. Onun için burada kadrolardan söz etmemiz lüzumludur. Şurası bir hakikattir ki, kâinatta ihtiyacın, tekâmül zaruretinin ve kader mekanizmasının haricinde mümkün olabilecek bir hâl düşünülemez. Keyfilik diye bir şey yoktur. Bu prensip, bütün gruplar, bütün irtibatlar, bütün kadrolar için geçerlidir ve değişmez. Dolayısıyla, kadrolar; kâinattaki tüm oluş ve akışların yürütülmesinde etken olan yüksek icaplara bağlı, kâinatşümul mekanizmalarda vazifelenmesi gereken organizasyon sistemlerinin zarurî birer sonucudur. Her organizasyon sisteminin hangi kadro dahilinde çalışması gerekiyorsa, o sistem ona göre kurulur ve işler. Şu hâlde, kadroların kuruluşunun esas prensiplere, ana mekanizmalara uygun olması gerekir. Meselâ daha önce söz ettiğimiz kader mekanizmasının işlemesi de, belirli kadrolar içinde kurulmuş organizasyon sistemlerinin faaliyetleriyle düzenlenir.

*
* *

Ünite'den süzülüp gelen icaplara göre kâinatta üç ana kadro vardır:

1-Aslî Prensip kadrosunda vazifeli olan varlıkların kadro, plân ve teknikleri,

2-Kader mekanizmaları kadrosuna dahil varlıkların kadro ve teknikleri,

3-Aslî zaman kadrosuna dahil varlıkların plân ve teknikleri.

Ve bunların hepsinin, kendilerine özgü realitelerini sağlayabilir hususlar.

İşte bu üç ana kadroya bağlı olarak, ruhların kâinattaki tekâmüllerine ait icapları bütün ayrıntılarıyla yerine getiren, sayısız organizasyonlar ve bu organizasyonların hiyerarşik tertiplerle birbirine bağlanmasından meydana gelen büyük organizasyon sistemleri mevcuttur. Bunların hepsi, kâinatta görülecek sayısız işlerde vazife plânının ilk kademelerinden itibaren Ünite'ye kadar vazifelendirilmiş veya vazifelenmiş varlıklardan oluşmuştur ki; bu vazifeli varlıklar, kendi organizasyonları içinde, Ünite'den gelen, yukarıda saydığımız üç genel ve koordine vazife kadrosunun prensipleri ve direktifleri altında, kıl kadar şaşmadan vazifelerini görürler. Bu vazifeler, muhtelif âlemlere ait sayısız işlerdir. Meselâ Dünya'ya özgü zaman istasyonları, kaba harekî faaliyetlerini idare eden istasyonlar, bireysel ve küçük grup tekâmül plânlarını idare eden istasyonlar, nihayet, gittikçe büyüyen, kapsamları genişleyen ve geniş çaplardaki kitlelerin genel tekâmül hamlelerini, plânlarını ve onlarla ilgili madde inkılâplarını sevk ve idare eden, yürüten istasyonlar gibi sayısız ve birbirine bağlı organizasyonların gördüğü vazifeler vardır. Bugünkü dünyanın büyük inkılâp faaliyetlerinde vazifelenmiş, yüksek vazife plânından büyük bir organizasyonun dünya inkılâbına ait işleri arasındaki, bu kitabın meydana getirilmesi yolundaki faaliyetler de, bu vazifeler meyanındadır. İşte böylece, gittikçe kapsam kazanan kâinat işlerinde vazifelenmiş varlıklar, bir organizasyonlar sistemi, bir koordinasyon ve kooperasyon prensibi, bir hiyerarşi nizamı içinde, vazifeyle oranlı olarak, vazifenin liyakatine uygun durumlar alırlar. Bu yürüyüş, böylece tekâmül ederek, nizam, tertip ve ahenk içinde, kâinatımızdaki ifadesiyle sezilebilen, tekâmülün gerçekleştiği Ünite'ye doğru akıp gider.

*
* *

Organizasyon sistemlerinin vazife plânından itibaren kurulduğunu bildirmiştik. Yine, ilk organizasyonun da vazife plânının ilk kademelerinde başladığını söylemiştik. Şimdi organizasyonların ilk kuruluşu hakkında da, lüzumlu olan bilgiyi vermek gerekiyor.

İnsanların, dünyayı bitirince doğrudan doğruya vazife plânına geçemeyeceklerinden ve yarı süptil bir arasat âlemde bir süre kalacaklarından daha önce söz edilmişti. Çünkü insanların, vazife plânına geçmeden önce dünyada iken, dünyanın meselâ bugünkü şartlarının icaplarına göre henüz tamamlayamadıkları bâzı taraflarını düzenlemeleri gerekmektedir ki; bu da, onların ancak bu yarı süptil âlemde bir süre yaşamalarıyla mümkün olacaktır.

Yarı süptil âleme gelince, orada bütün dünya şartları ve realiteleri sona ermiş; ancak, oranın, vazifeye hazırlayıcı ve insanların eksik taraflarını tamamlayıcı yeni durumları başlamıştır. Bu eksik kalan taraf da, insanların dünyada iken sezip de tanıyamadıkları, sevginin orada ortaya çıkacak olan hakikî cephesidir. Orası, bir sevgi plânıdır.

Bu plânda, vazife plânındaki vazife idraki henüz başlamamıştır ama, mahiyetlerini insanların bilemedikleri, oradaki sevginin tatbikatları ve yükümlülükleri içinde, vazife idraki liyakatlerini yavaş yavaş oluşturucu unsurlar vardır. Elbette, bu hazırlıklar, orada, artık basit zaman idraki üstündeki idrakî zaman tekniğine tâbidirler.

İşte yarı süptile intikal eden varlıklar, orada bir süre geçirdikten ve yeterli derecede tatbikatlarını yaptıktan sonra, yavaş yavaş, üçer beşer gruplar hâlinde, vazife plânının icaplarına ait ilk tatbikatları yapmaya başlarlar. Bu gruplaşmalardaki irtibatlara ait, dünya insanlarının sezebileceği tek nokta, sevginin vazifeye doğru kayan çeşitli varyetelerinin bulunacağı kavramıdır. Fakat ne bu sevgiyi, ne de onun varyetelerini dünyadaki insanlar asıl mânâsıyla anlayamazlar.

İşte teşekkül etmiş küçük gruplarıyla, vazife plânına girişin son hazırlık tatbikatlarını yapan varlıklar, bu tatbikatları sırasında sessizce, belirsizce ve son derece tatlı bir akışla vazife plânının ilk kademelerine kayarak geçerler ve derhal vazife plânının ilk kademelerine ait işlerle vazifelenirler. Bunlar hep, o küçük topluluklarını orada -yukarıda uzun uzadıya açıkladığımız intibak mekanizması sayesinde- koruyarak tek bir birey hâlinde çalışan, vazife plânının artık vazifeli varlıkları olurlar. Orada dünyada olduğu gibi ölerek, yeniden doğarak intikaller olmadığı için, bu geçiş, dediğimiz gibi, uyanık ve çok tatlı izlenimlerle vuku bulur. Yarı süptil âlemde ölüm yoktur. Çünkü oradaki maddelerin inceliği, böyle şiddetli transformasyonlara lüzum ve ihtiyaç hissettirmez. Bu hâller ancak, dünyamıza ait olan, kaba maddeler âleminde geçerli zorunluluklardır.

*
* *

Vazife plânında teklik, yâni bir tek birey hâlinde faaliyet sözkonusu değildir. Orada ancak gruplar çalışır. Fakat her bir grup, bir tek birey olarak kabul edilir. Yâni, o grubun her bireyi grubun kendisidir, grup da bir tek bireydir. Dolayısıyla, vazife plânındaki vazifeli bir varlığın, meselâ filan işte vazifelenmesi demek, o vazifelinin tâbi olduğu grup bütününün o işte vazifelenmesi demektir. Çünkü o gruptaki idraklerin hepsi, bir tek idrak hâlinde, o vazife üzerinde toplanmış bulunur. Dolayısıyla, burada ayrı ayrı kimlikler sözkonusu olmaz. İşte vazife plânındaki kolektifliğin dünyada bilinmeyen ve tatbiki mümkün olmayan karakterlerinden biri de budur. Meselâ ender vakalarda büyük bir vazifeyle dünyaya gelmiş, dünya çapında bir hareket yaratmak vazifesini üzerine almış bir tek bedenli vazifeli varlık, dünyada iken, plânından ayrılmıştır ve tektir. Fakat onu destekleyen; plânına mensup tek bir varlık değil, bütün, o varlığın tâbi olduğu organizasyonun vahdet hâlindeki organlarıdır.

*
* *

Vazife plânı icaplara intibaklar plânıdır, demiştik. Şu hâlde, icaplara intibak eden idraklerin de, aynı zamanda birbirleri ile intibak hâline girerek vahdet oluşturmaları zarurî olur. Böylece, vazife plânına geçmiş bir vazife grubu veya üç beş kişiden oluşmuş bir tek organizma, tam bir iş birliği içinde, ilk vazifesini yapmaya başlar. Bu ilk vazife, vazife plânının en alt kademelerine ait işlerdir. Çünkü bu kademelerden itibaren vahdet yolu boyunca, gayeye ulaşmak, yâni aslî icapların bütününe uyabilmek ve ahenge bütünüyle karışabilmek için geçilecek daha sonsuz merhale vardır. Ünite ile bu ilk vazife kademeleri arasında sayısız faaliyetler, işler, vazifeler ve durumlar mevcuttur.

Fakat vazife plânının bu ilk ve nispeten en basit kademelerinde bile, dünya ölçüsüyle çok büyük işler ve vazifeler bulunur. Meselâ bunlar, dünyadaki bir insanın tekâmülüyle vazifelenirler; klâsik spiritlerin, okültistlerin ve mistik ekollerin hâmi ruhlar, koruyucu melekler, yardımcılar, metrler gibi adlar verdikleri, az çok küçük ve büyük grupların faaliyetlerini destekleyen vazifelilerin bir kısmı, genellikle vazife plânının bu kademelerine ait varlıklardır. Bunlar aynı zamanda, kendilerinden daha üstün organizasyonlar tarafından, hattâ yarı idrakli olarak, daha büyük diğer işlerde de kullanılırlar.

*
* *

Vazife plânının ilk kademesine "A" diyelim. Buradaki vazife grupları çalışırken, elbette, daima üstten gelen tesirlerin kontrolü ve hattâ direktifi altındadırlar. Esasen, Ünite'ye kadar bütün vazife plânlarının kademelerinde, bu hâl, geçerlidir ve zarurîdir. Daha önce vermiş olduğumuz Ünite'den inen ışık konisi sembolü, bu zarureti, daima, açıklar.

"A" plânındaki bir vazife grubu, bir üstte bulunan "B" plânındaki üst bir vazife grubunun gözetimi altında çalışırken, üstteki "B" grubuna organizatör, "A" plânındaki gruba da organ deriz. Böylece, "A" kademesindeki gruplar, idrakî zaman tekniğiyle vazifeler görerek aslî zaman akışında hızla mesafe alırlar ve bu faaliyetleri sayesinde intibak sahalarını genişletirler. Bu sırada onların işleri, vazifeleri ve yükümlülükleri de o oranda artar ve kapsam kazanır. Böylece bir üste, yâni "B" plânına intikal ederler. Artık kolayca anlaşılır ki, bu grupların "B" plânına intikali demek, intibak sahalarının bir o kadar genişlemiş bulunması demektir. Yâni, "B" kademesine geçerken bu grupların idraklerinin diğer bâzı gruplarınkilerle de birleşmeleri sonucunda, bireyleri çoğalan, dolayısıyla idrakleri artan daha büyük gruplar meydana gelir ve doğal olarak, idrakler de, o oranda genişler. Bu şu demektir ki; alt kademelerden üst kademelere yükseldikçe, üst kademelerde grupların adetleri azalmakta, bireyleri çoğalmaktadır. Ve diğer grup bireylerinin idraklerinin katılımıyla, birleşen gruptaki idrak düzeyi hızla kapsam kazanmaktadır ki, bu da intibaklar zaruretinin doğal bir sonucudur. İntibak sahaları genişledikçe gruplar birleşir ve grupların adedi azalır. Bu hâl, Ünite'ye kadar böyle devam eder; üst kademelerde, gittikçe çok geniş organizasyonlar içinde birleşen, önceki plânların nispeten küçük organizasyonları, Ünite'ye geldikleri zaman bir tek organizasyon hâlinde toplanmış bulunurlar. Bütün idrakler burada bir tek idrak hâline girer. O muazzam idrak, hiçbir insanın, hattâ sezgisine bile varamayacağı bir kudret olur. Artık ona ne bir organizasyon, ne bir plân denemez. O, bir tek olarak, kâinata ait kudretin tamlığı içinde ve kâinatın bütün imkânlarıyla, icaplarıyla, idrakleriyle ve bütünüyle, her şeydir. İşte bunu, ancak Ünite dediğimiz bir vahdet idraki ile ifade ediyoruz.

*
* *

Daha önce işaretlediğimiz bir noktayı, burada, son olarak tekrar belirteceğiz: Yukarıki ifadelerle, dünyada kabul edilen bir vahdet-i vücut teorisinin kastedildiği düşünülmemelidir. Burada söylenenler yalnız madde kâinatına ait icaplar ve hakikatlerdir. Madde kâinatının da ancak bir vâsıtadan ibaret olduğu, kitapta tekrar tekrar ifade edilmiştir. Bu vâsıtanın gayesi, ruhların ihtiyaçlarının kâinatımıza ait, tekâmül diyebileceğimiz kısmının gerçekleşmesidir ki; bu da Ünite'yle ifade edilir. Şu hâlde, yukarıki satırlarda verilmiş olan bilgiler, yalnız kâinatımızda olup biten şeylere aittir. Onun ötesinde, daha sonsuz ihtiyaçlar ve "sonsuzluk" sözcüğünün dahi ifade etmekten çok uzak bulunduğu hakikatler ve erişilmezlikler vardır ki; bunlara kâinatın gücü yetmez ve kâinat idraki ulaşamaz.

Esasen kitabın ilk kısımlarında da açıkça ifade edildiği gibi, bütün bu kâinat olaylarının ve kâinat teşekkülâtının gayesi; ruhlar dediğimiz ve mahiyetini aslâ bilmediğimiz hakikatlerin, kâinatımıza ait olarak tekâmül şeklinde kabul edilen ve ihtiyaç kavramıyla sembolleştirilen durumlarının gerçekleşmesidir. İşte tam idrakine varamadığımız Ünite, bu gerçekleşmenin ifadesidir. Kâinat içinde, her şey oradan gelir; kâinat oradan idare edilir. Kâinatın her zerresi hâline girerek, onu yürüten, var eden küllî ışık huzmeleri, oradan fışkırır.

*
* *

Özetle, Ünite, varlıkların kavrayamayacakları ve ancak oraya girdikten sonra kavuşabilecekleri, kâinatın küllî bir idrak, icap ve imkân vahdetidir. İnsanlara bundan daha ilerisini söylemek imkânsız ve lüzumsuzdur.

MADDE İLE SEN,
HER ŞEYLE HİÇ OLAN
VE BU HER ŞEYİN AHENGİNE UYABİLEN SEN,
O AHENKTEN OLACAĞIN ÂNI ÖZLE.

Dünya, Güneş Sistemi içinde bir organdır. Onun da diğer bütün organlar gibi, belirli hayat devreleri, inkişaf safhaları, inkılâpları, etraftan ve yukarılardan aldığı sayısız tesirlerle bozulan ve tekrar kurulan denge durumları vardır. İşte Dünya'nın şimdiye kadar geçirmiş olduğu sayısız inkılâplardan sonuncusuna, yâni önümüzdeki inkılâba ilişkin, burada yapacağımız açıklamalar kitabın sonundaki bilgilerin anlaşılmasını kolaylaştıracaktır.

*
* *

Bundan yaklaşık yetmiş bin yıl önce, dünyada, belli başlı iki büyük kıta vardı. Bunlardan biri, şimdiki Pasifik Okyanusu'nun bulunduğu sahayı dolduruyordu. Bu, kuzey tarafı geniş, güney tarafı sivri, büyük bir kara parçası idi. İnsanlar buna Mu kıtası derler. Diğeri ise Atlantik Okyanusu'nun bulunduğu yeri kaplayan büyük bir kıta idi. Bu iki büyük kıta arasını dolduran bir sürü adalar, takımadalar, şimdiki Himalayalar'ın bulunduğu yere tekâbül eden kara parçaları ve bunlardan başka, bâzı küçük kıtalar vardı. O zamanki dünyanın manzarası, bu idi. Demek ki o zaman, bugünkü coğrafî durum yerine, başka bir dünya yüzeyi teşekkülâtı mevcuttu.

*
* *

Bu kıtalar üzerinde bugünkü dünya insanlarına nazaran çok daha ileri ve medenî insanlar yaşıyordu. Onların dünya bilimlerine ait bilgi ve teknik kudretleri, bugünkü dünya insanlarınınkinin çok üstünde idi. Meselâ, onlar bugünkü dünyada yeni yeni keşfedilen radyoaktif maddeleri, radyoları, televizyonları, elektronik cihazları ve bunlara benzer teknik araçları, bugünkü dünya insanlarınınkine oranla, dünyalarının batışından çok daha önce keşfetmişler ve hattâ atom enerjisini kendi inkılâplarından bin yıl önce bulup kullanmaya başlamışlardı.

Gerçi onların da çok medenî ve ileri bu toplulukları yanında, nispeten basit ve hattâ vahşi kabileleri vardı ama, o vahşi insanlar dahi, bugünkü dünyada bulunan vahşilere nazaran daha mütekâmil durumda idi. Özetle, geçen son dünyadaki insanlar, her sahada bugünkülerden üstün bir medeniyet sahibi idiler.

*
* *

Dünyadaki inkişafın zirvesine ulaşan insanların bu hâli, kendilerinde öyle bir gurur ve her şeye kaadir olabildikleri iddiası gibi öyle aşırı bir durum yaratmış idi ki; bu durum, onları hidrojen âleminin kaba maddeleri içine daha çok gömmek suretiyle, dünyanın doğal şartlarını olağan dışı yollardan bozmaya eğilimli birtakım hareketlere sevk etti. Yine, bunun sonucu olarak, lükse, zenginliğe, konfora, maddeperestliğe, bencilliğe, her türlü ihtirasa kapıldılar, hidrojen atomunun kaba kombinezonları içine gömüldüler ve bütün mutluluklarını bu kombinezonlardan beklediler ki; bu da, son haddine gelmiş maddî ilerleme ve inkişafların varlıklarda doğurduğu çaresiz bir çırpınıştı, bir tür soysuzlaşma idi. Bu soysuzlaşma, çok doğaldır ve vuku bulacak her büyük inkılâbın öncüsüdür.

*
* *

Bir çevrede, inkişaf, umumî olarak yürür. O çevreyi oluşturan –en küçüğünden en büyüğüne kadar– bütün varlıklar, kendi derecelerine göre inkişaf eder ve yükselirler. Meselâ, insanlar dünyanın en mütekâmil varlıkları hâline gelirken, dünya plânları dahilinde yaşayan diğer varlıkların her biri de, inkişaf imkânlarının üst kademelerine doğru ilerler.

Bunun en açık örneğini kanserler oluşturur:

O zamanki dünyanın son devirlerine doğru, sebebi insanlarca meçhul birtakım hastalıklar başgöstermişti. Bunlardan biri de kanserdi. İnsanlar arasında kanser vakalarının çoğalması, biraz önce söz ettiğimiz sebebe bağlı, hücrelerde tezahür eden bir soysuzlaşmadır.

İnsan bedenlerinde bulunan hücrelerin, organların her biri, nispeten ilkel varlıkların birer maddî hayat sahasıdır. Onlar, inkişaflarını, bu madde sahalarında ve o sahaların kendilerine vermiş olduğu imkânlar dahilinde yapmaktadırlar. Zamanla inkişaf eden bu basit varlıklar, bir ân gelir ki, daha ileri gidebilmek için muhtaç oldukları şeyleri, içinde bulundukları maddelerden sağlayamazlar. Yâni, bu madde imkânları ve şartları onların ileri hamleleri kazanmalarına müsaade etmeyecek kadar kısırlaşır. Oysa varlıkların inkişaf hamleleri durmaz. Ve hiçbir sınır tanımadan daima ileri doğru atılmak ister. Bu durum, imkânları bol olan ortamlarda normal yürüyüşler hâlinde görünürken; böyle imkânları kısırlaşmış ve varlıkların daha geniş ve ileri hamlelerine yetecek sahaları kalmamış madde ortamlarında, onların, çırpınışlarının, huzursuzluklarının, teşevvüşlerinin eşliğindeki anormal, olağan dışı ve soysuzca görünen birtakım hareketlerine sebep olur. İşte Mu dünyasının batış ânı öncesindeki zamanlarda kanser hâline girmiş madde ortamlarını, yâni hücreleri idare eden varlıkların durumları da, böyle olmuştu. Beden organizması içinde bulunan bu varlıkların, kendi hisselerine ait maddî inkişaf ortamları, daha ileri gidebilmelerine yol vermez hâle gelmişti. Meselâ, bedeni oluşturan bir deri hücresinin, o bedende kendisine tahsis edilmiş, ancak belirli bir fonksiyon sahası vardır. Bu hücrenin onun üstüne çıkmasına bedenin somatik durumu müsait değildir. Böyle bir çıkış, bedenin ahengine uymaz. O hücreyi kendisine bir inkişaf ortamı yapmış olan basit varlık, ilk zamanlarında fonksiyonunu mükemmelen yaparken, muhtaç olduğu inkişafını sağlayabiliyordu. Fakat bir ân geldi ki o, bu inkişaf devresini bitirdi. Daha üst inkişaf ortamlarına hazırlanmak ihtiyacını duymaya başladı. O hücrenin içinde bulunduğu olağan biyolojik şart ve imkânlar, bu ileri faaliyet ihtiyaçlarına cevap verecek durumda değildiler. Dolayısıyla, hücre varlığı, bedenine sığamaz oldu. İşte bu durumun sonucu olarak, daha önce normal bir deri hücresini olağan yollarda usulüyle kullanan o basit varlık, şimdi, bedenin nizamı ve ahengi dışına doğru yön almış hâlde çırpınmaya başladı. Bu çırpınış, o hücrenin, deri topluluğu içinde, o topluluğa uymayan birtakım hâl ve durumlarına sebep oldu ki; bu da, tabiatıyla onun inkişafında kanserleşme denilen bir teşevvüş hâlini meydana getirdi. Şurası da muhakkak ki, deri hücresinin bu kanserleşmiş ve deri organizması dahilindeki ahenk ve nizam dışı faaliyetlere yönelmiş hâli, artık bir inkişaf safhasını bitirip daha üst safhaya geçmek için çırpınan, fakat bulunduğu şartlar içinde buna imkân bulamayan bir varlığın çaresiz hamlelerinden başka bir şey değildir.

Burada mağdur olmuş gibi görünen beden organizmasına gelince: O da, aslında hiçbir şey kaybetmemekte ve başka varlıkların tekâmüllerine zemin hazırlamak hususunda yüklenmiş olduğu otomatik bir yardımı ve hizmeti yapmaktadır. Bu vazifesini yapmakla, o da, kader mekanizması muvacehesinde, daha üst bir kader tezahürü olan mekânî liyakatleri kazanacak ve üst plâna geçebilmenin geniş imkânlarından böylece yararlanmış bulunacaktır ki; bu da, onun ileri bir merhaleye atlaması, inkişaf etmesi demektir. Dolayısıyla, ortada mağdur olan kimse ve gadir* diye bir şey yoktur. Yüz kişilik bir mâşerî plânın her bireyinin o yüz kişi için çalışarak kendi tekâmülünü sağlamakta olduğunu, daha önce söylemiştik. En küçüğünden en büyüğüne kadar herkes, birbirine dayanarak, birbirinden bir şeyler alıp vererek, daima ileriye doğru hamleler kazanmakta ve yükselmektedir. Bu yükselişe yönelik olan hareketlerin hiçbirinde, hiçbir varlık için; gadir, ceza, mükâfat, zulüm, felâket diye bir şey mevcut değildir. Her şey, kader mekanizmasının ölçüsüyle kazanılmış liyakatlerin ve bu yolda gösterilmiş cehitlerin sonucudur.

*
* *

Böylece, önceki dünya devrinin son zamanlarında, varlıklar, bulundukları madde ortamları içinde, inkişaflarının son sınırlarına yaklaşmış veya gelmiş durumda idiler. Bu hâl, insanların ve diğer yüksek dünya varlıklarının bedenlerini oluşturan hücrelerden, bitkilere, hayvanlara ve insanlara kadar, her kademedeki madde ortamlarında tekâmül eden varlıklar için, böyleydi. Bu sebepten dolayı kanser hastalıkları çoğalmıştı. Ve yine bu sebepten dolayıdır ki, insanlar, kaplarına sığamaz oldular ve ileri hamlelerine artık cevap veremeyecek duruma gelmiş olan madde şartlarının dışına

---

* "Gadir" sözcüğü "zarara uğratma; haksızlık; acımasızlık, gaddarlık" anlamlarına gelir.

çıkmak ihtiyacıyla kıvranmaya başladılar. Fakat dünya maddesi şartlarının ötelerine taşan yüksek ihtiyaçlarını tatmin edebilmek için, faaliyetlerini o madde dışı şartlara yöneltmeleri gerekirken (bu şartların neler olduğu daha önce açıklanmıştı), insanlar bunu yapamadılar ve bu ihtiyaçlarını, yine, içinde yaşamakta bulundukları kaba hidrojen atomu dünyası şartlarında aramaya kalkıştılar. Aradıkları mutluluğu orada bulamayınca, o maddelerin içine daha çok gömülerek, kendilerini orada avutmak için çırpınıp durdular. İşte bu hâl, insanların bir dejeneresansı,* bir kanserleşmesi manzarasını meydana getirdi ki; bu da, her inkılâbın, her tekâmül devresi başlangıcının genellikle görülen bir icabı ve doğal karakteristiğidir. Bunu daha açık açıklamak için bir örnek veriyoruz: Milyonları hayal eden ve bütün mutluluğunu bu milyonlardan bekleyen, meteliksiz bir insan tasavvur edilsin. Ve 8–10 yıl sonra bu insan milyonlara sahip olsun. Vaktiyle, ancak parayla geleceğine inandığı mutluluğun, şimdiki zenginliğine rağmen yine gelmediğini görünce bu insan ne yapacaktır? Beklediği ve umduğu mutluluğun parayla gelmediğini görünce, bunun hüsranını paraları içine daha çok gömülmekle unutmaya çalışacak ve bu da, onun teşevvüşlerine sebep olacaktır. Oysa o, artık bu mutluluğun parayla gelmeyeceğini anlayacak ve onu başka yerlerde arayacaktı. O, bunu yapmadı. Aradığı mutluluğu bulamayınca ve ondan büsbütün uzaklaştığını görünce daha çok mutsuzluğa düştü.

Özetle, dünya maddesinin son imkânlarını da kullanarak devrelerini bitirmiş geçen dünya devri insanları, varlıklarının daha ileri inkişaf hamlelerine imkân veremeyecek hâle gelmiş olan dünya maddelerinden üstün sonuçlar beklemenin âdeta mermerden yağ çıkarmaya çalışmak demek olduğunu bir türlü düşünmek istemediler ve bütün çabalamalarına rağmen, aradıkları mutluluğu maddelerde bulamadılar, ileri hamle ihtiyaçlarını tatmin edici, kendilerini ferahlatıcı hiçbir sonuca ulaşamadılar. Bu hâl, onları büsbütün şaşırttı, çözülmez teşevvüşlere düşürdü, huysuzlaştırdı ve madde içindeki durumlarını soysuzlaştırdı. Öz varlıkları-

* "Dejeneresans" sözcüğü "soysuzlaşma, yozlaşma" anlamına gelir.

nın, mahiyetini bilmedikleri, bulamadıkları öz ihtiyaçlarını tatmin etmek gayretiyle ve isteğiyle, insanlar, yanlış bir yola saptılar, dünya maddeleri içine saplandılar. Bu hâlin sonucu olarak, kendilerinde ortaya çıkan mânâsız bir gurur, sonuçsuz iddiakârlıklar, her girişimin başarısızlıkla sonuçlanması şeklinde tecelli eden muvaffakiyetsizler; kendilerinde şaşkınlıklar, hayal kırıklıkları yarattı ve kendilerini bizzat kendileri için dahi anlaşılmaz bir muamma hâline koydu. O zaman insanlar, ne yapacaklarını idrak etmeksizin, boş yere oraya buraya saldıran, huzursuz varlıklar hâline girdi. Bu gibi durumlarda insanların düştüğü böyle teşevvüş hâllerinin küçük örneklerini gösteren sayısız günlük misaller içinde, hatırlatacağımız şu küçük gözlem, bu hususta basit bir fikir vermeye yeterlidir: Birkaç gün önce sapanıyla kuş avlamaktan zevk duyan bir çocuk, yolda giderken rastladığı, kendi kendine ölmüş bir kuş cesedi karşısında ıstırap duyarak, onu uzun uzadıya gömmeye kalkışır. Fakat aradan iki gün geçtikten sonra, bu ıstırabı, elindeki sapanla diğer kuşları öldürmesine mâni olamaz. Bu küçük örneğin kapsamını insanlar arasında genişletmek ve böylece insanlığın içinde bulunduğu şaşkınlık hâlleri hakkında pek geniş gözlem imkânları elde etmek mümkündür.

İşte bütün bu hâller, bir inkılâbın eşiğinde olmanın ifadesi idi. Çünkü artık yüksek ihtiyaçlarını duymuş, o ihtiyaçlar içinde çırpınmaya başlamış varlıkların, elbette kader mekanizmasında ölçülüp biçilmiş ve takdir edilmiş liyakatlerinin bir karşılığı olacaktı ki; bu da, onların lâyık oldukları daha yüksek mekânlara ulaşabilmelerini sağlayacak büyük bir dünya inkılâbıydı ve bu yüzden dünya, büyük bir inkılâbın eşiğine gelmiş bulunuyordu.

*
* *

İnsanların bu çırpınışları da kanser hücresi varlığı hakkında söylediğimiz gibi, mânâsız değildi. Buradaki mânâ, öz varlığın artık kabına sığmadığını ve daha yüksek inkişaflara, hamlelere, sonuçlara ve kazançlara ulaşmak ihtiyacını duymaya başladığını ifade etmekteydi.

Kader mekanizması karşısında; hiçbir liyakat gözden kaçmaz, ileri hamlelere yönelik ve aslî icaplara uygun hiçbir isteyiş geri döndürülmez, hiçbir çırpınış ve hiçbir cehit boşa gitmez, özellikle öz varlığın hiçbir ihtiyacı tatmin edilmeden bırakılmaz. Bütün bunlar, kader mekanizmasında kılı kılına ölçülür, biçilir, hesaplanır ve bu ihtiyaçlara en uygun gelen yeni imkân sahalarından, yâni inkişaf ortamlarından -daha önce açıkladığımız tarzda- aslî zaman ölçüleriyle mekânlaştırılmış tezahürât meydana gelir, yâni mukadderat tecelli eder. İşte geçmiş dünya devrinin artık olgunlaşmış ve dünya maddelerinden yararlanamaz duruma gelmiş insanları da, böyle, yüksek kaderlerini, ileri ihtiyaçlarını karşılayacak yüksek mekânları, yüksek âlemleri beklemekte idiler. Henüz bu dereceye gelmemiş olanlar ise, kendi basit durumlarına ve ihtiyaçlarına yetecek ortamları arıyorlardı. Dolayısıyla, bütün bu ihtiyaçların gerçekleşmesi için, dünyanın değişmesi ve bunun sonucunda da yeni ihtiyaçları karşılayacak yeni mekânların, yâni yeni kaderlerin zuhur etmesi icap ediyordu. Esasen birbirinden büyük farklarla ayrılmış bu iki gruptaki ihtiyaç sahibi insanların aynı ortamda bulunması da uygun olmazdı.

*
* *

İşte bu yüksek inkişaf icaplarının sonucu olarak, dünya bir inkılâbın, bir intikal gününün gerçekleşmesine hazırlanıyordu. Dünyanın bu inkılâbı, her devrede olduğu gibi, dengesinin önce bozulması, sonra da yeniden kurulması şeklinde olacaktı. Bu denge bozuluşunun ilk alâmetlerinden olarak, Mu kıtasının orasında burasında insan gücünün önleyemeyeceği yer yer sarsıntılar, yer yarılmaları, volkan püskürmeleri görülmeye başladı. Bu hâller gittikçe artarak, şiddetlenerek ve sıklaşarak 80-100 yıl kadar sürdü.

Artık mukadder olan intikal günü yaklaşıyor, insanlar lâyık oldukları kaderlerine koşuyordu. İnsanların büyük bir kısmı, liyakatlerini yüksek mekânlara hazırlamışlardı. Ve oraya gideceklerdi. Buna henüz hazırlanamadan intikal ânına girecek olanlar ise, inkılâp devri kapandıktan sonra yine dünyada kalacaklar; yeniden, liyakatlerini kazanıncaya kadar az veya çok uzun bir süre sırasında, bu dünyada, geri kalan taraflarını yetiştirmek için yaşayacaklardı. Artık ihtiyaçları bakımından bir arada yaşaması mümkün olmayan bu iki sınıf insan kalabalığı, birbirinden ayrı yollarda ve mekânlarda inkişaflarına devam etmek üzere, bir çatal ağzına yaklaşıyordu. Zarurî ve mukadder olan intikal günü gelip çattıktan sonra, artık onu hiçbir güç durduramayacaktı. O zaman her şey bir emrivâki olacak, liyakatlerin ölçüsü meydana çıkacak, varlıkların kader mekanizması ve aslî zaman muvacehesindeki kazanımlarının sonuçları gerçekleşecekti. Nihayet intikal günü geldi.

*
* *

Herkes işinde gücünde çalışırken, bir gün, bütün kıtalarda birden, yâni dünyanın her tarafında yerler oynamaya başladı. Bu sallanışın daha başlangıçlarında iken muazzam binaların, muhteşem tapınakların, süslü sarayların çoğu yıkıldı ve büyük şehirlerin çoğu harap oldu. Birçok insan yıkılan binaların altında kaldı ve öldü.

Kıtalar allak bullak oldu. Denizler karalara hücum etti. Yerler çatladı. Korku ve dehşet içinde kaçışan insanlar, kitleler hâlinde öldüler. Bu hengâme* üç gün devam etti, üçüncü günü iki kıta birden yerin dibine gömüldü ve böylece, dünyanın iki muazzam kıtasından biri Pasifik Okyanusu'nun, diğeri Atlantik Okyanusu'nun dibinde kaybolup gitti. Dünyanın çehresi, tümüyle değişerek bugünkü coğrafî durumunu aldı.

*
* *

Mu devri kapandıktan sonra dünya ilkelleşti ve vahşileşti. Dünyada kalan insanlar iki tesirin altında basitleştiler: Bunlardan biri, büyük katastrof esnasında meydana gelen -kendileri için- çok korkunç olaylardı ki, bunlar insanların sinir sistemleri üzerinde şok tesiri yapmış ve onları delirtmişti. İkincisi, bundan daha önemli ve kapsamlı idi. Bu da, bu işteki büyük vazifelilerin yüksek icaplara göre hazırladığı bir inkişaf plânının zarureti idi. Dünya yeni bir devreye başlamıştı. Bu devre, dünyanın en ilkel, amorfa en yakın ve basit bir hâli idi. Bunun da böyle olması ge-

---

* "Hengâme" sözcüğü, "gürültü patırtı, gürültülü patırtılı kargaşa, karışıklık" anlamına gelir.

rekirdi. Çünkü insan altı beden inkişaflarını tamamlayıp ilk insanlığın inkişaf kademelerine başlamak üzere bekleşen sayısız varlıklar mevcuttu. Bunlar, en ilkel birer insan hâliyle dünyaya inecekler ve inkişaflarına başlayacaklardı. Hâlbuki dünya, böyle bir inkılâp geçirmeksizin ve yeni geleceklerin ihtiyaçlarına uygun olabilecek basit hâllere intikal etmeksizin, bu ilkel varlıklara bir barınak, bir tekâmül zemini olamazdı. Meselâ onlar, bugünkü gibi mütekâmil bir dünyaya gelselerdi, burada tekâmül etmek şöyle dursun, yaşayamazlardı bile. Dolayısıyla, onların, muhtaç oldukları inkişafları yapabilmeleri için, en basit maddelere ve bu arada, en ilkel ana ve babalara lüzum vardı. Aklı başında, az çok şuurlu, idrakli insanlardan böyle bir sürü yamyam ve vahşi çocuk doğamazdı ve onların arasında yaşayıp tekâmül edemezdi. Bu, hem çocuklar için mümkün değildi, hem de analar ve babalar için. Bu çocuklar, basitlikleri, ilkellikleri, görgüsüzlük ve deneyimsizlikleriyle dünya hayatının insan kademesine ilk adımlarını atmış varlıklardı. Dolayısıyla, ilk insanlık karakteri olan vahşet devrinin bütün özelliklerinde yaşamak ve o devrenin bütün görgü ve deneyimlerini geçirmek ihtiyacıyla dünyaya gelmiş bulunuyorlardı. Şu hâlde, onlara vahşi maddeler, vahşi çevreler, vahşi bitkiler, vahşi hayvanlar, vahşi analar ve babalar lazımdı. İşte kâinattaki genel tekâmül ve inkişaf mekanizmasının mâşerî icaplarına göre, dünyada kalanların otomatikman üzerlerine yüklenecek olan bu analık ve babalık vazifelerini hakkıyla yapabilmeleri için, onların ilk kademelerdeki insanlar hâline inmeleri ve basitleşmeleri icap etmekteydi. Dünya, bu basit ve ilkel devrinden itibaren, çok uzun bir tekâmül seyrine tâbi olarak ve çeşitli inkişaf merhalelerinden geçerek, yetmiş bin yıl sonra bugünkü insanlık medeniyetine ve düzeyine ulaşabildi.

*
* *

Geçmiş dünya devresinin kapanmasına tekâbül eden, yukarıda bildirdiğimiz kıtaların batışı, din kitaplarında iki büyük sembolle ifade edilmiştir: Bunlardan biri Nuh Tufanı sembolüdür, diğeri de kıyamet sembolüdür.

Tufan sembolüne göre, bütün yeryüzünü sular kaplar, Nuh'un Gemisi'nde kalıp kurtulanlar dışındaki canlı yaratıkların hepsi suda boğulur. Ve sular çekildikten sonra dünyada hayat tekrar devam eder. Bu sembolün taşıdığı hakikî mânâ, dünyada bir devrenin tümüyle kapanıp yeni bir insanlık devresinin açılmış olduğunu ifade eden mânâdır.

Kıyamet sembolüne gelince: Bu, tufan sembolünden daha kapsamlıdır. Burada, dünyanın bir son günü gelecek, insanların o gün, akıbetleri belli olacak, lâyık olanlar, yüksek mekânlara intikal edecekler, henüz yetişmemiş bulunanlar da ıstıraplı yerlerde kalacaklardır. İşte kıyamet sembolünün bu açık ifadesi, yukarıda anlatmış olduğumuz dünya akıbetinin ta kendisidir.

Ancak, her din, insanları nefsaniyet düşkünlüklerinden kurtarıp vazife sezgisine ulaştırmak gayesini taşımaktadır. Bu gayeye ulaşmak için her din, insanların anlayabilecekleri her vâsıtadan yararlanmış ve tâlimatını* ona göre tertiplemiştir.

Bu dünya devrinin din kademelerine erişmiş olan insanlar, daha önceki kademelerdekine nazaran, çok ilerlemiş bulunmalarına rağmen, henüz bugünkü anlayış ve görüş düzeylerine ulaşamamışlardı. Bundan başka, onların öz varlıklarında, henüz yakınlığı dolayısıyla, geçmiş katastrofa** ait korku izlenimleri fazlasıyla bulunmakta idi. Onlar, olayları bilgi ve idrak cephesinden ziyade, his cephesinden ele alıyor, onlardan o şekilde yararlanıyorlardı ki; bu his cephesinin de başlıca unsuru -dediğimiz gibi- korku idi. Hattâ bugünkü insanların bile birçoğunda hâkim olan bu duygu, o zamanlarda vicdanlara tam mânâsıyla hâkim durumda bulunuyordu.

İşte dinler, insanların inkişafları için bu korku içgüdülerinden yararlanmışlar ve bununla, önemli bâzı tekâmül otomatizmalarını kurmuşlardı. Özetle, insanlar ilk zamanlarda, ancak bu korkuların tesiri altında vazife bilgisi sezgisine ait hazırlıkları yapmaya başlamışlar ve nihayet, bugünkü vazife sezgisi kudretine az çok erişebilmişlerdir.

---

* "Tâlimat", "öğreti, öğretilenler; uyulması ya da yapılması gerekenlerle ilgili olarak üst makamca tebliğ edilenler, direktifler" anlamlarına gelir.

** "Katastrof" sözcüğü, "altüst eden ölümcül yıkım, felâket, doğal âfet" anlamına gelir.

Bu sebepten dinler, dünyanın kapanışına ait sembollerin bu cephesinden, yâni his ve korku cephesinden yararlanarak, henüz korku realitesinde yaşayan insanlara vazife sorumluluğunun otomatik sezgisini verebilmek için, dünya batışını ödül ve ceza mahiyeti içinde gösteren Nuh Tufanı ve kıyamet sembolleriyle anlatmayı, yararlı ve lüzumlu görmüşlerdir. Böylece bir taşla iki kuş vurulmuştur: Bunlardan biri, büyük bir hakikatin insanlara hiç olmazsa ilkel sezgisini vermek; o zaman için daha önemli olan ikincisi ise, insanların, inkişaf ahengi içine girmelerini ve birtakım insanlık vazifelerini -ceza korkusuyla dahi olsa- yarı idrakle benimseyebilmelerini sağlamaktır.

Bu hâli, şu küçük, basit örnekle daha iyi anlatabiliriz: Gök gürlerken annesi, yemeğini yememekte ısrar eden 2,5 yaşındaki çocuğuna, "Eğer yemeğini yemezsen 'gürgür baba' seni kapacak!" der. Buna inanan çocuk, gürgür baba kendisini kapmasın diye, korkudan hemen yemeğini yemeye başlar ve maksat da gerçekleşmiş olur. Burada istenilen şey, çocuğun, lüzum ve zaruretini henüz idrak edemediği yemek vazifesini, korkutarak ona yaptırtmaktır. O, bunu yapar ve yararlanarak büyür; vakti gelince de gürgür babanın ne olduğunu mükemmelen öğrenir ve o zaman da, bu bilgiden daha kapsamlı sonuçlar elde eder. İşte insanlar da böyledir.

Büyük din adamları, birçok defa bu anneler gibi hareket etmek zorunda kalmışlar ve insanları zamana ve mekâna uygun olan bu süreçlerle, iyiliğe, doğruluğa, diğerkâmlığa, feragate ve özellikle, bir sürü diğer, ibadet formlarını da emretmek suretiyle, vazife sezgisi hazırlığına alıştırmışlardır. Bu alışkanlık sayesinde de insanlar bugünkü vazife sezgisi düzeyine çıkabilmişlerdir.

Eğer vaktiyle, inkişafta çok kıymetli rol ifa etmiş bu sembollerle dinler, insanların bu korku duygularından yararlanmamış olsalar ve hakikatleri bugün yapıldığı gibi, ancak bilgi kadrosunu genişletmek maksadıyla insanlar arasında yaymaya kalksalardı, insanların henüz sezmeye başladıkları vazife duygularını bu hâle getirmiş olmaktan çok uzakta kalırlardı. Kaldı ki, o zamanın insanlarının, hakikatleri aynen anlayabilmeleri ve onlara inanmaları da mümkün olamazdı.

*
* *

Bugün, artık korku ve his devri değil, bilgi, mantık ve idrak devri hâkimdir. Dolayısıyla, geçmişte büyük dinlerin hakikatler karşısında zorunlu olarak kullandıkları semboller, alegorik açıklamalar ve ifadeler, bugünkü idrakler karşısında istenilen sonuçları vermemektedir. Bugün hakikatleri dünyaya açıkça, olduğu gibi belirtmemiz gerekiyor. Çünkü insanlar, artık hidrojen atomu âleminin son kemal noktalarına ulaşmışlar ve bu muazzam âlemin kapısından dışarı çıkmak üzere, onun eşiğine adımlarını atmışlardır. Bu eşik ise, ancak idrak ve bilgi olgunluğuyla aşılabilir. Bu sözler, açık ifadeleri taşırlar.

Hidrojen safhası; ruhların tekâmüllerinde ilk madde safhasına ait, karanlık, muazzam ve ebediyet kadar uzun, mekanik bir inkişaf safhasını izleyen bir âlemin, varlıklar âleminin başlangıcıdır. Bu âlem, bütün küreleriyle, güneş sistemleriyle, galaksileriyle insanlar tarafından görülen mikrometrik ve makrometrik muazzam bir kâinatı oluşturur ki, madde kâinatı denince insanlar yalnız bu kâinatı görür ve kabul ederler. Çünkü bu, insanların mensup bulundukları, içinde yaşadıkları âlemdir. Onlar için bu âlem, her ne kadar sonsuz görünürse de, hakikatte madde cevherinin sonsuz inkişaf safhalarını içeren kâinatın, sadece hidrojen atomu imkânlarıyla sınırlı, belirli ve küçük bir kısmından ibarettir ki, buna "hidrojen safhası" veya "hidrojen âlemi" diyoruz. İşte bu hidrojen âlemi içinde, insanlar tarafından madde diye nitelendirilen ve kendilerine özgü zaman ve mekân mekanizmalarına tâbi olan bütün cisimler, oluşlar ve realiteler toplanmıştır.

Bu topluluklar arasında sayısız miktarda galaksiler vardır. Bu galaksiler, milyarlarca güneş sistemini içerirler. Bu sistemler, bir çekirdek etrafında dönen, o çekirdekle bir bütün oluşturan muhtelif madde cüzlerinden, yâni gezegenlerden oluşmuştur. Bu sistemlerden bir tanesinin gezegenlerinden biri de Dünya'dır. Hidrojen safhası idrakine bağlı bir görüşle, muazzam bir madde varlığı içinde bir nokta kadar kıymeti olmayan Dünya, aslında, hidrojen âlemi içinde, göründüğü gibi küçük ve önemsiz değildir. Dünya, "hidrojen safhası" denilen bu çok uzun ve yarı idrakli madde âleminin en son duraklarından biridir. Bu muazzam ve sonsuz âlemin, kendisinden daha sonsuz, yüksek vazife ve organizasyonlar kâinatına açılan kapılarından bir tanesi de, Dünya'daki insanlık mertebelerinde bulunur. Şu hâlde, artık insanlarca bilinmesi gereken aşağıdaki hakikatleri hiçbir sembole ihtiyaç duymadan açıklamak zarureti doğmaktadır:

Hidrojen kâinatının inkişaf ortamlarını oluşturan sayısız galaksinin içinde milyarlar ve milyarca güneş sistemi vardır. Her güneş sisteminde muhtelif küreler mevcuttur. Her kürenin etrafında, o küreye özgü bir manyetik alan bulunur. Bir sistemdeki kürelerin manyetik alanlarının birbiriyle ahenkleşip kurdukları ilişkilerden, o sistemin kendisine özgü manyetik alan sentezi meydana gelir. Sistemin bu manyetik alanları da birbirleriyle ilişki ve denge hâlindedirler.

Sistemlerin kürelerinden bir tanesi kendi yerinde döner. Buna güneş veya çekirdek derler. Diğerleri bu çekirdeğin etrafında dönerler. Bunlara da gezegen derler. Bir sistemin gezegenleri, sanıldığı gibi o sistemin güneşinden koparak ayrılmış parçalar değildir. Bunlar, o sistemin mensup bulunduğu galaksinin içinde -daha önce açıkladığımız mekanizmalarla- ayrı ayrı oluşmuş ve inkişaf derecelerine göre, manyetik alanlarının ilişki ve dengeleri sonucunda meydana gelen hareketlerle, birbirine bağlanmışlardır. Dolayısıyla, bir sistem içinde, güneşe ayrıcalık vererek onu bir tarafa, gezegenleri diğer tarafa ayırmak doğru değildir. Güneş de, sistemin dereceleri içinde kendi yerini almış ve gezegenleri arasına karışmış bulunmaktadır. Derecesi de onlardan üstün değil, birçoğunun aşağısındadır. Yalnız, biraz sonra söyleyeceğimiz gibi, güneşte, bütün gezegenlerin idaresinde rol alan vazifeli varlıkların daha çok toplanması, bu bakımdan ona sistem içinde ayrıca bir yer verilmesine sebep olur.

İşte böylece her sistemin güneş ve gezegenleri, o sistem içinde yetişmek üzere bulunan varlıkların en basitinden en mütekâmiline kadar, hepsinin ihtiyaçlarını tatmin edici tarzda derecelenmiş ve tertiplenmiştir. Şu hâlde, bir sistemin her gezegeni, kendisinden bir üstün olan gezegeninin daha üstün imkânlarına, varlıkları hazırlamakla fonksiyonlanmıştır.

Bir sistem içinde, tekâmül eden basit varlıklardan başka, sistemin bütün geri kürelerinde ve özellikle güneşinde, o sistem içindeki ileri inkişaf mertebelerine varmış bedenlilerin tekâmülleriyle ilgili her türlü imkânı sevk ve idare etmek vazifesiyle yükümlü, vazife plânının kudretli varlıkları bulunur. Bunlar, o kürelerin maddeleriyle bedenlenmiş değildirler. Onların bedenleri, hidrojen kâinatına ait olmayan daha yüksek madde ortamlarından toplanmış malzemelerle yapılmıştır. Bu bakımdan onlara beden de demek doğru değildir. Onlar bu maddeleri, yükümlülüklerinin ifasına en elverişli şekilde, bizzat kendileri toplarlar. Ve vazifelerine uygun gelen, o sistemin kürelerinden birinde veya birkaçında bu süptil maddeleri vâsıta olarak kullanıp vazifelerini yaparlar. Bunlar, enkarnasyon mânâsında düşünülmemek şartıyla, istedikleri kürede bulunabilirler. Meselâ lüzumuna göre Güneş'i, Ay'ı, Merih'i, Jüpiter'i ziyaret edebilirler. Bunlar, sistemlerin çeşitli nizamlarının tatbikatlarında vazife gören, vazife plânının varlıklarıdır.

Fakat dediğimiz gibi, kürelerde bunlardan başka, tekâmül etmek üzere bedenlenen, o kürelerin asıl sakinleri vardır. Bunlar Dünya'da olduğu gibi, o küreden kendilerine birer beden yapıp onlara bağlanmak suretiyle, o bedenleri o küredeki hayatı boyunca kullanan bedenli varlıklardır. Bu varlıklar Güneş Sistemimizin bütün diğer gezegenlerinde Dünyamızdakinden daha basit ve geri durumdadırlar. Bunlar, bulundukları kürelerde sayısız bedenlenmeler geçire geçire inkişaf edip daha üst kürelere atlarlar ve nihayet sistemlerinin en mütekâmil küresine gelirler. Sistemimizde bu mütekâmil küre -söylediğimiz gibi- Dünya'dır ve onun en mütekâmil varlığı da insandır.

İşte kürelerdeki basit, bedenli varlıkların inkişaflarına, o sistemdeki, biraz önce sözünü ettiğimiz vazifeli varlıkların çeşitli yardımları dokunur.

Nihayet o sistemin en mütekâmil küresini de, meselâ sistemimizde Dünyamızı da bitirmiş bedenli varlıklar, hidrojen âlemini bitirmiş, üst âleme liyakat kazanmış durumlara girerler.

Şu hâlde, kâinatın üstün vazife âlemine, hidrojen âleminin sayısız galaksisinin, milyarlarca sisteminin, milyarlarca mütekâmil küresinden, milyarlarca varlık intikal etmektedir.

*
* *

Güneş Sistemimizin en mütekâmil gezegeni Dünyamızdır, Yerküre'dir. Ve zannedildiği gibi, meselâ Merih'te veya sistemin diğer gezegenlerinde veya Güneş'inde Dünya'dakinden daha mütekâmil varlıklar yoktur. Zira, gerçekten Güneş Sistemimizin mütekâmil gezegenlerinden biri de Merih olduğu hâlde, buradaki varlıklar Dünya'dakilerden daha az mütekâmildir. Sistemimizin en geri gezegenlerinden biri Plüton'dur. Bu gezegenin en mütekâmil varlığı, Dünyamızın en geri varlığı olan küf'ten daha geridir.

Yine, Güneş de sistemin geri bir küresidir. Esasen Güneş maddesinin bu basitliğinden dolayıdır ki, manipülasyonu kolay olduğu için, sistemin gezegenlerini ve özellikle Dünya'yı idare eden vazifeliler, daha ziyade Güneş'te bulunurlar. Fakat söylediğimiz gibi, bu vazifeliler planetlerde de dolaşabilirler. Ve her kürede vazife görebilirler.

Demek ki Güneş Sistemimizde, hidrojen âleminin inkişaf merhalelerini tamamlayıp oradan diplomasını alarak üst âleme terfi edecek varlıkların toplandıkları yer, Dünya'dır. Dünyamız, Mu devrinin kapanışının ardından geçen yetmiş bin yıl boyunca, artık bu devredeki vazifesini bitirmek üzere bulunan, üzerinde taşıdığı insanlara, lâyık oldukları âlemlerin kapılarını açmak ve imkânları tükenmiş hidrojen âlemi kapısını da arkalarından kapamak hazırlıklarına başlamıştır.

*
* *

Dünya hayatı baştan başa hareketler ve olaylar kompleksidir. Bu olayların içine dalmış ve saplanmış olan insanlar, etraflarında bazen birbirlerine zıt olaylar, çeşitli uygunsuzluklar görebilirler ve bunları da birer düzensizlik sanırlar. Fakat bu görüş yanlıştır ve özellikle nedensellik prensibi hakkındaki vukuf* eksikliğinden doğan, olayları yanlış yorumlamanın bir sonucudur.

Olayların sonuçlarını sebeplerine bağlamaya yardım eden bir bilgi kudretiyle dünyaya bakanlar, onun en küçük zerresinden bütününe kadar her durumunda, her olayında, her varlığında muazzam bir ahengin, nizamlı bir tertibin mevcut olduğunu görmekte gecikmezler. Nedensellik bağlarının nizamlı ve tertipli oluşları, büyük kâinat ahengini meydana getirirler. O hâlde bu ahengi gözlemleyebilmek için; her hareketin ve olayın direkt ve endirekt olarak sonsuz bağlarla birbirine bağlı bulunduğu sezgisini insana veren, bütün olaylar arasındaki nedensellik ve sebep ilişkilerini düşünmek ve bu sahada bir şeyler görmeye, duymaya çalışmak gerekir. Bu düşünüş ve görüşü sağlamak için, âlemde hiçbir şeyin sebepsiz olmadığı, her şeyin bir sonuca bağlandığı hakkında daha önce verdiğimiz bilgiyi tekrar gözden geçirmek gerekir. Orada nedensellik prensibi hakkında yeterli derecede bilgi vermiştik. Bu prensibi esas tutup dünya hayatını inceleyenler, orada, biri diğerini sonuçlandıran ve başkası da öbürünün nedeni olan, birbirine bağlanmış birçok olayı ve oluş hâlini, zincirleme ve ahenkli bir akış içinde görebilirler. Bu akıştaki tertipler, nizamlar ve büyük maksatlara doğru ilerleyen hareketler, insanlara, âlemdeki büyük ahengin mevcudiyetini bütün kudretiyle hissettirirler.

Küçük bir kuş yumurtasını ele alınız. Tek başına ele alınan bu basit kuş yumurtasının, büyük kâinat ahengi içinde muazzam sonuçlarla birbirine bağlı, çok tertipli ve nizamlı sayısız durumları vardır. Yumurtanın bu büyük ahenge bağlı olan hayatını izleyelim. Bu yumurtadan zamanla küçük bir yavru meydana gelecektir. Bu yavrunun meydana gelmesi için de, onun bir süre, belirli bir sıcaklık derecesinde korunması gerekir. Bunun için, dişi bir kuşa yukarıdan, bu işle vazifeli olan bir plândan bâzı tesirler gönderilir. Bu kuş, bu tesirlerin altında bâzı içgüdülere sahip olur. Bu içgüdüler sonucunda yumurtanın üzerinde bir süre sebatla oturur. Bedeninin ısısıyla onun içindeki tohumun bir yavru kuş hâ-

* "Vukuf" sözcüğü "bilme; bilgi" anlamlarına gelir.

linde yetişmesini sağlar. Buraya kadar sıraladığımız, neden-sonuç zincirinin birkaç halkasını yürüten tertip ve nizam açıktır. Bu, büyük bir ahengin ifadesidir.

Yumurtadan çıkan ve koca kâinatin içinde bir damla bile olmayan kuş yavrusunu hiçe saymak, hattâ küçümsemek çok yanlıştır. Unutulmasın ki bu yavru da, kâinatın bir parçasıdır ve yaşaması ve büyümesi için kâinat mekanizmasının onun hesabına düşen cüzleri, mütemadiyen çalışmaktadırlar. Nitekim, yumurtadan yeni çıkan yavru, henüz basittir, deneyimsizdir, acemidir. Uçmasını bilmez, yemesini bilmez, düşmanlarını tanımaz, tehlikeleri görmez, gıdasını nerelerden, nasıl sağlayacağını tayin edemez. Dolayısıyla, eğer o, dünyaya gelir gelmez böylece kendi hâline bırakılıverirse, yaşayamaz, ölür. Oysa onun yaşaması, birtakım işler görmesi lazım. Şu hâlde, bu işleri ona öğretecek ve yaptırtacak birisine ihtiyaç vardır; bu birisi de yine, onun dünyaya gelmesine yardım eden dişi kuş olacaktır. Fakat bu dişi kuş, bunu düşünemez ve yavrusunun bu ihtiyacını takdir edemez. O zaman, tekâmül nizamında vazifeli olan varlıkların müdahalesi başlar ve ona öyle tesirler gönderilir ki, o tesirlerin doğuracağı içgüdülerle ana kuş, bu defa canını dahi tehlikelere atarak, yavrularını beslemeye, onları -kendilerini kurtarabilecek duruma gelinceye kadar- eğitip büyütmeye mecbur olur. Yavru kuşun yaşamasına ve bunun için de dişi kuşa yukarıdan tesirlerin gönderilmesine lüzum vardır. Çünkü o yavru, dünyaya, kendi varlığının dünyada kuş hâlindeki inkişaf ihtiyacını gidermek için gelmiştir. O, bu sayede dünyadaki kuş bedeninin bütün icaplarını yerine getirecek, görgü ve deneyimlerini -otomatik bir mekanizma içinde-kazanacak, çevresindeki diğer varlıklar ile olan ilişkileri sayesinde de, onların bâzı tatbikatlarına vesile olacaktır. Bütün bu işler için lüzumlu olan tertipler, vazifelilerin yardımıyla kurulacak ve kuş böylece dünyadan alacağını almış, vereceğini vermiş bulunacaktır. Bütün bunlar olup bittikten sonra, artık onun kuş bedenini bırakması gerekir. Çünkü o, şimdi, daha ileri bir inkişaf imkânına kavuşmak ihtiyacını duymaya başlamıştır. Bu imkânı sağlamak için yeni bir tertibe lüzum vardır. Onunla vazifeli olanlar, bu tertibi de yoluna koyarlar. Başka bir bedene girmek üzere dünyadan ayrılması icap eden bu kuşu, dünyadan uzaklaştıracak muhtelif vâsıtalardan -diğer varlıkların da tekâmül ahengine- en uygun olanına başvururlar. Meselâ, o sıralarda günlerden beri yiyecek bulamamış, aç kalmış, yaşaması icap eden bir kedinin de bu olaydan yararlanması, yukarıdaki tertip mekanizmasına pekâlâ uygun gelir. Dolayısıyla, vazifeli tesirler, o aç kalmış kediye inmeye başlar ve o kuşu yemek yolundaki faaliyetlere onu sevk eder. Kedi, bu sayede hem karnını doyuracak, hem de kediliğinin kendisine kazandırması icap eden bâzı melekelerini geliştirecektir. Aynı tesirler, artık dünyadan ayrılması icap eden kuşa da iner, kuşu kedinin tam bulunduğu yere sürükler. Bu tesirin altında kuşun gözü kediyi görmez, doğruca kedinin kolayca uzanabileceği yere konar. Kedi, kuşu yakalar ve yer. Şimdi olayın akışı diğer bir kola, yâni başka bir varlığın plânına da ayrılmış oldu. Fakat onu bırakalım, kuşun akıbetine devam edelim.

Biz kuşun yumurtadan çıkıp ölünceye kadar geçirdiği hayat olaylarından ancak birkaçını ele aldık ve bunların ne kadar mükemmel bir tertiple, belirli maksatlara doğru ilerleyen neden-sonuç bağlarını ve tertiplerini gösterdik. Onun, bundan başka, kendisine mahsus mâşerî plânında bitki, hayvan ve hattâ insanlar ile direkt veya endirekt olarak diğer birçok ilişkisi bulunabilir. Bütün bunlar, genel inkişaf ahenginin çerçevesini kıl kadar aşmadan devam ederler. Bunlar içinde, iyi görünen hâller olduğu gibi, yemini elde etmek için yere konan kuşcağızın canavar bir kedi tarafından durup dururken parçalanması gibi, görünürde kötü, bozucu, düzensiz görünen hâller de vardır; ama yukarıki bilgiden sonra, burada ahenksizlik değil, aksine, ahengin ve tertibin en mükemmel mekanizması gözlemlenir. Çünkü bu tertipler sayesinde bu kuş, artık daha üstün ve inkişafa daha müsait diğer bir bedende dünyaya gelecektir. Şimdi bu varlık, imkânı daha bol diğer bir hayvan bedeninde dünyaya gelmek üzere, yukarıda söylediğimiz tertiplerle dünyadan ayrıldıktan sonra, onun için yine, analar, babalar, yetiştiriciler, çevreler, iklim şartları, yardımcılar... her şey hazırlanır. O varlığın inkişafı için neler gerekiyorsa, onlar, vazifelisi tarafından muhtelif tertipler, nizamlar dahilinde meydana getirilir. O varlığın otomatik olan mâşerî plânına girecek gerek kendi türündeki, gerek diğer türlerdeki varlıklar ile çeşitli ilişkilerini tayin ve tespit etmek üzere, tertipler ve nizamlar birbiriyle ayarlanır. Meselâ, o bir köpek olacak ise, köpek hayatındaki inkişaf imkânlarını hazırlayan tertipler arasında, kudurarak ölmesi icap eden bir insanın o köpeğe sahip olması da sağlanır. Bütün bunlar dünyadaki genel tekâmülü yürüten büyük nizamın ahengi içinde cereyan eder.

Köpeğin vakti gelmiştir. Ölecektir. Plân gereğince köpek kudurur. Bu sırada onun sahibi olan insan da dünyadaki işini bitirmiş, yeni bedenlerde inkişafına devam etmek üzere dünyadan ayrılacak duruma gelmiştir. Yine tertip ve plân gereğince, kuduran köpek onu ısıracak, kudurtacak ve böylece ikisi de ölecektir. Bütün bunlar birbirine bağlı, büyük ahenk içinde yürüyen tertiplerdir.

Görülüyor ki, şu varlığın ilk önce basit bir yumurta hayatındaki çevre ile olan ilişkilerinde, sonra kuş hayatındaki kedi, daha sonra da köpek hayatındaki insan hikâyelerinde birbirine zıt yönlerde, sakat gibi görünen hayat yürüyüşü, aslında, genel tekâmül ve inkişaf ahengine uygun, muntazam bir seyir izlemektedir. Bu yürüyüş de, yetişkin bir kuşa analık vazifelerine ait ilk içgüdülerin hazırlıklarını kazandırmış, kuş bedeniyle bir kedinin yaşamasını ve bâzı melekelerinin inkişafını sağlamış, köpek bedeniyle bir insanın kudurmasına sebep olarak onun bireysel ve mâşerî plânında birtakım sonuçların meydana gelmesine sebep olmuştur. Bunların hepsi, bu varlıkların tekâmülleri için muhtaç oldukları en lüzumlu durumların meydana gelmesi içindir. İşte bu hâl, büyük ahengin dünyaya ait tezahürünün küçük bir parçasıdır. Birbirine aykırı görünmesine rağmen tek bir gayeye doğru yürütülen bu tertipler, aslında, büyük tekâmül nizamının, dolayısıyla kâinat ahenginin icaplarındandır.

Basit bir yumurta iken ele aldığımız bu varlığın, böyle sayısız bedenler içinde sayısız diğer varlıklar ile sonsuz ilişkiler ve bağlar kura kura, gittikçe irtibat sahasının kapsamını arttıra arttıra, nihayet günün birinde bir insan bedenine yükselerek, onu kullanabilecek kudrete erişmesi, bu âna gelinceye kadar çevresi ile olan milyarlarca ilişkilerinde kâinatta milyarlarca olayı meydana getirmesi ve bu olayların kıl kadar şaşmadan birbirine bağlı olması, birbirini desteklemesi; bu ahengin nizamlı tertiplerinin en canlı gözlemini meydana getirir.

Bu insanın, çevresiyle, ailesiyle, dostlarıyla, diğer insanlarla, toplumla, ulusla, nihayet, direkt veya endirekt bütün beşeriyetle kuracağı mâşerî plânlar içinde, sayısız ilişkileri, bağları, tesirleşmeleri olacak ve insanlığının bütün hayatları boyunca devam edecek bu bağlar, ilişkiler, tesirleşmeler, sayısız tertipler ve kombinezonlar içinde, bütün insanlığı ve hattâ kâinatı ilgilendiren sonuçlar doğuracak ve onun artık kâinatşümul olan sonraki hayatı da, kâinat ahenginin nizam ve tertiplerine tam bir mutabakat hâlinde, Ünite'ye doğru ilerleyecektir. Burada göstermiş oluyoruz ki; basit bir kuş yumurtasının kâinatşümul bir varlık hâline gelinceye kadar yürüyeceği yol üzerinde, onun, bireysel plânlarına bağlanmış mâşerî plânı olacak; o mâşerî plânın diğer mâşerî plânlar ile direkt veya endirekt tertiplerde ve nizamlarda ilişkileri kurulacak; bütün bu bireysel ve mâşerî plânların icaplarına uygun çeşitli çevre ve doğa şartları mevcut olacak; bu şartlarla bu plânlar ayarlanacak; bu ayarlamalarda, nizamlaşmalarda ve ahenkleşmelerde dereceleri çok değişik, kimisi tümüyle otomatik, kimisi yarı idrakli, kimisi tam idrakli bir sürü vazifeli varlık vazifelenerek çalışacak ve bunların üstünde yüksek, üstün vazife plânı varlıkları birer idareci olarak Ünite'den aldıkları icap direktiflerine göre, kendi direktif ve kontrolleri altında onları sevk ve idare edecek; nihayet, o basit yumurta, günün birinde büyük vazife plânının idare mekanizmasında diğerleri gibi rol almış kudretli bir varlık hâline girecektir. Burada, bu basit kuş yumurtasının çok ilerilerde büyük bir vazifeli varlık hâline gireceğini gören ve daha, basit bir yumurta hâlinde iken, onun bu yüksek durumunu sağlayıcı, lüzumlu ilk hazırlıkları tertip ve tayin edebilen kudret, o büyük ahenkten gelmektedir. Yâni, bir varlığın milyarlar ve milyarlarca yıl sonra gelecek durumlarının ilk hazırlıklarının tayin edilerek, kıl kadar şaşmadan bu hazırlıkların hedefine doğru yürütülmesi, ancak büyük ahengin kudretiyle mümkün olabilir.

Artık belli olmuştur ki, bütün bu faaliyetler, kâinatta tekâmülü hedef tutan ve kâinatı bütün olaylarıyla bir tek oluşa bağlayan ilâhî nizamın büyük ahengi içinde cereyan etmektedir ve dünya varlıklarının tek cepheli, kısır idrakleri karşısında genellikle menfî görünüşlerine rağmen, bu nizam, tam ve şaşmayan bir ahenk içinde akıp gitmektedir.

*
* *

Bütün varlıkların inkişaf ve tekâmüllerine ait hareketler, ancak bu kâinat ahengi içindeki nizamların, tertiplerin ışığı altında yürüyebilir. Her tertip, her olay; ilâhî icabın tecellisi olan kâinat ahenginin bütün varlıkları kapsayan tekâmül zaruretlerini karşılar. Şu hâlde, kâinatın bütün âlemlerinde olduğu gibi, bu ilâhî icabın kapsamına giren dünyamız da, elbet bu büyük ahengin içindedir. Dolayısıyla, bir kuşun aç bir kedi tarafından parçalanması, hem kuşun, hem de kedinin inkişafı için ne kadar lüzumlu ve kâinatın tekâmül plânı ile ne kadar düzenli bir olay ise; bir devlet başkanının şu veya bu gibi görünürdeki sebeplerle bir ulusu savaşa sürüklemesi, birçok insanın ölümüne sebep olması, birçoklarının açlık, sefalet, ıstırap içinde kalmalarına yol açması, bütün bu işe karışmış olan varlıkların ayrı ayrı paylarına düşen inkişafları için o kadar lüzumlu ve kâinatın genel tekâmül plânında da o kadar ahenkli bir olaydır. Bunların birincisinde hem kuş, hem kedi, yüksek inkişaf hedeflerine varmak için bu işe nasıl otomatikman sürüklenmişseler, ikincisinde de, bu başkan ve onun peşine takılanlar, aynı yoldaki büyük hedefe doğru kurulmuş ahenge, öylece otomatikman katılmış bulunmaktadırlar. Bütün bunların sonucunda elbette, sayısız inkişaf hamleleri alınacak, sonsuz ilerleme imkânları o insanların önlerine açılmış olacaktır. Buradaki boğuşmaların, kırışmaların, vuruşmaların perişan, ahenksiz, bozuk ve düzensiz görünen manzarası; hakikatte, insanların idraklerinin üstünde bir tertiple, onların lâyık oldukları ve istedikleri ıstıraplı, azaplı, işkenceli yollardan inkişaf imkânlarını sağlayan, ahenkli bir durumun ifadesidir.

*
* *

Doğanın bütün durumlarında ve olaylarında, tekâmülün genel ahengine göre, varlıkların her türlü ihtiyaçlarına uygun durumlar meydana getirilmiştir. Âlemdeki bu ahenk, bu düzen, bütün varlıkların tekâmülleri yolundaki mukadderlerine hâkim ilâhî icabın tezahürüdür. Bu icap da, büyük kâinat organizasyonlarında vazife almış her kademedeki vazifelilerin, Ünite'den gelen direktiflere göre, derece derece kapsam kazanan fonksiyonlarıyla yerine getirilir.

Böylece bütün âlemler, bütün kâinat, büyük bir ahenk içinde birbiriyle sımsıkı kucaklaşmış, sayısız olaylar, oluşlar ve akışlar kompleksidir. Ahenk, kâinatın bizzat kendisidir.

*
* *

En yüzeysel bir görüşle dahi, dünyada etrafına dikkatlice bakanlar, bu büyük ahengin doğaya yansımış sayısız görünüşlerini görebilirler.

Yüksekten yeryüzüne bakıldığı zaman, karalar ile denizlerin kavuşmasındaki ahengi herkes görebilir. Milyonlarca canlının hayatına en ufak bir zarar bile vermeyecek şekilde, denizlerin karalar ile kucaklaşması, tekâmül ahenginin, dünya maddeleri üzerinde görünen tezahürlerinden biridir. Denizler, derin bir saygı gösterircesine karalara karşı olan sınırlarını aşmazlar. Karalar, sakin bir ağırbaşlılıkla denizlere karşı olan durumlarını korurlar. Bütün bunlar dünyada yaşayan canlıların hayat şartlarına ve genel ahenge göre, vazifeli varlıklar tarafından ayarlanmıştır. Bu ahengin biraz bozulması, meselâ denizlerin, bulundukları seviyeden 8–10 metre yükselmesi, birçok yerde, birçok canlının hayatına mal olabilecek sonuçları doğurur. Fakat böyle olmaması icap eden yerlerde bu ahenk aslâ bozulmaz.

*
* *

Dünyada hayatın sürmesi ve varlıkların inkişafı için kurulan bu büyük ahenge mevsimler güzel bir örnek olurlar. Mevsimler, hayat sahiplerinin yaşama imkânları dahilinde kalan sıcaklık derecelerindeki belirli sınırlarını aşmaksızın, büyük bir nizam ve intizam içinde birbirlerini izlerler. Bunların akışlarındaki otomatizma, büyük vazifeliler tarafından kurulmuştur. Bu sayede, meselâ ılıman iklimlerde, kızgın yaz günlerinden birdenbire kışın en soğuk günlerine atlanıvermez. Sıcaklık dereceleri en üst sınırdan en alt sınıra ve en alt sınırdan en üst sınıra gelinceye kadar, kademe kademe, her gün biraz daha değişmek suretiyle, tatlı bahar akışları içinde yazlardan kışlara, kışlardan yazlara geçilir ve hiçbir zaman çizilmiş sıcaklık derecelerinin sınırları, ne aşağıda ne yukarıda, dünyadaki hayat sahiplerinin dayanamayacakları seviyelere uzanmaz. Bu hâl, âlemlerin büyük ahengine uyan yüksek plânlar tarafından düzenlenmiş, hesaplı bir tertiptir.

Mevsimlerin sıcaklık–soğukluk dereceleri, varlıkların her türlü ihtiyacına cevap veren malzemelerle doludur. Burada da büyük bir tertip ahengi vardır. Ve bütün bu nizam ve tertipler, kâinatın genel tekâmül akışı içinde, dünya varlıklarına sonsuz imkân kaynakları hazırlamak hedefi yolunda kurulmuştur. Bu ahenkten zerre kadar şaşmamak üzere, sayısız vazifeli varlıklar, bu kuruluşlarda vazifelenmişlerdir.

İlkbaharın tatlı ve hayat için lüzumlu olan nemli havaları, bir sürü bitki ve hayvan bedeninin uyanmasına sebep olur. Her şey tazelenir, gençleşir. Yaz mevsimi, olgunluk devridir. Bütün meyveler olgunlaşır, her hayat sahibi kendisinde mevcut olan kudretleri ortaya döker. Bu, bir verimlilik mevsimidir. Sonbahar, belirli bir devre boyunca vazifelerini görmüş bâzı varlıkların, yeni hayatlarına hazırlanmak üzere geçici bir uykuya, ölüme ve dinlenmeye olan ihtiyaçlarını karşılar. Bu sırada yapraklar solar, dökülür. Ağaçlar gizli hayatlarına dönmeye başlar. Gelecek bahardaki yeni uyanışlarına kendilerini hazırlamak üzere, birçok hayvan, kabuğuna, yuvasına çekilir veya kendisini geleceğe hazırlayan uykusuna veya ölümüne dalar.

Kış, bütün bedenlilerin her türlü tekâmül malzemesini içeren bir mevsimdir. O mevsimde insanlar, bir sürü sınavla, deneyimle, gözlemle karşılaşırlar. Nispeten çetin şartlar altındaki çalışmalar, cehit ve gayretler, insanların olgunlaşmalarına, pekinleşmelerine yardım eder. Bütün bunlar, birbirine bağlı tertipler içinde, karşılıklı alışverişlerle ve birbirine dayanışmalarla meydana gelirler. Bunlar, her biri dünyanın genel armonisini oluşturan ve bu genel armoni içinde birbirine sımsıkı bağlı olarak bulunan, nizamlar ve tertiplerdir.

Her iklimin, kendisine özgü bir nizamı kurulmuştur. O nizam, o iklimde yaşayan varlıkların hayat imkânlarıyla ve dayanıklık dereceleriyle aynı ayarda olarak yürütülür. Sıcak iklim bitkileri, hayvanları ve insanları; muhtaç oldukları hayat şartlarını, o iklimde bulurlar. İklimler büyük bir sadakatle bu ahenge uyarlar. Hiçbir zaman tropikal bölgelerde buz dağları oluşmayacağı gibi, buz kuşaklarında da kızgın çöller, sıcak bölgeler bulunmaz. Çünkü bu gibi hâller, oraların sakini olan bedenlerin yaşama imkânlarına uygun değildir.

Yerlerin kuruduğu, bitkilerin susuz kaldığı, hayvanların içecek su bulamadığı ve insanların kuraklıktan, mevsimsiz bir ölümle karşı karşıya kaldığı ânda, derhal büyük ahenge uygun faaliyetlerle vazifelenmiş varlıklar harekete geçerler ve o bölgeye tesirlerini göndermeye başlarlar. Bu tesirler sayesinde bulutlar toplanır, yeryüzüne inen yağmur suları ortalığı canlandırır, zararlı durumların meydana gelmemesi için mükemmel ve ahenkli bir otomatizma kurulmuş olur. Yerdeki sular, belirli bir sıcaklık derecesiyle buharlaşarak tekrar gökyüzüne çekilir ve lüzumu olunca yağmur hâlinde yine yere iner. Böylece bütün hâller ve yürüyüşler, genel tekâmül akışı ahengine uygun bir nizam içinde, kıl kadar şaşmadan yollarında devam edip giderler.

*
* *

Geceler belirli aralıklarla gündüzleri izler. Bu hususta yeryüzündeki her bölgenin, mevsimine göre bir ayarı, periyodik bir tertibi vardır. Belirli mevsimlerde günlerin ve gecelerin süreleri daima sabit olarak kalır. Bütün bunlar, şaşmayan tertipler dahilinde cereyan eden hâllerdir.

Dünyada, her olayda ve durumda muntazam bir ritim dahilinde ve büyük bir uygunluk içinde vuku bulan hâller ve düzenler, dünyanın genel ahenginin birer tezahürüdür. Nizamsız, bozuk hiçbir şey yoktur. Bütün olaylar, derece derece, her varlığın tekâmülüyle ayarlı ve ona yardımcı olarak ortaya konmuştur.

Dünya, muazzam bir ahenk olan kâinatın küçük bir parçasıdır. Burada vukua gelen şeylerin hiçbiri, bu ahengin dışına çıkamaz. Çıkarsa mevcut olamaz. Çünkü ahenk, olayların büyük tekâmül yolunda her noktasında birbirine intibakı, uygunluğu ve birbirini tamamlayıcı durumda bulunması demektir. Bu ise, olayları meydana getiren bütün hareketlerin, birbirine tam mânâsıyla kaynaşmış olmasını ifade eder. Hâlbuki her varlık, her madde cüzü, her vibrasyon; birer hareket kompleksidir. Bütün kâinatın hiçbir zerresinin, ışık huzmelerinden özgür bulunamayacağını daha önce belirtmiştik. Bu ilâhî ışık, ahengin kendisidir ve kâinatın bütün hareketleri, ancak bu ilâhî ışık kudretiyle var olabilir. Bu noktayı da belirtmiştik. Şu hâlde, ahenkten ayrılmak demek, bu hareketlerden yoksun kalmış olmak demektir ki; hareketlerden yoksun kalmış hiçbir maddenin, hiçbir varlığın mevcudiyeti ve kalıcılığı düşünülemez. Demek ki, nerede hareket varsa, orada muhakkak kâinat ahenginin bir tecellisi mevcuttur.

*
* *

İnsanların gözünde iyilik, kötülük, bozukluk, düzensizlik, mânâsızlık, alçaklık, yükseklik, münasebetsizlik gibi görünen şeylerin hepsi, görecedir. Bunlar, insanların, kâinat nizamı ve ahengi hakkındaki görüş eksikliklerinin sebep olduğu kısır yargılardan ibarettir. Bir arslanın, kendisini korumaktan âciz bir geyiğe saldırarak onu parçalayıp yavrularına yedirmesi, büyük balıkların küçük balıkları yutması, bitki, hayvan ve insan âlemlerinde sayısız birbirini öldürüş ve yiyişlerin dünyanın kurulduğu ândan itibaren mütemadiyen sürüp gitmesi, insanların birbirlerine saldırarak kendi huzur ve rahatlarını yok etmesi, sayısız azap ve işkenceyle dolu günlerini kendi fiil ve hareketleriyle bizzat kendilerinin davet etmesi ve nihayet, dünyayı kendileri için bir cehennem, bir zindan hâline koyması gibi, çirkin görünen hâller; aslında, büyük ahengin icaplarına uygun, idare mekanizmasına mensup vazifelilerin kontrolleri altında cereyan eden, lüzumlu, zarurî ve muhakkak surette hayırlı durumlardır. Bunlar, bütün varlıkların ve insanların daima yeni inkişaf kademelerini hazırlamak gayesine göre yürüyen âlemin büyük nizam ve ahengi içinde, akıp giderler. İnsanlar, bu durumu ancak tekâmülleri oranında görebilirler ve göreceklerdir. Bunların, tekâmül nizamında ve kâinatın genel ahengi içinde hiçbiri, lüzumsuz, boş, çirkin ve abes değildir. Bütün bu çirkinlik ve abeslik kavramları; yine tekâmül ahengi içinde tecelli eden bir dünya hayatı zaruretiyle, insanlar tarafından kabul ve itibar edilmiş,* tek cepheli görüşlere dayalı göreceliklerdir. Esasen, hislerinden bir ân ayrılıp dünyayı objektif bir görüşle gözlemleyenler, o ânda, bu hakikati bütün açıklığıyla görebilirler.

Böcekler âlemine baktıkları zaman, aralarındaki bütün kavgalarına, dövüşlerine rağmen, onların daima yetişme ve inkişaflarını sağlayan büyük bir ahengin mevcut olduğunu ve bu ahenk içinde, bu dövüşlerin ve kavgaların da büyük mânâlar taşıdığını takdir etmekte gecikmezler.

Bir karınca yuvası sakinlerinin, kendi yuvalarını korumak için hemcinsleriyle yaptıkları mücadeleler, dövüşmeler, lüzumsuz ve boş hareketler değildir. Ötekilerin onlara hücum etmesi, bunların da hücum edenlere karşılık vermesi, karınca hayatının o varlıklara öğretmesi icap eden bâzı melekeleri, otomatik olarak onlara kazandıran tertiplerdir. Bütün bu hâller; bu karıncaların, bu arıların, bu böceklerin teşkilâtlanmak, bir araya toplanmak, mâşerî plânlara liyakat kazanmak ve nihayet günün birinde yüksek vazife plânının yolunu tutmuş insanlar arasına karışmak durumlarının en basit ve otomatik hazırlıklarını yapabilmeleri için, aslî direktiflerden gelen büyük doğa nizamının bu varlıkların hisselerine ayrılmış kısımlarıdır. Onlar, böylece otomatik olarak kurulmuş teşkilâtları sayesinde, hayatlarını sürdürmek, nesillerini üretmek, topluluklarının güvenliğini korumak ve bütün bu faaliyetlerin arkasın-

* "İtibar etmek", "saymak, farzetmek, kabul etmek" anlamına gelir.

da saklı bulunan inkişaflarını sağlamak uğrunda yüklenmiş oldukları bir sürü işi ve vazifeyi, birbirlerine zarar vermeden, büyük bir sadakatle yaparlar. Ve bu işlerinde zerre kadar ihmal ve tembellik göstermezler. Birbirlerine zarar vermeden bu işi yaparlar, dedik. Çünkü dünya idrakine göre her ân birbirini yiyen dünya bedenleri, bu hareketleriyle, hakikatte, birbirlerine zarar vermeyip, bilmeden ve idraksizce yardımlaşmaktadırlar ve bunun da böyle olması, onların mâşerî plânları içinde bir zarurettir. Böylece, en küçüğünden en büyüğüne kadar, bütün bitkiler, hayvanlar ve insanlar âleminde, bazen müspet, bazen menfî şekillerde görünen, büyük nizam ve ahengin icaplarına bir uyuş, bir katılış hâli akıp gider.

*
* *

Mâşerî plân icaplarının ahengine uyuş hâlinin, insanlarda -daima büyük doğa nizamının ve tekâmül ahenginin kadrosu içinde kalmak şartıyla- çok daha geniş ve kapsamlı varyeteleri görülür. Meselâ, insanlar arasında bâzı yerlerde büyük bir barış ve sükûnet içinde görünen ahenk, diğer birçok yerde birbirini taciz etmek ve zararlara sokmak, boğmak, öldürmek tarzında yürüyen ahenkten farklı ve ayrı değildir. İnsanların gözünde ahenksiz ve bozuk gibi görünen bütün bu kargaşalıklar, kâinat ahenginin, dünya nizamına uygun olarak, insanların çeşitli yetişme ihtiyaçlarına, kudretlerine, liyakatleri derecelerine göre tertiplenmiş, ayarlanmış tezahürleridir. Böylece, taşından, toprağından itibaren bütün hayat sahiplerini ve onlara ait hareket ve olayları muazzam bir tekâmül ahengi içinde sinesine almış dünya hayatı, bu cephesiyle tek bir bütün olarak ele alınmalıdır. O öyle muazzam bir orkestradır ki, ayrı ayrı ele alındıkları zaman, çeşitli ahenksiz ve hattâ kulak yırtıcı karakterler göstererek oradan çıkan bâzı sesler, o orkestranın bütünü içinde dinlendiği zaman, gayet güzel, ahenkli ve hattâ orkestranın mükemmelliği için lüzumlu durumlar ve kıymetler hâlini alırlar. Kompozisyon ve orkestrasyon bilgilerinden anlamayan bir insan, kalkıp da, kendisine bozuk gelen bir âletin sesini kendi keyfine göre düzelteyim derse, o orkestranın ahengini bozabilir. Hâlbuki dünyanın 'bütün' hâli, böyle alelâde bir orkestranın fakir ahengiyle kıyas edilemeyen, sonsuz kapsama sahip bir armoni içindedir. Bu bakımdan dünya, bütün teşekkülâtıyla, kurulmuş muazzam bir kompozisyondur. Bu kompozisyonu meydana getirenler de, Ünite'den süzülüp gelen aslî icaplara intibak etmiş büyük vazifeli sanatkârlardır. Yâni büyük organizatörlerdir.

*
* *

İşte, dünyanın büyük nizam ve ahenginin kudretli tertipleri içinde bugüne kadar emekleyerek gelen insanlar, artık, bugün, dünyadaki tekâmüllerinin zirvelerine ulaşmış bulunmaktadırlar. Büyük kâinat ahenginin süregelmiş olan tertipleri, şimdiye kadar dünyada bu tertipler içinde yetişmiş insan varlıklarının artık, daha ileri tekâmüllerine müsaade edecek durumda değildir. Çünkü insanlar, hidrojen âlemi imkânları içindeki bütün görgü ve deneyimlerini yapmış, buraya ait bütün inkişaf kademelerini aşmış ve devrelerini tamamlamış durumdadırlar. Onların öz varlıkları, yeni ufuklara, yeni çevrelere, bol hayat ve inkişaf imkânlarıyla dolu aydınlık ülkelere koşmak ve ulaşmak ihtiyacı içinde çırpınmaktadır. Onlar, büyük kâinat ahenginin en geniş imkânlarına kavuşmak ve o ahenkten olmaya çalışmak özlemi ve sezgisi içindedirler.

Gerçi insan hâlindeki durumlarıyla bu sezgilerinin idraklerine tam olarak varmış bulunmamakla birlikte, beşeriyet, bugün bu çırpınışın en ağır ve koyu teşevvüşü, şaşkınlığı içinde yaşamaktadır. O, nereye gideceğini, nereye gitmesi gerektiğini henüz kestiremiyor; ama sebebini, mahiyetini bilmeksizin, kabına sığmayan hareketleriyle, muhakkak bir yere gitmek, bir aydınlığa kavuşmak, ferah bir çevreye çıkmak, içinde bulunduğu madde şartlarının ağırlığını delip geçmek ihtiyacı içinde kıvranıp duruyor. Mahiyetini idrak edemeyerek, fakat şiddetle isteyerek her ân peşinde koştuğu mutluluğun bir zerresini dahi çevresinde bulamayınca, o mutluluğun hüsranıyla, kendisini madde oyuncaklarının gelip geçici zevkleri içine gömerek avutmaya çalışıyor. Fakat görünürde şaşkınlığını arttırmaktan başka bir işe yaramaz görünen bu çırpınışları, hakikatte, kader mekanizması muvacehesinde, yine, o aradığı, beklediği ve muhtaç olduğu mutluluk yollarını kendisine hazırlıyor. İşte şiddetle istedikleri, bekledikleri bu mutluluğa insanların kavuşması için, âlemin büyük ahengi içinde, lüzumlu tertipler elbette kurulmaktadır. Bu ileri tertipler, bugünkü dünya nizamının yavaş yavaş değişmesi ve olgunlaşmış hâle gelen yeni istek ve ihtiyaçlara göre lüzumlu formların meydana gelmesi zaruretiyle, ilâhî nizamın ahengi içinde takdir ve tespit edilmiştir.

Şu hâlde, gelecek bütün değişmeler; insan idraki karşısında ne kadar büyük birer katastrof mahiyetinde görünürlerse görünsünler, insan varlıklarının ihtiyaçlarına en uygun ve mükemmel cevaplar verici tertipler ve nizamlar altında vuku bulacaklardır. Yakında başlayacak olan olaylar, dünyada mümkün olabilen insan tekâmülüne uygun nihaî sahneleri hazırlayacak ve yüzyıllardan beri süren ıstıraplı bir dünya safhasının son perdesini bu sahnelerde kapatacaktır.

*
* *

Doğada hiçbir varlığın hiçbir ihtiyacı ihmalle karşılanmaz. Bütün tekâmül ihtiyaç ve isteklerine uygun tertipler, nizamlar ve düzenler derhal kurulur. Çünkü kâinat tekâmül içindir ve orada, bütün tekâmül ihtiyaçlarının tatmin edilmesi bir zarurettir. Bu ihtiyaçlar karşısında kurulacak yeni nizam ve tertiplerin şekil ve yönlerine gelince: İnsan varlıklarının daha üstün hayatlara aday duruma girdiklerini ve sonsuz parlak ülkelerin kapısına dayandıklarını, söylemiştik. Fakat insanların lâyık oldukları bu yüksek ve parlak hayatlara kavuşabilmeleri için, bu kapının açılması gerekir. İşte, özlemle peşinden kan ter içinde koştukları bu eşsiz mutluluk ülkelerine göç edebilmeleri için, insanların yapacakları küçük bir iş daha kalmıştır ki; o da, zaten açılmaya hazır bir vaziyette önlerine dikilmiş olan bu kapıyı bir fiske vuruşuyla ardına kadar açarak içeriye dalmaktan ibarettir. Fakat bunun gerçekleşmesi de yine, çok tertipli ve ahenkli birtakım olayların akışları içinde mümkün olabilecektir. Ve bunun da böyle olması insanların selâmeti için lüzumludur.

Bu muazzam düzen içindeki ahenkli tertiplerin sağlamış olduğu büyük hazırlıklardan elbette birçok insan yararlanacak ve bu sayede, büyük bir mutluluk havasıyla, sonsuz imkânlar diyarındaki esîrî âlemlerin ebedi hayatları içinde kanat çırpmak üzere, akıp gitmek fırsatını kaçırmayacaktır.

Yakında doğa şartlarında vukua gelmeye başlayacak olan köklü değişmelerde, hiçbir şeyin maksatsız ve körü körüne olmayacağını, en ufak bir olayın bile ancak Ünite'den gelen icaplara göre, üstün vazifeli varlıklar tarafından şaşmayan ve aksamayan bir tertip ve ahenk içinde meydana getirileceğini, artık iyice belirtmiş bulunuyoruz. İşte biraz yukarıda sözünü ettiğimiz kapının açılması demek de; bu hakikatin insanlar tarafından idrak edilmesi, benimsenmesi ve ona göre mevcut düzenlere isteyerek, sevinerek gidilmesi, uyulması demektir. Şu hâlde, yeryüzündeki doğa şartlarının değişmesiyle meydana gelecek yeni ahengin, insanlara bu kurtuluş imkânlarını bahşetmiş olması bakımından, fevkalâde büyük bir kıymeti ve önemi vardır. Görünürde, bozuk düzen* ve sıkıcı, hattâ rahatsız edici gibi durumlarda görülebilecek olan bu hâllerin, hakikatte, insanların yüksek kazançlarını sağlamaya yarayacak kıymetli birer vâsıta olduğunu unutmamak, insanların menfaatleri gereğidir. Çünkü insanlığın değişecek olan çehresi ve yeni tertiplerle kurulacak ahenk, ancak, tamamlanmış bir dünya devresinin kapanışından sonra olacaktır. İşte bunun için, dünyanın geçireceği son hazırlıklar vardır.

Bu hazırlıkların iki cephesi vardır: Birinci cephesi, insanlara bu dünyanın artık kendileri için elverişli bir mesken olamayacağını anlatmak suretiyle, henüz eksik kalan, lüzumlu bilgilerini, gözlemlerini ve imanlarını kazandırmak; diğer cephesi de, sonradan gelecek basit bedenlerin tekâmüllerine elverişli, yeni bir dünyayı meydana getirmektir.

*
* *

Şimdi, bu doğa değişmelerinin, yeni baş gösterecek olayların, kısaca vukuu yaklaşmış olan büyük dünya inkılâbının mahiyet ve şekillerini açıklamaya başlıyoruz.

---

* "Bozuk düzen" deyimi, "düzensiz, düzeni bozuk olan" anlamına gelir.

Yakın olan bu büyük dünya devresi kapanışının ilk alâmetleri diyeceğimiz bâzı basit olaylar, hâlen başlamış bulunmaktadır. Bunlar, insanların gözünde henüz güçlü mânâlar ifade etmeyen ve kör doğa güçlerine bağlı, gelip geçici arızalardan ibaret sanılan, bâzı atmosfer değişiklikleridir. Bu hâller, gittikçe artacak ve ifade ettikleri yüksek mânâları yavaş yavaş daha kuvvetle hissettirmek üzere, durmadan devam edeceklerdir. Meselâ, vaktinde beklenen yaz sıcakları bazen bir türlü gelemeyecek, kış ortasında anormal sıcak havalar, yaz ortasında da soğuk havalar görülmeye başlayacaktır. Bâzı yerlerde uzun süre devam eden kuraklıklar yanında, diğer bâzı yerlerde sürekli yağmurlar, selleri meydana getirecek ve önemli tahribat yapacaktır. Güçlü rüzgârlar, tehlikeli hâller alarak esecek, yer yer büyük zararlara sebep olacaktır. Bu arada depremler vukua gelecek, şiddetli yer sarsıntıları, insanların felâketli diye nitelendirecekleri doğa olayları arasında, yeryüzünün orasında burasında kendilerini göstereceklerdir.

Denizlerde de olağan dışı olaylar vukua gelecektir. Meselâ, hiç met ve cezir olmayan kıyılarda denizler bazen 8–10 metreye kadar kabaracak ve karalara hücum edecektir. Böyle met ve cezre alışmamış ve hazırlanmamış bâzı şehirler, su baskınları tehlikesi altında kalacak ve büyük zararlara uğrayacaktır.

Dünyanın muhtelif yerlerinde yer yer toprak kaymaları vukua gelecek ve bâzı kasabalar ve yerler, bu yüzden bir hayli korkulu ve kaygılı ânlar geçirecektir. Yine, bu toprak âfetleri sırasında bâzı yerler çatlayacak, oralardan dumanlar ve ateşler fışkıracaktır.

Kısacası olağan dışı olarak vukua gelecek bütün bu büyük rüzgârlar, seller, yer sarsıntıları, depremler, deniz kabarmaları, su baskınları ve yer çatlamaları, gittikçe insanların rahatlarını kaçıracak ve zararlarını arttıracaktır. Fakat bunların hiçbiri, ahenk dışı, düzen dışı olmayacak; hepsi, yerli yerince tertip edilmiş, biraz önce söylediğimiz hedeflere ayarlanmış adımların tedricî ilerleyişlerinin birer ifadesi olacaktır.

Bu hâller, dünyada aşağı yukarı 40–50 yıl, böyle sinsi, fakat daima ilerleme gösterir bir şekilde ve insanlar tarafından hakikî mânâlarına nüfuz edilebilmesine pek de yetecek kudrette olmamak üzere, devam edeceklerdir. Bununla birlikte bunlar, daha ileri safhalara hazırlayıcı mahiyette bir tedriç* izlerken, gittikçe de şiddetlerini arttıracaklardır. Bu kitaptaki bilgileri okumuş, benimsemiş olanlar, bu hâllerin daha ilk zamanlarda ifade ettikleri mânâları sezmekte güçlük çekmeyecekler ve kendilerini, gelecek büyük güne rahatça ve kalp huzuruyla, hattâ sevinçle hazırlayabilmenin imkânlarını elde etmiş olacaklardır.

*
* *

Yaklaşık elli yıl sonra olaylar kendilerini daha çok hissettirmeye başlayacaklar ve insanları –daha doğrusu kendilerini lüzumu derecesinde hazırlayamamış olanları– çok rahatsız edici, korkutucu, zahmet ve ıstıraplar içinde bırakıcı karakterler almaya başlayacaklardır. Bununla birlikte, bunlar da yine hakikî mânâlarını insanlara empoze edecek derecede şiddetlenmemiş olacaklarından, insanların bir kısmı, bu olayların hakikî mânâlarını anlamaktan uzak kalacak, sadece büyük bir şaşkınlık içinde ne olduğunu, neye uğradığını bilmeyecektir. Meselâ iklimlerde bâzı acayip değişmeler, önceleri yavaş yavaş başlayacak, soğuk yerler tedricen ısınacak, bâzı bölgeler olağan dışı olarak sıcaktan kavrulmaya başlayacaktır. Bu hâllerin sonucunda, anormal rüzgârlar, bâzı korkunç tayfunları meydana getirecek ve bunlardan birçok zarar meydana gelecektir. Depremler sıklaşacak ve şiddetlenecek, yer çatlamaları, püskürmeler, çöküntüler artacak ve bütün bu hâller, yıllar ilerledikçe kendilerini daha açık olarak hissettireceklerdir.

Bâzı şehirler, büyük sarsıntılar sonucunda yok olacak, yerlerinde büyük çukurlar veya göller meydana gelecek; bâzı yerlerde büyük ve devamlı kuraklıklar başlayacak, birçok insan ve hayvan telef olacak; ağaçlık, verimli, bitek olan yerler bozkırlar, hattâ susuz çorak çöller hâlini almaya yüz tutacak; yıllardan beri, hattâ yüzyıllardan beri o havalilerde rahatça yerleşmiş olan insanlar için buraları, artık yaşanmaz hâllere girecek ve insanlar oralardan, daha verimli yerler aramak ve bulmak için ayrılacaklar, daha müsait yerlere göç etmeye başlayacaklardır. Böylece dünyada

* "Tedriç" sözcüğü "(aniden değil,) derece derece, yavaş yavaş ilerleme" anlamına gelir.

yer yer büyük göçler başlayacak; bu hâl, insan cemaatleri arasında önemli huzursuzluklar yaratacaktır.

Deniz kabarmaları artacak; dünya maddesi, artık insanlara korkunç çehresini göstermeye başlayarak, kendisinden insanların fazla bir şey beklememeleri, hattâ artık hiçbir şey beklememeleri gerektiğini lisan-ı hâliyle* onlara anlatmaktan bir ân geri kalmayacaktır. Özetle, dünya yavaş yavaş, insanlar için gittikçe kısırlaşacak, tatsızlaşacak ve yaşanmaya elverişli karakterlerini kaybedecektir. Zaten daha önce de açıkladığımız gibi, son zamanlara doğru büsbütün artacak olan kanser vakalarının çoğalması da, artık dünya maddelerinin ihtiyaçlara cevap vermediğini insanlara açıkça gösteren önemli delillerden biri olacaktır. Özetle, ellinci yıldan itibaren gerek kuraklıkların, gerek bâzı diğer zorlayıcı doğa olaylarının doğuracağı sonuçlar ve yer yer devam edecek büyük çaptaki göçler, dünyada büyük kargaşalıklara sebep olacak ve doğanın insanlara karşı gittikçe ekşiyen yüzü ve çetinleşen durumu, bu kargaşalığın derecesini hızla arttıracaktır.

*
* *

Bu hâller, çoğalarak yüzüncü yıla kadar devam edecek; yüzüncü yıldan sonra, olaylar ve dünyada başlayan değişiklikler, insanlara bütün bu olayların hakikî mahiyetleri ve delâletleri hakkında, bâzı mânâlar verecektir. Şimdiye kadar basit değişmeler hâlinde devam eden durumlar, artık tam bir kargaşalık içinde ve eski dünya nizam ve tertiplerinin açıkça değişmelerini ifade edecek tarzda inkişaf etmeye başlayacaklardır.

Soğuk kuşaklardaki buzlar erimeye başlayacaklar, bâzı soğuk bölgeler gittikçe ısınacak; dünya iklimlerinde belirgin değişmeler başlayacaktır. Görünüşte karmakarışıklık hâli gösteren bu olaylarda, insanlar için, gelecek kurtuluş ve müjde günlerinin gerçekleşmesini hazırlayıcı tertipler ve nizamlar mevcuttur.

Dünya bir taraftan gittikçe ısınmaya devam ederken, diğer taraftan bâzı yerlerde büyük mevsim farkları görülmeye başlayacak-

---

* "Lisan-ı hâl" deyimi, mânâların sözler ile değil, tavır, görünüş ve olaylarla ifade edildiği "hâl dili, sözsüz dil" anlamına gelir.

tır. Buralarda, yazın büyük sıcaklar hüküm sürecek, kışın da oldukça fazla soğuklar görülecektir. Nihaî günlere doğru; iklimler tamamıyla değişecek; hâlen ılıman olan iklimler, tropikal bölgelerin cehennem gibi yanan durumları hâline girecek; daha önce soğuk olan iklimler, dünyanın sıcak yerleri hâlini alacaktır. Böylece birçok şehir sıcaktan yaşanmaz hâle gelecek; bir tarafta cehennem gibi sıcak bölgeler, diğer tarafta kurumuş, çöl hâline gelmiş, eski muazzam verimli sahaların dayanılmaz çoraklığı görülecektir.

Yüzüncü yılın ardından büyük doğa olayları başlayacak; bunlar, kısım kısım, insanların kitleler hâlinde ölmelerine sebep olacak ve insanlarca büyük felâket denilen hâller birbirini izleyecektir. Bununla birlikte, bu kadar ölümlere rağmen dünyanın nüfusu azalmayacak, aksine, artacaktır. Meselâ bugün 2,5 milyarı bulan dünya nüfusu o zamana kadar 6–7 milyara çıkacaktır. Bu artışın başlıca sebebi, dünyadan şimdiye kadar ayrılıp da spatyumda birikmiş varlıkların hepsinin dünyaya dönmesi olacaktır. Spatyumun bütün varlıkları, bu son dünya devrinde yaşamak, o devrin gelecek hayatları hazırlayıcı büyük imkân ve bilgilerinden yararlanmak için, tekrar dünyaya döneceklerdir. Bu da dünyada yer yer büyük çapta doğum vakalarının meydana gelmesine sebep olacaktır. Esasen spatyumdakilerin dünyaya hücumu daha şimdiden başlamış ve insanların nüfusu bugünlerden itibaren artmaya yüz tutmuştur.

Burada, şunu da belirtiriz ki, bundan önce söz ettiğimiz Mu dünyasının son günlerine de o zamanki insanlar aynı yollardan hazırlanmıştı. Sözünü ettiğimiz bu alâmetler orada da kendilerini göstermişler ve insanlara birçok şey öğretmişlerdi. İşte aynı tertipler, bugünkü dünya insanları için de tekrar edilmeye başlanmıştır. Mu dünyasının kapanışından önceki olaylar hakkında daha önce vermiş olduğumuz bilgilerin, bu son dünya devresi kapanışına ait olaylar ile olan paralelliğini mukayese edenler, arada hemen hemen hiçbir değişmenin mevcut olmadığını görürler.

*
* *

Dünyanın kapanışına pek yakın zamanlarda, iklimlerin en son alacağı durumu, özetleyerek bildiriyoruz:

Kuzey Rusya kışın fevkalâde soğuyacak (-60°C /-70°C), yazın ise ılıman iklimlerin sıcaklık derecelerini gösterecektir (0°C/+25°C).

Kuzey Grönland, İskandinavya, Avrupa Kuzey Rusyası, Kafkaslar, Afganistan, Tibet, Çin, Japonya, Alaska yazın bir hayli sıcak olacak (+45°C), kışın bir hayli soğuk olacaktır (-50°C).

Güney Grönland'da, İngiltere'de, Fransa'nın kuzeydoğu yarısından itibaren bütün Orta Avrupa memleketlerinde: Kuzey Fransa'da, Danimarka'da, Belçika'da, Hollanda'da, Almanya'da, İsviçre'de, Avusturya'da, Çekoslovakya'da, Macaristan'da, bütün Balkanlar'da, İtalya'nın kuzeydoğu yarısında, Türkiye'de, Yunanistan'ın kuzey kısmında, İran'da, Pakistan'da, Hindistan'ın kuzey yarısında, Çin Hindi'nde, Kanada'nın kuzey kısmında yazın tropikal karakterde sıcaklar olacak (+50°C/+70°C), kışın ise sıfırın altında soğuklar olacaktır (-20°C/-8°C).

Fransa'nın güneybatı yarısında, İspanya'da, İtalya'nın güneybatı yarısında, Sicilya'da, Yunanistan'ın güney kısımlarında, Akdeniz havalisinde, bütün Afrika'da, Madagaskar'da, Arabistan Yarımadası'nda, Hindistan'ın güney kısmında, Malakka'da, Endonezya'da, Yeni Gine'de, Filipin Adaları'nda, Avustralya'da, Yeni Zelanda'da, Kanada'nın güney yarısında, bütün Birleşik Amerika'da, Kaliforniya'da, Meksika'da, Venezuela'da, Kolombiya'da, Bolivya'nın kuzey yarısında yazın ve kışın daimî sıcaklar olacak, bu bölgelerde sıcaklık dereceleri mütemadiyen (+40°C/+70°C) arasında oynayacaktır.

Bu durum, dünyanın nihaî safhasına aittir. İklimler bu durumlara ancak elli yıldan sonra yavaş yavaş girmeye başlayacaklardır. Yâni, dünya iklimleri, bu verdiğimiz nihaî sıcaklık derecelerine birdenbire geçmeyecek, uzun yıllar süresince yavaş yavaş intikal edecektir.

*
* *

Dünya inkılâbının son ânına doğru bütün doğa olayları şiddetlenecek; yer sarsıntıları artacak; su baskınları, büyük seller, büyük kaymalar, yer çatlamaları ve birkaç şehri birden harabeye çevirebilecek büyük depremler, birbirini takiben, art arda sürecek; insanlar henüz geçmiş bir felâketin sıcaklığı soğumadan, daha korkunç diğer bir felâketle karşılaşacaklardır. Bu sırada doğal olarak, kitleler hâlinde ölümler olacak, hastalıklar çoğalacak, dünyada yaşamak çok ıstıraplı ve zahmetli bir hâle girecek.

Akıllı, bilgili ve iyi hazırlanmış olan insanlar, bu hâli görebildikleri takdirde, gayet iyi anlamış olacaklar ki; artık dünya insanları için dünya maddesi yetmemektedir ve dünya, bu hakikati insanların kafasına vururcasına göstermektedir. Ve böylece bir ân gelecek ki, insanların birçoğu, artık kendileri için dünyada yaşanacak hiçbir yerin kalmadığını anlamış bulunacaktır. İşte bu da, insanların, hakikati bütün çıplaklığıyla görebilmeleri için, dünyanın kurulmuş en mükemmel bir tertibi ve nizamı olacaktır ki; bu nizamın ve tertibin kudretiyle, insanların çoğu, yukarıda sözünü ettiğimiz, iki âlemi birbirinden ayıran kapıyı ardına kadar ve büyük bir özlemle açabilmek gücünü kazanacaklar, yâni idraklerinin ışığına kavuşmaya başlayacaklardır.

*
* *

Bu kargaşalık, gittikçe içinden çıkılmaz hâle gelerek, arta arta, insanları şaşkına çevirecek ve en nihayet bir ân gelecek ki; o ândan itibaren, o zamana kadar can çekişmekte olan dünya, en kısa zamanda gözlerini eski hayatına tamamıyla kapayacaktır. Bu durumda iken dünya, tam mânâsıyla, kaynayan bir kazana benzeyecektir. Ancak birkaç gün devam edecek olan bu nihaî safha esnasında bütün kıtalar ve denizler harekete geçecek. Yer ve gök sarsılacak.

Bu sırada yerler yarılarak parçalanacak. Bu parçalar, muazzam bir rüzgârın önünde sallanan yapraklar gibi, mütemadiyen sarsılacak. Aşağı yukarı inip kalkacak. Her adımdaki toprak sarsılacak. Çok büyük çatlaklar ortaya çıkacak. Bu çatlaklardan simsiyah dumanlar ve zehirli gazlar çıkacak. Bu dumanlar yavaş yavaş yeryüzünü örtecek. Ortalık kararacak. Bu dumanlar, yer yüzeyi altı tabakalarında yanan kömürlerin sularla karışmasından ileri gelen, nemli ve zehirli gazları içeren duman bulutları hâlinde olacak. İnsanları kitleler hâlinde telef edecek. Yer yer açılmakta olan muazzam uzunluktaki yer çatlaklarının genişlikleri 30-40 kilometreyi bulacak. Ve zaten çoğu birer harabe hâlini almış olan şehirleriyle birlikte büyük arazi parçaları, kocaman dağlar, bu açılmış geniş ateş çukurları içine yuvarlanmaya başlayacaklar. Meselâ İzmit civarında ortaya çıkabilecek böyle elli kilometre genişliğindeki bir yarığa Türkiye, Van Gölü'ne kadar olan bütün kısımlarıyla birlikte gömülebilecek. Bu muazzam ateş uçurumları yer yer dünyanın her tarafında açılacak ve buralarda bulunan dağlar, tepeler, vadiler, ovalar, bütün yıkılmış şehirleri ve harap olmuş mamureleriyle* birlikte büyük arazi parçaları, bu uçurumların içine yuvarlanacak. Ve oralarda yaşayan insanlardan sağ kalmış olanları da, onlarla birlikte bu ateş çukurlarına gömülecekler. Bu arada bir kısım ateş çukurları, etraflarına kızgın küller hâlinde lâvlar püskürtecek ve bunlar insanların üzerlerine ateş yağmuru hâlinde inecek. Aynı zamanda, muazzam ve yoğun bulutlar, dünyanın bütün göklerini kaplayacak. Şiddetli gök gürlemeleriyle inen sayısız şimşekler, yoğun siyah duman ve su buharı bulutlarını yararak mütemadiyen ortalığı aydınlatacak ve dünyanın her tarafına yıldırımlar yağacak.

Bir taraftan, insan haykırışlarını boğan gök gürlemeleri, yeraltı uğultuları, patlayan ve açılan deliklerden ve yarıklardan etrafa fışkıran ve taşan gaz ve lâv gürültüleri, boğucu ve yakıcı gazlar, yer yer açılan ateş uçurumları ve çukurları, yapraklar gibi sallanan arazi parçaları, yıldırımlar, şuursuzca insan haykırışları devam ederken; diğer taraftan, kıtaların etrafını saran okyanuslar, hiç görülmemiş şekilde yükselecek, milyarlarca tonluk su kütlelerini içeren ve her biri muazzam birer dağ gibi kabaran deniz parçaları, kıtaların üzerine saldırmaya başlayacak. Bu hâl, artık dün-

* "Mamure" sözcüğü, "imar edilmiş, insan yapımı olan yapı, bina, eser, işlenmiş (şey ya da yer)" anlamına gelir.

yanın son saatleridir, yeryüzü batmaktadır. Yâni, devresini tamamlamış bir dünya hayatı ebediyen kapanmak üzeredir. Nitekim kıtalara saldıran okyanuslar; harap olmuş şehirleriyle, açılmış çukurlarıyla, ormanlarıyla, vâdileriyle, geniş arazileriyle bütün karaları istilâ etmeye başlayacaktır. Önlerine kattıkları insanları sürüler hâlinde kovalayacaklar ve yutacaklar. Deniz sularının ateş çukurlarıyla ve yarıklarıyla birleştiği yerlerde büyük patlamalar ve müthiş su buharları meydana gelecek. Bu sırada kıtalar, baştan başa çatlayacak ve üzerindeki yüzyıllardan kalma bir medeniyetin harap olmuş bütün mamureleri ve eserleriyle birlikte, bu açılan cehennem çukurlarının içine yuvarlanıp birkaç saat içinde kaybolacak. Onların gömüldükleri bu ateş çukurlarının üzerlerini derhal okyanusların muazzam su kütleleri örtecek ve en kısa zamanda dünyanın bütün kıtaları yok olacak. Onların yerlerinde, binlerce metre derinliğe sahip yeni okyanuslar ortaya çıkacak ve böylece o zamana kadar ulaşmış olduğu bütün medeniyetiyle ve maddî zenginlikleriyle birlikte, bir dünya devri daha kapanmış ve ebediyen unutulmaya mahkûm, maziye karışmış bulunacak.

İşte bu hengâmede insanların çoğu, kendi ihtiyaçlarına cevap verecek bir âleme gidecek; az miktarda kalanlar ise, yeni dünyaya intikal etmek üzere, büyük katastroftan geriye kalmış kaya parçaları üzerinde, şaşkın hâlde kalacaklardır. Çünkü denizlerin dibine gömülen eski kıtaların bâzı yüksek yerleri, geleceğin küçüklü büyüklü adalarını ve takımadalarını oluşturmak üzere, büyük kaya parçaları hâlinde, denizlerin üstünde kalacaklardır.

*
* *

Yeryüzü batarken karmakarışık olan denizlerin dibinden büyük kara parçaları yükselecek ve böylece, bunlardan yeni kıtalar meydana gelecek. Bu yeni kıtalar, gelecek dünya devrinin coğrafya uzmanlarına, yüzyıllarca süren yeni birer araştırma konusu olacaktır.

Yeni dünya devri insanlarını, bugünkü dünyanın batışı sırasında kıtaların yüksek yerlerinde ve tepelerinde kalan insanlar oluşturacaktır, demiştik. Bu sıralarda denizin dibinden çıkan yeni kıtalarda henüz insan bulunmayacaktır. Bugünkü dünyadan gelecek dünyaya intikal edecek insanların yaşamaya mecbur bulunacakları adalarda toprak olmayacağından, bu insanlar, sadece kayalardan ibaret, etrafı denizle çevrilmiş bu adalarda mahsur kalacaklardır. Böylece birkaç gün içinde olup biten bu işlerden sonra sükûnet geri gelecek; dünyada yıllardan beri bozulmakta olan genel denge, bu son birkaç günlük krizini atlattıktan sonra, yeni dünya şartlarına uygun olarak tekrar kurulacak; her şey olup bitecek, güneş, yine aynı parlaklıkla yeni dünyanın ufuklarından doğarak, onu canlandırmaya devam etmeye başlayacaktır.

*
* *

İnsanlara gelince: Bu dünyadan gelecek dünyaya intikal edecek insanlar, her ne kadar beden yapılarını ilk ânlarda koruyacak iseler de, bunların zihinsel durumlarında, zekâlarında, idraklerinde, duygularında, hafızalarında büyük gerilemeler meydana gelecektir. Bunlar, şuurlarını kaybedecekler ve delireceklerdir. Bu insanlar, geçen dünya devrine, büyük insan medeniyetlerine, kendi bireysel, ailevî ve mâşerî hayatlarına ait bütün bilgileri ve kavramları unutacaklardır. Ne geçmiş bilgilerinden, ne bilimlerinden, ne tekniklerinden, ne kabiliyetlerinden, ne alışkanlıklarından, ne de kendi eski kimliklerinden, hafızalarında hiçbir şey kalmayacak; en ilkel birer insan hâlinde, yalnız içgüdüleriyle hareket edeceklerdir. Onların içgüdülerinin başında korku gelecektir. Büyük dünya inkılâbı sırasında gözleri önünde günlerce devam eden katastrofik olaylar, dünyanın korkunç ve gürültülü batışı, onların varlıklarında uzun süre devam edecek büyük bir korku içgüdüsüne sebep olacaktır. Fakat bu insanlar, geçmişe ait bütün bilgilerini kaybettiklerinden ve hâlihazırda da şuursuzluk ve tam bir idraksizlik içinde bulunduklarından, bu korkularının ne sebebini, ne de mahiyetini aslâ bilemeyecek, sadece onun devamlı baskısı altında yaşayacaklardır. Bundan başka, yeni girmiş oldukları dünya ortamının gittikçe vahşileşen ve kabalaşan şartları da, insanların bu korku içgüdülerini daha çok arttıracak ve güçlendirecektir.

Korku hissi, bu ilkel insanları beşer onar, bir araya toplayacaktır. Bunlar her şeyden korkacaklar, korktukları zaman birbirlerine daha çok yaklaşacak ve sarılacaklardır. Bakışları korkak olacak, her hâl ve hareketlerinde korkunun bütün tezahürleri görülecektir. Ara sıra, genellikle bir şeyden korktukları zaman, anlamsız, şuursuz birtakım sesler çıkararak bağrışacaklar, düşüncesizce oraya buraya koşuşacaklardır. Çünkü bunlar, henüz konuşmasını bilmeyecekler ve işaretlerle dahi anlaşabilmek liyakatinden yoksun bulunacaklardır. Meselâ, bir tanesi bağırmaya başladığı zaman, özellikle korku içgüdüsüyle diğerleri de ona uyarak bağırmaya başlayacak, bir süre birlikte bağrıştıktan sonra, korkularının biraz yatışmasıyla hep birden tekrar susacaklardır.

Önceki dünyadan yeni dünyaya geçen ve aç, çıplak, âletsiz, vâsıtasız, hiçbir şeysiz, özellikle akılsız, düşüncesiz, şuursuz hâlde kalan ve sadece korku ve açlık içgüdüleriyle hareket eden bu zavallı insanların, kayalar üzerinde, vahşi hayvanlar arasında geçirecekleri ânlar pek çetin ve haşin olacaktır. Bunlar, yiyecek bulamayacaklar, giyecekten yoksun kalacaklar, sığınacak bir tek ağaç kovuğu göremeyecekler ve kayalarla çevrilmiş bir muhitte, doğanın bütün olaylarıyla karşı karşıya kalacaklar. Güneşin ışığı vücutlarını yakacak, soğuk rüzgârlar ve havalar çıplak bedenlerini hırpalayacak. Vahşi hayvanların saldırışlarından kaçışacaklar, beşi onu bir arada, kayaların aralarına veya taş oyuklarına sığınacaklar. Bütün bu durumlar, onlarda esasen mevcut olan korku içgüdüsünü büsbütün arttıracaktır.

İdrak ve zekâları henüz, taşları yontarak onlardan kendilerine av veya savunma silâhı yapabilecek durumlardan çok uzak olduğundan, bu insanlar, ilk zamanlarda henüz taş devrine bile girmiş olmayacaklardır. Yalnız kaba içgüdülerden ibaret olan bütün ihtiyaçlarını, çıplak ve hiçbir âletle donanmış olmayan bedenleriyle ve tabiatıyla hep içgüdüsel olarak gidermeye çalışacaklardır. Meselâ, açlık hissinin kendilerinde uyandırdığı ihtiyaçlarla, hayvanların en zayıfı gördüklerine birlikte saldıracak ve kendi aralarında da yine en zayıf buldukları kendi cinslerine hücum ederek, onları parçalayacak ve yiyeceklerdir. Yamyamlık, insanların ilk ânlarındaki hayatları için en doğal ve zarurî bir hareket olacak ve bu insanlar, ilk dünya hayatlarına böylece birbirlerini yemekle, yâni yamyamlıkla başlayacaklardır.

*
* *

Yeni dünyanın eski batan kıtaların deniz üzerinde kalmış kısımlarına ait bâzı adalar ve takımadalar ile denizin dibinden yükselerek meydana çıkan yeni büyük kıtalardan oluşmuş bulunacağını söylemiştik. Yine, geçen dünyadan kalan insanların yaşayacağı bu adaların kayalıklardan ibaret olacağını, buralarda toprağın bulunmayacağını da belirtmiştik. Dolayısıyla, ilk insanların çevresinde bitki hayatı henüz mevcut olmayacaktır. İşte bu hâlde bulunan yeni dünyanın ilk durumu, kısa bir zamanda vahşileşmeye başlayacaktır. Her şey, basitleşecek, ilkelleşecek, vahşileşecektir. Eski dünyada mevcut olan, zirveleri yuvarlak dağlar ve tepeler yeni dünyada görülmeyecek, onların yerine tepeleri sivri, testere şeklini almış dağlar ve sıradağlar meydana gelecek, keskin vadiler görülecek, her şey sivrileşecek, keskinleşecek ve haşin bir çehre alacaktır.

Varlıkların, yaşamakta oldukları çevrelere uymalarının zarurî olduğundan daha önce söz etmiştik. Dünyaya gelecek varlıklar, ancak içinde bulundukları çevrenin maddelerinden bedenlerini kuracakları için, yeni dünyaya intikal etmiş insanların ve hayvanların da, nesilleri üredikçe kabalaşacakları, kaba olan çevrelerine uyacakları doğaldır. Onların bu kaba çevreye adaptasyonları sonucunda, bedenleri hızla kabalaşacaktır. Geçen dünyadan yeni dünyaya intikal eden hayvanların ve insanların bedenlerinde görülecek bu kabalaşma hâli, ilkel çevrelerine ait ihtiyaçlarına bağlı olarak, nesilden nesle artacak ve uzun süre devam edecektir. Meselâ nesiller ilerledikçe büyük gövdeli hayvanlar türeyecek, bu hayvanlar vahşi olacak, adalarda toprak ve sonuç olarak bitki olmadığı için, geçen dünyanın ot ve bitki yiyen uysal hayvanlarına buralarda rastlanmayacaktır.

Tıpkı bunun gibi, bu yeni dünyaya geçen ilk insanların da, nesilleri ilerledikçe beden teşekkülâtı değişecek, onlarda da bir kabalaşma hâli başlayacaktır. Haşin ve sert doğayla, vahşi hayvanlarla ve birbirleriyle boğuşmak, çarpışmak durumunda kalan bu ilk insanların hayat mücadelelerinin doğuracağı yeni ihtiyaçlara uygun olarak, beden yapıları ve teşekkülâtı esaslı değişmelere uğrayacaktır. Yâni, nesiller ilerledikçe, bu kaba çevreye uygun beden teşekkülâtı bütün karakteristikleriyle belirginleşecektir. Artık geçmiş dünyada olduğu gibi ince uzun insan şekilleri kalmayacak, buna karşılık insanların bedenleri yayvanlaşacak, gövdeleri büyüyecek, kasları güçlenecek, göğüsleri genişleyecek, kolları uzayacak, ayaklarında iş görme kabiliyeti artacak, gerektiğinde el parmakları gibi çalışacakları için ayak parmakları da büyüyecek, kolları ve ayakları güçlenecek, kafatası da ona göre yeni şekiller alacaktır. Entelektüel hayattan ziyade sansüel içgüdülere hizmet etmek durumunda kalan o günkü beynin yükünde medenî bir insanın zihinsel faaliyetleri bulunmayacağından, mükemmel bir beyne ve bu beynin korunmasına yarayan bir kafatasının oluşmasına lüzum kalmayacak ve bunun sonucunda da, alınlar küçülecek, kafatasının da küçülmesiyle, geriye doğru çekik olacaktır. Buna karşılık, yalnız et yemek zorunluluğuyla, ağız ve çeneler gelişecek; dişler sivrileşecek, keskinleşecek, güçlenecek; ağızlar büyüyecek, kabalaşacak ve öne doğru çıkık olacaktır. Şiddetli hava tesirlerine karşı korunmak için, cilt yüzeyindeki kıllar sıklaşacak ve büyüyecektir.

Geçişin ardından yeni gelecek nesillerle başlayacak olan bu kabalaşma hâli, 300 yıl kadar devam edecektir. Bu süre sırasında dünyaya insan hâlinde gelecek yeni nesiller; Güneş Sistemi'nin başka gezegenlerinde hayvanlık ve insan altı kademesi hayatlarına ait bütün inkişaf safhalarını tamamlayarak, artık birer insan bedenini kurmaya liyakat kazanmış bulunan ve insan hâlinde dünyaya gelmek ihtiyacında olan varlıklardan oluşacaktır. Yâni, bu kabalık devrinde, geçen dünyadan intikal etmiş insanların evlâtları; diğer gezegenlerin insan altı safhalarını henüz bitirip de, bu dünyaya girmekle ilk insanlık kademesine ayak basmış bulunan varlıkları olacaktır. Zaten bu vahşi çevre de onlar için hazırlanmıştı. Geçen dünyadan bu yeni dünyaya intikal etmiş insanların vazifelerinden biri de; bu, hayvanlıktan ve alt kademelerden insanlığa ilk geçecek varlıkları doğurmak, onlara analık babalık yapmak olacaktır.

*
* *

İnsanların bu kayalık adalarda geçirecekleri süre sırasında, henüz yerleşilmemiş yeni kıtalarda toprak mevcut olacak, buralara günlerce, aylarca muazzam yağmurlar yağacak ve bunun sonucunda da, kıtaların bâzı yerlerinde büyük gövdeli uzun ağaçlardan oluşan, balta görmemiş vahşi ormanlar meydana gelecektir.

İşte kayalar üzerinde 300 yıl kadar sürecek olan insanların kabalaşma devrinden sonra, onlar, bulundukları kayalık adalardan kalkıp bu kıtalara gidebilmek kudretine erişecekler ve onların ormanlarından, bitkilerinden ve diğer imkânlarından yararlanmaya başlayacaklardır. Çünkü bundan önce, bulundukları yerlerden ayrılabilmelerine ne düşünceleri, ne kudretleri, ne de içinde bulundukları imkân ve vâsıtaları müsaade etmeyecektir. Fakat 300 yıllık bir kabalaşma devrinden sonra, inkişafa doğru ilkel ve basit kıpırdanışlarla, içgüdülerinde doğacak –yine basit olmakla birlikte– biraz daha ileri ihtiyaçlar sonucunda; insanlar, yavaş yavaş bu adaları terk edip büyük kıtaların kendilerine en yakın kısımlarına geçmeye başlayacaklar ve böylece, yeni bir dünya kuruluşunun sonraki bütün icaplarını yerine getirmek üzere, bundan sonra, çok uzun ve ağır bir inkişaf temposuna gireceklerdir.

Altmış bin yıl sürecek olan, yeni dünyanın bu insanlık inkişafı devresi boyunca, insanlar, yeni bir medeniyete ulaşıncaya kadar, taş, demir, tunç devirleri gibi uzun devirler geçirecekler, ilk çağ, orta çağ gibi birtakım çağlar atlatacaklar; kısacası, Mu dünyasından bu dünyaya devredilen insanlarda olduğu gibi, bunlarda da yavaş yavaş içgüdüler sezgilere, sezgiler idraklere intikal ederek, idraklerin inkişafıyla, tedricen mâşerî ve yüksek mâşerî plânlara geçilecektir.

Eğer bu sırada, geçen dünyanın son, intikal safhasına kadar kendilerini yetiştiremedikleri için sonraki dünyaya kalmış olanlar arasında, inkişaflarında büyük bir hız alıp süratle vazife plânına hazırlanmış olanlar bulunursa; onlar, 5-10 bedenlenmeden sonra, yâni 8-10 yüzyıl zarfında yukarıdan kendilerine -liyakatlerine göre- verilecek vazifelerini yapabildikleri takdirde (vazife plânına geçebilmek için mutlaka bir vazifeyi ifa etmek şarttır) dünyanın sonunu beklemeden, geçen dünya inkılâbı sırasında yüksek plânlara giden diğer mutlu insanların bulunduğu yerlere ulaşmak üzere, dünyayı tamamen terk edip gideceklerdir. Diğer insanlar ise, dünyanın altmış bin yıl sonra gelecek yeni inkılâp günlerini beklemek ve o günlere hazırlanmak üzere; sayısız bireysel, mâşerî sınavlar, üzüntüler, mücadeleler, savaşlar, vuruşmalar, ölümler, cinayetler, hastalıklar, esaretler, hapishaneler, zindanlar, engizisyonlar, akıl hastaneleri, hastaneler, ıstıraplar, sıkıntılar, sefaletler, açlıklar, ağır hizmetler... kısacası, dünya hayatının, insan tekâmülünü hazırlayan ve her dünya devresi tarihi boyunca geçirilmekte olan sayısız, bütün inkişaf malzemeleri içinde, tekrar yaşamaya başlayacaklardır. Bu arada birbirine zıt görünen inançlar, realiteler, bilgiler, itikatlar, dinler, mezhepler, ekoller ve kanaatler içinde, bazen otomatik, bazen yarı idrakli cehit ve gayretlerle boğuşarak, didişerek hakikat diye bir sürü realitenin peşinde koşacaklar, bir sürü hayal kırıklığına, aldanmalara, hataya düşmelere ve başarısızlıklara uğrayacaklardır. Bu sırada hayatın çetin mücadeleleriyle de karşılaşacaklar, çalışacaklar, didinecekler ve gelip geçici fakat kuvvetle çekici zevklerin aldatıcı cazibeleri peşinde asıl gaye ve hedeflerini unutmamaya gayret ederek, altmış bin yıl sonra gelecek yeni bir dünya inkılâbının eşiğine çok ağır ve zahmetli yürüyüşlerle ulaşacaklar ve ancak o zaman, artık bu dünyayı tamamen bırakabilecek kudrete erişmiş bulunacaklardır. Çünkü bu yavaş inkişaf temposu içinde insanların çoğu, artık maddenin mânâsını, imkân sınırlarını, hangi gayeler için olduğunu, insanlara ne dereceye kadar ve hangi yollardan yararlı olup hizmet edebileceğini anlamış ve öğrenmiş bulunacaktır. Özetle, dünya okulu, her inkişaf devresi sonunda, yetiştirmiş olduğu mezunlarını yüksek kurumlara teslim etmek üzere kapılarını onların arkasından kapayacak, gidenlerin boşalan yerlerine de, yetiştirilmek üzere yeni geleceklere kapılarını açacak ve böylece, devrî olan sonsuz fonksiyonlarından bir tanesini daha yapmış bulunacaktır. Bu, yalnız dünyanın değil, bütün dünyaların, bütün âlemlerin ve kâinatın kaderidir.

*
* *

Burada şunu tekrar belirtmek isteriz ki, ne kadar gürültülü ve korkunç görünürse görünsünler, bu durumlardaki, yâni büyük dünya inkılâplarının görünüşlerindeki korkunçluk hâli, görünürdeki hâldir. Burada, ne korkulacak, ne ürkülecek, ne kaçınılacak, ne de kaygılanacak hiçbir şey yoktur. Çünkü bu korkunç manzaralar, ancak dünya maddelerinin tâbi bulunduğu realitelere aittir. Ve onlarla birlikte dünyada kalacaktır. Öbür tarafa, yüksek plânlara bunların bir zerresinin zerresi dahi geçemeyecektir. Ölüm ise, esasen hiçbir ıstırap ve acı vermeyen bir ân meselesidir. Ölüme sebep olan olayların manzaraları, aslında, öz varlığa ait şeyler değildir. Bedene ve dünyaya ait durumlardır. Ölenler, o ân içinde bunların hepsini terk etmiş ve anılarını bile unutmuş bulunacaklardır. Dolayısıyla, volkan ağızlarının kızgın ateşleri, su kütlelerinin azgın saldırışları, yer sallantılarının şiddetli hareketleri, yıldırımların gürültüsü; buradan gitmesi kararlaştırılmış olanlar için, ancak birer oyuncaktan ibaret kalan ölüm vâsıtalarıdır. Çünkü dünyada kopan bu kıyametin insanlardan tek alabileceği şey, onların zaten burada bırakmayı seve seve kabullenmiş oldukları kaba bedenleri olacaktır. Buna da insanlar çoktan razıdırlar. Çünkü insanların belki o ânda bile sezmeye başlayacakları, yüksek, mesut âlemlerin mutlu atmosferine bir ân önce kavuşabilmeleri, bedenlerini terk edecekleri ölüm saniyesinin gelişine bağlıdır ve onlar, idrak edebildikleri oranda, bu saniyenin bir ân önce gelmesini bekleyeceklerdir. Bu, bir mutluluk, sevinç ve kurtuluş ânıdır. Bu, binlerce yıllık ıstıraplı bir mazisi olan dünya okulunun, ağır şartlar altında geçirilmiş zahmetli öğrenim devrelerinin tam ve başarıyla bitirilmesi ânıdır. Bu ân, başarılı, başarısız hayatların, çeşitli korkuları, ıstırapları ve hattâ azapları içinde, bir sürü ümitsizlik ve hayal kırıklığıyla dolu şartlarının artık son bulduğu ve her şeyin, en mutlu, en hızlı ve rahat yollardan yürüyerek, nurlu, berrak ve kudretli sahalara intikal edeceği bir ândır. Bu, tam mânâsıyla bir kurtuluş ânıdır.

O kadar korkunç görünen bu hengâmede, o kadar dehşetli manzaralar gösteren bu kıyamet gününde, on binlerce yıllık üzüntü ve sıkıntıyla dolu, zincirli bir mahpusluk hayatı olan kaba hidrojen âleminden parlak ve mutlu bir üst âleme geçilecektir. Bu geçişi sağlamak için de, insanların artık, bir tek nefes süresi kadar kısa bir zamanı beklemekten ve o tek nefesin verilişi gibi basit, kolay ve küçük bir işlemi geçirmekten başka, bu dünyada yapacakları iş kalmamış olacaktır. Burada asıl felâket; ölemeyip, daha doğrusu o ânda ölmek liyakatini kaybedip yaşamak ve basitleşmiş bir dünyanın, tekrar binlerce yıl devam edecek bekçiliğini yapmak hükmünü giymiş olan zavallı insanların başına çökecektir ki, bu da ne bir zulümdür, ne de bir gadirdir. Bu, sadece, onların bütün bir dünya hayatı boyunca istedikleri, peşinden koştukları ve hattâ tapındıkları madde arzu ve ihtiraslarının, yüksek kader mekanizması hükümleri karşısında gerçekleşmiş sonucundan başka bir şey değildir.

Vukua gelecek olan bütün bu olayların büyük tertip ve nizamlara tâbi olduğunu, hiçbir şeyin keyfî ve rastgele vukua gelmediğini, tekrar tekrar söylemiştik. Bu sözlerin mânâsı şudur ki, dünyada olup bitecek olayların hepsi, Ünite'den gelen direktif ve icaplara göre ayarlanmış ve öyle olmuştur. Her şey, varlıkların bizzat çalışarak kazanmış oldukları liyakat derecelerine göre, aslî icapların direktifi altında ve aslî zamanın yardımıyla, kader mekanizmasının ölçüp takdir ederek hükümlendirdiği tarz ve şekillerde, vazife plânının ilgili vazifelileri tarafından yapılmaktadır. Dolayısıyla, vuku bulacak her şey, büyük hesaplara, çok ince ve kapsamlı teknik esaslara dayanmaktadır.

*
* *

Şimdi, yeryüzünün batışına ait yukarıda vermiş olduğumuz bilgilere destek olan teknik mekanizma hakkındaki lüzumlu açıklamaları yapıyoruz. Bu açıklamalara girişmeden önce, biraz gerilere giderek, daha önce belirtmiş olduğumuz bilimsel bir konuya tekrar döneceğiz.

Galaksileri dolduran milyarlarca sistemin her biri, güneş denilen bir çekirdek ile onun etrafında dönen gezegenlerden, yâni o sistemin madde cüzlerinden oluşmuştur. Böyle bir sistem içinde, her kürenin kendisine özgü bir manyetik alanının mevcut olduğunu daha önce söylemiştik. Yine, her biri bağlı bulunduğu madde cüzüne ait ayrı ayrı karakter taşıyan bu alanların, bir sistem içinde birbiriyle çok sıkı temasları olduğu hâlde, aslâ birbirlerine karışmadıklarını ve bu yüzden, bir küreye ait olan herhangi bir madde cüzünün, o kürenin manyetik alanını terk edip diğer bir kürenin manyetik alanına giremeyeceğini ve eğer herhangi bir zorlama karşısında böyle bir hâl meydana gelirse, o cismin girmiş olduğu yeni manyetik alanın mahiyetine uymasının ve bunun için de kendi mahiyetini köklü olarak değiştirmesinin zarurî bulunduğunu da açıklamıştık. İşte böylece, bir sistem içindeki çeşitli kürelerin çeşitli manyetik alanları, kendi aralarında, o sistemin genel bünyesinin icaplarına göre, karşılıklı olarak tesirleşirler ve tam bir denge hâlinde bulunurlar.

Sistem içindeki çekirdeğin ve onun etrafında dönen madde cüzlerinin, yâni kürelerin yörüngelerinin şekilleri, uzunlukları, kısalıkları, eksenlerinin doğrultuları, gezegenlerin kendi eksenleri etrafındaki dönüşlerinin ve yörüngelerindeki yürüyüşlerinin hızları, o sistemin inkişafı sonucunda meydana gelecek hareketlerin durumlarıyla ve aralarındaki denge hâlleriyle belirlenir ki; bu hareketler de, cüzler arasında ve üst tesirlerin kontrolleri altında cereyan eden karşılıklı tesirleşmelerle mümkün olur. Bütün bunlar -dediğimiz gibi- sistemlerin inkişaf ve tekâmül derecelerine bağlıdır ve bu derecelere göre değişmelere uğrarlar. Yâni, bir sistemin madde cüzleri arasındaki tesirleşmelerin şu veya bu tarzdaki hareketleri meydana getirecek şekillerde oluşu, o sistemin tekâmülüyle ilgili hâllere göre değişir.

Özetle: Bir çekirdek etrafında dönen muhtelif madde cüzleri vardır. Bu madde cüzlerinin her birinin birer manyetik alanı mevcuttur. O çekirdeğin ve etrafında dönen cüzlerin inkişafları derecesine göre, bu manyetik alanlar arasındaki karşılıklı tesirleşmelerin durumları da değişir. İşte bu tesirleşmeler sonucunda kurulan denge hâllerinin bütünü, bir manyetik alanlar sentezi meydana getirir ki, buna da güneş sistemi deriz.

Demek ki her sistemin, karmaşık bir manyetik alanlar sentezinden ibaret olan bir durumu vardır ve bu, ancak o sisteme aittir. Böyle olunca, galaksinin içindeki diğer sistemlerin manyetik alanları ile de onun denge hâlinde bulunması icap eder ve bu manyetik alan dengesi gittikçe karmaşıklaşarak, genişleyerek galaksiler arasına kadar uzanır. Demek ki bir galaksinin manyetik alan kompleksleri arasında da, o oranda kapsamlı denge hâlleri vardır.

*

* *

Bir sistem dahilindeki herhangi bir kürede vukua gelecek değişiklikler, o kürenin manyetik alanına yapılacak tesirlerle mümkün olur. Yâni, bir kürede icap eden sonsuz değişmeler, o kürenin manyetik alanına, sistemin güneşinden veya başka bir yerden gelecek tesirlerle vuku bulur ki; bu tesirler de, vazife plânının o sistemde vazifelenmiş bulunan varlıkları tarafından, direkt veya endirekt olarak gönderilir.

Herhangi bir küre üzerinde -Dünya hakkında yukarıda yazdığımız gibi- büyük bir inkılâp çapında değişmeler icap ediyorsa, o zaman daha ağır ve güçlü tesirlerin gönderilmesine lüzum hâsıl olur. O hâlde, vukuu tahakkuk* etmiş bulunan büyük dünya inkılâbının olaylarını doğuracak bu güçlü tesirin nereden geldiğini ve fonksiyonunu nasıl yaptığını açıklayalım.

Güneş Sistemi'ne bu olay için ulaşacak ilk güçlü tesir, bu sistemden çok uzak mesafelerde bulunan başka bir sistemin, Dünya'dan hemen hemen dört yüz defa daha büyük bir gezegeninin manyetik alanından gelecektir.

Dünyadan büyük olmakla birlikte, maddesi Dünya'dakinden çok basit ve ağır olan bu gezegenin, Güneş Sistemi'nden pek

---

* "Tahakkuk" sözcüğü, "hakk" sözcüğünden gelme olup, "hakikat hâline gelme, hakikat olma, hakikatleşme; gerçekleşme" anlamlarına gelir.

uzaklarda bulunan kendi güneşi etrafında olağan olarak katettiği bir yörüngesi vardır. İşte o, bu yörüngesini katederken, Dünya'nın tâbi olduğu Güneş Sistemi tarafına rastlayan kısmında ondan ayrılarak, büyük bir yay çizmek suretiyle, Güneş Sistemi'ne doğru yürümeye başlamıştır. Bu hâl, bu yürüyüşle ilgili diğer bir sürü sistemde vukua gelecek büyük ve küçük inkılâplarla vazifeli bir plân tarafından -Ünite'den gelen direktiflere göre- gönderilmekte olan tesirlerle vuku bulmuştur.

Böylece o gezegen, büyük yayı üzerinde, Güneş Sistemi'ne yakın bir yerde, kendisine o yüksek vazife plânı tarafından çizilen belirli bir noktaya kadar gelecek; ondan sonra yürüyüşünün yönünü, yâni yay'ını tekrar sistemine doğru çevirerek geriye dönecek ve asıl, sistemindeki yörüngesine girip kendi güneşi etrafındaki olağan dolanımına devam edecektir. Bu gezegenin böyle, olağan yörüngesinden ayrılıp, büyük bir yarım yayla, Güneş Sistemi'nin yakınlarına kadar yolculuğunu olağan dışı olarak uzatması ve bu sırada Güneş'e çarpmadan belirli bir noktadan itibaren tekrar geriye dönmesi, elbette tesadüfî bir olay değil, Ünite'den gelen yüksek bir icabın sonucudur.

Bu gezegen, hâlen, yörüngesinden ayrılmış bulunmakta olup, Güneş Sistemi yönüne doğru yürümekte ve her ân ona yaklaşmaktadır. Şu ânda görülmesi henüz mümkün olmayan bu gezegenin 150-200 yıl sonra Dünya'dan gözle görülmesi mümkün olacaktır. Şimdi, bu gezegenin bu olağan dışı yolculuğunun sonuçları üzerinde duralım.

*
* *

Söz ettiğimiz gezegenin bu yolculuğu, birçok sistemi ilgilendiren genel bir tekâmül sürecinin icabıdır. İlk olarak; bu gezegenin bizzat kendisi Güneş Sistemi'ne yaklaşıncaya kadar, diğer birçok sistemin manyetik alanıyla karşılaşacak ve onlarla çarpışacaktır. Her çarpışışında, kendi bünyesi üzerinde muazzam sarsıntılar, dengesizlikler ve allak bullak oluşlar baş gösterecek ve o gezegenin Dünya'dakinden çok basit ve ilkel olan varlıkları, ancak o büyük sarsıntılar sayesinde inkişaf hızlarını arttırabileceklerdir. İkinci olarak; bu gezegen Güneş Sistemi'ne gelinceye kadar karşılaşacağı diğer bir sürü sistemin, çeşitli derecelerde dengelerinin bozulmasına sebep olacak, onların durumlarını da allak bullak edecek ve böylece, diğer birçok kürenin inkişafına imkânlar hazırlamış bulunacaktır. Son olarak; şimdi açıklayacağımız yoldan, onun manyetik alanı Güneş Sistemimize tesir edecek ve bu sistemin en mütekâmil küresi olan Dünyamız, bu tesirin en şiddetli sonuçlarına mâruz kalacaktır. Şimdi, bu sonuçların ortaya çıkmasına sebep olan tesirlerin işleyiş mekanizmalarının açıklanmasına başlıyoruz.

*
* *

Dünya, Güneş etrafındaki yörüngesi üzerinde dikey bir eksen etrafında dönmez. Bu eksen, dikey duruma nazaran 23° 27' eğri bir doğrultuda bulunur ve Dünya, günlük devrelerini bu doğrultu etrafında dönerek tamamlar. Bu şartlar altında dönen Dünya'nın belirli yerlerinde; meselâ kutuplarında yerleşmiş kalıcı buz kuşakları ve kutuplar arasında kurulmuş bir ekvator iklimi mevcuttur. Dünya'nın bu eğriliği doğrultusunda olduğu varsayılan eksenin alt ve üst uçları, güney ve kuzey kutuplarını oluşturur. Yâni, bu kutupların bulunduğu noktalar, Dünya'nın, etrafında döndüğü ekseninin iki ucuna rastlar. Dünya'nın, ekseni üzerinde dönerken yaptığı hareketler, bu noktalarda sıfırdır. Bu da, daha önce söz ettiğimiz düalite prensibine göre, Dünya cüzlerinin oluşturduğu zıt karakterdeki manyetik alan kıymetlerinin değer farklanmaları sonucunda meydana gelen sayısız denge bozukluklarının, Dünya bütünü içinde kurdukları genel denge durumunun bir sonucudur. Bugün, yüzyıllardan beri bu denge -az çok belirsiz sapmalar kaydetmiş olmakla birlikte- sabit bir hâlde bulunmaktadır. Bu durumun sonucunda da bugünkü coğrafî iklimler, mevsimler ve gece-gündüz durumları meydana gelmiştir.

Şimdi, Güneş Sistemi'ne yaklaşmakta olan gezegeni izleyelim. Bu gezegen bugün, Güneş Sistemi'nden henüz bir hayli uzaktadır. Dolayısıyla, onun manyetik alanı, henüz Güneş Sistemi'nin manyetik alanı ile direkt olarak temas hâlinde değildir. Fakat Dünya'dan dört yüz defa büyük olan bu gezegen, yörüngesinden ayrılıp Güneş Sistemi'ne doğru yürümeye başladığı ândan itibaren, onun endirekt olarak Güneş Sistemi üzerinde bâzı tesirleri olmaya başlamıştır. Yâni, bu gezegenin hâlen temasta bulunduğu diğer sistemlerin manyetik alanları ile ilişkide olan Güneş Sistemimizin manyetik alanı, bu yoldan, adı geçen gezegenin tesirlerini almaktadır. Ancak, bu gezegenin henüz hem uzakta olmasından, hem de tesirinin vâsıtalı yollardan gelmesi yüzünden, Güneş Sistemi'ndeki sonuçları bugün pek zayıftır.

Fakat bu gezegen Güneş'e mütemadiyen yaklaşmaktadır. Bir ân gelecek ki -yâni bundan hemen hemen elli altmış yıl sonra- bu gezegenin manyetik alanı, Güneş Sistemi'nin manyetik alanı ile direkt olarak temas hâline gelmiş bulunacaktır. Bu durum meydana gelince, gezegenin çok ağır ve yoğun manyetik alanı, Güneş'in manyetik alanı üzerine güçlü bir baskı tesiri yapacaktır. Tüm gezegenleriyle bir bütün olan Güneş Sistemi'nin aldığı bu ağır tesir, sistemin gezegenleri üzerinde, daha doğrusu onların manyetik alanları üzerinde çeşitli reaksiyonlar doğuracaktır.

Misafir gezegenden gelen tesir, çok kaba ve ağırdır, dedik. Dolayısıyla, Güneş Sistemi'nin en mütekâmil küresi olan Dünya'nın ince ve karmaşık manyetik alanı ile bu gezegenin kaba manyetik alanı arasında büyük bir kaynaşmazlık mevcut olduğundan, Güneş Sistemi'ne gezegenden gelen tesirin en şiddetli, sarsıcı sonuçları ve reaksiyonları Dünya küresinde görülecektir. Bu hâlin sonucu olarak, gezegenin bu kaba manyetik alanının basıncı altında Dünya'nın bugün sabit olan ekseninin 23° 27''lik eğimi, 13° daha artacak ve Dünya'nın ekseni, yörüngesine dikey durumdan 36° derece eğri bulunacaktır. Kutupların ilk kayma hareketi, misafir gezegenin Güneş Sistemi'ne gelecek ilk direkt tesirleriyle başlar.

Buradaki basınç kavramını kaba mânâda ele almamalıdır. Yâni, burada, dışarıdan gelen bir itilişle Dünya çarpılıyor veya eğiliyor, gibi düşünmemelidir. Bunu açıklamak için önce, kendi ekseni etrafında dönen bir kürenin hareketlerini ele alalım: Bu küre, kutuplar dediğimiz iki sabit noktayı birbirine birleştiren, eksen denilen bir düz hat etrafında döner. Buradaki kutup noktalarının oluşması, kürenin bünyesindeki ve manyetik alanındaki zıt değerlerin, yâni hareketlerin oluşturduğu denge toplamlarının sonucudur. Kutuplardaki hareketler, sıfırdır. Buna karşılık, hareketlerin en fazla olduğu yer, küre üzerinde iki kutbun arasındaki mesafenin tam ortasından geçen, ekvator dediğimiz, kuşak kısmıdır. İşte hareketin ekvatordaki en yüksek, kutuplardaki en düşük hızları arasındaki oran -söylediğimiz gibi- küredeki hareket dengeleri toplamının sonucu ve tezahürüdür. Dolayısıyla, küre dahilinde, herhangi bir sebepten, bu dengelerde bozulma ve değişme meydana gelirse, o zaman sıfır noktaları, diğer deyişle kutup noktaları yerlerini değiştirebilirler. Yâni, eski yerlerine nazaran, kutuplar -denge değişmesi derecesinin şiddetine göre- küre üzerinde az veya çok olmak üzere, öne, arkaya, sağa, sola doğru kayabilirler. Ve denge prensibi gereğince, ekvator da derhal ona göre yerini değiştirir; yeni kutuplara göre, küre etrafındaki uygun yerini alır. Bu vaziyetin meydana gelmesi demek; kürenin kendi ekseni etrafında dönerken, eski dönüş yönünden ayrılıp, yeni kutuplar arasında oluşan eksen etrafında, öncekine nazaran değişik bir yönde dönmeye başlaması demektir.

İşte Dünya'da olacak şey de bunun aynıdır. Dışarıdaki gezegenden gelerek, Dünya'nın manyetik alanına, oradan da bünyesine intikal eden tesirler, kürenin dahilî hareketleri üzerine müessir olarak onların ilk dengesini bozduktan sonra; bu denge değişmeleri, Dünya'da meydana gelmeye başlayan yeni durumlar, yâni yeni hareketler sonucunda -zincirleme değer farklanması mekanizmasına göre- dengenin tam kurulacağı hadde kadar, devam eder. Bunun sonucu olarak, Dünya'nın daha önce mevcut olan, bilinen yerlerindeki kuzey ve güney kutupları yerlerinden oynar. Kutuplar -biraz önce söylediğimiz gibi- kürenin genel dengesinin sonucu olduğundan, bunların yer değiştirmesiyle, kürenin ekvatoru da derhal, kutupların yeni durumlarına göre bulunması gereken yerini küre yüzeyinde almak üzere, değişir. Demek ki kürenin, oluşacak yeni kutupları arasındaki eksen doğrultusu; eski ekseni doğrultusuna nazaran, kutupların değişen yerlerini izleyerek değişmeye başlayacaktır.

Meselâ Dünya'nın kuzey kutbu, yavaş yavaş Sibirya tarafında güneye doğru kaymaya başlarken; güney kutbu da, aynı ölçü dahilinde ters taraftan, Güney Amerika'nın burnunun bulunduğu yönde, kuzeye doğru kaymaya başlayacaktır. Bunun sonucu olarak, ekvator da Dünya çevresinde bu iki yeni kutuptan aynı uzaklıktaki mesafede yerini alacaktır; yâni onun da yeri, kutuplara göre değişecektir. Bu takdirde, Dünya daima kutuplar arasındaki ekseni etrafında döndüğünden ve bu eksen de öncekine nazaran daha eğrilmiş vaziyette bulunduğundan, Dünya'nın bu durumu, öncekine nazaran biraz daha yatmış vaziyette bir manzara gösterir. Gerçekte ise, Dünya küresi pozisyonunu değiştirmiş değildir. Meselâ eski kutup noktasındaki Franz Josef Adası, daha önce Dünya'nın yörüngesine nazaran ne kadar eğimli bir hat üzerinde bulunuyor idiyse, yine aynı yerde bulunacaktır. Fakat daha önce kutup noktası orada iken, şimdi orada değil, o adaya nazaran çok aşağılarda bulunacaktır. Aynı şekilde Taimyr Yarımadası da Dünya'nın yörüngesine nazaran eski yerinden kımıldamamıştır. Ancak, eski kuzey kutbu onun üst taraflarında bulunurken, yeni kuzey kutbu bu yarımadanın alt taraflarına inmiş ve onun altında oluşmuş bulunacaktır. Bunun gibi, güney yarım kürede de, güney kutbu ona göre ayarlanmıştır. Meselâ güney kutbu daha önce Alexander Adası'nın çok altında bulunurken, bu ada Dünya yörüngesine nazaran yerini değiştirmemiş bulunduğu hâlde, güney kutbu onun hemen üst tarafına kaymış bulunmaktadır.

İşte, Dünya'nın yeni kutuplarına göre oluşan yeni ekseninin doğrultusu, eski eksenine nazaran, eski ekvatoruna biraz daha yatık duruma gelmiştir ve yeni ekvator da, ona göre değişerek, yeni oluşan eksene dik bir düzlem üzerine çıkmıştır.

Şu hâlde, gezegenden gelen tesirle Dünya'nın hareket dengeleri toplamının bozulması sonucunda, kuzey kutbu Rusya tarafında güneye doğru kayacak, güney kutbu Güney Amerika'nın burnu yönünde kuzeye doğru yükselecektir. Doğal olarak, bu duruma göre, Dünya'nın, eski eksenine nazaran yeni oluşan, kuzey ve güney kutupları arasındaki ekseninin Dünya yörüngesine olan eğrilik derecesi, eski ekseninin eğrilik derecesine oranla fazlalaşmış bulunacak ve bu fazlalık da, 13°'lik bir açı açıklığı kıymetinde olacaktır. Bugünkü coğrafî konumlara göre, bu noktaların yerleri şunlardır: Yeni kuzey kutbu, bugünkü Kuzey Kutup Dairesi ile yüzüncü meridyenin birleştiği nokta üzerine kaymış bulunacaktır. Güney kutbu ise, Güney Amerika'nın burnu yönüne doğru yükselecek ve bugünkü Güney Kutup Dairesi ile sekseninci meridyenin birleştiği nokta üzerine gelecektir. Doğal olarak o zaman, bütün meridyenlerin ve paralellerin ve bu arada ekvatorun yerleri değişecek, bunlar da yeni kutuplara göre Dünya yüzeyi üzerindeki yerlerini alacaklardır.

*
* *

Eski eksenin doğrultusu, Dünya yörüngesine dik durumdan 23°'lik açı açıklığıyla ayrılmıştı. Kutup değişmesi yüzünden bu eksene eklenecek yeni eğim ise 13° olduğuna göre, yeni eksenin böylece yavaş yavaş eğilerek en son haddini bulacağı eğim derecesi 36° (23°+13°=36°) olacaktır. Dünyanın kendi etrafında dönüşü, daima ekseni etrafında meydana geleceğinden, eksenin değişen bu eğimlerine göre Dünya'nın da kendi etrafındaki dönüş yönleri değişecektir.

Demek ki Dünya'nın manyetik alanlarının bozulan dengeleri icabı olarak, alacağı yeni dönüş tarzlarına göre kutup noktaları oluşacak ve eksenler de ona göre belirlenecektir. Bu kutup noktaları –Dünya kendi etrafında dönerken hareketlerinin sıfır olduğu– küre yüzeyinde birbirinin antipotu olan, yâni iki yarım kürenin birbirine tam karşı gelen noktaları olacaktır ki, bunlar da, yukarıda göstermiş olduğumuz noktalardır. Fakat bu durum, nihaî safhaya aittir; gezegenin Güneş Sistemi'yle direkt olarak ilk temas ettiği ânda hemen meydana gelmeyecektir. İlk zamanlarda kuzey ve güney kutupları, bu noktalara doğru çok yavaş olarak kaymaya başlayacaklardır. Gezegenin bu şekilde kendini gösterecek ilk tesiri, 50 yıl sonra belirsiz olarak başlayacak, 50–100 yıl arasında çok yavaş olarak devam edecek; pek az belirli bâzı iklim değişmeleri, 50 yıl sonradan itibaren başlayacaktır. Bununla birlikte bu hâl, yine, henüz insanları meşgul edecek derecede olmayacaktır.

*
* *

Gezegenin ilk tesiriyle Dünya'nın ilk dengesi bozulduktan sonra, bunu izleyen denge durumlarının değişmesi, Dünya cüzlerinin hareketleri arasında art arda sürecek zincirleme değer farklanmalarıyla, tam dengenin kurulacağı âna kadar devam edecektir.

Bu da şöyle olacaktır: İlk dengenin bozuluşundan sonra, eski kutuplar ısınmaya başlayacak. Bunun sonucu olarak, denizler üzerinde bulunan, eski Kuzey Kutbu'ndaki buzlar eriyecek ve karalar üzerinde kurulu bulunan, eski Güney Kutbu'ndaki buzlar da, yine oranın ısınması yüzünden eriyecek. Kuzey Kutbu'nun buzlarının erimesiyle oradaki denizlerin hacmi küçülecek; Güney Kutbu'ndaki karalar üzerinde bulunan buzların erimesiyle de muazzam su kütleleri denize döküleceğinden, Güney Denizi'ndeki suların hacmi ise tam tersine artacak. Böylece, iki kutup çevresinde bulunan denizlerdeki dengesizlik sonucunda, güneyden kuzeye doğru büyük bir su akımı başlayacak ve bu hâl, Dünya'nın manyetik alanı üzerinde yeni, fakat gelen gezegenin yapmış olduğu tesirden daha güçlü tesirler yapmaya başlayacak, Dünya'nın manyetik denge hatlarının daha çok değişmesine sebep olacak ve bunlar da diğer hareketlere yol açacak; böylece kutuplar, yukarıda gösterdiğimiz noktalara, artık dıştan gelen bir tesirle değil, bu tesirin ardından Arz'ın, zincirleme değer farklanması mekanizmasıyla meydana gelecek denge değişmeleri sonucundaki tesirlerle, yaklaşmaya başlayacaktır.

Demek ki kutupların küre üzerinde yer değiştirmesine ilk sebep olan tesir, misafir gezegenden gelecek; ondan sonra bu işi tamamlayacak olan tesir de, Arz'ın bizzat kendi bünyesindeki hareketlerin değer farklanması mekanizmasıyla devam edecektir. Böylece, dengesi bozulmuş olan Dünya'nın tam bir denge hâline gelinceye kadar geçireceği denge değişmeleri, yüzüncü yılı izleyecek yıllarda daha çok artarak, kutup noktalarının yukarıda çizdiğimiz yerlere hızla yaklaşmasını sağlayacaktır.

*
* *

Kutup noktalarının, bu nihaî duruma yaklaştığı sıralarda dönencelerinde de şu değişmeler olacaktır: Yengeç Dönencesi, Dünya'nın Güneş'e karşı ekseninin yeni durumuna göre, yeni ekvatordan 36 enlem derecesi kuzeyde, Oğlak Dönencesi ise, yine aynı şekilde ekvatordan 36 enlem derecesi güneyde bulunacaktır.

*
* *

Yüzüncü yıldan itibaren iklimler yavaş yavaş bu nihaî sayıların ifade ettikleri hâllere belirgin şekilde yaklaşacaklardır. Nihaî duruma gelince Dünya'nın dengesi birdenbire, tamamıyla bozulacak ve söylemiş olduğumuz gibi, Dünya yarım dairelik bir dönüşle en kısa bir zamanda tepesi üstü gelecektir. Yâni, kuzey kutbu güney kutbunun yerine gelecek ve güney kutbu da kuzey kutbunun yerine çıkacaktır. Fakat daha önce de söylediğimiz gibi, bu değişmelerin, kürenin çarpılması veya tepetaklak olması şeklinde değil, kutupların yer değiştirmesi tarzında olacağını tekrar belirtiriz.

*
* *

Yukarıda açıklanan mekanizmayla, Dünya, yarım dairelik bir yay çizerek tepesi üstü gelince, yeni Dünya ekseni de, doğal olarak, Dünya'nın yeni kurulmuş dengesinden doğan dönüş durumuna göre yeni bir doğrultu alacaktır. İşte daha önce anlatmış olduğumuz, dünyanın nihaî safhasındaki olaylar, yâni dünyanın batış ânları ve kıyamet; kutuplar yavaş yavaş kayarak işaret ettiğimiz nihaî noktalara geldikten sonra, oradan itibaren birdenbire başlayan, birkaç gün devam eden, nihayet birkaç saat içinde tamamlanan, kuzey kutbunun güneye kayarak güney kutbunun yerini alması ve buna karşılık güney kutbunun da kuzey kutbunun yerine çıkması sırasındaki, yâni Dünya'nın tepesi üstü gelmesi sırasındaki büyük denge bozukluklarına tekâbül edeceklerdir.

Fakat Dünya'nın bu yarım dairelik dönüşünden sonra kutupların altüst olması, yeni dünyada belirli bir değişme, hattâ hiçbir değişme meydana getirmeyecektir. Çünkü, esasen kutuplar altüst olduktan sonra ortada eski coğrafî durumlara ait hiçbir teşekkül kalmayacağından, yeni kutupların kurulduğu noktaların eski ülkelerle ve coğrafî durumla kıyas edilmesi sözkonusu olmayacaktır. Dolayısıyla, yeni doğacak Dünya'nın da -eksen eğimi ne olursa olsun- yine bugünkü gibi, bir kuzey, bir de güney kutbu mevcut olacak ve geçmiş devreye ait olan kutupları ise, bütün coğrafî teşekkülâtıyla birlikte, ebediyen unutulan bir maziye karışmış bulunacaktır.

*
* *

Şurasını aslâ unutmamak gerekir ki, bütün bu hareketleri ve sonuçları meydana getiren tesirler -daima tekrarlamış olduğumuz gibi- Ünite'den süzülerek gelen aslî direktiflere göre, dünyanın muhtaç olduğu durumları sağlamak vazifesiyle yükümlü yüksek plândan, direkt veya endirekt olarak, dünyanın manyetik alanına inmektedirler. Bu tesirlerin dozları, ne biraz fazla, ne de biraz eksik olmamak üzere, tam kıymetleriyle gönderilmiş ve böylece aslî icaplar yerine getirilmiş olur.

Dolayısıyla, bütün bu hareketler, plânsız değil, muazzam bir tekâmül plânının tatbikatı gayesine yönelik olarak, belirli ölçülere göre meydana getirilmektedir. İşte bütün bunlar, tekâmül yolunda, kâinatın muazzam ahengi ve nizamı içinde kurulmuş, hikmetle dolu tertiplerdir. Bu hercümerç* gününde, göründüğü gibi bir felâket yoktur. Burada olan şeyler; bir taraftan, dünyadaki tekâmül devrelerini başarıyla bitirmiş, sırtlarını artık kendilerini tatmin etmeyen dünya maddelerine çevirmiş insanların lâyık oldukları âlemlere intikallerini sağlayacak; diğer taraftan da, kaba maddeden bir türlü kendilerini kurtaramayan ve mutluluğun ancak o maddeye gömülmekle kazanılacağını sanan hazırlıksız insanların, arzuladıkları kaba maddelere dönmeleri ihtiyacını yerine getirecektir.

Kader mekanizması; insanların, tekâmülde esas tutulan özgürlükleriyle tercih ettikleri, istedikleri ve ihtiyaç duydukları mekânlara kavuşmaları yolundaki cehit ve gayretlerine göre, liyakat derecelerini takdir eder ve ona göre icaplarını yerine getirir. Böyle-

---

* "Hercümerç" sözcüğüne sözlüklerde, "karmakarışıklık, darmadağınıklık, allak bullak, altüst olma, kargaşa" anlamı verilir.

ce dünyanın kapanış safhasında, herkes istediğini bulacak, ihtiyacının karşılığını alacak, tekâmül merdiveninin liyakat basamaklarındaki yerine ulaşacak ve böylece, ilerleyen ilerleyecek, gerileyen ise yerinde kalacaktır.

Dolayısıyla, bütün bu korkunç ve dehşetli görünüşlerine rağmen, dünyanın bu kapanış sahneleri, hazırlanmış insanlar için en büyük kurtuluş ânı, en sevinçli ve mutlu günün doğuşu, yüzyıllarca beklenen büyük kurtarıcı şafağın söküşü olacaktır.

Burada göstermiş oluyoruz ki dünya, Mu devrinin kapanışından bu yana bir inkişaf devresini daha bitirerek, yüz binlerce defa tekrarlanmış olan bu açılış ve kapanışlarına bir tanesini daha eklemek üzeredir. Yüksek prensipler muvacehesinde dünya için takdir olunmuş bulunan bu hâl, tekrar tekrar devam edip gidecek ve böylece dünya, her defasında, bir devrelik bütün inkişaf imkânlarından yararlanarak, dünyaya özgü tekâmül hazırlıklarını bitirmelerinden sonra, insanların, liyakatlerini kazanmış oldukları ve muhtaç bulundukları yüksek âlemlere kitleler hâlinde intikal etmek üzere dünyadan tamamıyla kurtulabilmelerine ve ayrılabilmelerine zemin hazırlayacaktır.

*
* *

Büyük dünya katastrofunda ölmek suretiyle dünyadan tamamıyla kurtulduklarını söylemiş olduğumuz insanların doğruca gidecekleri yer, yarı süptil dediğimiz, dünyaya nazaran yüksek bir plândır ki, biz buna "sevgi plânı" diyoruz.

Bu plânda hâkim olan realite, sevgidir. Daha doğrusu oraya intikal edecek olan insanlar, o plânda sevginin çeşitli tatbikatını görmek ve bu sayede vazife plânının yüksek icaplarına tamamıyla intibak edebilecek duruma gelmek için, orada bir süre yaşayacaklardır. O hâlde, yarı süptil âlem veya sevgi plânı, her şeyden önce bir arasat plândır. Yâni, basit dünya realitelerinin ağır yüklerinden kurtulmuş olan insanların, çok süptil bir plân olan vazife plânına intikalini rahat, tatlı ve mutlu bir yürüyüşle sağlayan bir ara ortamdır.

Maddî inkişafın her safhasının tamamlanmasından sonra bir üst safhaya geçebilmek için, bitki, hayvan, insan, bütün varlıkların böyle arasat plânlardan geçmesi zarurîdir. Çünkü bu plânların fonksiyonları çok mühimdir:* Herhangi bir safhada bulunan varlık, meselâ, bir hayvan varlığı, çok uzun süren hayvanlık safhasını hakkıyla tamamlayıp bir üst safhadaki bedeni, yâni insan bedenini kullanabilecek liyakate erdiği zaman, birdenbire, hayvanlık mertebesinden hemen insanlığa atlayamaz. Çünkü her ne kadar o, kendi çapında, lüzumu derecesinde inkişaf etmiş olsa bile, yine de o zamana kadar kullanmış olduğu hayvan bedenini kullanmak ile bir insan bedenini kullanmak arasında çok önemli ve derin farklar vardır. İşte beden realiteleri arasındaki belirli intikal kademelerini geçirdikten sonradır ki, o varlık, insanlığın icaplarına tamamıyla uyabilecek ve insan bedenini fiilen kullanmaya alışmış olacaktır. O hâlde, onun böyle bir intikal hazırlığını yapabilmesine imkân verecek bir plânda yaşaması gerekir. İşte bu da, onun yarı süptil âlemidir. Burada, o varlık, insanlığın icaplarına kendisini hazırlayıcı birtakım durumlarla karşılaşır ve o durumlarda bir süre intikal tatbikatını yaptıktan sonra, en ilkel merhalesinden başlamak üzere, insanlık âlemine adımını atar. Fakat yine de hemen, müstakil bir insan varlığı hâline birdenbire giremez. İlk önce insan beyninin elemanlarını kurabilecek duruma gelir; uzun süre insan beyni hücrelerinde yaşayarak insan bedenini idare etmek tatbikatlarını gördükten sonra, lüzumu derecesinde, yâni bir insan bedenini müstakil olarak kullanabilecek liyakate ulaştıktan sonra, o bedeni kullanıp sonraki tekâmüllerini yapmak için, bir insan bedenine irtibatlar kurarak dünyaya bağlanır, insan hâlindeki bir bedenle bedenlenir ve bundan sonra -daha önce söylediğimiz gibi- insan bedeniyle bütün tekâmül kademelerini dünyada tamamlar.

*
* *

* "Mühim" sözcüğü, "lüzumlu, gerekli; önemli" anlamlarına gelir.

İnsanların, insan üstü plâna geçebilmeleri için atlatmaları gereken yarı süptil âlem; insan altı âleminden insan kademesine geçilirken yaşanması icap eden arasat plânlarla kıyaslanamayacak kapsam ve enginliktedir. Arasat plânların, varlıkları alt plândan üst plâna hazırlamak için, kendilerine özgü vâsıtaları vardır. Bu vâsıtalar, ne onların terk etmiş oldukları plânların realitelerine, ne de bir üst plânın realitelerine aittir. Bunlar ancak, alt plândan üst plâna geçecek varlıkların, bu iki plân arasında mevcut olan farklar karşısında herhangi bir sarsıntıya uğramadan geçebilmelerini, diğer deyişle üst plânın hiç alışılmamış realitelerine alışabilmelerini en kestirme yoldan sağlayan vâsıtalardır ki; bu vâsıtalar, birer cepheleriyle, bırakılan plânın realitelerine temas ederken, diğer cepheleriyle de gelecek plâna yakın bâzı durumlar gösterirler. Fakat aslında, onlar ne bırakılmış olan, ne de intikal edilmek üzere bulunan plânların kendi realiteleri değildir; ancak arasat plânına özgü bir hazırlık mekanizmasıdır.

*
* *

İnsanların dünyadan sonra girecekleri yarı süptil âlemin, yâni arasat plânının hazırlayıcı vâsıtası, sevgidir. Buradaki sevgi, hiçbir zaman dünyada anlaşılan ve duyulan sevginin kendisi olmamakla birlikte, bunun yine de dünyadakine yakın bir cephesi vardır. Her ne kadar dünyadaki sevgi, sevgi plânındaki hakikî sevgi kavramından başka ise de, yine, o sevgiye insanları hazırlayıcı bir basamak olabilecek kıymete ve mahiyete sahiptir. Dolayısıyla, sevgi âlemine, yâni yarı süptile girmek liyakatini kazanmış olan bir insan varlığı; dünyada geçirmiş olduğu bu hazırlığı sayesinde, dünyadakinden bambaşka ve onunla kıyas edilemeyecek bir enginlik ve kapsam içindeki bu büyük sevgi mekanizmasına katılmış bulunacaktır. O varlığın bu plânda yapacağı şey, bu çok kapsamlı ve geniş sevginin çeşitli varyetelerini kullanarak, onların daha üst, vazife plânına hazırlayıcı imkânlarından yararlanmak olacaktır. Demek ki, buradaki sevginin dünya insanlarınca anlaşılamamış olan mahiyeti, arasat plânındaki varlıkları vazife plânının yüksek realitelerine intibak ettirici çok kudretli durumlar gösterir. Çünkü vazife plânını tam mânâsıyla kabullenmek ve ona intibak edebilmek, pek kolay bir iş değildir. Buradaki başarının da bir hayli cehit ve gayret gösterilmesini icap ettiren teknik hususları vardır.

*
* *

Sevgi plânındaki cehit ve gayretler, dünyadaki kaba işlerde gösterilen cehit ve gayretlerden bambaşkadır. Dünyadaki cehit ve gayretler esnasında insanların karşılarına daima dikilmekte olan zahmetlerin, sıkıntıların, ıstırapların, azapların, işkencelerin, hastalıkların, ölümlerin hiçbiri, burada yoktur. Buradaki cehit ve gayret, varlıkların idraklerinin artışı oranında (bu da sevgi plânında hızla meydana gelir) daha çok zevkli ve mutluluk verici hazlarla dolu olur. Varlıklar, bu yoldaki faaliyeti, sevgi faaliyetini büyük bir istekle özler ve ondan sonsuz mutluluk duyarlar. Nitekim daha dünyada iken insanların öz varlıklarında beliren bu büyük mutluluğun sezgi pırıltıları, insanları kendisine çeker. Fakat insanlar bütün özlemelerine rağmen, dünyada iken bu mutluluğu elde edemezler. Bununla birlikte insanlar, mahiyetini bilmeden, ne olduğunu tarif edemeden, mütemadiyen onun peşinde koşar ve bütün hayatları boyunca onu sayıklar dururlar. İşte, özlemini duydukları, yüzyıllarca peşinden koştukları, buna rağmen bir türlü yakalayamadıkları, hattâ mahiyetini tayin edemedikleri bu mutluluğun, dünyayı terk ettikleri ândan itibaren, sevgi plânında kucağına atılmış bulunacaklar; o zaman kendilerini tam mânâsıyla tatmin edecekler, diğer deyişle, dünyada hiçbir zaman erişemedikleri tatminkârlığın ne demek olduğunu o zaman anlayacaklardır.

Bu plânda hâkim olan sevgi, ilk, ilkel basamaklarıyla sevgi adı altında dünyadan itibaren başlamakta, yarı süptil âlemin bütün hayatını kaplayarak vazife plânının eşiğinde son bulmaktadır. Demek ki bu büyük ve kapsamlı sevgi de, vazife plânına doğru son merhalesine ulaşmış ve orada fonksiyonunu bitirmiş olacaktır.

*
* *

Sevginin bu fonksiyonu, varlıkların vazifeye tam intibak edebilmelerini sağlaması bakımından, çok lüzumlu ve mühimdir. Çünkü vazifeye girebilmenin büyük imkânlarını bu sevgi fonksiyonu sağlar.

Vazife plânı, bambaşka, yüksek bir plândır. Daha önce bu plân hakkında lüzumlu bilgiyi vermiş olduğumuz için, onları burada tekrarlamıyoruz. Ancak şu kadarını söyleyeceğiz ki, vazife plânı, baştanbaşa bir ahenk, bir nizam, bir beraberlik, tam ve karışıksız bir koordinasyon ve kooperasyon plânıdır. Orada en küçük bir ahenksizlik, en küçük bir aykırılık veya bir terslik yoktur. Oraya girecek varlıkların muhakkak ve kesin olarak bu ahenge uymuş durumda bulunmaları, hattâ bu ahenkten olmaları şarttır ki; bu da, bu yolda geçirilecek olan birçok hazırlık safhasıyla mümkün olabilir. Zaten vazifeye hazırlık safhalarının en haşin, en ilkel, en zor ve ıstıraplı kademelerini, dünya hayatına ait uzun devreler içinde, insanlar geçirmiş bulunmaktadırlar. Bu hazırlığın bundan sonra doğrudan doğruya vazife plânına ulaştıran, yarı süptil âlemdeki, yâni sevgi plânındaki son kademeleri ise -biraz önce söylediğimiz gibi- çok kolay, rahat ve mutlulukla dolu olarak, sevile sevile tamamlanacaktır. Böylece bu âlemdeki yüksek sevgi mekanizmasıyla, vazife plânının ahengine ve icaplarına uymak kudreti kazanılacaktır. Şu hâlde, bu plândaki yüksek sevgi, büyük vazife plânına ulaşmanın tatlı ve esaslı bir vâsıtasıdır.

*
* *

Yarı süptil âlemde, sevginin varyetelerinde yaşanırken, varlıkların karşılarına çıkacak, oranın kendisine özgü nefsaniyeti de vardır. Bu nefsaniyetin mahiyetinden biraz aşağıda söz edeceğiz. Sevgi plânında, varlıkların büyük vazife plânına hazırlanmalarına engel olan bu nefsaniyetlerini bir ân önce ortadan kaldırmaları ve ondan kurtulmaları zarurîdir. Bu da, söylediğimiz gibi, dünyadaki kaba nefsaniyetlerin kaldırılması sırasında çekilmesi zarurî olan zahmet ve sıkıntılardan uzak, tam tersine, varlıklar için çok zevkli bir çalışma ve meşguliyet sahası olan sevginin çeşitli tatbikatıyla sağlanacaktır. Ve bu tatlı meşguliyetler sonunda bu engel de ortadan kalkacak; varlıklar belirsiz bir akış içinde, büyük vazife plânının ilk basamaklarına adımlarını atmış olacaklardır. Bunun için de, dünyada olduğu gibi büyük şoklara, kaba gürültülü geçişlere, ölümlere orada lüzum yoktur. Çünkü, esasen dünyadan ayrıldıktan sonra varlıklar için bu gibi durumlar sözkonusu olmayacaktır. Böylece sevgi plânını bitirip vazife plânına geçen varlıklar, vazife plânının ilk basamaklarına çıkacaklar ve orada hemen vazifeleneceklerdir.

*
* *

Şimdi, yarı süptil âlemdeki sevgi mekanizmasının hazırlayıcı durumu üzerinde duracağız.

İnsanların dünyayı bırakmaları demek, dünyaya ait olan kaba hidrojen kombinezonlarından ibaret fiziksel bedenlerini terk etmeleri ve aslî hâllerine, varlık hâllerine dönmeleri demektir. İnsan bedenlerini kullanan varlıklar -daha önce söylediğimiz gibi- insan anlayışına göre madde bile denemeyecek kadar dünya maddesi kavramından ve realitesinden uzaklaşmış, çok süptil bir madde hâlidirler. Böyle bir hâl, insanlar nazarında bir madde olamaz. Çünkü bir varlığın insanların tanıdığı ve kabul ettiği mânâda hiçbir maddî niteliği yoktur. Onun içindir ki, daha önce varlıklara sadece tesirler kompleksidir demiştik. Böylece bir tesirler veya enerjiler kompleksi olan varlık, dünyayı, yâni bedenini terk edince, tamamıyla bedensiz hâlde iken, sevgi plânında bir tesir vâsıtası olarak kullanmak üzere, yarı süptil bir madde kombinezonunu yakalar ve ona bağlanır. O ânda bu kombinezon, onun kaba dünyadaki kaba bedeni yerine geçer. Bu madde, dünya maddeleri ile vazife plânının süptil maddeleri arasında, yarı süptil hâlde bulunur. Fakat o, hem kaba tarafıyla dünyaya, hem de ince tarafıyla süptil olan vazife plânına yaklaşır. Onun içindir ki, buna "yarı süptil madde" ve bu maddelerden oluşmuş yere de "yarı süptil âlem" diyoruz.

Yarı süptil âlemin varlıkları, kullandıkları bu maddelerin dünya maddelerine yaklaşan tarafından yararlanarak, bunlarla, dünyadaki zaman ve mekân kavramlarına yakın realiteleri orada kurabilirler. Ve kurmuş oldukları bu reel imajlarda da yaşayabilirler. Bu mekânları kurabilmelerine yardım eden maddelerin incelik dereceleri, dünyanın pek hassas âletlerine çarpabilecek ayarda da olabilir.

Bu varlıklar henüz vazife plânına girmedikleri için, kendilerine -hattâ otomatik olarak dahi- hiçbir vazife verilmez. Bu yüzden onlar, hiçbir varlığın tekâmülüne müdahale etmezler ve faaliyetlerine karışmazlar. Kendilerinde henüz böyle bir yetki yoktur.

Yarı süptil âleme girmiş bir varlık için asıl gaye, vazife plânına ulaşmaktır. Oysa varlığın orada bağlanmış olduğu yarı süptil madde, onun vazife plânına girmesine engel oluşturur. Çünkü vazife plânındaki madde hâlleri, süptil maddelerdir ve o plânda vazife görebilmek için, varlıkların, yarı süptil bir tek madde kombinezonuna bağlı kalmaktan kurtulmaları gerekir.

İşte oradaki varlıkların bu engeli aşabilmeleri için, çok güçlü bir vâsıtaları vardır ki, o da sevgidir.

Şu hâlde, arasat plânındaki sevgi; o plânın yarı süptil maddelerini, her türlü ıstıraptan ve elemden uzak, tatlı ve mutlu mücadelelerle yenmeye yarayan, yüksek bir vâsıtadır.

*

* *

Vazife plânına girmek demek, birtakım vazife yükümlülüklerini kabul etmek ve bu vazifelerin icaplarını yerine getirmek kudret ve imkânlarına sahip olmuş bulunmak demektir. Bunun için de vazife plânındaki varlığın, vazifelere uygun, çeşitli maddeleri kullanması gerekir. Oysa henüz bu duruma gelmemiş bir varlık, dünyadan ayrılışının ardından yakalamış olduğu yarı süptil bir madde kombinezonunu iyice benimser ve ondan ayrılamaz. Bu maddeden ayrılamayınca çeşitli süptil maddeleri kullanmak imkânını elde edemez ve bunun sonucunda da, hiçbir vazifeyi yapamaz. Çünkü o vazifeyi yapabilmesi için, lüzumlu olan çeşitli süptil maddelerden ve ortamlardan yararlanması gerekir ki; buna bir türlü terk edemediği yarı süptil maddesi engel olmaktadır. Dolayısıyla, oradaki varlıkların, vazife plânına geçebilmeleri için, bu ilk yakaladıkları, yâni kendilerine bir tür beden gibi kullandıkları yarı süptil maddeyi bir ân önce terk edebilmeleri şarttır. Bunu yapabilmelidirler ki, ileride kendilerine düşecek herhangi bir vazifenin icaplarını yerine getirebilmek için, istedikleri değişik süptil veya yarı süptil maddeleri kullanabilsinler ve icaplara göre, onları derhal değiştirebilsinler.

İşte onların yarı süptil âleme geçer geçmez yakaladıkları ve bir türlü bırakamadıkları yarı süptil maddelerini bırakabilmelerine yardım edecek en kudretli vâsıtaları, sevgi olacaktır. Sevginin çeşitli tatbikatını yapa yapa, bu varlıklar, artık, bir tek yarı süptil maddeye bağlanmak durumundan kurtulacaklar, o maddeyi istedikleri zaman terk edebilecekler ve onun yerine değişik maddeleri kullanabileceklerdir. Demek ki, yukarıda da biraz söz ettiğimiz gibi, sevgi plânına geçen varlıkların ilk yakaladıkları bu yarı süptil madde; oradaki hazırlıkların tamamlanması sırasında, varlıkların yenmeleri gereken bir tür nefsaniyetleri olur. Onlar bu maddeyi bertaraf etmekle nefsaniyetlerini yenmiş ve o ândan itibaren de vazife plânının ilk basamaklarına erişmiş olurlar. İşte buradaki başarıyı sağlamaya yardım eden vâsıta, sevginin çeşitli varyeteleridir.

*
* *

Bu plânda, başlangıçtan itibaren tam başarıya erişinceye kadar, belirli bir müddetin geçmesi gerekmektedir. Bu müddetin devamı varlıklara göre değişir. Bâzıları için oldukça uzundur, bâzıları için ise kısa sürebilir. Bu müddetin dünya zamanıyla tayini güçtür. Çünkü bu müddet için ölçü olarak kullanılan zaman, dünya idrakinin üstünde bir zamandır. Dolayısıyla, dünya zamanından çok daha kapsamlıdır. Meselâ orada geçirilecek en çok müddeti dünya zamanıyla 300 yıl kabul edersek, bu müddet, oranın idrak zamanıyla 3000 yıl veya daha fazla olabilir. Bunda da kesinlik yoktur. Oranın zamanı dünyanınkiyle oranlanamaz. Çünkü bu kıymetler, idraklere göre daima değişir.

Dünya üstündeki işlerde, idrak zamanı ve idrak mekânı hâkimdir. Ancak, sevgi plânının varlıkları, ilk zamanlarında, yâni yarı süptil maddeye henüz çok güçlü olarak bağlı bulundukları zamanlarda, o maddenin dünyaya yakın cephesini daha çok kullanacaklarından, dünyaya yakın realitelerde yaşayabilirler. Bunun gibi, dünya dışında tamamıyla idrak mekânı hâkim iken, yarı süptil maddeleri kullanan varlıklar, bu maddelerin dünyaya yakın cephelerinden yararlanarak, az çok dünya mekânına benzer mekânlar da kurabilirler. Ancak, bu varlıklar, orada sevgi tatbikatlarını yapa yapa idraklerini lüzumu derecesinde arttırıp yarı süptil maddeye bağlanmaktan kendilerini kurtardıkça, zaman ve mekânları da o oranda idrakî zaman ve mekânın kapsamlı karakterlerini almaya başlar ve yarı süptil madde kombinezonundan tamamıyla kurtuldukları ânda da, artık onlarda maddî realitelere ait faaliyetler kalmaz ve alacakları vazifelere göre, icap eden yerlerde istedikleri maddeleri kullanmak suretiyle, o maddelerin tâbi oldukları her türlü zaman ve mekân realitelerinden yararlanabilirler. Çünkü yarı süptil maddeden kurtulduktan sonra belirli maddelerle devamlı bağları kalmayacakları için, süptil varlıklarıyla istedikleri maddeleri kullanıp terk edebilecek kudrete sahip bulunurlar. Şu hâlde, sevgi plânındaki bir varlığın, yarı süptil maddesini bırakabilmesi ve vazife plânına geçmesi demek; onun hiçbir maddeye bağlı olarak kalmaması, öz varlık hâlinde, yâni münkeşif bir enerjiler kompleksi hâlinde kalması ve bu enerjiyle istediği zaman, istediği maddeyi kullanabilmesi, kullandığı maddeler sayesinde de o maddelerin mensup bulunduğu âlemlere tesir ve müdahalelerde bulunabilmesi, oralarda bir sürü iş görebilmesi, vazifeler yapabilmesi demektir ki; yarı süptildeki bir varlık, bu imkânlara, ancak tatlı, mutluluklu haz ve zevklerle dolu sevginin çeşitli tatbikatını yaparak kavuşacaktır.

*
* *

Şimdi, yarı süptil âlemi tarif edelim: Yarı süptil âlem, daha önce açıklamış olduğumuz, madde âlemimizin nüvesi olan hidrojen atomunun en yüksek kombinezonlarına ait enerjilerden oluşmuş bir âlemdir. Bugünkü dünyamızın olağan realiteleri içinde mevcut olmayan bu yüksek enerjiler, yarı süptil âlemin en kaba atomlarını oluştururlar. Bir yanlışlığa meydan vermemek için burada şu uyarıda bulunmayı lüzumlu görüyoruz: Daha önce söz edilen, henüz dünya bedenleri realitesinden kurtulamamış varlıkların ölümleri ve doğumları arasında olağan olarak geçirecekleri "spatyum" dediğimiz hâl ile yarı süptil ortamı birbirine aslâ karıştırmamalıdır. Spatyum; bir ortam, bir mekân değildir. Orası sadece beden bağlarından belirli bir maksatla geçici olarak ayrılan insanın kendi öz varlığına dönmesi ve bu sırada çevresi ile olan bütün ilgilerini ve ilişkilerini kesmesi hâlidir. O, bu hâliyle yine bir insandır ve dünyadan çıkmış değildir. Ancak, öyle bir insan ki, dışarısı ile olan bütün ilgilerini kesmiş, yalnız kendi öz varlığı ile baş başa kalmış durumdadır. O ânda, onun için herhangi bir mekân sözkonusu değildir. Onun mekânı, daha önce sözünü ettiğimiz, varlığının konsantre olmuş bulunduğu idrakî bir noktadan ibaret kalır. Oysa şimdi söz ettiğimiz yarı süptil âlem; hidrojen âlemi üstü, ona nazaran çok süptil ve kapsamlı bir ortamdır ve bir mekândır. Burası, ancak, dünyadan kesin olarak kurtulmuş varlıklara mahsustur. Bu ortam, dünyanın en üstün ve mütekâmil hidrojen kombinezonlarının kendiliğinden -daima yüksek vazifelilerin kontrolleri altında- yayınladıkları ince enerji partiküllerinden oluşmuş, bir madde hâlidir. Bu âleme geçen varlıkların, ilk kullandıkları ve bağlandıkları vâsıta -söylemiş olduğumuz gibi- yarı süptil maddelerden oluşan belirli bir madde kombinezonudur. Varlıklar, bu kombinezonu hem kullanarak, hem de onunla sevgi yolunda mücadele ederek, ehliyetlerini,* liyakatlerini arttırırlar. İşte dünyadakine benzer yoğun maddeler olmadığı için, dünyada olduğu gibi yorucu, bezdirici, zahmet ve sıkıntı verici, ağır yürüyen faaliyetler, bu plânda yoktur. Yarı süptil maddelerin imkân genişliği sayesinde, bu âlemdeki varlıkların harcayacakları en az bir cehitle, dünyada birçok güçlük, zahmet ve yorgunluk çekilerek ancak yıllarca süren çalışmalar sonunda elde edilebilen sonuçların birçok katı, burada kısa bir ânda alınabilir. Onun için bu plânda, dünyada olduğu gibi zahmet, yorgunluk, ıstırap, didinme, mücadele gibi kaba durumlar yoktur. Burada bütün arzular, ufak bir irade darbesiyle, sadece bir istekle, âdeta otomatikman, kendiliğinden oluyormuş gibi gerçekleşiverir. Meselâ varlık, elindeki yarı süptil maddenin zengin imkânları sayesinde, imajinasyonuyla kendisine bir mekân kurup orada istediği gibi yaşayabilir. Yine, kullandığı aynı maddeyle, istediği şekilleri basit bir imajinasyon faaliyetiyle meydana getirebilir ve onları, kendisi için objektif kıymetler hâline sokabilir. Bütün bu işlemler esnasında o varlık, insanların yorgunluk dedikleri şeylerin hiçbirini duymaz.

* "Ehliyet" sözcüğü "ustalık, beceriklilik, yeterlik, kabiliyet; hak" anlamlarına gelir.

Yarı süptil maddenin icaplarından olarak, kaba beden organlarıyla ilgili hastalık-sağlık, yorgunluk, tembellik, güçsüzlük gibi mâlûllükler, ağrılar, sancılar; yine, bedenin yüksek organlarına ait zihin yorgunlukları, budalalıklar, delirmeler, uyku ve bayılma hâlleri, komalar, sıkıntılar, kaba ihtiraslar... o plânda mevcut olamaz, o âlemin maddelerinin kadrosu içine giremez. Yarı süptil âlemde böyle şeyler yoktur. Yine, orada fiziksel mânâda anlaşılan güzellik-çirkinlik, gençlik-ihtiyarlık gibi dünyaya özgü realiteler de yoktur. Özellikle dünya maddelerinin tâbi olduğu en esaslı ve zarurî realite olan ölüm realitesi, yarı süptil âlemde tamamıyla meçhuldür. Orada, sadece kademeden kademeye belirsiz ve çok tatlı, idrakli geçişler ve istihaleler* vardır. Oradaki varlıkların ellerindeki madde imkânları, onlara dünyanın veremediği mekân ve zaman idrakini vermektedir. Bu sayede onlar, istedikleri imajları bizzat kendileri kurabilirler ve dağıtabilirler; dünyadaki gibi sabit imajların esiri olarak kalmazlar. Buradaki hayat, bir cephesiyle de, insanların esîrî diye anladıkları mânâdaki hayata, aşağı yukarı benzer. Fakat bu hayatın esas bünyesinde hâkim olan unsur, sevgidir.

*

* *

Büyük din kitaplarında, yarı süptil âlemin sezgilerini insanlara vermek için cennet sembolü kullanılmıştır. Bu, güzel ve güçlü bir semboldür. Yalnız -bütün sembollerde olduğu gibi- burada da, aslâ şekillere takılıp kalmamak icap eder. Çünkü unutulmasın ki, bu semboller, her devrin çeşitli insan idraklerine hitap etmek ve bu yoldan birtakım sonuçlara ve maksatlara varılmak için konulmuştur. İşte din kitaplarında anlatılan cennet sembolü, burada söz ettiğimiz, sevgi realitesinin hâkim olduğu bu yarı süptil âlemi ifade eder.

Cennet sembolünde, dünya zaman ve mekânına yakın bir zaman ve mekân idrakine ait bâzı imajlardan söz edilmiştir. Buna göre, cennete girenler, dünyadaki gibi zahmet ve yorgunluk çekmeden istedikleri gibi hareket edebilirler, istedikleri yerlere gidebilir-

---

* "İstihale" sözcüğüne sözlüklerde "bir hâlden başka bir hâle geçme, dönüşme, dönüşüm, değişme; intikal" anlamları verilir.

ler, istedikleri şeyleri karşılarında derhal hazır olarak bulurlar. Bu hâl, şimdi tarif ettiğimiz yarı süptil ortamın imkânlarını ifade etmektedir. Çünkü dediğimiz gibi, yarı süptil âlemde de varlıklar istedikleri mekânı, istedikleri imajları, yorulmadan ve emek harcamadan derhal yaratabilirler ve istedikleri gibi hareket edebilirler. İstekleri ve düşünceleri, âdeta kendiliğinden gerçekleşiverir. İşte cennet sembolüyle anlatılmak istenilen mânâlar da bunlardır.

Sevgi plânında mevcut olan, insanların anlayamayacağı derecede kapsamlı ve yüksek sevgi varyasyonları; cennet kavramında en deneyimsiz insanların dahi, basit mânâlarda da olsa, bir şeyler sezebilmesine yardım edici maddî sevgi sembolleriyle açıklanmıştır. Cennet sembolünde, yüksek makamlardan ve bu makamlarda ilâhî sezgilere kavuşulmasından söz edilmektedir. Bu ifadeler, yarı süptil âlemin varlıklarının -en yüksek sevgi komplekslerinden geçtikten sonra- ileri kademelerde varacakları, vazife plânı dediğimiz yüksek ahenge kavuşmanın mânâlarını taşır. Oralarda ilâhî hakikatler ile, yâni ahenk dediğimiz Ünite'nin nurları ile intibaklar, vahdetler; cennet sembolünde ilâhî nurlara kavuşmak kavramıyla sembolleştirilmiştir.

*
* *

Sevgi plânındaki hayat, varlıkların, yüksek süptil vazife plânlarına ulaşabilmelerine engel olan, bağlı bulundukları yarı süptil maddelerden yavaş yavaş kurtulmalarını sağlar. Bu hedefe ulaşmak için sevgi, varlıkları gruplar hâlinde birleştirir. Gruplar arasında tedricen tam bir ahenk ve beraberlik kurulur. Böylece varlıklar, vazife plânının tam mutabakat ve ahenk icaplarına hızla hazırlanırlar. Artık böyle, varlıkları grup grup bir araya toplayan, o gruplar arasında tam bir ahenk ve mutabakat sağlayan sevginin, dünyadaki mânâsından elbette çok daha derin kapsamı olacaktır.

*
* *

Sevgi plânı; sevginin insanlarca meçhul kalmış geniş kapsamı içinde, mutlulukla dolu cehit ve faaliyetleri gerektiren ve varlıkları daha yüksek plânlara hazırlayan, esîrî bir âlemdir. En hayalî peri masallarında anlatılan madde inceliği, bu âleminkinin yanında pek kaba kalır. Kaldı ki, her lüzum hâsıl oldukça türlü imkânları varlıkların önüne seren bu madde inceliğinin onlara vermiş olduğu büyük haz ve zevklerden başka, insanlarca bilinmeyen bir sevgi kapsamının varlıklara bahşettiği mutluluk, dünyada hiçbir şeyle kıyas edilemeyecek kadar yüksek ve derindir. Çünkü dünyada daima olduğu gibi, mutluluk diye kabul edilen her zevkin sonunda gelmesi muhtemel endişelerin, orada varlıkların karşısına çıkması sözkonusu değildir. Aksine, burada hakikî bir mutluluğu daha büyük bir mutluluk, varılmış bir huzuru daha mânâlı ve kapsamlı bir huzur izler.

Sevgi plânının ilk kademelerinde başlayan ve az çok dünya zamanına ve mekânına yakın tarafları bulunan hâller, varlıkların hazırlıkları ilerledikçe daha süptilleşir ve dünyadaki durumlara yakınlıktan ayrılmaya başlarlar. Bu durum, varlıkların bağlı bulundukları yarı süptil maddelerden gittikçe kurtulmalarının bir ifadesidir. Yarı süptil madde ile olan irtibatlar gevşedikçe, idrakî zaman ve mekân durumlarına girilir ve yarı süptil âlemin dünyaya benzer tarafları ortadan kalkar. Grupların vazife plânına yaklaşmaları artar ve vazife plânı icaplarının zaruretleri daha çok belirginleşir. Sevgiyle birbirine bağlanan gruplarda, sevginin oraya özgü türlü tezahürleri, bu durumu güçlendirir. Yarı süptil madde kombinezonlarından tamamıyla kurtulmuş olan varlıklar, büsbütün serbestleşirler ve çeşitli maddeleri kullanmak üzere, istedikleri gibi maddeleri değiştirmek imkânlarını kazanırlar. Çünkü o zaman, bu işe engel olan yarı süptil bir madde kombinezonuna bağlı kalmak durumu, ortadan kalkmış olur.

Böylece, vazife plânına doğru gruplar hâlinde hazırlanarak yürüyen varlıklar, beşer altışar bireylik gruplarıyla birlikte, tam bir vazife anlayışı içinde ve idrakî zaman ve mekân imkânları dahilinde, ilk vazifelerini alırlar. Bu, onların vazife plânına girmiş olmaları demektir.

Şu hâlde, vazife plânına geçiş; dünyadan yarı süptile geçiş gibi büyük gürültüler, şiddetli sarsıntılar, ölümler eşliğinde olmayıp, gayet tatlı bir hazırlanışla, belirsizce ve tedricî bir akış içinde olmaktadır. Ondan sonra bu varlıklar, gittikçe genişleyecek olan grupları ve bu grupların genişlemesiyle tev'em* olan idraklerin artması sayesinde, vazife plânının ilk kademelerinden itibaren, ilâhî icabı taşıyan ışık konisinin zirvesine doğru, gittikçe büyük bir olgunlaşma hızıyla tırmanarak yükselmeye başlarlar.

*
* *

Sevgi plânına geçecek olan insanları bekleyen yüksek akıbet, budur. Dolayısıyla, dünyadan yarı süptil âleme bu geçiş; yüzyıllar boyunca öz varlıklarında yaşattıkları ve insan hâliyle bir türlü idrakine varamadan, müphem sezgisi peşinde koşup didindikleri ve aslâ tatmin olunamadıkları mutluluğun tatminkârlığına varlıkları kavuşturacaktır. Ve insan varlığının kıymeti ve kudreti de, bu geçişte varoluşunu ve Kudreti bilmesindedir.

---

* "Tev'em" sözcüğü, "ikiz; eş; bir bütünün birbirine benzer, birbirine eş veya birbirinden ayrılmaz parça ya da bireyleri" anlamlarına gelir.